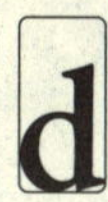

AF566577

Arthur Schopenhauer

Zürcher Ausgabe

Werke in zehn Bänden

Band v

Non multa
[Nicht vielerlei]

Der Text folgt der
historisch-kritischen Ausgabe von Arthur Hübscher
(3. Auflage, Brockhaus, Wiesbaden 1972)
Die editorischen Materialien
besorgte Angelika Hübscher
Redaktion von Claudia Schmölders,
Fritz Senn und Gerd Haffmans

Arthur Schopenhauer

Ueber die vierfache Wurzel des Satzes vom zureichenden Grunde. Ueber den Willen in der Natur.

Kleinere Schriften I

Diogenes

Diese Ausgabe erscheint mit Förderung
der Schopenhauer-Gesellschaft e. V.
und des Schopenhauer-Archivs
(Sitz: Frankfurt am Main)

Ein Glossar der wichtigsten wissenschaftlichen
Begriffe und Fremdwörter findet sich jeweils
im Anhang der Bände IV, VI und X
Nachbemerkungen von Angelika Hübscher
zur *Welt als Wille und Vorstellung*, zu den *Kleineren Schriften*
und *Parerga und Paralipomena* jeweils
am Schluss der einzelnen Bände
Ein Namenregister am Schluss des X. Bandes

Covermotiv: Selbstbildnis Arthur Schopenhauers, um 1855

Alle Rechte vorbehalten
Copyright © 1977, 2017
Diogenes Verlag AG Zürich
www.diogenes.ch
30/17/852/1
ISBN 978 3 257 30065 9

Inhalt.

Ueber die vierfache Wurzel des Satzes vom zureichenden Grunde.

Ueber den Willen in der Natur.

Ueber die vierfache Wurzel des Satzes vom zureichenden Grunde.

Eine philosophische Abhandlung

Ναὶ μὰ τὸν ἁμετέρᾳ ψυχᾷ παραδόντα τετρακτύν,
Παγὰν ἀενάου φύτεως, ῥιζώματ᾽ ἔχουσαν.

[Bei ihm, der einpflanzte die Vierzahl unserem Geiste,
Sie, die Quelle und Wurzel der ewig strömenden Schöpfung.
Schwurformel der Pythagoreer.]

Vorrede.

Diese elementarphilosophische Abhandlung, welche zuerst im Jahr 1813 erschien, als ich mir die Doktorwürde damit erworben hatte, ist nachmals der Unterbau meines ganzen Systems geworden. Dieserhalb darf sie im Buchhandel nicht fehlen; wie Dies, ohne daß ich es wußte, seit vier Jahren der Fall gewesen ist.

Nun aber eine solche Jugendarbeit nochmals mit allen ihren Flecken und Fehlern in die Welt zu schicken schien mir unverantwortlich. Denn ich bedenke, daß die Zeit, da ich nichts mehr werde emendiren [verbessern] können, nicht mehr sehr ferne seyn kann, mit ihr aber erst die Periode meiner eigentlichen Wirksamkeit eintritt, von der ich mich getröste, daß sie eine lange seyn wird, im festen Vertrauen auf die Verheißung des Seneka: *etiamsi omnibus tecum viventibus silentium livor indixerit; venient qui sine offensa, sine gratia judicent* [auch wenn allen, die mit dir lebten, der Neid Schweigen auferlegt hat, so werden doch Leute kommen, die ohne Mißgunst und ohne Gunst sachlich urteilen] *(ep. 79)*. Ich habe daher, so weit es angieng, der vorliegenden Jugendarbeit nachgeholfen und muß sogar, bei der Kürze und Ungewißheit des Lebens, es als ein besonderes Glück ansehn, daß mir vergönnt gewesen ist, im sechszigsten Jahre noch zu berichtigen was ich im sechs und zwanzigsten geschrieben hatte.

Dabei nun aber ist es mein Vorsatz gewesen, mit meinem jungen Menschen glimpflich zu verfahren und ihn, so viel als immer möglich, zum Worte kommen und auch ausreden zu lassen. Allein wo er Unrichtiges, oder Ueberflüssiges vorbrachte, oder auch das Beste zur Seite liegen ließ, habe ich ihm denn doch ins Wort fallen müssen; und Dies ist oft genug der Fall gewesen; so daß vielleicht Mancher den Eindruck davon erhalten wird, wie wenn ein Alter das Buch eines jungen Mannes vorliest, jedoch es öfter sinken läßt, um sich in eigenen Exkursen über das Thema zu ergehn.

Es ist leicht abzusehn, daß ein in dieser Art und nach so langer Zeit nachgebessertes Werk nimmermehr die Einheit und Abründung erlangen konnte, welche nur denen zukommt, die aus einem Gusse sind. Sogar schon im Stil und Vortrag wird eine so unverkennbare Verschiedenheit sich fühlbar machen, daß der taktbegabte Leser wohl nie im Zweifel seyn wird, ob er den Alten oder den Jungen hört. Denn freilich ist ein weiter Abstand zwischen dem sanften, bescheidenen Ton des jungen Mannes, der seine Sache vertrauensvoll vorträgt, indem er noch einfältig genug ist, ganz ernstlich zu glauben, daß es Allen, die sich mit Philosophie beschäftigen, um nichts Anderes, als die Wahrheit, zu thun seyn könne und daß folglich wer diese fördert ihnen willkommen seyn werde; – und der festen, mitunter aber etwas rauhen Stimme des Alten, der denn doch endlich hat dahinterkommen müssen, in welche noble Gesellschaft von Gewerbsleuten und unterthänigen Augendienern er da gerathen ist, und worauf es bei ihnen eigentlich abgesehn sei. Ja, wenn jetzt mitunter ihm die Indignation aus allen Poren quillt; so wird der billige Leser ihm auch Das nicht verdenken; hat es doch nachgerade der Erfolg gelehrt, was dabei herauskommt, wenn man, das Streben nach Wahrheit im Munde, die Augen immer nur auf die Intentionen höchster Vorgesetzten gerichtet hält; und wenn dabei, von der andern Seite, das *e quovis ligno fit Mercurius* [aus jedem Holze läßt ein Gott sich schnitzen: Apuleius, *de magia* XLIII] auch auf die großen Philosophen ausgedehnt und demnach ein plumper Scharlatan, wie Hegel, getrost zu einem solchen gestämpelt wird. Die Deutsche Philosophie steht nämlich da, mit Verachtung beladen, vom Auslande verspottet, von den redlichen Wissenschaften ausgestoßen, – gleich einer Metze, die, für schnöden Lohn, sich gestern Jenem, heute Diesem Preis gegeben hat; und die Köpfe der jetzigen Gelehrtengeneration sind desorganisirt durch Hegel'schen Unsinn: zum Denken unfähig, roh und betäubt werden sie die Beute des platten Materialismus, der aus dem Basiliskenei hervorgekrochen ist. Glück zu! Ich kehre zu meiner Sache zurück.

Ueber die Disparität des Tones also wird man sich zu trösten haben: denn ich konnte hier nicht, wie ich bei meinem Hauptwerke gethan, die spätern Zusätze abgesondert beifügen; kommt es doch auch nicht darauf an, daß man wisse, was ich im sechs und zwanzigsten und was im sechzigsten Jahre geschrieben habe; vielmehr nur darauf, daß Die, welche in den Grundbegriffen alles Philosophirens sich orientiren, sich festsetzen und klar werden wollen, auch an diesen wenigen Bogen ein Büchelchen erhalten, woraus sie etwas Tüchtiges, Solides und Wahres lernen können: und Dies, hoffe ich, wird der Fall seyn. Sogar ist, bei der Ausführung, die manche Theile jetzt erhalten haben, eine kompendiose Theorie des gesammten Erkenntnißvermögens daraus geworden, welche, indem sie immer nur dem Satz vom Grunde nachgeht, die Sache von einer neuen und eigenthümlichen Seite vorführt, ihre Ergänzung dann aber durch das erste Buch der »Welt als Wille und Vorstellung«, nebst dazu gehörigen Kapiteln des zweiten Bandes, und durch die Kritik der Kantischen Philosophie erhält.

Frankfurt a. M. im September 1847.

Erstes Kapitel.

Einleitung.

§ 1.

Die Methode.

Plato der göttliche und der erstaunliche Kant vereinigen ihre nachdrucksvollen Stimmen in der Anempfehlung einer Regel zur Methode alles Philosophirens, ja alles Wissens überhaupt*. Man soll, sagen sie, zweien Gesetzen, dem der Homogeneität und dem der Specifikation, auf gleiche Weise, nicht aber dem einen, zum Nachtheil des andern, Genüge leisten. Das Gesetz der Homogeneität heißt uns, durch Aufmerken auf die Aehnlichkeiten und Uebereinstimmungen der Dinge, Arten erfassen, diese eben so zu Gattungen, und diese zu Geschlechtern vereinigen, bis wir zuletzt zum obersten, Alles umfassenden Begriff gelangen. Da dieses Gesetz ein transscendentales, unserer Vernunft wesentliches ist, setzt es Uebereinstimmung der Natur mit sich voraus, welche Voraussetzung ausgedrückt ist in der alten Regel: *entia praeter necessitatem non esse multiplicanda* [man soll die Zahl der seienden Wesenheiten nicht ohne Not vergrößern: nach Wilhelm von Occam]. – Das Gesetz der Specifikation drückt Kant dagegen so aus: *entium varietates non temere esse minuendas* [man soll die Mannigfaltigkeit der seienden Wesenheiten nicht voreilig vermindern]. Es heischt nämlich, daß wir die unter einem vielumfassenden Geschlechtsbegriff vereinigten Gattungen und wiederum die unter diesen begriffenen, höhern und niederern Arten wohl unterscheiden, uns hütend, irgend einen Sprung zu machen und wohl gar die niedern Arten, oder vollends Individuen, unmittel-

* *Platon. Phileb. pp. 219–223. Politic. 62, 63. Phaedr. 361–363. ed. Bip.* Kant, Krit. d. reinen Vern., Anhang zur transsc. Dialektik.

bar unter den Geschlechtsbegriff zu subsumiren; indem jeder Begriff noch einer Eintheilung in niedrigere fähig ist und sogar keiner auf die bloße Anschauung herabgeht. Kant lehrt, daß beide Gesetze transscendentale, Uebereinstimmung der Dinge mit sich *a priori* postulirende Grundsätze der Vernunft seien, und Plato scheint das Selbe auf seine Weise auszudrücken, indem er sagt, diese Regeln, denen alle Wissenschaft ihre Entstehung verdanke, seien zugleich mit dem Feuer des Prometheus vom Göttersitze zu uns herabgeworfen.

§ 2.

Ihre Anwendung in gegenwärtigem Fall.

Das letztere dieser Gesetze finde ich, so mächtiger Empfehlung ungeachtet, zu wenig angewendet auf einen Hauptgrundsatz in aller Erkenntniß, den Satz vom zureichenden Grunde. Obgleich man nämlich längst und oft ihn allgemein aufgestellt hat, so hat man dennoch seine höchst verschiedenen Anwendungen, in deren jeder er eine andere Bedeutung erhält, und welche daher seinen Ursprung aus verschiedenen Erkenntnißkräften verrathen, gehörig zu sondern vernachlässigt. Daß aber gerade bei Betrachtung unserer Geisteskräfte die Anwendung des Princips der Homogeneität, mit Vernachlässigung des ihm entgegengesetzten, viele und langdauernde Irrthümer erzeugt und dagegen die Anwendung des Gesetzes der Specifikation die größten und wichtigsten Fortschritte bewirkt hat, – dies lehrt die Vergleichung der Kantischen Philosophie mit allen früheren. Es sei mir deshalb vergönnt, eine Stelle herzusetzen, in der Kant die Anwendung des Gesetzes der Specifikation auf die Quellen unserer Erkenntnisse empfiehlt, indem solche meinem gegenwärtigen Bestreben seine Würdigung giebt. »Es ist von der äußersten Erheblichkeit, Erkenntnisse, die ihrer Gattung und Ursprunge nach von andern unterschieden sind, zu isoliren und sorgfältig zu verhüten, daß sie nicht mit andern, mit welchen sie im Gebrauche gewöhnlich verbunden sind, in ein Gemische zusammenfließen. Was Chemiker beim Scheiden der Materien, was Mathematiker in ihrer reinen Größenlehre thun, das liegt noch weit mehr dem Philosophen ob, damit er den Antheil, den eine besondere Art der Erkenntniß am herumschweifenden Verstandesgebrauch hat, ihren eigenen Werth und Einfluß, sicher bestimmen könne.« (Kritik d. rein. Vern., der Methodenlehre 3. Hauptst.)

§ 3.

Nutzen dieser Untersuchung.

Sollte mir zu zeigen gelingen, daß der zum Gegenstand dieser Untersuchung gemachte Grundsatz nicht unmittelbar aus einer, sondern zunächst aus verschiedenen Grunderkenntnissen unsers Geistes fließt; so wird daraus folgen, daß die Nothwendigkeit, welche er als ein *a priori* feststehender Satz bei sich führt, ebenfalls nicht eine und überall dieselbe, sondern eine eben so vielfache, wie die Quellen des Satzes selbst ist. Dann aber wird Jeder, der auf den Satz einen Schluß gründet, die Verbindlichkeit haben, genau zu bestimmen, auf welche der verschiedenen, dem Satze vom Grunde liegenden Nothwendigkeiten er sich stütze, und solche durch einen eigenen Namen (wie ich welche vorschlagen werde) zu bezeichnen. Ich hoffe, daß dadurch für die Deutlichkeit und Bestimmtheit im Philosophiren Einiges gewonnen seyn wird, und halte die, durch genaue Bestimmung der Bedeutung jedes Ausdrucks zu bewirkende, größtmögliche Verständlichkeit für ein zur Philosophie unumgänglich nöthiges Erforderniß, um uns vor Irrthum und absichtlicher Täuschung zu sichern und jede im Gebiet der Philosophie gewonnene Erkenntniß zu einem sicheren und nicht, durch später aufgedeckten Mißverstand oder Zweideutigkeit, uns wieder zu entreißenden Eigenthum zu machen. Ueberhaupt wird der ächte Philosoph überall Helle und Deutlichkeit suchen, und stets bestrebt seyn, nicht einem trüben, reißenden Regenbach zu gleichen, sondern vielmehr einem Schweizer See, der, durch seine Ruhe, bei großer Tiefe große Klarheit hat, welche eben erst die Tiefe sichtbar macht. *La clarté est la bonne foi des philosophes* [Die Klarheit ist der Kreditbrief der Philosophen] hat Vauvenargues [*Réflexions et Maximes, 729*] gesagt. Der unächte hingegen wird zwar keineswegs nach Talleyrand's Maxime, durch die Worte seine Gedanken, vielmehr nur seinen Mangel daran zu verbergen suchen, und wird die aus eigener Unklarheit des

Denkens erwachsende Unverständlichkeit seiner Philosopheme dem Leser ins Gewissen schieben. Hieraus erklärt sich, warum in einigen Schriften, z. B. den Schelling'schen, der didaktische Ton so häufig in den scheltenden übergeht, ja oft die Leser schon zum voraus, durch Anticipation ihrer Unfähigkeit, gescholten werden.

§ 4.

Wichtigkeit des Satzes vom zureichenden Grunde.

Sie ist überaus groß, da man ihn die Grundlage aller Wissenschaft nennen darf. Wissenschaft nämlich bedeutet ein System von Erkenntnissen, d. h. ein Ganzes von verknüpften Erkenntnissen, im Gegensatz des bloßen Aggregats derselben. Was aber Anderes, als der Satz vom zureichenden Grunde, verbindet die Glieder eines Systems? Das eben zeichnet jede Wissenschaft vor dem bloßen Aggregat aus, daß ihre Erkenntnisse eine aus der andern, als ihrem Grunde, folgen. Darum sagt schon Plato: και γαρ αἱ δοξαι αἱ αληθεις ου πολλου αξιαι εισιν, ἑως αν τις αυτας δηση αιτιας λογισμῳ. *(etiam opiniones verae non multi pretii sunt, donec quis illas ratiocinatione a causis ducta liget.)* [Denn auch die wahren Meinungen sind nicht viel wert, bis jemand sie durch Erbringung ihres Grundes anbindet.] *Meno, p. 385. Bip.* – Zudem enthalten fast alle Wissenschaften Kenntnisse von Ursachen, aus denen die Wirkungen sich bestimmen lassen, und eben so andere Erkenntnisse von Nothwendigkeiten der Folgen aus Gründen, wie sie in unserer ferneren Betrachtung vorkommen werden; welches bereits Aristoteles ausdrückt in den Worten: πασα επιστημη διανοητικη, η και μετεχουσα τι διανοιας, περι αιτιας και αρχας εστι. *(omnis intellectualis scientia, sive aliquo modo intellectu participans, circa causas et principia est).* [Jedes Wissen, das theoretischer Art ist oder irgendwie mit Theorie zusammenhängt, hat es mit Gründen und Prinzipien zu tun.] *Metaph. V, 1.* – Da es nun die, von uns stets *a priori* gemachte Voraussetzung, daß Alles einen Grund habe, ist, die uns berechtigt, überall Warum zu fragen; so darf man das Warum die Mutter aller Wissenschaften nennen.

§ 5.

Der Satz selbst.

Weiterhin soll gezeigt werden, daß der Satz vom zureichenden Grunde ein gemeinschaftlicher Ausdruck mehrerer *a priori gegebener* Erkenntnisse ist. Vorläufig muß er indessen in irgend einer Formel aufgestellt werden. Ich wähle die Wolfische als die allgemeinste: *Nihil est sine ratione cur potius sit, quam non sit.* [Nichts ist ohne Grund, warum es eher ist, als daß es nicht ist: *Ontologia,* § 70.] Nichts ist ohne Grund warum es sei.

Zweites Kapitel.

Uebersicht des Hauptsächlichsten, so bisher über den Satz vom zureichenden Grunde gelehrt worden.

§ 6.

Erste Aufstellung des Satzes und Unterscheidung zweier Bedeutungen desselben.

Für einen solchen Ur-Grundsatz aller Erkenntniß mußte auch der, mehr oder weniger genau bestimmte, abstrakte Ausdruck sehr früh gefunden werden; daher es schwer und dabei nicht von großem Interesse seyn möchte, nachzuweisen, wo zuerst ein solcher vorkommt. Plato und Aristoteles stellen ihn noch nicht förmlich als einen Hauptgrundsatz auf, sprechen ihn jedoch öfter als eine durch sich selbst gewisse Wahrheit aus. So sagt Plato, mit einer Naivetät, welche gegen die kritischen Untersuchungen der neuen Zeit wie der Stand der Unschuld gegen den der Erkenntniß des Guten und Bösen erscheint: αναγκαιον, παντα τα γιγνομενα δια τινα αιτιαν γιγνεσθαι· πως γαρ αν χωρις τουτων γιγνοιτο; *(necesse est, quaecunque fiunt, per aliquam causam fieri: quomodo enim absque ea fierent?)* [Es ist notwendig, daß alles, was geschieht, durch eine Ursache geschieht; denn wie könnte es ohne sie geschehen?] *Phileb. p. 240 Bip.* und wieder im Timäos *(p. 302)* παν δε το γιγνομενον ὑπ' αιτιου τινος εξ αναγκης γιγνεσθαι· παντι γαρ αδυνατον χωρις αιτιου γενεσιν σχειν. *(quidquid gignitur, ex aliqua causa necessario gignitur: sine causa enim oriri quidquam, impossibile est.)* [Alles, was geschieht, muß notwendig aufgrund einer Ursache geschehen; denn es ist unmöglich, daß irgend etwas ohne Ursache entstehe.] – Plutarch, am Schlusse seines Buches *de fato* [c. 11], führt unter den Hauptsätzen der Stoiker an: μαλιστα μεν και πρωτον ειναι δοξειε, το μηδεν αναιτιως γιγνεσθαι, αλλα κατα προηγουμενας αιτιας. *(maxime id primum esse vide-*

bitur, nihil fieri sine causa, sed omnia causis antegressis). [Das Wichtigste und Erste scheint zu sein, daß nichts ohne Ursache geschieht, sondern gemäß vorhergehenden Ursachen.]

Aristoteles stellt in den *Analyt. post. 1, 2* den Satz vom Grunde gewissermaaßen auf, durch die Worte: επιστασθαι δε οιομεθα ἑκαστον ἁπλως, ὁταν την τ' αιτιαν οιομεθα γινωσκειν, δι ἡν το πραγμα εστιν, ὁτι εκεινου αιτια εστιν, και μη ενδεχεσθαι τουτο αλλως ειναι. *(Scire autem putamus unamquamque rem simpliciter, quum putamus causam cognoscere, propter quam res est, ejusque rei causam esse, nec posse eam aliter se habere).* [Zu verstehen glauben wir alles ohne weiteres, wenn wir die Ursache zu kennen meinen, aufgrund deren die Sache da ist, und daß sie ihr Grund ist, und daß dies sich unmöglich anders verhalten könne.] Auch giebt er inderen Metaphysik, *Lib. IV. c. 1*, schon eine Eintheilung der verschiedenen Arten der Gründe, oder vielmehr der Principien, αρχαι, deren er acht Arten annimmt; welche Eintheilung aber weder gründlich, noch scharf genug ist. Jedoch sagt er hier vollkommen richtig: πασων μεν ουν κοινον των αρχων, το πρωτον ειναι, ὁθεν η εστιν, η γινεται, η γιγνωσκεται. *(omnibus igitur principiis commune est, esse primum, unde aut est, aut fit, aut cognoscitur).* [Allen Prinzipien ist nun gemeinsam, daß sie das Erste sind, wodurch etwas ist oder geschieht oder erkannt wird.] Im folgenden Kapitel unterscheidet er verschiedene Arten der Ursachen; wiewohl mit einiger Seichtigkeit und Verworrenheit zugleich. Besser jedoch, als hier, stellt er vier Arten der Gründe auf in den *Analyt. post. II, 11.* αιτιαι δε τεσσαρες· μια μεν το τι ην ειναι· μια δε το τινων οντων, αναγκη τουτο ειναι· ἑτερα δε, ἡ τι πρωτον εκινησε· τεταρτη δε, το τινος ἑνεκα. *(causae autem quatuor sunt: una quae explicat quid res sit; altera, quam, si quaedam sint, necesse est esse; tertia, quae quid primum movit; quarta id, cujus gratia).* [Es gibt vier Gründe: der erste besteht in dem, was das Wesen der Sache ausmacht, der zweite in dem, was, wenn etwas vorhanden ist, notwendig vorausgesetzt werden muß, der dritte in dem, was zuerst etwas bewegte, der vierte, um dessentwillen etwas da ist.] Dieses ist nun der Ursprung der von den Scholastikern durchgängig angenommenen Eintheilung der *causarum* [Ursachen] in *causas materiales, formales, efficientes et finales* [stoffliche, formale, bewirkende und End-Ursachen]; wie dies denn auch zu ersehn aus *Suarii disputationibus meta-*

physicis [des Suarez metaphysischen Streitgesprächen], diesem wahren Kompendio der Scholastik, *disp. 12, sect. 2 et 3.* Aber sogar noch Hobbes *(de corpore, P. II. C. 10, § 7.)* führt sie an und erklärt sie. – Jene Eintheilung ist im Aristoteles nochmals, und zwar etwas ausführlicher und deutlicher, zu finden: nämlich *Metaph. I, 3.* Auch im Buche *de somno et vigilia, c. 2*, ist sie kurz angeführt. – Was jedoch die so höchst wichtige Unterscheidung zwischen Erkenntnißgrund und Ursache betrifft, so verräth zwar Aristoteles gewissermaaßen einen Begriff von der Sache, sofern er in den *Analyt. post. I, 13*, ausführlich darthut, daß das Wissen und Beweisen, daß etwas sei, sich sehr unterscheide von dem Wissen und Beweisen, warum es sei: was er nun als Letzteres darstellt, ist die Erkenntniß der Ursache, was als Ersteres, der Erkenntnißgrund. Aber zu einem ganz deutlichen Bewußtseyn des Unterschiedes bringt er es doch nicht; sonst er ihn auch in seinen übrigen Schriften festgehalten und beobachtet haben würde. Dies aber ist durchaus nicht der Fall: denn sogar wo er, wie in den oben beigebrachten Stellen, darauf ausgeht, die verschiedenen Arten der Gründe zu unterscheiden, kommt ihm der in dem hier in Betracht genommenen Kapitel angeregte, so wesentliche Unterschied nicht mehr in den Sinn; und überdies gebraucht er das Wort αιτιον durchgängig für jeden Grund, welcher Art er auch sei, nennt sogar sehr häufig den Erkenntnißgrund, ja, die Prämissen eines Schlusses, αιτιας: so z. B. *Metaph. IV, 18. Rhet. II, 21. de plantis I. p. 816. (ed. Berol.)* besonders *Analyt. post. I, 2*, wo geradezu die Prämissen eines Schlusses αιτιαι του συμπερασματος [Ursachen des Schlusses] heißen. Wenn man aber zwei verwandte Begriffe durch das selbe Wort bezeichnet; so ist dies ein Zeichen, daß man ihren Unterschied nicht kennt, oder doch nicht festhält: denn zufällige Homonymie weit verschiedener Dinge ist etwas ganz Anderes. Am auffallendesten kommt aber dieser Fehler zu Tage in seiner Darstellung des Sophisma's *non causae ut causa*, παρα το μη αιτιον ὡς αιτιον [auf Grund der Nichtursache als Ursache] im Buche *de sophisticis elenchis, c. 5.* Unter αιτιον versteht er hier durchaus nur den Beweisgrund, die Prämissen, also einen Erkenntnißgrund, indem das Sophisma darin besteht, daß man ganz richtig etwas als unmöglich darthut, dasselbe jedoch auf den damit bestrittenen Satz gar nicht einfließt, welchen man dennoch dadurch umgestoßen zu haben vorgiebt. Von physischen Ursachen ist also dabei gar nicht die Rede. Allein der Gebrauch des Wortes αιτιον hat bei den Logikern neuerer Zeit so viel Gewicht gehabt, daß sie, bloß daran sich haltend, in ihren Darstellungen der *fallaciarum extra dictionem* [Trugschlüsse, die nicht auf Worten beruhen] die *fallacia non causae ut causa* [Trugschluß auf Grund einer Ursache, die nicht Ursache ist] durchgängig erklären als die Angabe einer physischen Ursache, die es nicht ist: so z. B. Reimarus, G. E. Schulze, Fries und Alle, die mir vorgekommen: erst in Twesten's Logik finde ich dies Sophisma richtig dargestellt. Auch in sonstigen wissenschaftlichen Werken und Disputationen wird, in der Regel, durch die Anschuldigung einer *fallacia non causae ut causa* die Einschiebung einer falschen Ursache bezeichnet.

Von dieser, bei den Alten durchgängig vorhandenen Vermengung und Verwechselung des logischen Gesetzes vom Erkenntnißgrunde mit dem transscendentalen Naturgesetz der Ursache und Wirkung liefert uns noch Sextus Empirikus ein starkes Beispiel. Nämlich im 9. Buche *adversus Mathematicos*, also dem Buche *adv. physicos*, *§ 204*, unternimmt er, das Gesetz der Kausalität zu beweisen, und sagt: Einer, der behauptet, daß es keine Ursache (αιτια) gebe, hat entweder keine Ursache (αιτια), aus der er dies behauptet, oder er hat eine. Im ersten Falle ist seine Behauptung nicht wahrer, als ihr Gegentheil: im andern stellt er eben durch seine Behauptung fest, daß es Ursachen giebt.

Wir sehn also, daß die Alten es noch nicht zur deutlichen Unterscheidung zwischen der Forderung eines Erkenntnißgrundes zur Begründung eines Urtheils und der einer Ursache zum Eintritt eines realen Vorganges gebracht haben. – Was nun späterhin die Scholastiker betrifft, so war das Gesetz der Kausalität ihnen eben ein über alle Untersuchung erhabenes Axiom: *non inquirimus an causa sit, quia nihil est per se notius* [Wir untersuchen nicht, ob eine Ursache sei, weil nichts an und für sich gewisser ist], sagt Suarez, *Disp. 12, sect. 1.* Dabei hielten sie die oben beigebrachte Aristotelische Eintheilung der Ursachen fest: hingegen die hier in Rede stehende nothwendige Unterscheidung haben, so viel mir bekannt, auch sie sich nicht zum Bewußtseyn gebracht.

§ 7.

Cartesius.

Denn sogar unsern vortrefflichen Cartesius, den Anreger der subjektiven Betrachtung und dadurch den Vater der neueren Philosophie, finden wir, in dieser Hinsicht, noch in kaum erklärlichen Verwechselungen begriffen, und werden sogleich sehn, zu welchen ernstlichen und beklagenswerthen Folgen diese in der Metaphysik geführt haben. Er sagt in der *responsio ad secundas objectiones in meditationes de prima philosophia, axioma I: Nulla res existit, de qua non possit quaeri, quaenam sit causa, cur existat. Hoc enim de ipso Deo quaeri potest, non quod indigeat ulla causa ut existat, sed quia ipsa ejus naturae immensitas est* causa sive ratio, *propter quam nulla causa indiget ad existendum.* [Kein Ding existiert, von dem nicht gefragt werden könnte, aus welcher Ursache es existiere. Denn dieses kann sogar in Betreff Gottes gefragt werden, nicht als wenn er irgend einer Ursache bedürfte, um zu existieren, sondern weil gerade die Unendlichkeit seiner Natur die Ursache *(causa)* oder der Grund *(ratio)* ist, wegen dessen er keiner Ursache bedarf, um zu existieren.] Er hätte sagen müssen: die Unermeßlichkeit Gottes ist ein Erkenntnißgrund, aus welchem folgt, daß Gott keiner Ursache bedarf. Er vermengt jedoch Beides, und man sieht, daß er sich des großen Unterschiedes zwischen Ursache und Erkenntnißgrund nicht deutlich bewußt ist. Eigentlich aber ist es die Absicht, welche bei ihm die Einsicht verfälscht. Er schiebt nämlich hier, wo das Kausalitätsgesetz eine Ursache fordert, statt dieser einen Erkenntnißgrund ein, weil ein solcher nicht gleich wieder weiter führt, wie jene; und bahnt sich so, durch eben dieses Axiom, den Weg zum ontologischen Beweise des Daseyns Gottes, dessen Erfinder er ward, nachdem Anselmus nur die Anleitung dazu im Allgemeinen geliefert hatte. Denn gleich nach den Axiomen, von denen das angeführte das erste ist, wird nun dieser ontologische Beweis förmlich und ganz ernsthaft aufgestellt: ist er ja doch in jenem Axiom eigentlich schon ausgesprochen, oder liegt wenigstens so fertig darin, wie das Hühnchen im lange bebrüteten Eie. Also, während alle andern Dinge zu ihrem Daseyn einer Ursache bedürfen, genügt dem auf der Leiter des kosmologischen Beweises herangebrachten Gotte, statt derselben, die in seinem eigenen Begriffe liegende *immensitas* [Unermeßlichkeit]: oder, wie der Beweis selbst sich ausdrückt: *in conceptu entis summe perfecti existentia necessaria continetur* [Im Begriff des allervollkommensten Wesens ist seine Existenz notwendig enthalten: Cartesius, *meditationes de prima philosophia,* axioma x, nicht wörtlich]. Dies also ist der *tour de passe-passe* [Taschenspielertrick], zu welchem man die schon dem Aristoteles geläufige Verwechselung der beiden Hauptbedeutungen des Satzes vom Grunde, sogleich *in majorem Dei gloriam* [zum höheren Ruhme Gottes (der bekannte Wahlspruch der Jesuiten)], gebrauchte.

Beim Lichte und unbefangen betrachtet ist nun dieser berühmte ontologische Beweis wirklich eine allerliebste Schnurre. Da denkt nämlich Einer, bei irgend einer Gelegenheit, sich einen Begriff aus, den er aus allerlei Prädikaten [Merkmalen] zusammengesetzt, dabei jedoch Sorge trägt, daß unter diesen, entweder blank und baar, oder aber, welches anständiger ist, in ein anderes Prädikat, z. B. *perfectio* [Vollkommenheit], *immensitas,* oder so etwas, eingewickelt, auch das Prädikat der Realität oder Existenz sei. Bekanntlich kann man aus einem gegebenen Begriffe alle seine wesentlichen, d. h. in ihm mit gedachten, Prädikate, und eben so auch die wesentlichen Prädikate dieser Prädikate, mittelst lauter analytischer Urtheile, herausziehn, welche demnach logische Wahrheit, d. h. an dem gegebenen Begriff ihren Erkenntnißgrund haben. Demgemäß holt nun Jener aus seinem beliebig erdachten Begriff auch das Prädikat der Realität, oder Existenz, heraus: und darum nun soll ein dem Begriff entsprechender Gegenstand, unabhängig von demselben, in der Wirklichkeit existiren!

»Wär' der Gedank' nicht so verwünscht gescheut,
Man wär' versucht ihn herzlich dumm zu nennen.«
[Schiller, *Wallenstein, Die Piccolomini,* II, 7.]

Uebrigens ist die einfache Antwort auf eine solche ontologische Demonstration: »Es kommt Alles darauf an, wo du deinen Begriff her hast: ist er aus der Erfahrung geschöpft; *à la bonne heure* [recht so!], da existirt sein Gegenstand und bedarf keines weitern Beweises: ist er hingegen in deinem eigenen *sinciput*

[Halbkopf] ausgeheckt; da helfen ihm alle seine Prädikate nichts: er ist eben ein Hirngespinst.« Daß aber die Theologie, um in dem ihr ganz fremden Gebiet der Philosophie, als wo sie gar zu gerne wäre, Fuß zu fassen, zu dergleichen Beweisen hat ihre Zuflucht nehmen müssen, erregt ein sehr ungünstiges Vorurtheil gegen ihre Ansprüche. – Aber o! über die prophetische Weisheit des Aristoteles! Er hatte nie etwas vernommen vom ontologischen Beweise: aber, als sähe er vor sich in die Nacht der kommenden finstern Zeiten, erblickte darin jene scholastische Flause und wollte ihr den Weg verrennen, demonstrirt er sorgfältig, im 7. Kapitel des 2. Buchs *Analyticorum posteriorum*, daß die Definition einer Sache und der Beweis ihrer Existenz zwei verschiedene und ewig geschiedene Dinge sind, indem wir durch das eine erfahren, was gemeint sei, durch das andere aber, daß so etwas existire: und wie ein Orakel der Zukunft spricht er die Sentenz aus: το δ' ειναι ουκ ουσια ουδενι· ου γαρ γενος το ον: *esse autem nullius rei essentia est, quandoquidem ens non est genus.* [Das Dasein gehört nicht zum Wesen einer Sache: denn Sein ist kein Merkmal.] Das besagt: »Die Existenz kann nie zur Essenz, das Daseyn nie zum Wesen des Dinges gehören.« – Wie sehr hingegen Herr v. Schelling den ontologischen Beweis venerirt [verehrt], ist zu ersehn aus einer langen Note S. 152 des ersten Bandes seiner philosophischen Schriften von 1809. Aber etwas noch Lehrreicheres ist daraus zu ersehn, nämlich, wie dreistes, vornehmthuendes Schwadroniren hinreicht, den Deutschen Sand in die Augen zu streuen. Daß aber gar ein so durchweg erbärmlicher Patron, wie Hegel, dessen ganze Philosophasterei eigentlich eine monstrose Amplifikation [ungeheuerliche Ausweitung] des ontologischen Beweises war, diesen gegen Kants Kritik hat vertheidigen wollen, ist eine Allianz, deren der ontologische Beweis selbst sich schämen würde, so wenig sonst das Schämen seine Sache ist. – Man erwarte nur nicht, daß ich mit Achtung von Leuten spreche, welche die Philosophie in Verachtung gebracht haben.

§ 8.

Spinoza.

Obgleich Spinoza's Philosophie hauptsächlich im Negiren des von seinem Lehrer Cartesius aufgestellten zwiefachen Dualismus, nämlich zwischen Gott und Welt, und zwischen Seele und Leib, besteht; so blieb er ihm doch völlig getreu in der oben nachgewiesenen Verwechselung und Vermischung des Verhältnisses zwischen Erkenntnißgrund und Folge mit dem zwischen Ursache und Wirkung; ja, er suchte aus derselben, für seine Metaphysik, wo möglich noch größere Vortheile zu ziehn, als sein Lehrer für die seinige daraus gezogen hatte: denn die besagte Verwechselung ist die Grundlage seines ganzen Pantheismus geworden.

In einem Begriffe nämlich sind alle seine wesentlichen Prädikate enthalten, *implicite* [stillschweigend inbegriffen]; daher sie, durch bloß analytische Urtheile, sich *explicite* [in offener Darlegung] aus ihm entwickeln lassen: die Summe dieser ist seine Definition. Diese ist daher von ihm selbst, nicht dem Inhalt, sondern nur der Form nach, verschieden; indem sie aus Urtheilen besteht, die alle in ihm mitgedacht sind, und daher in ihm ihren Erkenntnißgrund haben, sofern sie sein Wesen darlegen. Diese können demnach angesehn werden als die Folgen jenes Begriffs, als ihres Grundes. Dieses Verhältniß eines Begriffs zu den in ihm gegründeten und aus ihm entwickelbaren analytischen Urtheilen ist nun ganz und gar das Verhältniß, welches Spinoza's sogenannter Gott zur Welt, oder richtiger, welches die einzige und alleinige Substanz zu ihren zahllosen Accidenzien hat. *(Deus, sive substantia constans infinitis attributis.* [Gott, oder die beharrende Substanz mit unendlich vielen Eigenschaften]. *Eth. I. pr. 11. – Deus, sive omnia Dei attributa* [Gott, oder alle Eigenschaften Gottes].*)* Es ist also das Verhältniß des Erkenntnißgrundes zu seiner Folge; statt daß der wirkliche Theismus (der des Spinoza ist bloß ein nomineller) das Verhältniß der Ursache zur Wirkung annimmt, in welchem der Grund von der Folge, nicht, wie in jenem, bloß der Betrachtungsart nach, sondern wesentlich und wirklich, also an sich selbst und immer, verschieden und getrennt bleibt. Denn eine solche Ursache der Welt, mit Hinzufügung der Persönlichkeit, ist es, die das Wort Gott, ehrlicherweise gebraucht, bezeichnet. Hingegen ist ein unpersönlicher Gott eine *contradictio in adjecto* [Widerspruch im Beiwort]. Indem nun aber Spinoza auch in dem von ihm aufgestellten Verhältnisse das Wort Gott für die Substanz beibehalten wollte und solche sogar ausdrücklich die Ursache der Welt benannte, konnte er dies nur dadurch zu Stande bringen, daß er jene beiden Verhältnisse, folglich auch den Satz vom Erkenntnißgrund mit dem der Kausalität, ganz und gar vermischte. Dies zu belegen bringe ich, von unzähligen, nur folgende Stelle in Erinnerung. *Notandum, dari necessario uniuscujusque rei existentis certam aliquam* causam, *propter quam existit. Et notandum, hanc causam, propter quam aliqua res existit, vel debere contineri in ipsa natura et* definitione *rei existentis (nimirum quod ad ipsius naturam pertinet existere), vel debere* extra *ipsam dari.* [Es ist zu beachten, daß für eine jede Sache, welche existiert, notwendigerweise eine bestimmte Ursache vorhanden ist, wegen der sie existiert. Und es ist zu beachten, daß diese Ursache, wegen der eine Sache existiert, entweder einbegriffen sein muß in der eigenen Natur und Definition der Sache, welche existiert (indem es nämlich zu ihrer Natur selbst gehört zu existieren), oder daß sie außerhalb ihrer selbst gegeben sein muß.] *(Eth. P. I, prop. 8, schol. 2).* Im letztern Fall meint er eine wirkende Ursache, wie sich dies aus dem Folgenden ergiebt; im erstern hingegen einen bloßen Erkenntnißgrund: er identificirt jedoch Beides und arbeitet dadurch seiner Absicht, Gott mit der Welt zu identificiren, vor. Einen im Innern eines gegebenen Begriffes liegenden Erkenntnißgrund mit einer von außen wirkenden Ursache zu verwechseln und dieser gleichzustellen, ist überall sein Kunstgriff; und vom Cartesius hat er ihn gelernt. Als Belege dieser Verwechselung führe ich noch folgende Stellen an. *Ex necessitate divinae naturae omnia, quae sub intellectum infinitum cadere possunt, sequi debent.* [Aus der Notwendigkeit der göttlichen Natur muß alles folgen, was unter den Begriff des unendlichen Intellekts fallen kann.] *(Eth. P. I, prop. 16* [gekürzt].) Zugleich aber nennt er Gott überall die Ursache der Welt. *Quidquid existit Dei potentiam, quae omnium rerum* causa *est, exprimit.* [Alles, was existiert, bringt die Macht Gottes, die die *Ursache* aller Dinge ist, zum Ausdruck.] *ibid. prop. 36. demonstr. – Deus est omnium rerum* causa *immanens, non vero transiens.* [Gott ist die immanente, nicht aber die transzendente *Ursache* aller Dinge.] *ibid. prop. 18. – Deus non tantum est* causa efficiens *rerum existentiae, sed etiam essentiae.* [Gott ist die *bewirkende Ursache* nicht nur des Daseins, sondern auch des Wesens der Dinge.] *ibid. prop. 25. – Eth. P. III, prop. 1. demonstr.* heißt es: *ex data quacunque* idea *aliquis* effectus *necessario sequi debet.* [Aus einer gegebenen beliebigen Idee muß notwendigerweise irgend eine *Wirkung* folgen.] Und *ibid. prop. 4. Nulla res nisi a causa externa potest destrui. – Demonstr.* Definitio *cujuscunque rei, ipsius essentiam* (Wesen, Beschaffenheit zum Unterschied von *existentia,* Daseyn) *affirmat, sed non negat; sive rei essentiam ponit, sed non tollit. Dum itaque ad rem ipsam tantum, non autem ad causas externas attendimus, nihil in eadem poterimus invenire, quod ipsam possit destruere.* [Keine Sache kann zerstört werden, es sei denn durch eine äußere Ursache. – Beweis: Die *Definition* irgend einer Sache bejaht ihr Wesen und verneint es nicht; mit andern Worten, sie behauptet das Wesen der Sache und leugnet es nicht. Wenn wir daher auf die Sache selbst achten und nicht auf äußere Ursachen, so können wir in ihr nichts bemerken, was imstande wäre, sie zu zerstören.] Dies heißt: weil ein Begriff nichts enthalten kann, was seiner Definition, d. i. der Summe seiner Prädikate, widerspricht; kann auch ein Ding nichts enthalten, was Ursache seiner Zerstörung werden könnte. Diese Ansicht wird aber auf ihren Gipfel geführt in der etwas langen, zweiten Demonstration der elften Proposition, woselbst die Ursache, welche ein Wesen zerstören oder aufheben könnte, vermischt wird mit einem Widerspruch, den die Definition desselben enthielte, und der sie deshalb aufhöbe. Die Nothwendigkeit, Ursache und Erkenntnißgrund zu konfundiren, wird hiebei so dringend, daß Spinoza nie *causa* [Ursache], oder auch *ratio* [Grund], allein sagen darf, sondern jedesmal *ratio seu* [oder] *causa* zu setzen genöthigt ist, welches daher hier, auf Einer Seite, acht Mal geschieht, um den Unterschleif zu decken. Das Selbe hatte schon Cartesius in dem oben angeführten Axiom gethan.

So ist denn Spinoza's Pantheismus eigentlich nur die Realisation des ontologischen Beweises des Cartesius. Zunächst adoptirt er den oben angeführten ontotheologischen Satz des Cartesius: *ipsa naturae Dei immensitas est* causa sive ratio, *propter quam nulla causa indiget ad existendum* [Gerade die

Unendlichkeit der Natur Gottes ist *Ursache oder Grund*, derentwegen er zu seiner Existenz keiner Ursache bedarf]: statt *Deus* sagt er (im Anfang) stets *substantia*, und nun schließt er: *substantiae essentia necessario involvit existentiam, ergo erit substantia* causa sui. [Das Wesen der Substanz schließt ihr Dasein notwendigerweise in sich; folglich muß die Substanz *Ursache ihrer selbst* sein.] *(Eth. P. I, prop. 7.)* Also durch das selbe Argument, womit Cartesius das Daseyn Gottes bewiesen hatte, beweist er das absolut nothwendige Daseyn der Welt, – die also keines Gottes bedarf. Dies leistet er noch deutlicher im 2. Scholio [Kommentar] zur 8. Proposition: *Quoniam ad naturam substantiae pertinet existere, debet ejus definitio necessariam existentiam involvere, et consequenter ex sola ejus definitione debet ipsius existentia concludi.* [Da es nun zur Natur der Substanz gehört, dazusein, so muß ihre Definition ihr Dasein als notwendig in sich beschließen, und folglich muß aus ihrer bloßen Definition auf ihr Dasein geschlossen werden.] Diese Substanz aber ist bekanntlich die Welt. – Im selben Sinne sagt die Demonstration zur *Prop. 24: Id, cujus natura in se considerata* (d. i. Definition) *involvit existentiam, est* causa sui. [Dasjenige, dessen Natur für sich allein betrachtet das Dasein einbegreift, ist *Ursache seiner selbst.*]

Was nämlich Cartesius nur ideal, nur subjektiv, d. h. nur für uns, nur zum Behuf der Erkenntniß, nämlich des Beweises des Daseyns Gottes, aufgestellt hatte, Das nahm Spinoza real und objektiv, als das wirkliche Verhältniß Gottes zur Welt. Beim Cartesius liegt im Begriffe Gottes die Existenz und wird also zum Argument für sein wirkliches Daseyn: beim Spinoza steckt Gott selbst in der Welt. Was demnach beim Cartesius bloßer Erkenntnißgrund war, macht Spinoza zum Realgrund: hatte jener im ontologischen Beweise gelehrt, daß aus der *essentia* [Wesenheit] Gottes seine *existentia* [Existenz] folgt, so macht dieser daraus die *causa sui* [Ursache ihrer (seiner) selbst] und eröffnet dreist seine Ethik mit: *per causam sui intelligo id, cujus essentia* (Begriff) *involvit existentiam* [Unter einer Ursache seiner selbst verstehe ich das, dessen Wesenheit (Begriff) das Dasein in sich begreift: *Ethica,* 1]; – taub gegen den Aristoteles, der ihm zuruft το δ' ειναι ουκ ουσια ουδενι [Das Dasein gehört nicht zum Wesen einer Sache: vgl. S. 24]. Hier haben wir nun die handgreiflichste

Verwechselung des Erkenntnißgrundes mit der Ursache. Und wenn die Neospinozisten (Schellingianer, Hegelianer u. s. w.), gewohnt, Worte für Gedanken zu halten, sich oft in vornehm andächtiger Bewunderung über dieses *causa sui* ergehn; so sehe ich meinerseits in *causa sui* nur eine *contradictio in adjecto*, ein Vorher was nachher ist, ein freches Machtwort, die unendliche Kausalkette abzuschneiden, ja, ein Analogon zu jenem Oesterreicher, der, als er, die Agraffe auf seinem festgeschnallten Schacko [Stoffhelm] zu befestigen, nicht hoch genug hinaufreichen konnte, auf den Stuhl stieg. Das rechte Emblem der *causa sui* ist Baron Münchhausen, sein im Wasser sinkendes Pferd mit den Beinen umklammernd und an seinem über den Kopf nach vorn geschlagenen Zopf sich mit sammt dem Pferde in die Höhe ziehend; und darunter gesetzt: *Causa sui.*

Zum Schluß werfe man noch einen Blick auf die *propos. 16.* des ersten Buchs der Ethik, wo aus dem Grunde, daß *ex data cujuscunque rei definitione plures proprietates intellectus concludit, quae re vera ex eadem necessario sequuntur* [aus der gegebenen Definition irgendeiner Sache der Intellekt auf weitere Eigentümlichkeiten schließt, die aus eben dieser Definition in der Tat notwendig folgen] gefolgert wird: *ex necessitate divinae naturae* (d. h. real genommen) *infinita infinitis modis sequi debent* [aus der Notwendigkeit der göttlichen Natur muß sich Unendliches auf unendlich viele Weisen ergeben (gekürzt)]; unstreitig also hat dieser Gott zur Welt das Verhältniß eines Begriffes zu seiner Definition. Nichtsdestoweniger knüpft sich gleich daran das Korollarium: *Deum omnium rerum esse* causam efficientem [Gott ist für alle Dinge *die bewirkende Ursache* (gekürzt)]. Weiter kann die Verwechselung des Erkenntnißgrundes mit der Ursache nicht getrieben werden, und bedeutendere Folgen, als hier, konnte sie nicht haben. Dies aber zeugt für die Wichtigkeit des Themas gegenwärtiger Abhandlung.

Zu diesen, aus Mangel an Deutlichkeit im Denken entsprungenen Verirrungen jener beiden großen Geister der Vergangenheit hat in unsern Tagen Hr. v. Schelling noch ein kleines Nachspiel geliefert, indem er dem vorliegenden Klimax noch die dritte Stufe aufzusetzen sich bemüht hat. War nämlich Cartesius der Forderung des unerbittlichen Kausalitätsgesetzes, welches seinen Gott in die Enge trieb, dadurch begegnet, daß er der verlangten Ursache einen Erkenntnißgrund substituirte, um die

Sache zur Ruhe zu bringen; und hatte Spinoza aus diesem eine wirkliche Ursache und also *causa sui* gemacht, wobei ihm der Gott zur Welt ward; so ließ Hr. v. Schelling (in seiner Abhandlung von der menschlichen Freiheit) in Gott selbst den Grund und die Folge auseinandertreten, konsolidirte also die Sache noch viel besser dadurch, daß er sie zu einer realen und leibhaften Hypostase des Grundes und seiner Folge erhob, indem er uns mit etwas bekannt machte, »das in Gott nicht Er selbst sei, sondern sein Grund, als ein Urgrund, oder vielmehr U n g r u n d.« *Hoc quidem vere palmarium est* [Dies ist wirklich des Preises würdig]. – Daß er übrigens die ganze Fabel aus Jakob Böhme's »Gründlichem Bericht vom irdischen und himmlischen Mysterio« genommen hat, ist heut zu Tage bekannt genug: woher aber Jakob Böhme selbst die Sache habe und wo also eigentlich der Ungrund zu Hause sei, scheint man nicht zu wissen; daher ich mir erlaube, es herzusetzen. Es ist der βυϑος, d. i. *abyssus, vorago,* also bodenlose Tiefe, U n g r u n d, der Valentinianer (einer Ketzersekte des zweiten Jahrhunderts), welcher das ihm konsubstantiale [wesensgleiche] Schweigen befruchtete, das nun den Verstand und die Welt gebar: wie es I r e n ä u s *contr. haeres. lib. I. c. 1,* in folgenden Worten berichtet: Λεγουσι γαρ τινα ειναι εν αορατοις και ακατονομαστοις ὑψωμασι τελειον Αιωνα προοντα· τουτον δε και προαρχην, και προπατορα, και β υ ϑ ο ν καλουσιν. – – Ὑπαρχοντα δε αυτον αχωρητον και αορατον, αϊδιον τε και αγεννητον, εν ἡσυχιᾳ και ηρεμιᾳ πολλῃ γεγονεναι εν απειροις αιωσι χρονων. Συνυπαρχειν δε αυτῳ και Εννοιαν, ἡν δε και Χαριν, και Σιγην ονομαζουσι· και εννοηϑηναι ποτε αφ' ἑαυτου προβαλεσϑαι τον β υ ϑ ο ν τουτον αρχην των παντων, και καϑαπερ σπερμα την προβολην ταυτην (ἡν προβαλεσϑαι ενενοηϑη) καϑεσϑαι, ὡς εν μητρᾳ, τῃ συνυπαρχουσῃ ἑαυτῳ Σιγῃ. Ταυτην δε, ὑποδεξαμενην το σπερμα τουτο, και εγκυμονα γενομενην, αποκυησαι Νουν, ὁμοιον τε και ισον τῳ προβαλοντι, και μονον χωρουντα το μεγεϑος του Πατρος. Τον δε νουν τουτον και μονογενη καλουσι, και αρχην των παντων. *(Dicunt enim esse quendam in sublimitatibus illis, quae nec oculis cerni, nec nominari possunt, perfectum Aeonem praeexistentem, quem et proarchen, et propatorem, et* Bythum *vocant. Eum autem, quum incomprehensibilis et invisibilis, sempiternus idem et ingenitus esset, infinitis temporum seculis in summa quiete ac tranquillitate fuisse. Unâ etiam cum eo Cogita-*

tionem exstitisse, quam et Gratiam et Silentium (Sigen) nuncupant. Hunc porro Bythum *in animum aliquando induxisse, rerum omnium initium proferre, atque hanc, quam in animum induxerat, productionem, in Sigen (silentium) quae unâ cum eo erat, non secus atque in vulvam demisisse. Hanc vero, suscepto hoc semine, praegnantem effectam peperisse Intellectum, parenti suo parem et aequalem, atque ita comparatum, ut solus paternae magnitudinis capax esset. Atque hunc Intellectum et Monogenem et Patrem et principium omnium rerum appellant.)* [Denn sie behaupten, daß in unsichtbarer und unsagbarer Erhabenheit ein gewisses vollkommenes Weltalter präexistiere; dieses aber nennen sie den Uranfang und Urvater und U r g r u n d. -- Indem es aber unfaßbar und unsichtbar, ewig und unentstanden vorhanden gewesen sei, habe es sich in Stille und großer Ruhe befunden während unendlicher Ewigkeiten von Zeiten. Es habe aber zugleich mit ihm bestanden die Einsicht, welche sie auch die Gnade und das Schweigen nennen; da habe einstmals jener U r g r u n d den Gedanken gehabt, aus sich selbst den Anfang der Welt hervorgehen zu lassen, und dieses Hervorgehen (welches hervorgehen zu lassen er den Gedanken gehabt hatte) habe er gleichwie den Samen in einen Mutterschoß in das mit ihm gleichzeitig bestehende Schweigen gesenkt. Dieses aber, nachdem es diesen Samen empfangen habe und schwanger geworden sei, habe den Intellekt geboren als ähnlich und gleich mit dem, der ihn hervorgehen ließ, und als allein fähig, die Größe des Vaters zu fassen. Diesen Intellekt aber nennen sie den Eingeborenen und den Ursprung des Weltalls.] Dem Jak. Böhme muß Das irgendwie aus der Ketzergeschichte zu Ohren gekommen seyn, und aus dessen Händen hat Hr. v. Schelling es gläubig entgegengenommen.

§ 9.

Leibnitz.

Leibnitz hat zuerst den Satz vom Grunde als einen Hauptgrundsatz aller Erkenntniß und Wissenschaft förmlich aufgestellt. Er proklamirt ihn an vielen Stellen seiner Werke sehr pomphaft, thut gar wichtig damit, und stellt sich, als ob er ihn erst erfunden hätte; jedoch weiß er von demselben nichts weiter zu sagen, als nur immer, daß Alles und Jedes einen zureichenden Grund haben müsse, warum es so und nicht anders sei; was die Welt denn doch wohl auch vor ihm gewußt haben wird. Die Unterscheidung der zwei Hauptbedeutungen desselben deutet er dabei gelegentlich zwar an, hat sie jedoch nicht ausdrücklich hervorgehoben, noch auch sonst sie irgendwo deutlich erörtert. Die Hauptstelle ist in seinen *principiis philosophiae § 32*, und ein wenig besser in der französischen Bearbeitung derselben, überschrieben *Monadologie: en vertu du principe de la raison suffisante nous considérons qu'aucun fait ne sauroit se trouver vrai ou existant, aucune énonciation véritable, sans qu'il y ait une raison suffisante, pourquoi il en soit ainsi et non pas autrement* [Kraft des Satzes vom zureichenden Grunde nehmen wir an, daß keine Tatsache wahr oder wirklich, kein Urteil richtig sein kann ohne einen zureichenden Grund dafür, daß es so und nicht anders ist]: – womit zu vergleichen Theodicee § 44, und der 5. Brief an Clarke, § 125.

§ 10.

Wolf.

W o l f ist also der Erste, welcher die beiden Hauptbedeutungen unsers Grundsatzes ausdrücklich gesondert und ihren Unterschied auseinandergesetzt hat. Er stellt jedoch den Satz vom zureichenden Grunde noch nicht, wie es jetzt geschieht, in der Logik auf, sondern in der Ontologie. Daselbst dringt er zwar schon § 71 darauf, daß man den Satz vom zureichenden Grund der Erkenntniß nicht mit dem der Ursache und Wirkung verwechseln solle, bestimmt hier aber doch nicht deutlich den Unterschied und begeht selbst Verwechselungen, indem er eben hier im Kapitel *de ratione sufficiente §§ 70, 74, 75, 77*, zum Beleg für das *principium rationis sufficientis* [den Satz vom zureichenden Grunde] Beispiele von Ursache und Wirkung und Motiv und Handlung anführt, die, wenn er jene Unterscheidung machen will, im Kapitel *de causis* des selben Werks angeführt werden müßten. In diesem nun führt er wieder ganz ähnliche Beispiele an und stellt auch hier wieder das *principium cognoscendi* [den Erkenntnißgrund] auf (§ 876), das zwar, als oben bereits abgehandelt, nicht hieher gehört, jedoch dient, die bestimmte und deutliche Unterscheidung desselben vom Gesetz der Kausalität einzuführen, welche sodann §§ 881–884 folgt. *Principium*, sagt er hier [§ 874] ferner, *dicitur id, quod in se continet rationem alterius* [Prinzip wird das genannt, was in sich den Grund für ein anderes enthält], und er unterscheidet drei Arten desselben, nämlich: *1)* principium fiendi *(causa)* [den Grund des Werdens (Ursache)], das er definirt als *ratio actualitatis alterius; e. gr. si lapis calescit, ignis aut radii solares sunt rationes, cur calor lapidi insit* [Grund für die Aktualität eines anderen; z. B. wenn ein Stein sich erwärmt, so sind Feuer oder Sonnenstrahlen die Gründe dafür, daß dem Stein Wärme innewohnt]. – *2)* principium essendi [den Grund des Seins], das er definirt: *ratio possibilitatis alterius; in eodem exemplo, ratio possibilitatis, cur lapis calorem recipere possit, est in essentia seu modo compositionis lapidis.* [Grund für die Möglichkeit eines anderen: im gleichen Beispiel liegt der Grund für die Möglichkeit, daß der Stein Wärme in sich aufnehmen kann, in dem Wesen bzw. in der Art der Zusammensetzung des Steins.] Dies letztere scheint mir ein unstatthafter Begriff. Möglichkeit überhaupt ist, wie Kant zur Genüge gezeigt hat, Uebereinstimmung mit den uns *a priori* bewußten Bedingungen aller Erfahrung. Aus diesen wissen wir, in Beziehung auf Wolf's Beispiel vom Stein, daß Veränderungen als Wirkungen von Ursachen möglich sind, d. h. daß ein Zustand auf einen andern folgen kann, wenn dieser die Bedingungen zu jenem enthält: hier finden wir, als Wirkung, den Zustand des Warmseyns des Steins, und, als Ursache, den ihm vorhergehenden der endlichen Wärmekapacität des Steins und seiner Berührung mit freier Wärme. Daß nun Wolf die zuerst genannte Beschaffenheit dieses Zustandes *principium essendi* und die zweite *principium fiendi* nennen will, beruht auf einer Täuschung, die ihm daraus entsteht, daß die auf der Seite des Steins liegenden Bedingungen bleibender sind und daher auf die übrigen länger warten können. Daß nämlich der Stein ein solcher ist, wie er ist, von solcher chemischen Beschaffenheit, die so und so viel specifische Wärme, folglich eine im umgekehrten Verhältniß derselben stehende Wärmekapacität mit sich bringt, ist, eben wie andererseits sein in Berührung mit freier Wärme kommen, Folge einer Kette früherer Ursachen, sämmtlich *principiorum fiendi*: das Zusammentreffen beiderseitiger Umstände aber macht allererst den Zustand aus, der, als Ursache, die Erwärmung, als Wirkung, bedingt. Nirgends bleibt dabei Raum für Wolf's *principium essendi,* das ich daher nicht anerkenne und über welches ich hier theils deshalb etwas ausführlich gewesen bin, weil ich den Namen in einer ganz andern Bedeutung unten gebrauchen werde, und theils weil die Erörterung beiträgt, den wahren Sinn des Kausalitätsgesetzes faßlich zu machen. 3) unterscheidet Wolf, wie gesagt, *principium cognoscendi,* und unter *causa* führt er noch [§ 940] an *causa impulsiva, sive ratio voluntatem deteremi-nans* [die treibende Ursache, oder der den Willen bestimmende Grund].

§ 11.

Philosophen zwischen Wolf und Kant.

Baumgarten, in seiner *Metaphysica,* §§ 20–24 und §§ 306–313, wiederholt die Wolfischen Unterscheidungen.

Reimarus, in der Vernunftlehre § 81, unterscheidet 1) innern Grund, wovon seine Erklärung mit Wolf's *ratio essendi* [Grund des Seins] übereinstimmt, indessen von der *ratio cognoscendi* [vom Erkenntnisgrund] gelten würde, wenn er nicht auf Dinge übertrüge, was nur von Begriffen gilt: und 2) äußern Grund, d. i. *causa.* – § 120 *seq.* bestimmt er die *ratio cognoscendi* richtig, als eine Bedingung der Aussage: allein § 125 verwechselt er doch, in einem Beispiel, Ursache damit.

Lambert, im neuen Organon, erwähnt die Wolfischen Unterscheidungen nicht mehr, zeigt aber in einem Beispiel, daß er Erkenntnißgrund von Ursache unterscheide, nämlich Bd. I, § 572, wo er sagt, Gott sei *principium essendi* der Wahrheiten und die Wahrheiten *principia cognoscendi* Gottes.

Platner, in den Aphorismen, § 868 [=859–860], sagt: »Was innerhalb der Vorstellung Grund und Folge *(principium cognoscendi, ratio – rationatum)* heißt, das ist in der Wirklichkeit Ursache und Wirkung *(causa efficiens – effectus).* Jede Ursache ist Erkenntnißgrund, jede Wirkung Erkenntnißfolge.« Er meint also, daß Ursache und Wirkung Dasjenige seien, was, in der Wirklichkeit, den Begriffen von Grund und Folge im Denken entspricht, daß jene zu diesen sich verhielten etwan wie

Substanz und Accidenz zu Subjekt und Prädikat, oder wie Qualität des Objekts zur Empfindung derselben in uns u. s. f. Ich halte es für überflüssig, diese Meinung zu widerlegen, da Jeder leicht einsehn wird, daß das Verhältniß von Grund und Folge in Urtheilen etwas ganz anderes ist, als eine Erkenntniß von Wirkung und Ursache; obwohl in einzelnen Fällen auch Erkenntniß einer Ursache, als solcher, Grund eines Urtheils seyn kann, das die Wirkung aussagt. (Vergl. § 36.)

§ 12.

Hume.

Bis auf diesen ernstlichen Denker hatte noch Niemand gezweifelt an Folgendem. Zuerst und vor allen Dingen im Himmel und auf Erden ist der Satz vom zureichenden Grunde, nämlich als Gesetz der Kausalität. Denn er ist eine *veritas aeterna* [ewige Wahrheit]: d. h. er selbst ist an und für sich, erhaben über Götter und Schicksal: alles Uebrige hingegen, z. B. der Verstand, der den Satz vom Grunde denkt, nicht weniger die ganze Welt und auch was etwan die Ursache dieser Welt seyn mag, wie Atome, Bewegung, ein Schöpfer u. s. w., ist Dies erst in Gemäßheit und vermöge desselben. Hume war der Erste, dem es einfiel, zu fragen, woher denn dieses Gesetz der Kausalität seine Auktorität habe, und die Kreditive [Beglaubigung] derselben zu verlangen. Sein Ergebniß, daß die Kausalität nichts weiter, als die empirisch wahrgenommene und uns gewöhnlich gewordene Zeitfolge der Dinge und Zustände sei, ist bekannt: Jeder fühlt sogleich das Falsche desselben, und es zu widerlegen ist auch nicht schwer. Allein das Verdienst lag in der Frage selbst: sie wurde die Anregung und der Anknüpfungspunkt zu Kants tiefsinnigen Untersuchungen und dadurch zu einem ungleich tiefer gefaßten und gründlicheren Idealismus, als der bisherige, der hauptsächlich der Berkeley'sche ist, gewesen war, zum transscendentalen Idealismus, aus welchem uns die Ueberzeugung hervorgeht, daß die Welt so abhängig von uns im Ganzen ist, wie wir es von ihr im Einzelnen sind. Denn indem er die transscendentalen Principien nachwies als solche, vermöge deren wir über die Objekte und ihre Möglichkeit Einiges *a priori*, d. h.

vor aller Erfahrung, bestimmen können, bewies er daraus, daß diese Dinge nicht unabhängig von unserer Erkenntniß so daseyn können, wie sie sich uns darstellen. Die Verwandtschaft einer solchen Welt mit dem Traume tritt hervor.

§ 13.

Kant und seine Schule.

Kants Hauptstelle über den Satz vom zureichenden Grunde steht in der kleinen Schrift »über eine Entdeckung, nach der alle Kritik der reinen Vernunft entbehrlich gemacht werden soll« und zwar im ersten Abschnitt derselben, unter A. Daselbst dringt Kant auf die Unterscheidung des logischen (formalen) Princips der Erkenntniß »ein jeder Satz muß seinen Grund haben« von dem transscendentalen (materialen) Princip »ein jedes Ding muß seinen Grund haben«, indem er gegen Eberhard polemisirt, der Beides hatte identificiren wollen. – Seinen Beweis der Apriorität und dadurch Transscendentalität des Kausalitätsgesetzes werde ich weiterhin in einem eigenen Paragraphen kritisiren, nachdem ich den allein richtigen zuvor werde geliefert haben.

Nach diesen Vorgängern bestimmen denn die mancherlei Lehrbücher der Logik, welche die Kantische Schule geliefert hat, z. B. die von Hofbauer, Maaß, Jakob, Kiesewetter u. A. den Unterschied zwischen Erkenntnißgrund und Ursache ziemlich genau. Kiesewetter besonders giebt ihn in seiner Logik (Bd. 1. S. 16) völlig genügend also an: »Logischer Grund (Erkenntnißgrund) ist nicht zu verwechseln mit dem realen (Ursache). Der Satz des zureichenden Grundes gehört in die Logik, der Satz der Kausalität in die Metaphysik. (S. 60.) Jener ist Grundsatz des Denkens, dieser der Erfahrung. Ursache betrifft wirkliche Dinge, logischer Grund nur Vorstellungen.«

Die Gegner Kants dringen noch mehr auf diese Unterscheidung. G. E. Schulze, in seiner Logik § 19. Anmerk. 1 und § 63, klagt über Verwechselung des Satzes vom zureichenden Grund mit dem der Kausalität. Salomon Maimon, in seiner Logik S. 20, 21, klagt, daß man viel vom zureichenden Grunde gesprochen habe, ohne zu erklären, was man darunter verstehe, und in der Vorrede S. XXIV tadelt er, daß Kant das Princip der Kausalität von der logischen Form der hypothetischen Urtheile ableite.

F. H. Jacobi, in seinen »Briefen über die Lehre des Spinoza«, Beilage 7, S. 414, sagt, daß aus der Vermischung des Begriffes des Grundes mit dem der Ursache eine Täuschung entstehe, welche die Quelle verschiedener falscher Spekulationen geworden sei: auch giebt er den Unterschied derselben auf seine Weise an. Indessen findet man hier, wie gewöhnlich bei ihm, mehr ein selbstgefälliges Spiel mit Phrasen, als ernstliches Philosophiren.

Wie endlich Hr. v. Schelling Grund und Ursache unterscheide, kann man ersehn aus seinen »Aphorismen zur Einleitung in die Naturphilosophie«, § 184, welche das erste Heft des ersten Bandes der Jahrbücher der Medicin von Marcus und Schelling eröffnen. Daselbst wird man belehrt, daß die Schwere der Grund und das Licht die Ursache der Dinge sei; – welches ich bloß als ein Curiosum anführe, da außerdem ein solches leichtfertiges In-den-Tag-hinein-Schwätzen keine Stelle unter den Meinungen ernster und redlicher Forscher verdient.

§ 14.

Ueber die Beweise des Satzes.

Noch ist zu erwähnen, daß man mehrmals vergeblich versucht hat, den Satz vom zureichenden Grund überhaupt zu beweisen, meistens ohne genau zu bestimmen, in welcher Bedeutung man ihn nahm. Z. B. Wolf in der Ontologie § 70, welchen Beweis Baumgarten in der Metaphysik § 20 wiederholt. Es wäre überflüssig, ihn auch hier zu wiederholen und zu widerlegen, da es in die Augen fällt, daß er auf einem Wortspiel beruht. Platner in den Aphorismen § 828, Jakob in der Logik und Metaphysik (S. 38. 1794), haben andere Beweise versucht, in denen der Cirkel [Fehlschluß] sehr leicht zu erkennen ist. Von Kants Beweise soll, wie gesagt, weiter unten geredet werden. Da ich durch diese Abhandlung die verschiedenen Gesetze unsers Erkenntnißvermögens, deren gemeinschaftlicher Ausdruck der Satz vom zureichenden Grunde ist, aufzuweisen hoffe; so wird sich von selbst ergeben, daß der Satz überhaupt nicht zu beweisen ist, sondern von allen jenen Beweisen (mit Ausnahme des Kantischen, als welcher nicht auf die Gültigkeit, sondern auf die Apriorität des Kausalitätsgesetzes gerichtet ist) gilt was Aristoteles sagt: λογον ζητουσι ὧν ουκ εστι λογος· αποδειξεως γαρ αρχη ουκ αποδειξις εστι[ν]. *Metaph III* [= IV], *6. (rationem eorum quaerunt, quorum non est ratio: demonstrationis enim principium non est demonstratio)* [sie suchen einen Grund für das, was keinen Grund hat; denn das Urprinzip des Beweises ist nicht wiederum der Beweis], womit zu vergleichen *Analyt. post. I, 3*. Denn jeder Beweis ist die Zurückführung des Zweifelhaften auf ein Anerkanntes, und wenn wir von diesem, was es auch sei, immer wieder einen Beweis fordern, so werden wir zuletzt auf gewisse Sätze gerathen, welche die Formen und Gesetze, und daher die Bedingungen alles Denkens und Erkennens ausdrücken, aus deren Anwendung mithin alles Denken und Erkennen besteht; so daß Gewißheit nichts weiter ist, als Uebereinstimmung mit ihnen, folglich ihre eigene Gewißheit nicht wieder aus andern Sätzen erhellen kann. Wir werden im 5. Kapitel die Art der Wahrheit solcher Sätze erörtern.

Einen Beweis für den Satz vom Grunde insbesondere zu suchen, ist überdies eine specielle Verkehrtheit, welche von Mangel an Besonnenheit zeugt. Jeder Beweis nämlich ist die Darlegung des Grundes zu einem ausgesprochenen Urtheil, welches eben dadurch das Prädikat wahr erhält. Eben von diesem Erforderniß eines Grundes für jedes Urtheil ist der Satz vom Grunde der Ausdruck. Wer nun einen Beweis, d. i. die Darlegung eines Grundes, für ihn fordert, setzt ihn eben hiedurch schon als wahr voraus, ja, stützt seine Forderung eben auf diese Voraussetzung. Er geräth also in diesen Cirkel, daß er einen Beweis der Berechtigung, einen Beweis zu fordern, fordert.

Drittes Kapitel.

Unzulänglichkeit der bisherigen Darstellung und Entwurf zu einer neuen.

§ 15.

Fälle, die unter den bisher aufgestellten Bedeutungen des Satzes nicht begriffen sind.

Aus der im vorigen Kapitel gegebenen Uebersicht ergiebt sich als allgemeines Resultat, daß man, obwohl erst allmälig und auffallend spät, auch nicht ohne öfter von Neuem in Verwechselungen und Fehlgriffe zu gerathen, zwei Anwendungen des Satzes vom zureichenden Grunde unterschieden hat: die eine auf Urtheile, die, um wahr zu seyn, immer einen Grund, die andere auf Veränderung realer Objekte, die immer eine Ursache haben müssen. Wir sehn, daß in beiden Fällen der Satz vom zureichenden Grund zur Frage W a r u m berechtigt, welche Eigenschaft ihm wesentlich ist. Allein sind unter jenen beiden Verhältnissen alle Fälle begriffen, in denen wir Warum zu fragen berechtigt sind? Wenn ich frage: Warum sind in diesem Triangel die drei Seiten gleich? So ist die Antwort: weil die drei Winkel gleich sind. Ist nun die Gleichheit der Winkel U r s a c h e der Gleichheit der Seiten? Nein, denn hier ist von keiner Veränderung, also von keiner Wirkung, die eine Ursache haben müßte, die Rede. – Ist sie bloß Erkenntnißgrund? Nein, denn die Gleichheit der Winkel ist nicht bloß Beweis der Gleichheit der Seiten, nicht bloß Grund eines Urtheils: aus bloßen Begriffen ist ja nimmermehr einzusehn, daß, weil die Winkel gleich sind, auch die Seiten gleich seyn müssen: denn im Begriff von Gleichheit der Winkel liegt nicht der von Gleichheit der Seiten. Es ist hier also keine Verbindung zwischen Begriffen, oder Urtheilen, sondern zwischen Seiten und Winkeln. Die Gleichheit der Winkel ist nicht u n m i t t e l b a r Grund zur E r k e n n t -

niß der Gleichheit der Seiten, sondern nur mittelbar, indem sie Grund des So-seyns, hier des Gleichseyns der Seiten ist: darum daß die Winkel gleich sind, müssen die Seiten gleich seyn. Es findet sich hier eine nothwendige Verbindung zwischen Winkeln und Seiten, nicht unmittelbar eine nothwendige Verbindung zweier Urtheile. – Oder wiederum, wenn ich frage, warum zwar *infecta facta* [Ungeschehenes zu einem Geschehenen], aber nimmermehr *facta infecta fieri possunt* [Geschehenes ungeschehen werden kann: nach Plautus, *Aulularia*, IV, 10, 15]; also warum denn eigentlich die Vergangenheit schlechthin unwiederbringlich, die Zukunft unausbleiblich sei; so läßt sich Dies auch nicht rein logisch, mittelst bloßer Begriffe, darthun. Und eben so wenig ist es Sache der Kausalität; da diese nur die Begebenheiten in der Zeit, nicht diese selbst beherrscht. Aber nicht durch Kausalität, sondern unmittelbar durch ihr bloßes Daseyn selbst, dessen Eintritt jedoch unausbleiblich war, hat die jetzige Stunde die verflossene in den bodenlosen Abgrund der Vergangenheit gestürzt und auf ewig zu nichts gemacht. Dies läßt sich aus bloßen Begriffen nicht verstehn, noch durch sie verdeutlichen; sondern wir erkennen es ganz unmittelbar und intuitiv, eben wie den Unterschied zwischen Rechts und Links und was von diesem abhängt, z. B. daß der linke Handschuh nicht zur rechten Hand paßt.

Da nun also nicht alle Fälle, in denen der Satz vom zureichenden Grunde Anwendung findet, sich zurückführen lassen auf logischen Grund und Folge und Ursache und Wirkung; so muß bei dieser Eintheilung dem Gesetz der Specifikation kein Genüge geschehn seyn. Das Gesetz der Homogeneität nöthigt uns jedoch vorauszusetzen, daß jene Fälle nicht ins Unendliche verschieden seyn, sondern auf gewisse Gattungen müssen zurückgeführt werden können. Ehe ich nun diese Eintheilung versuche, ist es nöthig zu bestimmen, was dem Satz vom zureichenden Grunde, als sein eigenthümlicher Charakter, in allen Fällen eigen sei; weil der Geschlechtsbegriff vor den Gattungsbegriffen festgestellt werden muß.

§ 16.

Die Wurzel des Satzes vom zureichenden Grund.

Unser erkennendes Bewußtseyn, als äußere und innere Sinnlichkeit (Receptivität), Verstand und Vernunft auftretend, zerfällt in Subjekt und Objekt, und enthält nichts außerdem. Objekt für das Subjekt seyn, und unsere Vorstellung seyn, ist das Selbe. Alle unsere Vorstellungen sind Objekte des Subjekts, und alle Objekte des Subjekts sind unsere Vorstellungen. Nun aber findet sich, daß alle unsere Vorstellungen unter einander in einer gesetzmäßigen und der Form nach *a priori* bestimmbaren Verbindung stehn, vermöge welcher nichts für sich Bestehendes und Unabhängiges, auch nichts Einzelnes und Abgerissenes, Objekt für uns werden kann. Diese Verbindung ist es, welche der Satz vom zureichenden Grund, in seiner Allgemeinheit, ausdrückt. Obgleich dieselbe nun, wie wir schon aus dem Bisherigen entnehmen können, je nach Verschiedenheit der Art der Objekte, verschiedene Gestalten annimmt, welche zu bezeichnen der Satz vom Grunde dann auch wieder seinen Ausdruck modificirt; so bleibt ihr doch immer das allen jenen Gestalten Gemeinsame, welches unser Satz, allgemein und abstrakt gefaßt, besagt. Die demselben zum Grunde liegenden, im Folgenden näher nachzuweisenden Verhältnisse sind es daher, welche ich die Wurzel des Satzes vom zureichenden Grunde genannt habe. Diese nun sondern sich, bei näherer, den Gesetzen der Homogeneität und der Specifikation gemäß angestellter Betrachtung, in bestimmte, von einander sehr verschiedene Gattungen, deren Anzahl sich auf vier zurückführen läßt, indem sie sich richtet nach den vier Klassen, in welche Alles, was für uns Objekt werden kann, also alle unsere Vorstellungen, zerfallen. Diese Klassen werden in den nächsten vier Kapiteln aufgestellt und abgehandelt.

In jeder derselben werden wir den Satz vom zureichenden Grund in einer andern Gestalt auftreten, sich aber überall dadurch, daß er den oben angegebenen Ausdruck zuläßt, als den selben und als aus der hier angegebenen Wurzel entsprossen zu erkennen geben sehn.

Viertes Kapitel.

Ueber die erste Klasse der Objekte für das Subjekt und die in ihr herrschende Gestaltung des Satzes vom zureichenden Grunde.

§ 17.

Allgemeine Erklärung dieser Klasse von Objekten.

Die erste Klasse der möglichen Gegenstände unsers Vorstellungsvermögens ist die der anschaulichen, vollständigen, empirischen Vorstellungen. Sie sind anschauliche, im Gegensatz der bloß gedachten, also der abstrakten Begriffe; vollständige, sofern sie, nach Kants Unterscheidung, nicht bloß das Formale, sondern auch das Materiale der Erscheinungen enthalten; empirische, theils sofern sie nicht aus bloßer Gedankenverknüpfung hervorgehn, sondern in einer Anregung der Empfindung unsers sensitiven Leibes ihren Ursprung haben, auf welchen sie, zur Beglaubigung ihrer Realität, stets zurückweisen; theils weil sie, gemäß den Gesetzen des Raumes, der Zeit und der Kausalität im Verein, zu demjenigen end- und anfangslosen Komplex verknüpft sind, der unsere empirische Realität ausmacht. Da jedoch diese nach dem Ergebniß der Kantischen Belehrung, die transscendentale Idealität derselben nicht aufhebt; so kommen sie hier, wo es sich um die formellen Elemente der Erkenntniß handelt, bloß als Vorstellung in Betracht.

§ 18.

Umriß einer transsccendentalen Analysis der empirischen Realität.

Die Formen dieser Vorstellungen sind die des innern und äußern Sinnes, Zeit und Raum. Aber nur als erfüllt sind diese wahrnehmbar. Ihre Wahrnehmbarkeit ist die Materie, auf welche ich weiterhin, wie auch § 21, zurückkommen werde.

Wäre die Zeit die alleinige Form dieser Vorstellungen; so gäbe es kein Zugleichseyn und deshalb nichts Beharrliches und keine Dauer. Denn die Zeit wird nur wahrgenommen, sofern sie erfüllt ist, und ihr Fortgang nur durch den Wechsel des sie Erfüllenden. Das Beharren eines Objekts wird daher nur erkannt durch den Gegensatz des Wechsels anderer, die mit ihm zugleich sind. Die Vorstellung des Zugleichseyns aber ist in der bloßen Zeit nicht möglich; sondern, zur andern Hälfte, bedingt durch die Vorstellung vom Raum; weil in der bloßen Zeit alles nach einander, im Raum aber neben einander ist: dieselbe entsteht also erst durch den Verein von Zeit und Raum.

Wäre andererseits der Raum die alleinige Form der Vorstellungen dieser Klasse; so gäbe es keinen Wechsel: denn Wechsel, oder Veränderung, ist Succession der Zustände, und Succession ist nur in der Zeit möglich. Daher kann man die Zeit auch definiren als die Möglichkeit entgegengesetzter Bestimmungen am selben Dinge.

Wir sehn also, daß die beiden Formen der empirischen Vorstellungen, obwohl sie bekanntlich unendliche Theilbarkeit und unendliche Ausdehnung gemein haben, doch grundverschieden sind, darin, daß was der einen wesentlich ist, in der andern gar keine Bedeutung hat: das Nebeneinander keine in der Zeit, das Nacheinander keine im Raum. Die empirischen, zum gesetzmäßigen Komplex der Realität gehörigen Vorstellungen erscheinen dennoch in beiden Formen zugleich, und sogar ist eine innige Vereinigung beider die Bedingung der Realität, welche aus ihnen gewissermaaßen wie ein Produkt aus seinen Faktoren erwächst. Was diese Vereinigung schafft ist der Verstand, der, mittelst seiner, ihm eigenthümlichen Funktion, jene heterogenen Formen der Sinnlichkeit verbindet, so daß aus ihrer wechselseitigen Durchdringung, wiewohl eben auch nur für ihn selbst, die empirische Realität hervorgeht, als eine Gesammtvorstellung, welche einen, durch die Formen des Satzes vom Grunde zusammengehaltenen Komplex, jedoch mit problematischen Gränzen, bildet, von dem alle einzelnen, dieser Klasse angehörigen Vorstellungen Theile sind und in ihm, bestimmten, uns *a priori* bewußten Gesetzen gemäß, ihre Stellen einnehmen, in welchem daher unzählige Objekte zugleich existiren, weil in ihm, ungeachtet der Unaufhaltsamkeit der Zeit, die Substanz, d. i. die Materie, beharrt, und ungeachtet der starren Unbeweglichkeit des Raums ihre Zustände wechseln, in welchem also, mit Einem Wort, diese ganze objektive reale Welt für uns daist. Die Ausführung der hier nur im Umriß gegebenen Analysis der empirischen Realität, durch eine nähere Auseinandersetzung der Art und Weise, wie durch die Funktion des Verstandes jene Vereinigung und mit ihr die Erfahrungswelt für ihn zu Stande kommt, findet der theilnehmende Leser in der »Welt als Wille und Vorstellung,« Bd. 1 § 4 (oder erste Aufl. S. 12 fg.), wozu ihm die dem 4. Kapitel des 2. Bandes beigegebene und seiner aufmerksamen Beachtung empfohlene Tafel der »Prädikabilia *a priori* [Verstandesbegriffe vor der Erfahrung] der Zeit, des Raumes und der Materie« eine wesentliche Beihülfe seyn wird; da aus ihr besonders erhellt, wie die Gegensätze des Raumes und der Zeit sich in der Materie, als ihrem in der Form der Kausalität sich darstellenden Produkt, ausgleichen.

Die Funktion des Verstandes, welche die Basis der empirischen Realität ausmacht, soll sogleich ihre ausführliche Darstellung erhalten: nur müssen zuvor, durch ein Paar beiläufige Erörterungen, die nächsten Anstöße, welche die hier befolgte idealistische Grund-Auffassung finden könnte, beseitigt werden.

§ 19.

Unmittelbare Gegenwart der Vorstellungen.

Weil nun aber, ungeachtet dieser Vereinigung der Formen des innern und äußern Sinnes, durch den Verstand, zur Vorstellung der Materie und damit zu der einer beharrenden Außenwelt, das Subjekt unmittelbar nur durch den innern Sinn erkennt, indem der äußere Sinn wieder Objekt des innern ist und dieser die Wahrnehmungen jenes wieder wahrnimmt, das Subjekt also in Hinsicht auf die unmittelbare Gegenwart der Vorstellungen in seinem Bewußtseyn, den Bedingungen der Zeit allein, als der Form des innern Sinnes, unterworfen bleibt*; so kann ihm nur eine deutliche Vorstellung, wiewohl diese sehr zusammengesetzt seyn kann, auf Ein Mal gegenwärtig seyn. Vorstellungen sind unmittelbar gegenwärtig heißt: sie werden nicht nur in der vom Verstande (der, wie wir sogleich sehn werden, ein intuitives Vermögen ist) vollzogenen Vereinigung der Zeit und des Raums zur Gesammtvorstellung der empirischen Realität, sondern sie werden als Vorstellungen des innern Sinnes in der bloßen Zeit erkannt und zwar auf dem Indifferenzpunkt zwischen den beiden auseinandergehenden Richtungen dieser, welcher Gegenwart heißt. Die im vorigen Paragraphen berührte Bedingung zur unmittelbaren Gegenwart einer Vorstellung dieser Klasse ist ihre kausale Einwirkung auf unsere Sinne, mithin auf unsern Leib, welcher selbst zu den Objekten dieser Klasse gehört, mithin dem in ihr herrschenden, sogleich zu erörternden Gesetze der Kausalität unterworfen ist. Weil dieserhalb das Subjekt, nach den Gesetzen sowohl der innern, wie der äußern Welt, bei jener einen Vorstellung nicht bleiben kann, in der bloßen Zeit aber kein Zugleichseyn ist; so wird jene Vorstellung stets wieder verschwinden, von andern verdrängt, nach einer nicht *a priori* bestimmbaren, sondern von bald zu erwähnenden Umständen abhängigen Ordnung. Daß außerdem Phantasie und Traum die unmittelbare Gegenwart der Vorstellungen reproduciren, ist eine bekannte Thatsache, deren Erörterung jedoch nicht hieher, sondern in die empirische Psychologie gehört. Da nun aber,

* Vergl. Krit. d. rein. Vern., Elementarlehre Abschn. II, Schlüsse a. d. Begr., b und c. Der ersten Aufl. S. 33; der 5. S. 49.

ungeachtet dieser Flüchtigkeit und dieser Vereinzelung der Vorstellungen, in Hinsicht auf ihre unmittelbare Gegenwart im Bewußtseyn des Subjekts, diesem dennoch die Vorstellung von einem Alles begreifenden Komplex der Realität, wie ich diesen oben beschrieben, durch die Funktion des Verstandes, bleibt; so hat man, in Hinsicht auf diesen Gegensatz, die Vorstellungen, sofern sie zu jenem Komplex gehören, für etwas ganz anderes gehalten, als sofern sie dem Bewußtseyn unmittelbar gegenwärtig sind, und in jener Eigenschaft sie r e a l e D i n g e, in dieser aber allein Vorstellungen κατ' εξοχην [schlechthin] genannt. Diese Auffassung der Sache, welche die gemeine ist, heißt bekanntlich R e a l i s m u s. Ihr hat sich, mit dem Eintritte der neueren Philosophie, der I d e a l i s m u s entgegengestellt und immer mehr Feld gewonnen. Zuerst durch Malebranche und Berkeley vertreten, wurde er durch Kant zum transscendentalen Idealismus potenzirt, welcher das Zusammenbestehn der empirischen Realität der Dinge mit der transscendentalen Idealität derselben begreiflich macht, und dem gemäß K a n t, in der Krit. d. rein. Vern., sich unter Anderm so ausspricht: »Ich verstehe unter dem transscendentalen Idealismus aller Erscheinungen den Lehrbegriff, nach welchem wir sie insgesammt als bloße Vorstellungen, und nicht als Dinge an sich selbst ansehn.« Weiterhin in der Anmerkung: »Der Raum ist selbst nichts Anderes, als Vorstellung; folglich, was in ihm ist, muß in der Vorstellung enthalten seyn, und im Raum ist gar nichts, außer sofern es in ihm wirklich vorgestellt wird.« (Kritik des 4. Paralogismus der transsc. Psychol. S. 369 und 375 der ersten Aufl.) Endlich in der diesem Kapitel angehängten »Betrachtung« heißt es: »Wenn ich das denkende Subjekt wegnehme, muß die ganze Körperwelt wegfallen, als die nichts ist, als die Erscheinung in der Sinnlichkeit unsers Subjekts, und eine Art Vorstellungen desselben.« In Indien ist, sowohl im Brahmanismus, als im Buddhaismus, der Idealismus sogar Lehre der Volksreligion: bloß in Europa ist er, in Folge der wesentlich und unumgänglich realistischen jüdischen Grundansicht, paradox. Der Realismus übersieht aber, daß das sogenannte Seyn dieser realen Dinge doch d u r c h a u s n i c h t s A n d e r e s i s t, a l s e i n V o r g e s t e l l t - w e r d e n, oder, wenn man darauf besteht, nur die unmittelbare Gegenwart im Bewußtseyn des Subjekts ein Vorgestelltwerden κατ' εντελεχειαν [der Wirklichkeit nach] zu nennen, gar nur ein Vorgestelltwerdenkönnen κατα δυναμιν [der Möglichkeit nach]: er übersieht, daß das Objekt außerhalb seiner Beziehung auf das Subjekt nicht mehr Objekt bleibt, und daß, wenn man ihm diese nimmt oder davon abstrahirt, sofort auch alle objektive Existenz aufgehoben ist. Leibnitz, der das Bedingtseyn des Objekts durch das Subjekt wohl fühlte, jedoch sich von dem Gedanken eines Seyns an sich der Objekte, unabhängig von ihrer Beziehung auf das Subjekt, d. h. vom Vorgestelltwerden, nicht frei machen konnte, nahm zuvörderst eine der Welt der Vorstellung genau gleiche und ihr parallel laufende Welt der Objekte an sich an, die aber mit jener nicht direkt, sondern nur äußerlich, mittelst einer *harmonia praestabilita* [vorherbestimmten Harmonie], verbunden war; – augenscheinlich das Ueberflüssigste auf der Welt, da sie selbst nie in die Wahrnehmung fällt und die ihr ganz gleiche Welt in der Vorstellung auch ohne sie ihren Gang geht. Als er nun aber wieder das Wesen der an sich selbst objektiv existirenden Dinge näher bestimmen wollte, gerieth er in die Nothwendigkeit, die Objekte an sich selbst für Subjekte *(monades* [letzte Einheiten]*)* zu erklären, und gab eben dadurch den sprechendesten Beweis davon, daß unser Bewußtseyn, soweit es ein bloß erkennendes ist, also innerhalb der Schranken des Intellekts, d. h. des Apparats zur Welt der Vorstellung, eben nichts weiter finden kann, als Subjekt und Objekt, Vorstellendes und Vorstellung, und wir daher, wenn wir vom Objektseyn (Vorgestelltwerden) eines Objekts abstrahirt, d. h. als solches es aufgehoben haben, und dennoch etwas setzen wollen, auf gar nichts gerathen können, als das Subjekt. Wollen wir aber umgekehrt vom Subjektseyn des Subjekts abstrahiren und dennoch nicht nichts übrig behalten, so tritt der umgekehrte Fall ein, der sich zum Materialismus entwickelt.

Spinoza, der mit der Sache nicht aufs Reine und daher nicht zu deutlichen Begriffen gekommen war, hatte dennoch die nothwendige Beziehung zwischen Objekt und Subjekt, als eine ihnen so wesentliche, daß sie durchaus Bedingung ihrer Denkbarkeit ist, sehr wohl verstanden und sie deshalb als eine Identität des Erkennenden und Ausgedehnten in der allein existirenden Substanz dargestellt.

Anmerk. Ich bemerke bei Gelegenheit der Hauptերörterung dieses Paragraphen, daß, wenn ich, im Fortgange der Abhandlung, mich, der Kürze und leichtern Faßlichkeit halber, des Ausdrucks reale Objekte bedienen werde, darunter nichts Anderes zu verstehen ist, als eben die anschaulichen, zum Komplex der an sich selbst stets ideal bleibenden empirischen Realität verknüpften Vorstellungen.

§ 20.

Satz vom zureichenden Grunde des Werdens.

In der nunmehr dargestellten Klasse der Objekte für das Subjekt, tritt der Satz vom zureichenden Grunde auf als Gesetz der Kausalität, und ich nenne ihn als solches den Satz vom zureichenden Grunde des Werdens, *principium rationis sufficientis fiendi.* Alle in der Gesammtvorstellung, welche den Komplex der erfahrungsmäßigen Realität ausmacht, sich darstellenden Objekte sind, hinsichtlich des Ein- und Austritts ihrer Zustände, mithin in der Richtung des Laufes der Zeit, durch ihn mit einander verknüpft. Er ist folgender. Wenn ein neuer Zustand eines oder mehrerer realer Objekte eintritt; so muß ihm ein anderer vorhergegangen seyn, auf welchen der neue regelmäßig, d. h. allemal, so oft der erstere daist, folgt. Ein solches Folgen heißt ein Erfolgen und der erstere Zustand die Ursache, der zweite die Wirkung. Wenn sich z. B. ein Körper entzündet; so muß diesem Zustand des Brennens vorhergegangen seyn ein Zustand 1) der Verwandtschaft zum Oxygen, 2) der Berührung mit dem Oxygen, 3) einer bestimmten Temperatur. Da, sobald dieser Zustand vorhanden war, die Entzündung unmittelbar erfolgen mußte, diese aber erst jetzt erfolgt ist; so kann auch jener Zustand nicht immer dagewesen, sondern muß erst jetzt eingetreten seyn. Dieser Eintritt heißt eine Veränderung. Daher steht das Gesetz der Kausalität in ausschließlicher Beziehung auf Veränderungen und hat es stets nur mit diesen zu thun. Jede Wirkung ist, bei ihrem Eintritt, eine Veränderung und giebt, eben weil sie nicht schon früher eingetreten, unfehlbare Anweisung auf eine andere, ihr vorhergegangene Veränderung, welche, in Beziehung auf sie, Ursache, in Beziehung auf eine dritte, ihr selbst wieder nothwendig vorhergegangene Veränderung aber Wirkung heißt. Dies ist die Kette der Kausalität: sie ist notwendig anfangslos. Demnach also muß jeder eintretende Zustand aus einer ihm vorhergegangenen Veränderung erfolgt seyn, z. B. in unserm obigen Fall, aus dem Hinzutreten freier Wärme an den Körper, aus welchem die Temperaturerhöhung erfolgen mußte: dieses Hinzutreten der Wärme ist wieder durch eine vorhergehende Veränderung, z. B. das Auffallen der Sonnenstrahlen auf einen Brennspiegel, bedingt; dieses etwan durch das Wegziehn einer Wolke von der Richtung der Sonne; dieses durch Wind; dieser durch ungleiche Dichtigkeit der Luft; diese durch andere Zustände, und so *in infinitum* [bis ins Unendliche]. Daß, wenn ein Zustand, um Bedingung zum Eintritt eines neuen zu seyn, alle Bestimmungen bis auf e i n e enthält, man diese e i n e, wenn sie jetzt noch, also zuletzt, hinzutritt, die Ursache κατ᾽ εξοχην nennen will, ist zwar insofern richtig, als man sich dabei an die letzte, hier allerdings entscheidende Veränderung hält: davon abgesehn aber hat, für die Feststellung der ursächlichen Verbindung der Dinge im Allgemeinen, eine Bestimmung des kausalen Zustandes, dadurch daß sie die letzte ist, die hinzutritt, vor den übrigen nichts voraus. So ist, im angeführten Beispiel, das Wegziehn der Wolke zwar insofern die Ursache der Entzündung zu nennen, als es später eintritt, als das Richten des Brennspiegels auf das Objekt: Dieses hätte jedoch später geschehn können, als das Wegziehn der Wolke, und das Zulassen des Oxygens wieder später als dieses: solche zufällige Zeitbestimmungen haben denn in jener Hinsicht zu entscheiden, welches die Ursache sei. Bei genauerer Betrachtung hingegen finden wir, daß der g a n z e Z u s t a n d die Ursache des folgenden ist, wobei es im Wesentlichen einerlei ist, in welcher Zeitfolge seine Bestimmungen zusammengekommen seien. Demnach mag man, in Hinsicht auf einen gegebenen einzelnen Fall, die zuletzt eingetretene Bestimmung eines Zustandes, weil sie die Zahl der hier erforderlichen Bedingungen voll macht, also ihr Eintritt die hier entscheidende Veränderung wird, die Ursache κατ᾽ εξοχην nennen: jedoch für die allgemeine Betrachtung darf nur der g a n z e, den Eintritt des folgenden herbeiführende Zustand als Ursache gelten. Die verschiedenen einzelnen Bestimmungen aber, welche erst zusammengenommen die Ursache kompletiren und ausmachen, kann man die ursächlichen Momente, oder auch die B e d i n g u n g e n nennen, und demnach die Ursache in solche zerlegen. Ganz falsch hingegen ist es, wenn man nicht den Zustand, sondern die Objekte Ursache nennt, z. B. im angeführten Fall würden Einige den Brennspiegel Ursache der Entzündung nennen, Andere die Wolke, Andere die Sonne, Andere das Oxygen und so regellos nach Belieben. Es hat aber gar keinen Sinn zu sagen, ein Objekt sei Ursache eines andern; zunächst, weil die Objekte nicht bloß die Form und Qualität, sondern auch die Materie enthalten, diese aber weder entsteht, noch vergeht; und sodann, weil das Gesetz der Kausalität sich ausschließlich auf Veränderungen, d. h. auf den Ein- und Austritt der Zustände in der Zeit bezieht, als woselbst es dasjenige Verhältniß regulirt, in Beziehung auf welches der frühere Ursache, der spätere Wirkung heißt und ihre nothwendige Verbindung das Erfolgen.

Den nachdenkenden Leser verweise ich hier auf die Erläuterungen, welche ich in der »Welt als Wille und Vorst.« Bd. 2, Kap. 4, besonders S. 42 und fg. [Bd. III uns. Ausg., S. 51] geliefert habe. Denn es ist von der höchsten Wichtigkeit, daß man von der wahren und eigentlichen Bedeutung des Kausalitätsgesetzes, wie auch vom Bereich seiner Geltung, vollkommen deutliche und feste Begriffe habe, also vor allen Dingen klar erkenne, daß dasselbe allein und ausschließlich auf Veränderungen materieller Zustände sich bezieht und schlechterdings auf nichts Anderes; folglich nicht herbeigezogen werden darf, wo nicht davon die Rede ist. Es ist nämlich der Regulator der in der Zeit eintretenden Veränderungen der Gegenstände der äußern Erfahrung: diese aber sind sämmtlich materiell. Jede Veränderung kann nur eintreten dadurch, daß eine andere, nach einer Regel bestimmte, ihr vorhergegangen ist, durch welche sie aber dann als nothwendig herbeigeführt eintritt: diese Nothwendigkeit ist der Kausalnexus.

So einfach demnach das Gesetz der Kausalität ist; so finden wir in den philosophischen Lehrbüchern, von den ältesten Zeiten an, bis auf die neuesten, in der Regel, es ganz anders ausgedrückt, nämlich abstrakter, mithin weiter und unbestimmter gefaßt. Da heißt es denn etwan, Ursache sei, wodurch ein Anderes zum Daseyn gelangt, oder was ein Anderes hervorbringt, es wirklich macht u. dgl. m.; wie denn schon Wolf sagt: *causa est principium, a quo existentia, sive actualitas, entis alterius dependet* [Die Ursache ist das Prinzip, von dem die Existenz oder Wirklichkeit eines anderen Seienden abhängt: *Ontologia,* § 881], während doch, bei der Kausalität, es sich offenbar nur um Formveränderungen der unentstandenen und unzerstörbaren Materie handelt und ein eigentliches Entstehn, eine Ins-Daseyn-treten des vorher gar nicht Gewesenen, eine Unmöglichkeit ist. An jenen hergebrachten, zu weiten, schiefen, falschen Fassungen des Kausalitätsverhältnisses mag nun zwar größtentheils Unklarheit des Denkens Schuld seyn: aber zuverlässig steckt mitunter auch Absicht dahinter, nämlich theologische, schon von ferne mit dem kosmologischen Beweise liebäugelnde, welche bereit ist, diesem zu gefallen, selbst transscendentale Wahrheiten *a priori* (diese Muttermilch des menschlichen Verstandes) zu verfälschen. Am deutlichsten hat man Dies vor Augen im Buche des Thomas Brown, *On the relation of cause and effect,* welches, 460 Seiten zählend, schon 1835 seine vierte Auflage, und seitdem wohl mehrere, erlebt hat und, abgesehn von seiner ermüdenden, kathedermäßigen Weitschweifigkeit, seinen Gegenstand nicht übel behandelt. Dieser Engländer nun hat ganz richtig erkannt, daß es allemal Veränderungen sind, welche das Gesetz der Kausalität betrifft, daß also jede Wirkung eine Veränderung sei, woraus folgt, daß die ganze Sache bloß der ununterbrochene Nexus der in der Zeit sich succedirenden Veränderungen sei, – damit will er nicht heraus, obwohl es ihm unmöglich entgangen seyn kann; sondern er nennt jedesmal, höchst ungeschickt, die Ursache ein der Veränderung vorhergehendes Objekt, oder auch Substanz, und mit diesem ganz falschen Ausdruck, der ihm seine Auseinandersetzungen überall verdirbt, dreht und quält er sich, sein ganzes, langes Buch hindurch, erbärmlich herum, gegen sein besseres Wissen und Gewissen; einzig und allein, damit seine Darstellung dem etwan anderweitig und von Andern dereinst aufzustellenden kosmologischen Beweise nur ja nicht im Wege stehe. – Wie muß es doch mit einer Wahrheit bestellt seyn, der man durch solche Schliche schon von ferne den Weg zu bahnen hat.

Aber was haben denn unsere guten, redlichen, Geist und Wahrheit höher als Alles schätzenden deutschen Philosophieprofessoren ihrerseits für den so theuern kosmologischen Beweis gethan, nachdem nämlich Kant, in der Vernunftkritik, ihm die tödtliche Wunde beigebracht hatte? Da war freilich guter Rath theuer: denn (sie wissen es, die Würdigen, wenn sie es auch nicht sagen) *causa prima* [die erste (Welt-)Ursache] ist, eben so gut wie *causa sui* [Ursache ihrer selbst], eine *contradictio in adjecto*; obschon der erstere Ausdruck viel häufiger gebraucht wird, als der letztere, und auch mit ganz ernsthafter, sogar feierlicher Miene ausgesprochen zu werden pflegt, ja Manche, insonderheit Englische *Reverends* [geistliche Herren], recht erbaulich die Augen verdrehn, wenn sie, mit Emphase und Rührung, *the first cause* [die erste Ursache], – diese *contradictio in adjecto*, – aussprechen. Sie wissen es: eine erste Ursache ist gerade und genau so undenkbar, wie die Stelle, wo der Raum ein Ende hat, oder der Augenblick, da die Zeit einen Anfang nahm. Denn jede Ursache ist eine Veränderung, bei der man nach der ihr vorhergegangenen Veränderung, durch die sie herbeigeführt worden, nothwendig fragen muß, und so *in infinitum, in infinitum!* Nicht ein Mal ein erster Zustand der Materie ist denkbar, aus dem, da er nicht noch immer ist, alle folgenden hervorgegangen wären. Denn, wäre er an sich ihre Ursache gewesen; so hätten auch sie schon von jeher seyn müssen, also der jetzige nicht erst jetzt. Fieng er aber erst zu einer gewissen Zeit an, kausal zu werden; so muß ihn, zu der Zeit, etwas verändert haben, damit er aufhörte zu ruhen: dann aber ist etwas hinzugetreten, eine Veränderung vorgegangen, nach deren Ursache, d. h. einer ihr vorhergegangenen Veränderung, wir sogleich fragen müssen, und wir sind wieder auf der Leiter der Ursachen und werden höher und höher hinaufgepeitscht von dem unerbittlichen Gesetze der Kausalität, – *in infinitum, in infinitum.* (Die Herren werden sich doch nicht etwan entblöden, mir von einem Entstehn der Materie selbst aus nichts zu reden? weiter unten stehn Korollarien, ihnen aufzuwarten.) Das Gesetz der Kausalität ist also nicht so gefällig, sich brauchen zu lassen, wie ein Fiaker, den man, angekommen wo man hingewollt, nach Hause schickt. Vielmehr gleicht es dem, von Goethes Zauberlehrlinge belebten Besen, der, ein Mal in Aktivität gesetzt, gar nicht wieder aufhört zu laufen und zu schöpfen; so daß nur der alte Hexenmeister selbst ihn zur Ruhe zu bringen vermag. Aber die Herren sind sammt und sonders keine Hexenmeister. Was haben sie also gethan, die edelen und aufrichtigen Freunde der Wahrheit, sie, die allezeit nur auf das Verdienst in ihrem Fache warten, um, sobald es sich zeigt, es der Welt zu verkünden, und die, wenn Einer kommt, der wirklich ist, was sie denn doch nur vorstellen, weit entfernt durch tückisches Schweigen und feiges Sekretiren seine Werke ersticken zu wollen, vielmehr alsbald die Herolde seines Verdienstes seyn werden, – gewiß, so gewiß ja bekanntlich der Unverstand den Verstand über Alles liebt. Was also haben sie gethan für ihren alten Freund, den hart bedrängten, ja, schon auf dem Rücken liegenden kosmologischen Beweis? – O, sie haben einen feinen Pfiff erdacht: »Freund«, haben sie zu ihm gesagt, »es steht schlecht mit dir, recht schlecht, seit deiner fatalen Rencontre mit dem alten Königsberger Starrkopf; so schlecht, – wie mit deinen Brüdern, dem ontologischen und dem physikotheologischen. Aber getrost, wir verlassen dich darum nicht (du weißt, wir sind dafür bezahlt): jedoch, – es ist nicht anders, – du mußt Namen und Kleidung wechseln: denn nennen wir dich bei deinem Namen, so läuft uns Alles davon. Inkognito aber fassen wir dich untern Arm und bringen dich wieder unter Leute; nur, wie gesagt, inkognito: es geht! Zunächst also: dein Gegenstand führt von jetzt an den Namen »das Absolutum«: das klingt fremd, anständig und vornehm, – und wie viel man mit Vornehmthun bei den Deutschen ausrichten kann, wissen wir am besten: was gemeint sei, versteht doch Jeder und dünkt sich noch weise dabei. Du selbst aber trittst verkleidet, in Gestalt eines Enthymems [Wahrscheinlichkeitsschlusses] auf. Alle deine Prosyllogismen [Vorschlüsse] und Prämissen nämlich, mit denen du uns den langen Klimax [Stufenbau] hinaufzuschleppen pflegtest, laß nur hübsch zu Hause: man weiß ja doch, daß es nichts damit ist. Aber als ein Mann von wenig Worten, stolz, dreist und vornehm auftretend, bist du mit Einem Sprunge am Ziele: »Das Absolutum«, schreist du (und wir mit), »das muß denn doch, zum Teufel, seyn; sonst wäre ja gar nichts!« (hiebei schlägst du auf den Tisch.) Woher aber Das sei? »Dumme Frage! habe ich nicht gesagt, es wäre das Absolutum?« – Es geht, bei unserer Treu, es geht! Die Deutschen sind gewohnt, Worte statt der Begriffe hinzunehmen: dazu werden sie, von Jugend auf, durch uns dressirt, – sieh nur die Hegelei, was ist sie Anderes, als leerer, hohler, dazu ekelhafter Wortkram? Und doch, wie glänzend war die Carriere dieser philosophischen Ministerkreatur! Dazu bedurfte es nichts weiter, als einiger feilen Gesellen, den Ruhm des Schlechten zu intoniren, und ihre Stimme fand an der leeren Höhlung von tausend Dummköpfen ein noch jetzt nachhallendes und sich fortpflanzendes Echo: sieh, so war bald aus einem gemeinen Kopf, ja einem gemeinen Scharlatan, ein großer Philosoph gemacht. Also Muth gefaßt! Ueberdies, Freund und Gönner, sekundiren [unterstützen] wir dich noch anderweitig; können wir doch ohne dich nicht leben! – Hat der alte Königsberger Krittler die Vernunft kritisirt und ihr den Flügel beschnitten; – gut! so erfinden wir eine n e u e Vernunft, von der bis dahin noch kein Mensch etwas gehört hatte, eine Vernunft, welche nicht denkt, sondern unmittelbar a n s c h a u t, Ideen (ein vornehmes Wort, zum Mystificiren geschaffen) anschaut, leibhaftig; oder auch sie v e r n i m m t, unmittelbar vernimmt was du und die Andern erst beweisen wollten; oder, – bei Denen nämlich, welche nur wenig zugestehn, aber auch mit wenig vorlieb nehmen, – es a h n d e t. Früh eingeimpfte Volksbegriffe geben wir so für unmittelbare Eingebungen dieser unserer neuen Vernunft, d. h. eigentlich für Eingebungen von oben, aus. Die alte, auskritisirte Vernunft aber, die degradiren wir, nennen sie V e r s t a n d, und schicken sie promeniren. Und den wahren, eigentlichen Verstand? – was, in aller Welt, geht uns der wahre, eigentliche Verstand an? – Du lächelst ungläubig: aber wir kennen unser Publikum und die *harum, horum* [Burschen: vgl. Goethes Gedicht ›Zeichen der Zeit‹], die wir da auf den Bänken vor uns haben. Hat doch schon Bako von Verulam gesagt: »Auf Universitäten lernen die jungen Leute glauben.« Da können sie von uns etwas Rechtschaffenes lernen! wir haben einen guten Vorrath von Glaubensartikeln. – Will dich Verzagtheit anwandeln, so denke nur immer daran, daß wir in Deutschland sind, wo man gekonnt hat was nirgend anderswo möglich gewesen wäre, nämlich einen geistlosen, unwissenden, Unsinn schmierenden, die Köpfe, durch beispiellos hohlen Wortkram, von Grund aus und auf immer desorganisirenden Philosophaster, ich meine unsern theuern Hegel, als einen großen Geist und tiefen Denker ausschreien: und nicht nur ungestraft und unverhöhnt hat man das gekonnt; sondern wahrhaftig, sie glauben es, glauben es seit 30 Jahren, bis auf den heutigen Tag! – Haben wir also, trotz Kant und Kritik, mit deiner Beihülfe, nur erst das Absolutum; so sind wir geborgen. – Dann philosophiren wir von oben herab, lassen aus demselben, mittelst der verschiedenartigsten und nur durch ihre marternde Langweiligkeit einander ähnlichen Deduktionen, die Welt hervorgehn, nennen diese auch wohl das Endliche, jenes das Unendliche, – was wieder eine angenehme Variation im

Wortkram giebt, – und reden überhaupt immer nur von Gott, expliciren, wie, warum, wozu, weshalb, durch welchen willkürlichen oder unwillkürlichen Proceß, er die Welt gemacht, oder geboren habe; ob er draußen, ob er drinne sei u. s. f.; als wäre die Philosophie Theologie und suchte nicht Aufklärung über die Welt, sondern über Gott.«

Der kosmologische Beweis also, dem jene Apostrophe galt und mit dem wir es hier vorhaben, besteht eigentlich in der Behauptung, daß der Satz vom Grunde des Werdens, oder das Gesetz der Kausalität, nothwendig auf einen Gedanken führe, von dem es selbst aufgehoben und für null und nichtig erklärt wird. Denn zur *causa prima* (Absolutum) gelangt man nur durch Aufsteigen von der Folge zum Grunde, eine beliebig lange Reihe hindurch: bei ihr stehn bleiben aber kann man nicht, ohne den Satz vom Grunde zu annulliren.

Nachdem ich nun hier die Nichtigkeit des kosmologischen, wie, im zweiten Kapitel, die des ontologischen Beweises kurz und klar dargelegt habe, wird der theilnehmende Leser vielleicht wünschen, auch über den physikotheologischen, der viel mehr Scheinbarkeit hat, das Nöthige beigebracht zu sehn. Allein der ist durchaus nicht dieses Orts; da sein Stoff einem ganz andern Theil der Philosophie angehört. Ich verweise also hinsichtlich seiner zunächst auf Kant, sowohl in der Krit. der rein. Vernunft, als, *ex professo* [ausdrücklich], in der Krit. der Urtheilskraft, und, zur Ergänzung seines rein negativen Verfahrens, auf mein positives, im »Willen in der Natur«, dieser an Umfang geringen, an Inhalt reichen und gewichtigen Schrift. Der nicht theilnehmende Leser hingegen mag diese und alle meine Schriften intakt auf seine Enkel übergehn lassen. Mich kümmerts wenig: denn ich bin nicht für Ein Geschlecht da, sondern für viele.

Da, wie im nächsten § nachgewiesen wird, das Gesetz der Kausalität uns *a priori* bewußt und daher ein transscendentales, für alle irgend mögliche Erfahrung gültiges, mithin ausnahmsloses ist; da ferner dasselbe feststellt, daß auf einen bestimmt gegebenen, relativ ersten Zustand ein zweiter, ebenfalls bestimmter, nach einer Regel, d. h. jederzeit, folgen muß; so ist das Verhältniß der Ursache zur Wirkung ein nothwendiges: daher berechtigt das Gesetz der Kausalität zu hypothetischen Urtheilen und bewährt sich hiedurch als eine Gestaltung des Satzes vom zureichenden Grunde, auf welchen alle hypothetischen

Urtheile sich stützen müssen, und auf welchem, wie weiterhin gezeigt werden soll, alle Nothwendigkeit beruht.

Ich nenne diese Gestaltung unsers Satzes den Satz vom zureichenden Grunde des Werdens, deswegen, weil seine Anwendung überall eine Veränderung, den Eintritt eines neuen Zustandes, also ein Werden, voraussetzt. Zu seinem wesentlichen Charakter gehört ferner, daß die Ursache allemal der Wirkung, der Zeit nach, vorhergehe (vergl. § 47), und nur daran wird ursprünglich erkannt, welcher von zwei durch den Kausalnexus verbundenen Zuständen Ursache und welcher Wirkung sei. Umgekehrt giebt es Fälle, wo uns, aus früherer Erfahrung, der Kausalnexus bekannt ist, die Succession der Zustände aber so schnell erfolgt, daß sie sich unserer Wahrnehmung entzieht: dann schließen wir, mit völliger Sicherheit, von der Kausalität auf die Succession, z. B. daß die Entzündung des Pulvers der Explosion vorhergeht. Ich verweise hierüber auf die »Welt als Wille u. Vorst.« Bd. 2, Kap. 4. S. 41 [Bd. III uns. Ausg., S. 49 f.]

Aus dieser wesentlichen Verknüpfung der Kausalität mit der Succession folgt wieder, daß der Begriff der Wechselwirkung, strenge genommen, nichtig ist. Er setzt nämlich voraus, daß die Wirkung wieder die Ursache ihrer Ursache sei, also daß das Nachfolgende zugleich das Vorhergehende gewesen. Ich habe die Unstatthaftigkeit dieses so beliebten Begriffes ausführlich dargethan in meiner, der »Welt als Wille und Vorstellung,« angehängten »Kritik der Kantischen Philosophie«, S. 517–521 der zweiten Auflage [Bd. II uns. Ausg., S. 552–66], wohin ich demnach verweise. Man wird bemerken, daß Schriftsteller sich jenes Begriffes, in der Regel, da bedienen, wo ihre Einsicht anfängt unklar zu werden; daher eben sein Gebrauch so häufig ist. Ja, wo einem Schreiber die Begriffe ganz ausgehn, ist kein Wort bereitwilliger sich einzustellen, wie »Wechselwirkung«; daher der Leser es sogar als eine Art Allarmkanone betrachten kann, welche anzeigt, daß man in's Bodenlose gerathen sei. Auch verdient angemerkt zu werden, daß das Wort Wechselwirkung sich allein im Deutschen findet und keine andere Sprache ein gebräuchliches Aequivalent desselben besitzt.

Aus dem Gesetze der Kausalität ergeben sich zwei wichtige Korollarien, welche eben dadurch ihre Beglaubigung als Erkenntnisse *a priori*, mithin als über allen Zweifel erhaben und keiner Ausnahme fähig, erhalten: nämlich das Gesetz der

Trägheit und das der Beharrlichkeit der Substanz. Das erstere besagt, daß jeder Zustand, mithin sowohl die Ruhe eines Körpers, als auch seine Bewegung jeder Art, unverändert, unvermindert, unvermehrt, fortdauern und selbst die endlose Zeit hindurch anhalten müsse, wenn nicht eine Ursache hinzutritt, welche sie verändert oder aufhebt. – Das andere aber, welches die Sempiternität [Unvergänglichkeit] der Materie ausspricht, folgt daraus, daß das Gesetz der Kausalität sich nur auf die Zustände der Körper, also auf ihre Ruhe, Bewegung, Form und Qualität bezieht, indem es dem zeitlichen Entstehn und Vergehn derselben vorsteht; keineswegs aber auf das Daseyn des Trägers dieser Zustände, als welchem man, eben um seine Exemtion [Befreiung] von allem Entstehn und Vergehn auszudrücken, den Namen Substanz ertheilt hat. Die Substanz beharrt: d. i. sie kann nicht entstehn, noch vergehn, mithin das in der Welt vorhandene Quantum derselben nie vermehrt, noch vermindert werden. Daß wir dieses *a priori* wissen, bezeugt das Bewußtseyn der unerschütterlichen Gewißheit, mit welcher Jeder, der einen gegebenen Körper, sei es durch Taschenspielerstreiche, oder durch Zertheilung, oder Verbrennung, oder Verflüchtigung, oder sonst welchen Proceß, hat verschwinden sehn, dennoch fest voraussetzt, daß, was auch aus der Form des Körpers geworden seyn möge, die Substanz, d. i. die Materie desselben, unvermindert vorhanden und irgendwo anzutreffen seyn müsse; imgleichen, daß, wo ein vorher nicht dagewesener Körper sich vorfindet, er hingebracht, oder aus unsichtbaren Theilchen, etwan durch Präcipitation [Ausfällung], konkrescirt [zusammengewachsen] seyn müsse, nimmermehr aber, seiner Substanz (Materie) nach, entstanden seyn könne, als welches eine völlige Unmöglichkeit implicirt und schlechthin undenkbar ist. Die Gewißheit, mit der wir Das zum voraus *(a priori)* feststellen, entspringt daraus, daß es unserm Verstande an einer Form, das Entstehn oder Vergehn der Materie zu denken, durchaus fehlt; indem das Gesetz der Kausalität, welche die alleinige Form ist, unter der wir überhaupt Veränderungen denken können, doch immer nur auf die Zustände der Körper geht, keineswegs auf das Daseyn des Trägers aller Zustände, die Materie. Darum stelle ich den Grundsatz der Beharrlichkeit der Substanz als ein Korollarium des Kausalitätsgesetzes auf. Auch können wir die Ueberzeugung von der

Beharrlichkeit der Substanz gar nicht *a posteriori* erlangt haben; theils weil, in den meisten Fällen, der Thatbestand empirisch zu konstatiren unmöglich ist, theils weil jede empirische, bloß durch Induktion gewonnene Erkenntniß immer nur approximative, folglich prekäre, nie unbedingte Gewißheit hat: daher eben auch ist die Sicherheit unserer Ueberzeugung von jenem Grundsatz ganz anderer Art und Natur, als die von der Richtigkeit irgend eines empirisch herausgefundenen Naturgesetzes, indem sie eine ganz andere, völlig unerschütterliche, nie wankende Festigkeit hat. Das kommt eben daher, daß jener Grundsatz eine transscendentale Erkenntniß ausdrückt, d. h. eine solche, welche das in aller Erfahrung irgend Mögliche vor aller Erfahrung bestimmt und feststellt, eben dadurch aber die Erfahrungswelt überhaupt zu einem bloßen Gehirnphänomen herabsetzt. Sogar das allgemeinste und ausnahmsloseste aller anderartigen Naturgesetze, das der Gravitation, ist schon empirischen Ursprungs, daher ohne Garantie für seine Allgemeinheit; weshalb auch es bisweilen noch angefochten wird, imgleichen mitunter Zweifel entstehn, ob es auch über unser Sonnensystem hinaus gelte, ja, die Astronomen nicht ermangeln, die gelegentlich gefundenen Anzeichen und Bestätigungen hievon hervorzuheben, hiedurch an den Tag legend, daß sie es als bloß empirisch betrachten. Man kann allerdings die Frage aufwerfen, ob auch zwischen Körpern, welche durch eine absolute Leere getrennt wären, Gravitation stattfände; oder ob dieselbe innerhalb eines Sonnensystems, etwan durch einen Aether, vermittelt würde und daher zwischen Fixsternen nicht wirken könnte; welches dann nur empirisch zu entscheiden ist. Dies beweist, daß wir es hier mit keiner Erkenntniß *a priori* zu thun haben. Wenn wir hingegen, der Wahrscheinlichkeit zufolge, annehmen, daß jedes Sonnensystem sich durch allmälige Kondensation eines Urweltnebels und darauf gemäß der Kant-Laplace'schen Hypothese gebildet habe; so können wir doch keinen Augenblick denken, daß jener Urstoff aus nichts entstanden wäre, sondern sind genöthigt, seine Partikeln als vorher irgendwo vorhanden gewesen und nur zusammengekommen vorauszusetzen; eben weil der Grundsatz der Beharrlichkeit der Substanz ein transscendentaler ist. Daß übrigens Substanz ein bloßes Synonym von Materie sei, weil der Begriff derselben nur an der Materie sich realisiren läßt und daher aus ihr seinen Ursprung hat, habe ich ausführlich dargethan und wie jener Begriff bloß zum Behuf einer Erschleichung gebildet worden speciell nachgewiesen in meiner Kritik der Kantischen Philosophie, S. 550 fg. der 2. Aufl. [Bd. II uns. Ausg., S. 599 f.]. Diese *a priori* gewisse Sempiternität der Materie (genannt Beharrlichkeit der Substanz) ist, gleich vielen andern, eben so sichern Wahrheiten, für die Philosophieprofessoren eine verbotene Frucht; daher sie mit einem scheuen Seitenblick daran vorüberschleichen.

Von der endlosen Kette der Ursachen und Wirkungen, welche alle Veränderungen leitet, aber nimmer sich über diese hinaus erstreckt, bleiben, eben dieserhalb, zwei Wesen unberührt: einerseits nämlich, wie so eben gezeigt, die Materie, und andererseits die ursprünglichen Naturkräfte; jene, weil sie der Träger aller Veränderungen, oder dasjenige ist, woran solche vorgehn; diese, weil sie Das sind, vermöge dessen die Veränderungen, oder Wirkungen, überhaupt möglich sind, Das, was den Ursachen die Kausalität, d. i. die Fähigkeit zu wirken, allererst ertheilt, von welchen sie also diese bloß zur Lehn haben. Ursache und Wirkung sind die zu nothwendiger Succession in der Zeit verknüpften Veränderungen: die Naturkräfte hingegen, vermöge welcher alle Ursachen wirken, sind von allem Wechsel ausgenommen, daher in diesem Sinne außer aller Zeit, eben deshalb aber stets und überall vorhanden, allgegenwärtig und unerschöpflich, immer bereit sich zu äußern, sobald nur, am Leitfaden der Kausalität, die Gelegenheit dazu eintritt. Die Ursache ist allemal, wie auch ihre Wirkung, ein Einzelnes, eine einzelne Veränderung: die Naturkraft hingegen ist ein Allgemeines, Unveränderliches, zu aller Zeit und überall Vorhandenes. Z. B. daß der Bernstein jetzt die Flocke anzieht, ist die Wirkung: ihre Ursache ist die vorhergegangene Reibung und jetzige Annäherung des Bernsteins; und die in diesem Proceß thätige, ihm vorstehende Naturkraft ist die Elektricität. Die Erläuterung der Sache durch ein ausführliches Beispiel findet man in der »Welt als Wille und Vorstellung« Bd. I § 26. S. 153 fg. [Bd. I uns. Ausg., S. 184 f.], woselbst ich an einer langen Kette von Ursachen und Wirkungen gezeigt habe, wie darin die verschiedenartigsten Naturkräfte successive hervortreten und ins Spiel kommen; wodurch denn der Unterschied zwischen Ursache und Naturkraft, dem flüchtigen Phänomen und der ewigen Thätigkeitsform, überaus faßlich wird: und da überhaupt daselbst jener ganze lange § 26 dieser Untersuchung gewidmet ist, war es hier hinreichend, die Sache kurz anzugeben. Die Norm, welche eine Naturkraft, hinsichtlich ihrer Erscheinung an der Kette der Ursachen und Wirkungen, befolgt, also das Band, welches sie mit dieser verknüpft, ist das Naturgesetz. Die Verwechselung der Naturkraft mit der Ursache ist aber so häufig, wie für die Klarheit des Denkens verderblich. Es scheint sogar, daß vor mir diese Begriffe nie rein gesondert worden sind, so höchst nöthig es doch ist. Nicht nur werden die Naturkräfte selbst zu Ursachen gemacht, indem man sagt: Die Elektricität, die Schwere u. s. f. ist Ursache; sondern sogar zu Wirkungen machen sie Manche, indem sie nach einer Ursache der Elektricität, der Schwere u. s. w. fragen; welches absurd ist. Etwas ganz Anderes ist es jedoch, wenn man die Zahl der Naturkräfte dadurch vermindert, daß man eine derselben auf eine andere zurückführt, wie, in unsern Tagen, den Magnetismus auf die Elektricität. Jede ächte, also wirklich ursprüngliche Naturkraft aber, wozu auch jede chemische Grund-Eigenschaft gehört, ist wesentlich *qualitas occulta* [verborgene Eigenschaft], d. h. keiner physischen Erklärung weiter fähig, sondern nur noch einer metaphysischen, d. h. über die Erscheinung hinausgehenden. Jene Verwechselung, oder vielmehr Identifikation, der Naturkraft mit der Ursache hat nun aber Keiner so weit getrieben, wie Maine de Biran, in seinen *Nouvelles considérations des rapports du physique au moral;* weil dieselbe seiner Philosophie wesentlich ist. Merkwürdig ist dabei, daß wenn er von Ursachen redet, er fast nie *cause* allein setzt, sondern jedesmal sagt *cause ou force* [Ursache oder Kraft]; gerade so, wie wir oben § 8 den Spinoza acht Mal auf einer Seite *ratio sive causa* [Grund oder Ursache] setzen sahen. Beide nämlich sind sich bewußt, zwei disparate Begriffe zu identificiren, um, nach Umständen, bald den einen, bald den andern geltend machen zu können: zu diesem Zweck nun sind sie genöthigt, die Identifikation dem Leser stets gegenwärtig zu erhalten. –

Die Kausalität also, dieser Lenker aller und jeder Veränderung, tritt nun in der Natur unter drei verschiedenen Formen auf: als Ursache im engsten Sinn, als Reiz, und als Motiv. Eben auf dieser Verschiedenheit beruht der wahre und wesentliche Unterschied zwischen unorganischem Körper,

Pflanze und Thier; nicht auf den äußern anatomischen, oder gar chemischen Merkmalen.

Die Ursache im engsten Sinne ist die, nach welcher ausschließlich die Veränderungen im unorganischen Reiche erfolgen, also diejenigen Wirkungen, welche das Thema der Mechanik, der Physik und der Chemie sind. Von ihr allein gilt das dritte Neutonische Grundgesetz »Wirkung und Gegenwirkung sind einander gleich«: es besagt, daß der vorhergehende Zustand (die Ursache) eine Veränderung erfährt, die an Größe der gleichkommt, die er hervorgerufen hat (der Wirkung). Ferner ist nur bei dieser Form der Kausalität der Grad der Wirkung dem Grade der Ursache stets genau angemessen, so daß aus dieser jene sich berechnen läßt, und umgekehrt.

Die zweite Form der Kausalität ist der Reiz: sie beherrscht das organische Leben als solches, also das der Pflanzen, und den vegetativen, daher bewußtlosen Theil des thierischen Lebens, der ja eben ein Pflanzenleben ist. Sie charakterisirt sich durch Abwesenheit der Merkmale der ersten Form. Also sind hier Wirkung und Gegenwirkung einander nicht gleich, und keineswegs folgt die Intensität der Wirkung, durch alle Grade, der Intensität der Ursache: vielmehr kann, durch Verstärkung der Ursache, die Wirkung sogar in ihr Gegentheil umschlagen.

Die dritte Form der Kausalität ist das Motiv: unter dieser leitet sie das eigentlich animalische Leben, also das Thun, d. h. die äußern, mit Bewußtseyn geschehenden Aktionen, aller thierischen Wesen. Das Medium der Motive ist die Erkenntniß: die Empfänglichkeit für sie erfordert folglich einen Intellekt. Daher ist das wahre Charakteristikon des Thiers das Erkennen, das Vorstellen. Das Thier bewegt sich, als Thier, allemal nach einem Ziel und Zweck: diesen muß es demnach erkannt haben: d. h. derselbe muß ihm als ein von ihm selbst Verschiedenes, dessen es sich dennoch bewußt wird, sich darstellen. Demzufolge ist das Thier zu definiren »was erkennt«: keine andere Definition trifft das Wesentliche; ja, vielleicht ist auch keine andere stichhaltend. Mit der Erkenntniß fehlt nothwendig auch die Bewegung auf Motive: dann bleibt also nur die auf Reize, das Pflanzenleben: daher sind Irritabilität und Sensibilität unzertrennlich. Die Wirkungsart eines Motivs aber ist von der eines Reizes augenfällig verschieden: die Einwirkung desselben nämlich kann sehr kurz, ja sie braucht nur momentan zu seyn: denn ihre Wirksamkeit hat nicht, wie die des Reizes, irgend ein Verhältniß zu ihrer Dauer, zur Nähe des Gegenstandes und dergleichen mehr; sondern das Motiv braucht nur wahrgenommen zu seyn, um zu wirken; während der Reiz stets des Kontakts, oft gar der Intussusception [Aneignung], allemal aber einer gewissen Dauer, bedarf.

Diese kurze Angabe der drei Formen der Kausalität ist hier hinreichend. Die ausführliche Darstellung derselben findet man in meiner Preisschrift über die Freiheit (S. 30–34 der »beiden Grundprobleme der Ethik« [Bd. VI uns. Ausg., S. 68–72]). Nur eins ist hier zu urgiren [nachdrücklich zu betonen]. Der Unterschied zwischen Ursache, Reiz und Motiv ist offenbar bloß die Folge des Grades der Empfänglichkeit der Wesen: je größer diese, desto leichterer Art kann die Einwirkung seyn: der Stein muß gestoßen werden; der Mensch gehorcht einem Blick. Beide aber werden durch eine zureichende Ursache, also mit gleicher Nothwendigkeit, bewegt. Denn die Motivation ist bloß die durch das Erkennen hindurchgehende Kausalität: der Intellekt ist das Medium der Motive, weil er die höchste Steigerung der Empfänglichkeit ist. Allein hiedurch verliert das Gesetz der Kausalität schlechterdings nichts an seiner Sicherheit und Strenge. Das Motiv ist eine Ursache und wirkt mit der Nothwendigkeit, die alle Ursachen herbeiführen. Beim Thier, dessen Intellekt ein einfacher, daher nur die Erkenntniß der Gegenwart liefernder ist, fällt jene Nothwendigkeit leicht in die Augen. Der Intellekt des Menschen ist doppelt: er hat, zur anschaulichen, auch noch die abstrakte Erkenntniß, welche nicht an die Gegenwart gebunden ist: d. h. er hat Vernunft. Daher hat er eine Wahlentscheidung, mit deutlichem Bewußtseyn: nämlich er kann die einander ausschließenden Motive als solche gegen einander abwägen, d. h. sie ihre Macht auf seinen Willen versuchen lassen, wonach sodann das stärkere ihn bestimmt und sein Thun mit eben der Nothwendigkeit erfolgt, wie das Rollen der gestoßenen Kugel. Freiheit des Willens bedeutet (nicht Philosophieprofessorenwortkram, sondern) »daß einem gegebenen Menschen, in einer gegebenen Lage, zwei verschiedene Handlungen möglich seien.« Daß aber Dies zu behaupten vollkommen absurd sei, ist eine so sicher und klar bewiesene Wahrheit, wie irgend eine über das Gebiet der reinen Mathematik hinausgehende es seyn kann. Am deutlichsten, methodischesten, gründlichsten und dazu mit besonderer Rücksicht auf die Tatsachen des Selbstbewußtseyns, durch welche unwissende Leute obige Absurdität zu beglaubigen vermeinen, findet man die besagte Wahrheit dargelegt in meiner von der Königlich Norwegischen Societät der Wissenschaften gekrönten Preisschrift über die Freiheit des Willens. In der Hauptsache haben jedoch schon Hobbes, Spinoza, Priestley, Voltaire, auch Kant* das Selbe gelehrt. Das hält nun freilich unsere würdigen Philosophieprofessoren nicht ab, ganz unbefangen und als wäre nichts vorgefallen, von der Freiheit des Willens als einer ausgemachten Sache zu reden. Wozu glauben denn die Herren, daß, von Gnaden der Natur, die genannten großen Männer dagewesen seien? – damit s i e von der Philosophie leben können; – nicht wahr? – Nachdem nun aber ich, in meiner Preisschrift, die Sache klärer, als jemals geschehn, dargelegt hatte, und noch dazu unter der Sanktion einer Königlichen Societät, die auch meine Abhandlung in ihre Denkschriften aufgenommen hat; da war es, bei obiger Gesinnung, doch wohl die Pflicht der Herren, einer solchen verderblichen Irrlehre und abscheulichen Ketzerei entgegenzutreten und sie auf das Gründlichste zu widerlegen; ja, es war dies um so mehr, als ich in dem selben Bande mit jener (»Grundprobleme der Ethik«), in der Preisschrift über das Fundament der Moral, Kants praktische Vernunft, mit ihrem kategorischen Imperativ, den die Herren

---

* »Was man sich auch, in metaphysischer Absicht, für einen Begriff von der Freiheit des Willens machen möge; so sind doch die Erscheinungen desselben, die menschlichen Handlungen, eben so wohl, als jede andere Naturbegebenheit, nach allgemeinen Naturgesetzen bestimmt.« Ideen zu einer allgemeinen Geschichte. Der Anfang. –

»Alle Handlungen des Menschen, in der Erscheinung, sind aus seinem empirischen Charakter und den mitwirkenden andern Ursachen nach der Ordnung der Natur bestimmt: und wenn wir alle Erscheinungen seiner Willkür bis auf den Grund erforschen könnten; so würde es keine einzige menschliche Handlung geben, die wir nicht mit Gewißheit vorhersagen und aus ihren vorhergehenden Bedingungen als nothwendig erkennen könnten. In Ansehung dieses empirischen Charakters giebt es also keine Freiheit, und nach diesem können wir doch allein den Menschen betrachten, wenn wir lediglich beobachten und, wie es in der Anthropologie geschieht, von seinen Handlungen die bewegenden Ursachen physiologisch erforschen wollen.« Krit. der rein. Vern. S. 548 der 1., und S. 577 der 5. Aufl. –

»Man kann also einräumen, daß, wenn es für uns möglich wäre, in eines Menschen Denkungsart, so wie sie sich durch innere sowohl als äußere Handlungen zeigt, so tiefe Einsicht zu haben, daß jede, auch die mindeste Triebfeder dazu uns bekannt würde, imgleichen alle auf diese wirkenden äußern Veranlassungen, man eines Menschen Verhalten auf die Zukunft, mit Gewißheit, so wie eine Mond- oder Sonnenfinsterniß ausrechnen könnte.«

Krit. d. prakt. Vern. S. 230 der Rosenkranzischen, u. S. 177 der 4. Aufl.

unter dem Namen »Sittengesetz« noch immer zum Grundstein ihrer platten Moralsysteme gebrauchen, als eine völlig unbegründete und nichtige Annahme so unwiderleglich und deutlich nachgewiesen habe, daß kein Mensch, der nur ein Fünkchen Urtheilskraft hat, wenn er es gelesen, an jene Fiktion noch länger glauben kann. – »Nun, Das werden sie doch wohl gethan haben!« – Werden sich hüten, aufs Glatteis zu gehn! Schweigen, das Maul halten, Das ist ihr ganzes Talent und ihr einziges Mittel gegen Geist, Verstand, Ernst und Wahrheit. In keinem der seit 1841 erschienenen Produkte ihrer unnützen Vielschreiberei ist meiner Ethik mit einem Worte erwähnt, obwohl sie unstreitig das Wichtigste ist, was seit 60 Jahren in der Moral geschehn: ja, so groß ist ihre Angst vor mir und meiner Wahrheit, daß in keiner der von Universitäten oder Akademien ausgehenden Litteraturzeitungen das Buch auch nur angezeigt worden ist. *Zitto,* zitto [Still! Still!], daß nur das Publikum nichts merke: Dies ist und bleibt ihre ganze Politik. Freilich mag diesem pfiffigen Benehmen der Selbsterhaltungstrieb zum Grunde liegen. Denn, muß nicht eine rücksichtslos auf Wahrheit gerichtete Philosophie zwischen den unter tausend Rücksichten und von ihrer guten Gesinnung halber dazu berufenen Leuten verfaßten Systemchen die Rolle des eisernen Topfes zwischen den irdenen spielen? Ihre erbärmliche Angst vor meinen Schriften ist Angst vor der Wahrheit. Und allerdings steht z. B. schon eben diese Lehre von der vollkommenen Nothwendigkeit aller Willensakte in schreiendem Widerspruch mit sämmtlichen Annahmen der beliebten, nach dem Judenthume zugeschnittenen Rockenphilosophie: aber, weit gefehlt, daß jene streng bewiesene Wahrheit davon angefochten würde, beweist vielmehr sie, als ein sicheres Datum und Richtepunkt, als ein wahres δος μοι που στω [Gib mir einen Standort! Archimedes], die Nichtigkeit jener ganzen Rockenphilosophie und die Nothwendigkeit einer von Grund aus andern, ungleich tiefer gefaßten Ansicht vom Wesen der Welt und des Menschen; – gleichviel, ob eine solche mit den Befugnissen der Philosophieprofessoren bestehn könne, oder nicht.

§ 21.

Apriorität des Kausalitätsbegriffes. – Intellektualität der empirischen Anschauung. – Der Verstand.

In der Professorenphilosophie der Philosophieprofessoren wird man noch immer finden, daß die Anschauung der Außenwelt Sache der Sinne sei; worauf dann ein Langes und Breites über jeden der fünf Sinne folgt. Hingegen die Intellektualität der Anschauung, nämlich daß sie in der Hauptsache das Werk des Verstandes sei, welcher mittelst der ihm eigenthümlichen Form der Kausalität und der dieser untergelegten der reinen Sinnlichkeit, also Zeit und Raum, aus dem rohen Stoff einiger Empfindungen in den Sinnesorganen diese objektive Außenwelt allererst schafft und hervorbringt, davon ist keine Rede. Und doch habe ich die Sache, in ihren Hauptzügen, bereits in der ersten Auflage gegenwärtiger Abhandlung, vom J. 1813, S. 53–55 [hier S. 105 f.] aufgestellt und bald darauf, im J. 1816, in meiner Abhandlung über das Sehn und die Farben sie völlig ausgeführt, welcher Darstellung der Prof. Rosas in Wien seinen Beifall dadurch bezeugt hat, daß er sich durch sie zum Plagiat verleiten ließ; worüber das Nähere zu ersehn im »Willen in der Natur« S. 19 [hier S. 214]. Hingegen haben die Philosophieprofessoren so wenig von dieser, wie von andern großen und wichtigen Wahrheiten, welche darzulegen, um sie dem menschlichen Geschlechte auf immer anzueignen, die Aufgabe und Arbeit meines ganzen Lebens gewesen ist, – irgend Notiz genommen: ihnen mundet das nicht; es paßt alles nicht in ihren Kram; es führt zu keiner Theologie; es ist ja auf gehörige Studentenabrichtung zu höchsten Staatszwecken gar nicht ein Mal angelegt; kurzum, sie wollen von mir nichts lernen, und sehn nicht, wie sehr viel sie von mir zu lernen hätten: alles Das nämlich, was ihre Kinder, Enkel und Urenkel von mir lernen werden. Statt Dessen setzt Jeder von ihnen sich hin, um in einer lang ausgesponnenen Metaphysik das Publikum mit seinen Originalgedanken zu bereichern. Wenn Finger dazu berechtigen, so ist er berechtigt. Aber wahrlich, Machiavelli hat Recht, wenn er, – wie schon vor ihm Hesiodus (εϱγα, 293) –, sagt: »Es giebt dreierlei Köpfe: erstlich solche, welche aus eigenen Mitteln Einsicht und Verstand von den Sachen erlangen; dann solche, die das Rechte erkennen, wenn Andere es ihnen darlegen; endlich solche, welche weder zum Einen noch zum Andern fähig sind.« *(il principe, c. 22.)* –

Man muß von allen Göttern verlassen seyn, um zu wähnen, daß die anschauliche Welt da draußen, wie sie den Raum in seinen drei Dimensionen füllt, im unerbittlich strengen Gange der Zeit sich fortbewegt, bei jedem Schritte durch das ausnahmslose Gesetz der Kausalität geregelt wird, in allen diesen Stücken aber nur die Gesetze befolgt, welche wir, vor aller Erfahrung davon, angeben können, – daß eine solche Welt da draußen ganz objektiv-real und ohne unser Zuthun vorhanden wäre, dann aber, durch die bloße Sinnesempfindung, in unsern Kopf hineingelangte, woselbst sie nun, wie da draußen, noch ein Mal dastände. Denn was für ein ärmliches Ding ist doch die bloße Sinnesempfindung! Selbst in den edelsten Sinnesorganen ist sie nichts mehr, als ein lokales, specifisches, innerhalb seiner Art einiger Abwechselung fähiges, jedoch an sich selbst stets subjektives Gefühl, welches als solches gar nichts Objektives, also nichts einer Anschauung Aehnliches enthalten kann. Denn die Empfindung jeder Art ist und bleibt ein Vorgang im Organismus selbst, als solcher aber auf das Gebiet unterhalb der Haut beschränkt, kann daher, an sich selbst, nie etwas enthalten, das jenseit dieser Haut, also außer uns läge. Sie kann angenehm oder unangenehm seyn, – welches eine Beziehung auf unsern Willen besagt, – aber etwas Objektives liegt in keiner Empfindung. Die Empfindung in den Sinnesorganen ist eine durch den Zusammenfluß der Nervenenden erhöhte, wegen der Ausbreitung und der dünnen Bedeckung derselben leicht von außen erregbare und zudem irgend einem speciellen Einfluß, – Licht, Schall, Duft, – besonders offen stehende: aber sie bleibt bloße Empfindung, so gut wie jede andere im Innern unsers Leibes, mithin etwas wesentlich Subjektives, dessen Veränderungen unmittelbar bloß in der Form des innern Sinnes, also der Zeit allein, d. h. successiv, zum Bewußtseyn gelangen. Erst wenn der Verstand, – eine Funktion, nicht einzelner zarter Nervenenden, sondern des so künstlich und räthselhaft gebauten, drei, ausnahmsweise aber bis fünf Pfund wiegenden Gehirns, – in Thätigkeit geräth und seine einzige und alleinige Form, das Gesetz der Kausalität, in Anwendung bringt, geht eine mächtige Verwandlung vor, indem aus der subjektiven Empfindung die objektive Anschauung wird. Er nämlich faßt, vermöge seiner selbsteigenen

Form, also *a priori*, d.i. vor aller Erfahrung (denn diese ist bis dahin noch nicht möglich), die gegebene Empfindung des Leibes als eine Wirkung auf (ein Wort, welches er allein versteht), die als solche nothwendig eine Ursache haben muß. Zugleich nimmt er die ebenfalls im Intellekt, d. i. im Gehirn, prädisponirt liegende Form des äußern Sinnes zu Hülfe, den Raum, um jene Ursache außerhalb des Organismus zu verlegen: denn dadurch erst entsteht ihm das Außerhalb, dessen Möglichkeit eben der Raum ist; so daß die reine Anschauung *a priori* die Grundlage der empirischen abgeben muß. Bei diesem Proceß nimmt nun der Verstand, wie ich bald näher zeigen werde, alle, selbst die minutiösesten Data der gegebenen Empfindung zu Hülfe, um, ihnen entsprechend, die Ursache derselben im Raume zu konstruiren. Diese (übrigens von Schelling, im 1. Band seiner philos. Schriften, v. 1809, S. 237, 38, desgleichen von Fries, in seiner Kritik d. Vernunft, Bd. 1. S. 52–56 und 290 d. ersten Aufl. ausdrücklich geleugnete) Verstandesoperation ist jedoch keine diskursive, reflektive, *in abstracto*, mittelst Begriffen und Worten, vor sich gehende; sondern eine intuitive und ganz unmittelbare. Denn durch sie allein, mithin im Verstande und für den Verstand, stellt sich die objektive, reale, den Raum in drei Dimensionen füllende Körperwelt dar, die alsdann, in der Zeit, dem selben Kausalitätsgesetze gemäß, sich ferner verändert und im Raume bewegt. – Demnach hat der Verstand die objektive Welt erst selbst zu schaffen: nicht aber kann sie, schon vorher fertig, durch die Sinne und die Oeffnungen ihrer Organe, bloß in den Kopf hineinspazieren. Die Sinne nämlich liefern nichts weiter, als den rohen Stoff, welchen allererst der Verstand, mittelst der angegebenen einfachen Formen, Raum, Zeit und Kausalität, in die objektive Auffassung einer gesetzmäßig geregelten Körperwelt umarbeitet. Demnach ist unsere alltägliche, empirische Anschauung eine intellektuale, und ihr gebührt dieses Prädikat, welches die philosophischen Windbeutel in Deutschland einer vorgeblichen Anschauung erträumter Welten, in welchen ihr beliebtes Absolutum seine Evolutionen vornähme, beigelegt haben. Ich aber will jetzt zunächst die große Kluft zwischen Empfindung und Anschauung näher nachweisen, indem ich darlege, wie roh der Stoff ist, aus dem das schöne Werk erwächst.

Der objektiven Anschauung dienen eigentlich nur zwei Sinne:

das Getast und das Gesicht. Sie allein liefern die Data, auf deren Grundlage der Verstand, durch den angegebenen Proceß, die objektive Welt entstehn läßt. Die andern drei Sinne bleiben in der Hauptsache subjektiv: denn ihre Empfindungen deuten zwar auf eine äußere Ursache, aber enthalten keine Data zur Bestimmung räumlicher Verhältnisse derselben. Nun ist aber der Raum die Form aller Anschauung, d. i. der Apprehension, in welcher allein Objekte sich eigentlich darstellen können. Daher können jene drei Sinne zwar dienen, uns die Gegenwart der uns schon anderweitig bekannten Objekte anzukündigen: aber auf Grundlage ihrer Data kommt keine räumliche Konstruktion, also keine objektive Anschauung zu Stande. Aus dem Geruch können wir nie die Rose konstruiren; und ein Blinder kann sein Leben lang Musik hören, ohne von den Musikern, oder den Instrumenten, oder den Luftvibrationen, die mindeste objektive Vorstellung zu erhalten. Das Gehör hat dagegen seinen hohen Werth als Medium der Sprache, wodurch es der Sinn der Vernunft ist, deren Name sogar von ihm stammt; sodann als Medium der Musik, des einzigen Weges komplicirte Zahlenverhältnisse, nicht bloß *in abstracto,* sondern unmittelbar, also *in concreto,* aufzufassen. Aber der Ton deutet nie auf räumliche Verhältnisse, führt also nie auf die Beschaffenheit seiner Ursache; sondern wir bleiben bei ihm selbst stehn: mithin ist er kein Datum für den die objektive Welt konstruirenden Verstand. Dies sind allein die Empfindungen des Getasts und Gesichts: daher würde ein Blinder ohne Hände und Füße zwar den Raum in seiner ganzen Gesetzmäßigkeit *a priori* sich konstruiren können, aber von der objektiven Welt nur eine sehr unklare Vorstellung erhalten. Dennoch aber ist was Getast und Gesicht liefern noch keineswegs die Anschauung, sondern bloß der rohe Stoff dazu: denn in den Empfindungen dieser Sinne liegt so wenig die Anschauung, daß dieselben vielmehr noch gar keine Aehnlichkeit haben mit den Eigenschaften der Dinge, die mittelst ihrer sich uns darstellen; wie ich sogleich zeigen werde. Nur muß man hiebei Das, was wirklich der Empfindung angehört, deutlich aussondern von Dem, was in der Anschauung der Intellekt hinzugethan hat. Dies ist Anfangs schwer; weil wir so sehr gewohnt sind, von der Empfindung sogleich zu ihrer Ursache überzugehen, daß diese sich uns darstellt, ohne daß wir die Empfindung, welche hier gleichsam die Prämissen zu jenem Schlusse des Verstandes liefert, an und für sich beachten.

Getast und Gesicht nun also haben zuvörderst jedes seine eigenen Vortheile; daher sie sich wechselseitig unterstützen. Das Gesicht bedarf keiner Berührung, ja keiner Nähe: sein Feld ist unermeßlich, geht bis zu den Sternen. Sodann empfindet es die feinsten Nüancen des Lichts, des Schattens, der Farbe, der Durchsichtigkeit: es liefert also dem Verstande eine Menge fein bestimmter Data, aus welchen er, nach erlangter Uebung, die Gestalt, Größe, Entfernung und Beschaffenheit der Körper konstruirt und sogleich anschaulich darstellt. Hingegen ist das Getast zwar an den Kontakt gebunden, giebt aber so untrügliche und vielseitige Data, daß es der gründlichste Sinn ist. Die Wahrnehmungen des Gesichts beziehn sich zuletzt doch auf das Getast; ja, das Sehn ist als ein unvollkommenes, aber in die Ferne gehendes Tasten zu betrachten, welches sich der Lichtstrahlen als langer Taststangen bedient: daher eben ist es vielen Täuschungen ausgesetzt, weil es ganz auf die durch das Licht vermittelten Eigenschaften beschränkt, also einseitig ist; während das Getast ganz unmittelbar die Data zur Erkenntniß der Größe, Gestalt, Härte, Weiche, Trockenheit, Nässe, Glätte, Temperatur, u. s. w. liefert und dabei unterstützt wird theils durch die Gestalt und Beweglichkeit der Arme, Hände und Finger, aus deren Stellung beim Tasten der Verstand die Data zur räumlichen Konstruktion der Körper entnimmt; theils durch die Muskelkraft, mittelst welcher er die Schwere, Festigkeit, Zähigkeit oder Spröde der Körper erkennt: Alles mit geringster Möglichkeit der Täuschung.

Bei allen Dem geben diese Data durchaus noch keine Anschauung; sondern diese bleibt das Werk des Verstandes. Drücke ich mit der Hand gegen den Tisch, so liegt in der Empfindung, die ich davon erhalte, durchaus nicht die Vorstellung des festen Zusammenhangs der Theile dieser Masse, ja gar nichts dem Aehnliches; sondern erst indem mein Verstand von der Empfindung zur Ursache derselben übergeht, konstruirt er sich einen Körper, der die Eigenschaft der Solidität, Undurchdringlichkeit und Härte hat. Wenn ich im Finstern meine Hand auf eine Fläche lege, oder aber eine Kugel von etwan drei Zoll Durchmesser ergreife: so sind es, in beiden Fällen, die selben Theile der Hand, welche den Druck empfinden: bloß aus der verschiedenen Stellung, die, im einen, oder im andern Fall, meine Hand annimmt, konstruirt mein Verstand die Gestalt des Körpers, mit welchem in Berührung gekommen zu seyn die Ursache der

Empfindung ist, und er bestätigt sie sich dadurch, daß ich die Berührungsstellen wechseln lasse. Betastet ein Blindgeborener einen kubischen Körper [Würfel], so sind die Empfindungen der Hand dabei ganz einförmig und bei allen Seiten und Richtungen die selben: die Kanten drücken zwar einen kleinern Theil der Hand: doch liegt in diesen Empfindungen durchaus nichts einem Kubus Aehnliches. Aber von dem gefühlten Widerstande macht sein Verstand den unmittelbaren und intuitiven Schluß auf eine Ursache desselben, die jetzt, eben dadurch, sich als fester Körper darstellt; und aus den Bewegungen, die, beim Tasten, seine Arme machen, während die Empfindung der Hände die selbe bleibt, konstruirt er, in dem ihm *a priori* bewußten Raum, die kubische Gestalt des Körpers. Brächte er die Vorstellung einer Ursache und eines Raumes, nebst den Gesetzen desselben, nicht schon mit; so könnte nimmermehr aus jener successiven Empfindung in seiner Hand das Bild eines Kubus hervorgehn. Läßt man durch seine geschlossene Hand einen Strick laufen; so wird er als Ursache der Reibung und ihrer Dauer, bei solcher Lage seiner Hand, einen langen, cylinderförmigen, sich in Einer Richtung gleichförmig bewegenden Körper konstruiren. Nimmermehr aber könnte ihm aus jener bloßen Empfindung in seiner Hand die Vorstellung der Bewegung, d. i. der Veränderung des Ortes im Raum, mittelst der Zeit, entstehn: denn so etwas kann in ihr nicht liegen, noch kann sie allein es jemals erzeugen. Sondern sein Intellekt muß, vor aller Erfahrung, die Anschauungen des Raumes, der Zeit, und damit der Möglichkeit der Bewegung, in sich tragen, und nicht weniger die Vorstellung der Kausalität, um nun von der allein empirisch gegebenen Empfindung überzugehn auf eine Ursache derselben und solche dann als einen sich also bewegenden Körper, von der bezeichneten Gestalt, zu konstruiren. Denn, wie groß ist doch der Abstand zwischen der bloßen Empfindung in der Hand und den Vorstellungen der Ursächlichkeit, Materialität und der durch die Zeit vermittelten Bewegung im Raum! Die Empfindung in der Hand, auch bei verschiedener Berührung und Lage, ist etwas viel zu Einförmiges und an Datis Aermliches, als daß es möglich wäre, daraus die Vorstellung des Raumes, mit seinen drei Dimensionen, und der Einwirkung von Körpern auf einander, nebst den Eigenschaften der Ausdehnung, Undurchdringlichkeit, Kohäsion, Gestalt, Härte, Weiche, Ruhe und Bewegung, kurz, die Grundlage der objektiven Welt, zu konstruiren: sondern Dies ist nur dadurch möglich, daß im Intellekt selbst der Raum als Form der Anschauung, die Zeit als Form der Veränderung, und das Gesetz der Kausalität als Regulator des Eintritts der Veränderungen präformirt seien. Das bereits fertige und aller Erfahrung vorhergängige Daseyn dieser Formen macht eben den Intellekt aus. Physiologisch ist er eine Funktion des Gehirns, welche dieses so wenig erst aus der Erfahrung erlernt, wie der Magen das Verdauen, oder die Leber die Gallenabsonderung. Nur hieraus ist es erklärlich, daß manche Blindgeborene eine so vollständige Kenntniß der räumlichen Verhältnisse erlangen, daß sie dadurch den Mangel des Gesichts in hohem Grade ersetzen und erstaunliche Leistungen vollbringen; wie denn vor hundert Jahren der von Kindheit auf blinde Saunderson zu Cambridge Mathematik, Optik und Astronomie gelehrt hat. (Ausführlichen Bericht über Saunderson giebt Diderot: *Lettre sur les aveugles.*) Und eben so nur ist der umgekehrte Fall der Eva Lauk erklärlich, welche, ohne Arme und Beine geboren, durch das Gesicht allein, eben so bald wie andere Kinder, eine richtige Anschauung der Außenwelt erlangt hat. (Den Bericht über sie findet man in der »Welt als Wille und Vorstellung« Bd. 2, Kap. 4.) Alles Dieses also beweist, daß Zeit, Raum und Kausalität weder durch das Gesicht, noch durch das Getast, sondern überhaupt nicht von außen in uns kommen, vielmehr einen innern, daher nicht empirischen, sondern intellektuellen Ursprung haben; woraus wieder folgt, daß die Anschauung der Körperwelt im Wesentlichen ein intellektueller Proceß, ein Werk des Verstandes ist, zu welchem die Sinnesempfindung bloß den Anlaß und die Data, zur Anwendung im einzelnen Falle, liefert.

Jetzt will ich das Selbe am Sinne des Gesichts nachweisen. Das unmittelbar Gegebene ist hier beschränkt auf die Empfindung der Retina, welche zwar viele Mannigfaltigkeit zuläßt, jedoch zurückläuft auf den Eindruck des Hellen und Dunkeln, nebst ihren Zwischenstufen, und den der eigentlichen Farben. Diese Empfindung ist durchaus subjektiv, d. h. nur innerhalb des Organismus und unter der Haut vorhanden. Auch würden wir, ohne den Verstand, uns jener nur bewußt werden als besonderer und mannigfaltiger Modifikationen unserer Empfindung im Auge, die nichts der Gestalt, Lage, Nähe oder Ferne von Dingen außer uns Aehnliches wären. Denn, was beim Sehn die Empfindung liefert ist nichts weiter, als eine mannigfaltige Affektion der Retina, ganz ähnlich dem Anblick einer Palette, mit vielerlei bunten Farbenklexen: und nicht mehr als Dies ist es, was im Bewußtseyn übrig bleiben würde, wenn man Dem, der vor einer ausgebreiteten, reichen Aussicht steht, etwan durch Lähmung des Gehirns, plötzlich den Verstand ganz entziehn, jedoch die Empfindung übrig lassen könnte: denn Dies war der rohe Stoff, aus welchem vorhin sein Verstand jene Anschauung schuf.

Daß nun aus einem so beschränkten Stoff, wie Hell, Dunkel und Farbe, der Verstand, durch seine so einfache Funktion des Beziehns der Wirkung auf eine Ursache, unter Beihülfe der ihm beigegebenen Anschauungsform des Raums, die so unerschöpflich reiche und vielgestaltete sichtbare Welt hervorbringen kann, beruht zunächst auf der Beihülfe, die hier die Empfindung selbst liefert. Diese besteht darin, daß, erstlich, die Retina, als Fläche, ein Nebeneinander des Eindrucks zuläßt; zweitens, daß das Licht stets in geraden Linien wirkt, auch im Auge selbst geradlinigt gebrochen wird, und endlich, daß die Retina die Fähigkeit besitzt, auch die Richtung, in der sie vom Lichte getroffen wird, unmittelbar mit zu empfinden, welches wohl nur dadurch zu erklären ist, daß der Lichtstrahl in die Dicke der Retina eindringt. Hiedurch aber wird gewonnen, daß der bloße Eindruck auch schon die Richtung seiner Ursache anzeigt, also auf den Ort des das Licht aussendenden, oder reflektirenden, Objekts geradezu hindeutet. Allerdings setzt der Uebergang zu diesem Objekt als Ursache schon die Erkenntniß des Kausalverhältnisses, wie auch der Gesetze des Raums voraus: diese Beiden aber sind eben die Ausstattung des Intellekts, der auch hier wieder aus der bloßen Empfindung die Anschauung zu schaffen hat. Sein Verfahren hiebei wollen wir jetzt näher betrachten.

Das Erste, was er thut, ist, daß er den Eindruck des Objekts, welcher verkehrt, das Unterste oben, auf der Retina eintrifft, wieder aufrecht stellt. Jene ursprüngliche Umkehrung entsteht bekanntlich dadurch, daß, indem jeder Punkt des sichtbaren Objekts seine Strahlen geradlinigt nach allen Seiten aussendet, die von dessen oberm Ende kommenden Strahlen sich, in der engen Oeffnung der Pupille, mit den vom untern Ende kommenden kreuzen, wodurch diese oben, jene unten, und eben so die von der rechten Seite kommenden auf der linken, eintreffen. Der dahinter liegende Brechungsapparat im Auge, also *humor aqueus, lens et corpus vitreum* [wäßrige Flüssigkeit, Linse und Glaskörper], dient bloß, die vom Objekt ausgehenden Lichtstrahlen so zu koncentriren, daß sie auf dem kleinen Raum der Retina Platz finden. Bestände nun das Sehn im bloßen Empfinden; so würden wir den Eindruck des Gegenstandes verkehrt wahrnehmen; weil wir ihn so empfangen: sodann aber würden wir ihn auch als etwas im Innern des Auges Befindliches wahrnehmen, indem wir eben stehn bleiben bei der Empfindung. Wirklich hingegen tritt sogleich der Verstand mit seinem Kausalgesetze ein, bezieht die empfundene Wirkung auf ihre Ursache, hat von der Empfindung das Datum der Richtung, in welcher der Lichtstrahl eintraf, verfolgt also diese rückwärts zur Ursache hin, auf beiden Linien: die Kreuzung wird daher jetzt auf umgekehrtem Wege wieder zurückgelegt, wodurch die Ursache sich draußen, als Objekt im Raum, aufrecht darstellt, nämlich in der Stellung wie sie die Strahlen aussendet, nicht in der wie sie eintrafen (siehe *Fig. 1* [S. 178]). – Die reine Intellektualität der Sache, mit Ausschließung aller anderweitigen, namentlich physiologischen, Erklärungsgründe, läßt sich auch noch dadurch bestätigen, daß, wenn man den Kopf zwischen die Beine steckt, oder am Abhange, den Kopf nach unten, liegt, man dennoch die Dinge nicht verkehrt, sondern ganz richtig erblickt, obgleich den Theil der Retina, welchen gewöhnlich das Untere der Dinge traf, jetzt das Obere trifft, und Alles umgekehrt ist, nur der Verstand nicht.

Das Zweite, was der Verstand bei seiner Umarbeitung der Empfindung in Anschauung leistet, ist, daß er das zwei Mal Empfundene zu einem einfach Angeschauten macht; da jedes Auge für sich, und sogar in einer etwas verschiedenen Richtung, den Eindruck vom Gegenstand erhält, dieser aber doch als nur Einer sich darstellt; welches nur im Verstande geschehn kann. Der Proceß, durch den Dies zu Stande kommt, ist folgender. Unsere Augen stehn nur dann parallel, wenn wir in die Ferne, d. h. über 200 Fuß weit, sehn: außerdem aber richten wir sie beide auf den zu betrachtenden Gegenstand, wodurch sie konvergiren und die beiden, von jedem Auge bis zum genau fixirten Punkte des Objekts gezogenen Linien daselbst einen W i n k e l schließen, den man den o p t i s c h e n, sie selbst aber die A u g e n a x e n nennt. Diese treffen, bei gerade vor uns liegendem Objekt, genau in die Mitte jeder Retina, mithin auf zwei in jedem Auge einander genau entsprechende Punkte. Alsbald erkennt der Verstand, als welcher zu Allem immer nur die Ursache sucht, daß, obwohl hier der Eindruck doppelt ist, derselbe dennoch von nur einem äußern Punkte ausgeht, also nur eine Ursache ihm zum Grunde liegt: demnach stellt nunmehr diese Ursache sich als Objekt und nur einfach dar. Denn Alles, was wir anschauen, schauen wir als Ursache an, als Ursache empfundener Wirkung, mithin im Verstande. Da wir indessen nicht bloß Einen Punkt, sondern eine ansehnliche Fläche des Gegenstandes mit beiden Augen und doch nur einfach auffassen; so ist die gegebene Erklärung noch etwas weiter fortzuführen. Was im Objekt seitwärts von jenem Scheitelpunkte des optischen Winkels liegt, wirft seine Strahlen nicht mehr gerade in den Mittelpunkt jeder Retina, sondern eben so seitwärts von demselben, jedoch, in beiden Augen, auf die nämliche, z. B. die linke, Seite der Retina: daher sind die Stellen, welche die Strahlen daselbst treffen, eben so gut wie die Mittelpunkte, einander symmetrisch entsprechende, oder gleichnamige Stellen. Der Verstand lernt diese bald kennen und dehnt demnach die obige Regel seiner kausalen Auffassung auch auf sie aus, bezieht folglich nicht bloß die auf den Mittelpunkt jeder Retina fallenden Lichtstrahlen, sondern auch die, welche die übrigen einander symmetrisch entsprechenden Stellen beider Retinen treffen, auf einen und den selben solche aussendenden Punkt im Objekt, schaut also auch alle diese Punkte, mithin das ganze Objekt, nur einfach an. Hiebei nun ist wohl zu merken, daß nicht etwan die äußere Seite der einen Retina der äußern Seite der andern und die innere der innern, sondern die Seite der rechten Retina der rechten Seite der andern entspricht u. s. f., die Sache also nicht im physiologischen, sondern im geometrischen Sinne zu verstehn ist. Deutliche und mannigfaltige, diesen Vorgang und alle damit zusammenhängenden Phänomene erläuternde Figuren findet man in Robert Smith's *Optics*, auch zum Theil in Kästner's Deutscher Uebersetzung, von 1755. Ich habe, *Fig. 2* [S. 178], nur eine gegeben, welche eigentlich einen weiterhin beizubringenden speciellen Fall darstellt, jedoch auch dienen kann, das Ganze zu erläutern, wenn man vom Punkte *R* ganz absieht. Wir richten dem gemäß beide Augen allezeit gleichmäßig auf das Objekt, um die von den selben Punkten ausgehenden Strahlen mit den einander symmetrisch entsprechenden Stellen beider Retinen aufzufangen. Bei der Bewegung der Augen seitwärts, aufwärts, abwärts und nach allen Richtungen, trifft nun der Punkt des Objekts, welcher vorhin den Mittelpunkt jeder Retina traf, jedesmal eine andere, aber stets, in beiden Augen, eine gleichnamige, der im andern entsprechende, Stelle. Wenn wir einen Gegenstand mustern *(perlustrare)*, lassen wir die Augen hin und her darauf gleiten, um jeden Punkt desselben successive mit dem Centro der Retina, welches am deutlichsten sieht, in Kontakt zu bringen, betasten also das Objekt mit den Augen. Hieraus wird deutlich, daß das Einfachsehn mit zwei Augen sich im Grunde eben so verhält, wie das Betasten eines Körpers mit 10 Fingern, deren jeder einen andern Eindruck und auch in anderer Richtung erhält, welche sämmtlichen Eindrücke jedoch der Verstand als von Einem Körper herrührend erkennt, dessen Gestalt und Größe er danach apprehendirt und räumlich konstruirt. Hierauf beruht es, daß ein Blinder ein Bildhauer seyn kann: ein solcher war seit seinem fünften Jahre der im J. 1853 in Tyrol gestorbene, rühmlich bekannte Joseph Kleinhanns †. Denn die Anschauung geschieht immer durch den Verstand; gleichviel, von welchem Sinn er die Data erhält.

Wie nun aber, wenn ich eine Kugel mit gekreuzten Fingern betaste, ich sofort zwei Kugeln zu fühlen glaube, weil mein auf die Ursache zurückgehender und diese den Gesetzen des Raumes gemäß konstruirender Verstand, die natürliche Lage der Finger voraussetzend, zwei Kugelflächen, welche die äußeren Seiten des Mittel- und des Zeigefingers zugleich berühren, durchaus zweien verschiedenen Kugeln zuschreiben muß; eben so nun wird mir ein gesehenes Objekt doppelt erscheinen, wenn meine Augen

---

† Ueber diesen berichtet das Frankfurter Konversationsblatt vom 22. Juli 1853: In Nauders (Tyrol) starb am 10. Juli der blinde Bildhauer Joseph Kleinhanns. In seinem fünften Jahre in Folge der Kuhpocken erblindet, tändelte und schnitzte der Knabe für die Langeweile. Prugg gab ihm Anleitung und Figuren zum Nachbilden, und in seinem zwölften Jahre verfertigte der Knabe einen Christus in Lebensgröße. In der Werkstätte des Bildhauers Nißl in Fügen profitirte er in der kurzen Zeit sehr viel und wurde vermöge seiner guten Anlage und seines Talents der weithin bekannte blinde Bildhauer. Seine verschiedenartigen Arbeiten sind sehr zahlreich. Bloß seine Christusbilder belaufen sich auf vierhundert, und in diesen tritt auch in Anbetracht seiner Blindheit seine Meisterschaft zu Tage. Er verfertigte auch andere anerkennungswerthe Stücke, und vor zwei Monaten noch die Büste des Kaisers Franz Joseph, welche nach Wien übersendet wurde.

nicht mehr, gleichmäßig konvergirend, den optischen Winkel an einem Punkte desselben schließen, sondern jedes in einem andern Winkel nach demselben schaut, d. h. wenn ich schiele. Denn jetzt werden nicht mehr von den aus einem Punkte des Objekts ausgehenden Strahlen auf den beiden Retinen die einander symmetrisch entsprechenden Stellen getroffen, welche mein Verstand, durch fortgesetzte Erfahrung, kennen gelernt hat; sondern ganz verschiedene Stellen, welche, bei gleichmäßiger Lage der Augen, nur von verschiedenen Körpern also afficirt werden können: daher sehe ich jetzt zwei Objekte; weil eben die Anschauung durch den Verstand und im Verstande geschieht. – Das Selbe tritt auch ohne Schielen ein, wenn nämlich zwei Gegenstände in ungleicher Entfernung vor mir stehn und ich den entfernteren fest ansehe, also an ihm den optischen Winkel schließe: denn jetzt werden die vom näher stehenden Gegenstande ausgehenden Strahlen auf einander nicht symmetrisch entsprechende Stellen in beiden Retinen treffen, mein Verstand wird daher sie zweien Gegenständen zuschreiben, d. h. ich werde das näher stehende Objekt doppelt sehn. (Hiezu *Fig. 2*) Schließe ich hingegen an diesem letzteren den optischen Winkel, indem ich es fest ansehe; so wird, aus dem nämlichen Grunde, das entferntere Objekt mir doppelt erscheinen. Man darf, um dies zu erproben, nur etwan einen Bleistift zwei Fuß vom Auge halten und abwechselnd bald ihn, bald ein weit dahinter liegendes Objekt ansehn.

Aber das Schönste ist, daß man auch das umgekehrte Experiment machen kann; so daß man, zwei wirkliche Gegenstände gerade und nahe vor beiden, offenen Augen habend, doch nur einen sieht; welches am schlagendesten beweist, daß die Anschauung keineswegs in der Sinnesempfindung liegt, sondern durch einen Akt des Verstandes geschieht. Man lasse zwei pappene Röhren, von etwan 8 Zoll Länge und 1½ Zoll Durchmesser, vollkommen parallel, nach Art des Binokularteleskops, zusammenfügen, und befestige vor der Oeffnung eines jeden derselben ein Achtgroschenstück. Wenn man jetzt, das andere Ende an die Augen legend, durchschaut, wird man nur ein Achtgroschenstück, von einer Röhre umschlossen, wahrnehmen. Denn, durch die Röhren, zur gänzlich parallelen Lage genöthigt, werden beide Augen von beiden Münzen gerade im Centro der Retina und den dieses umgebenden, einander folglich symmetrisch entsprechenden Stellen ganz gleichmäßig getroffen; daher der Verstand, die, bei nahen Objekten sonst gewöhnliche, ja nothwendige, konvergirende Stellung der Augenaxen voraussetzend, ein einziges Objekt als Ursache des also zurückgestrahlten Lichtes annimmt, d. h. wir nur Eines sehn: so unmittelbar ist die kausale Apprehension des Verstandes.

Die versuchten physiologischen Erklärungen des Einfachsehns einzeln zu widerlegen ist hier kein Raum. Ihre Falschheit geht aber schon aus folgenden Betrachtungen hervor. 1) Wenn die Sache auf einem organischen Zusammenhange beruhte, müßten die auf beiden Retinen einander entsprechenden Stellen, von denen nachweislich das Einfachsehn abhängt, die im organischen Sinne gleichnamigen seyn: allein sie sind es, wie schon erwähnt, bloß im geometrischen. Denn organisch entsprechen einander die beiden innern und die beiden äußern Augenwinkel und Alles demgemäß: hingegen zum Behuf des Einfachsehns entspricht umgekehrt die rechte Seite der rechten Retina der rechten Seite der linken Retina u. s. w.; wie Dies aus den angeführten Phänomenen unwiderleglich erhellt. Eben weil die Sache intellektual ist, haben auch nur die verständigsten Thiere, nämlich die obern Säugethiere, sodann die Raubvögel, vorzüglich die Eulen, u. a. m., so gestellte Augen, daß sie beide Axen derselben auf Einen Punkt richten können. 2) Die zuerst von Neuton *(Optics, querry 15th)* aufgestellte Hypothese aus dem Zusammenfluß oder partieller Kreuzung der Sehnerven, vor ihrem Eintritt ins Gehirn, ist schon darum falsch, weil alsdann das Doppeltsehn durch Schielen unmöglich wäre: zudem haben bereits Vesalius und Caesalpinus anatomische Fälle angeführt, in denen gar keine Vermischung, ja, kein Kontakt der Sehnerven daselbst Statt fand, die Subjekte aber nichtsdestoweniger einfach gesehn hatten. Endlich spricht gegen jene Vermischung des Eindrucks Dieses, daß, wenn man, das rechte Auge fest zuhaltend, mit dem linken in die Sonne sieht, man das, nachher lange anhaltende Blendungsbild nur im linken, nie im rechten Auge haben wird, oder *vice versa.*

Das Dritte, wodurch der Verstand die Empfindung in Anschauung umarbeitet, ist, daß er aus den bis hieher gewonnenen bloßen Flächen Körper konstruirt, also die dritte Dimension hinzufügt, indem er die Ausdehnung der Körper in derselben, in dem ihm *a priori* bewußten Raume, nach Maaßgabe der Art ihrer Einwirkung auf das Auge und der Gradationen des Lichtes und Schattens, kausal beurtheilt. Während nämlich die Objekte den Raum in allen dreien Dimensionen füllen, können sie auf das Auge nur mit zweien wirken: die Empfindung beim Sehn ist, in Folge der Natur des Organes, bloß planimetrisch [flächenhaft], nicht stereometrisch [körperhaft]. Alles Stereometrische der Anschauung wird vom Verstande allererst hinzugethan: seine alleinigen Data hiezu sind die Richtung, in der das Auge den Eindruck erhält, die Gränzen desselben und die verschiedenen Abstufungen des Hellen und Dunkeln, welche unmittelbar auf ihre Ursachen deuten und wonach wir erkennen, ob wir z. B. eine Scheibe, oder eine Kugel vor uns haben. Auch diese Verstandesoperation wird, gleich den vorhergehenden, so unmittelbar und schnell vollzogen, daß von ihr nichts, als bloß das Resultat, ins Bewußtseyn kommt. Daher eben ist die Projektionszeichnung eine so schwierige, nur nach mathematischen Principien zu lösende Aufgabe und muß erst erlernt werden, obgleich sie nichts weiter zu leisten hat, als die Darstellung der Empfindung des Sehns, wie solche dieser dritten Verstandesoperation als Datum vorliegt, also des Sehns in seiner bloß planimetrischen Ausdehnung, zu deren allein gegebenen z w e i Dimensionen, nebst den besagten Datis in ihnen, der Verstand alsbald die dritte hinzuthut, sowohl beim Anblick der Zeichnung, wie bei dem der Realität. Eine solche Zeichnung ist nämlich eine Schrift, welche, gleich der gedruckten, Jeder lesen, hingegen Wenige schreiben können; weil eben unser anschauender Verstand die Wirkung bloß auffaßt, um aus ihr die Ursache zu konstruiren, sie selbst aber, über dieser, alsbald ganz außer Acht läßt. Daher erkennen wir z. B. einen Stuhl augenblicklich, in jeder ihm möglichen Stellung und Lage; aber ihn in irgend einer zu zeichnen ist Sache derjenigen Kunst, die von dieser dritten Verstandesoperation abstrahirt, um bloß die Data zu derselben dem Beschauer, zu eigener Vollziehung, vorzulegen. Dies ist, wie gesagt, zunächst die Projektions-Zeichnenkunst, dann aber, im Alles umfassenden Sinn, die Malerkunst. Das Bild liefert Linien, nach perspektivischen Regeln gezogen, helle und dunkle Stellen, nach Maaßgabe der Wirkung des Lichtes und Schattens, endliche Farbenflecke, in Qualität und Intension der Erfahrung abgelernt. Der Beschauer liest Dies ab, indem er zu gleichen Wirkungen die gewohnten Ursachen setzt. Die Kunst des Malers besteht darin, daß er die Data der Empfindung beim Sehn, wie sie vor dieser dritten Verstandesoperation sind, mit Besonnenheit festzuhalten weiß; während wir Andern, sobald wir von ihnen den besagten Gebrauch gemacht haben, sie wegwerfen, ohne sie in unser Gedächtniß aufzunehmen. Wir werden die hier betrachtete dritte Verstandesoperation noch genauer kennen lernen, indem wir jetzt zu einer vierten übergehn, welche, als ihr sehr nahe verwandt, sie mit erläutert.

Diese vierte Verstandesoperation besteht nämlich im Erkennen der Entfernung der Objekte von uns: diese aber ist eben die dritte Dimension, von der oben die Rede war. Die Empfindung beim Sehn liefert uns zwar, wie schon gesagt, die Richtung, in welcher die Objekte liegen, aber nicht die Entfernung, also nicht ihren Ort. Die Entfernung muß also erst durch den Verstand herausgebracht werden, folglich aus lauter kausalen Bestimmungen sich ergeben. Von diesen nun ist die vornehmste der Sehewinkel, unter dem das Objekt sich darstellt: dennoch ist dieser durchaus zweideutig und kann für sich allein nichts entscheiden. Er ist wie ein Wort von zwei Bedeutungen: man muß erst aus dem Zusammenhang abnehmen, welche gemeint sei. Denn, bei gleichem Sehewinkel, kann ein Objekt klein und nahe, oder groß und fern seyn. Nur wenn uns seine Größe anderweitig schon bekannt ist, können wir aus dem Sehewinkel seine Entfernung erkennen, wie auch umgekehrt, wenn uns diese anderweitig gegeben ist, seine Größe. Auf der Abnahme des Sehewinkels in Folge der Entfernung beruht die Linearperspektive, deren Grundsätze sich hier leicht ableiten lassen. Weil nämlich unsere Sehkraft nach allen Seiten gleich weit reicht, sehn wir eigentlich Alles wie eine Hohlkugel, in deren Centro das Auge stände. Diese Kugel nun hat erstlich unendlich viele Durchschnittskreise nach allen Richtungen, und die Winkel, deren Maaß die Theile dieser Kreise abgeben, sind die möglichen Sehewinkel. Zweitens wird diese Kugel, je nachdem wir ihren Radius länger oder kürzer annehmen, größer oder kleiner: wir können sie daher auch als aus unendlich vielen koncentrischen und durchsichtigen Hohlkugeln bestehend denken. Da alle Radien divergiren, so sind die koncentrischen Hohlkugeln, in dem Maaße, als sie ferner von uns stehn, größer, und mit ihnen wachsen die Grade ihrer Durchschnittskreise, also auch die wahre Größe der diese Grade einnehmenden Objekte. Diese sind daher, je nachdem sie von einer größern, oder kleinern Hohlkugel den gleichen Theil, z. B. 10°, einnehmen, größer oder kleiner, während ihr Sehewinkel, in beiden Fällen, der selbe bleibt, also unentschieden läßt, ob es 10° einer Kugel von 2 Meilen, oder von 10 Fuß Durchmesser sind, die sein Objekt einnimmt. Steht umgekehrt die Größe dieses Objekts fest; so wird die Zahl der Grade, die es einnimmt, abnehmen, in dem Maaße, als die Hohlkugel, auf die wir es versetzen, entfernter und daher größer ist: in gleichem Maaße werden mithin alle seine Gränzen zusammenrücken. Hieraus folgt die Grundregel aller Perspektive: denn da demnach, in stetiger Proportion mit der Entfernung, die Objekte und ihre Zwischenräume abnehmen müssen, wodurch alle Gränzen zusammenrücken; so wird der Erfolg seyn, daß, mit der wachsenden Entfernung, alles über uns Liegende herab, alles unter uns Liegende herauf, alles zu den Seiten Liegende zusammenrückt. So weit wir eine ununterbrochene Folge sichtbarlich zusammenhängender Gegenstände vor uns haben, können wir aus diesem allmäligen Zusammenlaufen aller Linien, also aus der Linearperspektive, allerdings die Entfernung erkennen. Hingegen aus dem bloßen Sehewinkel, für sich allein, können wir es nicht; sondern alsdann muß der Verstand immer noch ein anderes Datum zu Hülfe nehmen, welches gleichsam als Kommentar des Sehewinkels dient, indem es den Antheil, den die Entfernung an ihm hat, bestimmter bezeichnet. Solcher Data sind hauptsächlich vier, die ich jetzt näher angeben werde. Vermöge ihrer geschieht es, selbst wo mir die Linearperspektive fehlt, daß, obwohl ein Mensch, der 100 Fuß von mir steht, mir in einem 24 Mal kleinern Sehewinkel, als wenn er 2 Fuß von mir stände, erscheint, ich dennoch, in den meisten Fällen, seine Größe sogleich richtig auffasse; welches Alles abermals beweist, daß die Anschauung intellektual und nicht bloß sensual ist. – Ein specieller und interessanter Beleg zu dem hier dargelegten Fundament der Linearperspektive, wie auch der Intellektualität der Anschauung überhaupt, ist folgender. Wenn ich, in Folge des längern Ansehns eines gefärbten Gegenstandes von bestimmtem Umriß, z. B. eines rothen Kreuzes, dessen physiologisches Farbenspektrum, also ein grünes Kreuz, im Auge habe; so wird mir dieses um so größer erscheinen, je entfernter die Fläche ist, auf die ich es fallen lasse, und um so kleiner, je näher diese. Denn das Spektrum selbst nimmt einen bestimmten und unveränderlichen Theil meiner Retina, die zuerst vom rothen Kreuz erregte Stelle, ein, schafft also, indem sie nach außen geworfen, d. h. als Wirkung eines äußern Gegenstandes aufgefaßt wird, einen ein für alle Mal gegebenen Sehewinkel desselben, nehmen wir an 2°: verlege ich nun diesen (hier, wo aller Kommentar zum Sehewinkel fehlt) auf eine entfernte Fläche, mit der ich ihn unvermeidlich, als zu ihrer Wirkung gehörig, identificire; so sind es 2° einer entfernten, also sehr großen Kugel, die es einnimmt, mithin ist das Kreuz groß: werfe ich hingegen das Spektrum auf einen nahen Gegenstand; so füllt es 2° einer kleinen Kugel, ist mithin klein. In beiden Fällen fällt die Anschauung vollkommen objektiv aus, ganz gleich der eines äußern Gegenstandes, und belegt dadurch, indem sie ja von einem völlig subjektiven Grunde (das ganz anderweitig erregte Spektrum) ausgeht, die Intellektualität aller objektiven Anschauung. – Ueber diese Thatsache (welche im Jahre 1815 zuerst bemerkt zu haben ich mich lebhaft und umständlich erinnere) findet sich in den *Comptes rendus* vom 2. August 1858 ein Aufsatz von Mr. Séguin, der die Sache als eine neue Entdeckung auftischt und allerlei schiefe und alberne Erklärungen derselben giebt. Die Herrn *illustres confrères* [erlauchten Kollegen] häufen bei jedem Anlaß Experimente auf Experimente, und je komplicirter, desto besser. Nur *expérience!* [Experiment!] ist ihre Losung: aber ein wenig richtiges und aufrichtiges Nachdenken über die beobachteten Phänomene ist höchst selten anzutreffen: *expérience, expérience!* und albernes Zeug dazu.

Zu den erwähnten subsidiarischen [unterstützenden] Datis also, die den Kommentar zum gegebenen Sehewinkel liefern, gehören erstlich die *mutationes oculi internae* [inneren Veränderungen des Auges], vermöge welcher das Auge seinen optischen Brechungsapparat, durch Vermehrung oder Verminderung der Brechung, verschiedenen Entfernungen anpaßt. Worin nun aber diese Veränderungen physiologisch bestehn, ist noch immer unausgemacht. Man hat sie in der Vermehrung der Konvexität bald der *Cornea* [Hornhaut], bald der *Lens* [Linse] gesucht: aber die neueste, in der Hauptsache jedoch schon von Kepler ausgesprochene Theorie, wonach die Linse beim Fernesehn zurücktritt, beim Nahesehn aber vorgeschoben, und dabei durch Seitendruck stärker gewölbt wird, ist mir die wahrscheinlichere: denn danach wäre der Hergang dem Mechanismus des Opernkukers ganz analog. Diese Theorie findet man ausführlich dargelegt in A. Hueck's Abhandlung »Die Bewegung der Krystallinse«, 1841. Jedenfalls haben wir von diesen innern Veränderungen des Auges, wenn auch keine deutliche Wahrnehmung, doch eine gewisse Empfindung, und diese benutzen wir unmittelbar zur Schätzung der Entfernung. Da aber jene Veränderungen nur dienen, von etwan 7 Zoll bis auf 16 Fuß weit, das vollkommen deutliche Sehn möglich zu machen; so ist auch das besagte Datum für den Verstand nur innerhalb dieser Entfernung anwendbar.

Darüber hinaus findet dagegen das zweite Datum Anwendung, nämlich der bereits oben, beim Einfachsehn, erklärte, von den beiden Augenaxen gebildete, optische Winkel. Offenbar wird er kleiner, je ferner, und größer, je näher das Objekt liegt. Dieses verschiedene Richten der Augen gegen einander ist nicht ohne eine gewisse, leise Empfindung davon, die aber auch nur sofern ins Bewußtseyn kommt, als der Verstand sie, bei seiner intuitiven Beurtheilung der Entfernung, als Datum gebraucht. Dieses Datum läßt zudem nicht bloß die Entfernung, sondern auch genau den Ort des Objekts erkennen, vermöge der Parallaxe [Abweichung] der Augen, die darin besteht, daß jedes derselben das Objekt in einer etwas andern Richtung sieht, weshalb es zu rücken scheint, wenn man ein Auge schließt. Daher wird man, mit einem geschlossenen Auge, nicht leicht das Licht putzen können; weil dann dies Datum wegfällt. Da aber, sobald der Gegenstand 200 Fuß, oder weiter, abliegt, die Augen sich parallel richten, also der optische Winkel ganz wegfällt; so gilt dieses Datum nur innerhalb der besagten Entfernung.

Ueber diese hinaus kommt dem Verstande die Luftperspektive zu Hülfe, als welche durch das zunehmende Dumpfwerden aller Farben, das Erscheinen des physischen Blau vor allen dunkeln Gegenständen (Goethes vollkommen wahrer und richtiger Farbenlehre gemäß) und das Verschwimmen der Kontoure, ihm eine größere Entfernung ankündigt. Dieses Datum ist in Italien, wegen der großen Durchsichtigkeit der Luft, äußerst schwach; daher es uns daselbst leicht irre führt: z. B. von Fraskati aus gesehn scheint Tivoli sehr nahe. Hingegen erscheinen uns im Nebel, welcher eine abnorme Vermehrung dieses Datums ist, alle Gegenstände größer, weil der Verstand sie entfernter annimmt.

Endlich bleibt uns noch die Schätzung der Entfernung mittelst der uns intuitiv bekannten Größen der dazwischen liegenden Gegenstände, wie Felder, Ströhme, Wälder u. s. w. Sie ist nur bei ununterbrochenem Zusammenhang, also nur auf irdische, nicht auf himmlische Objekte anwendbar. Ueberhaupt sind wir mehr eingeübt, sie in horizontaler, als perpendikularer Richtung zu gebrauchen; daher die Kugel auf einem Thurm von 200 Fuß Höhe uns viel kleiner erscheint, als wenn sie auf der Erde 200 Fuß von uns liegt; weil wir hier die Entfernung richtiger in Anschlag bringen. So oft Menschen irgendwie uns so zu Gesicht kommen, daß das zwischen ihnen und uns Liegende großen Theils verborgen bleibt, erscheinen sie uns auffallend klein.

Theils dieser letztern Schätzungsart, sofern sie, gültig, nur auf irdische Objekte und in horizontaler Richtung anwendbar ist, theils der nach der Luftperspektive, die sich im selben Fall befindet, ist es zuzuschreiben, daß unser anschauender Verstand, nach dem Horizont hin, Alles für entfernter, mithin für größer hält, als in der senkrechten Richtung. Daher kommt es, daß der Mond am Horizont so viel größer erscheint, als im Kulminationspunkt, während doch sein wohlgemessener Sehewinkel, also das Bild, welches er ins Auge wirft, alsdann durchaus nicht größer ist; wie auch, daß das Himmelsgewölbe sich abgeplattet darstellt, d. h. horizontal weiter, als perpendikular, ausgedehnt. Beides ist also rein intellektual, oder cerebral; nicht optisch oder sensual. Die Einwendung, daß der Mond, auch wenn kulminirend, bisweilen getrübt und doch nicht größer erscheine, ist dadurch zu widerlegen, daß er daselbst auch nicht roth erscheint, weil die Trübung durch gröbere Dünste geschieht und daher anderer Art, als die durch die Luftperspektive ist; wie auch dadurch, daß wir, wie gesagt, diese Schätzung nur in der horizontalen, nicht in der perpendikularen Richtung anwenden, auch in dieser Stellung andere Korrektive eintreten. S a u s s ü r e soll, vom Montblanc aus, den aufgehenden Mond so groß gesehn haben, daß er ihn nicht erkannte und vor Schreck ohnmächtig ward.

Hingegen beruht auf der isolirten Schätzung nach dem Sehewinkel allein, also der Größe durch die Entfernung, und der Entfernung durch die Größe, die Wirkung des Teleskops und der Loupe; weil hier die vier andern, supplementarischen [ergänzenden] Schätzungsmittel ausgeschlossen sind. Das Teleskop vergrößert wirklich, scheint aber bloß näher zu bringen; weil die Größe der Objekte uns empirisch bekannt ist und wir nun ihre vermehrte scheinbare Größe aus der geringern Entfernung erklären: so erscheint z. B. ein Haus, durch das Teleskop gesehn, nicht 10 Mal größer, sondern 10 Mal näher. Die Loupe hingegen vergrößert nicht wirklich, sondern macht es uns nur möglich, das Objekt dem Auge so nahe zu bringen, wie wir dies außerdem nicht könnten, und dasselbe erscheint nur so groß, wie es, in solcher Nähe, auch ohne Loupe erscheinen würde. Nämlich die zu geringe Konvexität der *Lens* und *Cornea* gestattet uns kein deutliches Sehn in größerer Nähe, als 8–10 Zoll vom Auge: vermehrt nun aber die Konvexität der Loupe, statt jener, die Brechung; so erhalten wir, selbst bei 1/2 Zoll Entfernung vom Auge, noch ein deutlicheres Bild. Das in solcher Nähe und ihr entsprechender Größe gesehene Objekt versetzt unser Verstand in die natürliche Entfernung des deutlichen Sehns, also 8–10 Zoll vom Auge, und schätzt nun nach dieser Distanz, unter dem gegebenen Sehewinkel, seine Größe.

Ich habe alle diese das Sehn betreffenden Vorgänge so ausführlich dargelegt, um deutlich und unwiderleglich darzuthun, daß in ihnen vorwaltend der Verstand thätig ist, welcher dadurch, daß er jede Veränderung als Wirkung auffaßt und sie auf ihre Ursache bezieht, auf der Unterlage der apriorischen Grundanschauungen des Raums und der Zeit, das Gehirnphänomen der gegenständlichen Welt zu Stande bringt, wozu ihm die Sinnesempfindung bloß einige Data liefert. Und zwar vollzieht er dieses Geschäft allein durch seine eigene Form, welche das Kausalitätsgesetz ist, und daher ganz unmittelbar und intuitiv, ohne Beihülfe der Reflexion, d. i. der abstrakten Erkenntniß, mittelst Begriffen und Worten, als welche das Material der sekundären Erkenntniß, d. i. des Denkens, also der Vernunft, sind.

Diese Unabhängigkeit der Verstandeserkenntniß von der Vernunft und ihrer Beihülfe erhellt auch daraus, daß, wenn ein Mal der Verstand zu gegebenen Wirkungen eine unrichtige Ursache setzt, und mithin diese geradezu anschaut, wodurch der falsche Schein entsteht; die Vernunft immerhin den wahren Thatbestand *in abstracto* richtig erkennen mag, ihm damit jedoch nicht zu Hülfe kommen kann; sondern, ihrer bessern Erkenntniß ungeachtet, der falsche Schein unverrückt stehn bleibt. Dergleichen Schein ist z. B. das oben erörterte Doppeltsehn und Doppelttasten, in Folge der Verrückung der Sinneswerkzeuge aus ihrer normalen Lage; imgleichen der erwähnte, am Horizont größer erscheinende Mond; ferner das sich ganz als schwebender, solider Körper darstellende Bild im Brennpunkt eines Hohlspiegels; das gemalte Rilievo [Relief], welches wir für ein wirkliches ansehn; die Bewegung des Ufers, oder der Brücke, worauf wir stehn, während ein Schiff durchfährt; hohe Berge, die viel näher erscheinen, als sie sind, wegen des Mangels der Luftperspektive, welcher eine Folge der Reinheit der Atmosphäre, in der ihre hohen Gipfel liegen, ist; und hundert ähnliche Dinge, bei welchen allen der Verstand die gewöhnliche, ihm geläufige Ursache voraussetzt, diese also sofort anschaut, obgleich die Vernunft den richtigen Thatbestand auf andern Wegen ermittelt hat, damit aber jenem, als welcher ihrer Belehrung unzugänglich, weil in seinem Erkennen ihr vorhergängig, ist, nicht beikommen kann; wodurch der falsche Schein, d. i. der Trug des Verstandes, unverrückbar stehn bleibt, wenn gleich der Irrthum, d. i. der Trug der Vernunft, verhindert wird. – Das vom Verstande richtig Erkannte ist die Realität; das von der Vernunft richtig Erkannte die Wahrheit, d. i. ein Urtheil, welches Grund hat: jener ist der Schein (das fälschlich Angeschaute), dieser der Irrthum (das fälschlich Gedachte) entgegengesetzt.

Obgleich der rein formale Theil der empirischen Anschauung, also das Gesetz der Kausalität, nebst Raum und Zeit, *a priori* im Intellekt liegt; so ist ihm doch nicht die Anwendung desselben auf empirische Data zugleich mitgegeben: sondern diese erlangt er erst durch Uebung und Erfahrung. Daher kommt es, daß neugeborene Kinder zwar den Licht- und Farbeneindruck empfangen, allein noch nicht die Objekte apprehendiren und eigentlich sehn; sondern sie sind, die ersten Wochen hindurch, in einem Stupor [dumpfen Zustand] befangen, der sich alsdann verliert, wann ihr Verstand anfängt, seine Funktion an den Datis der Sinne, zumal des Getasts und Gesichts, zu üben, wodurch die objektive Welt allmälig in ihr Bewußtseyn tritt. Dieser Eintritt ist am Intelligentwerden ihres Blicks und einiger Absichtlichkeit in ihren Bewegungen deutlich zu erkennen, besonders wenn sie zum ersten Mal durch freundliches Anlächeln an den Tag legen, daß sie ihre Pfleger erkennen. Man kann auch beobachten, daß sie noch lange mit dem Sehn und Tasten experimentiren, um ihre Apprehension der Gegenstände unter verschiedener Beleuchtung, Richtung und Entfernung derselben, zu vervollkommnen, und so ein stilles, aber ernstes Studium treiben, bis sie alle die oben beschriebenen Verstandesoperationen des Sehns erlernt haben. Viel deutlicher jedoch ist diese Schule an spät operirten Blindgeborenen zu konstatiren; da diese von ihren Wahrnehmungen Bericht erstatten. Seit Cheselden's berühmt gewordenem Blinden (über welchen der ursprüngliche Bericht in den *Philosophical transactions Vol. 35* steht) hat der Fall sich oft wiederholt und es sich jedesmal bestätigt, daß diese spät den Gebrauch der Augen erlangenden Leute zwar gleich nach der Operation Licht, Farben und Umrisse sehn, aber noch keine objektive Anschauung der Gegenstände haben: denn ihr Verstand muß erst die Anwendung seines Kausalgesetzes auf die ihm neuen Data und ihre Veränderungen lernen. Als Cheselden's Blinder zum ersten Mal sein Zimmer mit den verschiedenen Gegenständen darin erblickte, unterschied er nichts daran, sondern hatte nur einen Totaleindruck, wie von einem, aus einem einzigen Stücke bestehenden Ganzen: er hielt es für eine glatte, verschieden gefärbte Oberfläche. Es fiel ihm nicht ein, gesonderte, verschieden entfernte, hinter einander geschobene Dinge zu erkennen. Bei solchen hergestellten Blinden muß das Getast, als welchem die Dinge schon bekannt sind, diese dem Gesicht erst bekannt machen, gleichsam sie präsentiren und einführen. Ueber Entfernungen haben sie Anfangs gar kein Urtheil, sondern greifen nach Allem. Einer konnte, als er sein Haus von außen sah, nicht glauben, daß alle die großen Zimmer in dem kleinen Dinge da seyn sollten. Ein Anderer war hocherfreut, als er, mehrere Wochen nach der Operation, die Entdeckung machte, daß die Kupferstiche an der Wand allerlei Gegenstände vorstellten. Im Morgenblatt vom 23. October 1817 steht Nachricht von einem Blindgeborenen, der im 17. Lebensjahre das Gesicht erhielt. Er mußte das verständige Anschauen erst lernen, erkannte keinen ihm vorher durch das Getast bekannten Gegenstand sehend wieder, hielt daher Ziegen für Menschen u. s. w. Der Tastsinn mußte dem Gesichtssinn erst jeden einzelnen Gegenstand bekannt machen. So auch hatte er gar kein Urtheil über die Entfernungen der gesehenen Objekte, sondern griff nach Allem. – Franz, in seinem Buche: *The eye: a treatise on* *the art of preserving this organ in healthy condition, and of improving the sight (London, Churchill 1839)* sagt *pag. 34–36: »A definite idea of distance, as well as of form and size, is only obtained by sight and touch, and by reflecting on the impressions made on both senses; but for this purpose we must take into account the muscular motion and voluntary locomotion of the individual. – Caspar Hauser*, in a detailed account of his own experience in this respect states, that upon his first liberation from confinement, whenever he looked through the window upon external objects, such as the street, garden etc., it appeared to him as if there were a shutter quite close to his eye, and covered with confused colours of all kinds, in which he could recognise or distinguish nothing singly. He says farther, that he did not convince himself till after some time during his walks out of doors, that what had at first appeared to him as a shutter of various colours, as well as many other objects, were in reality very different things; and that at length the shutter disappeared, and he saw and recognised all things in their just proportions. Persons born blind who obtain their sight by an operation in later years only, sometimes imagine that all objects touch their eyes, and lie so near to them that they are afraid of stumbling against them; sometimes they leap towards the moon, supposing that they can lay hold of it; at other times they run after the clouds moving along the sky, in order to catch them, or commit other such extravagancies. . . . Since ideas are gained by reflection upon sensation, it is further necessary in all cases, in order that an accurate idea of objects may be formed from the sense of sight, that the powers oft the mind should be unimpaired, and undisturbed in their exercise. A proof of this is afforded in the instance related by Haslam**, of a boy who had no defect of sight, but was weak in understanding, and who in his seventh year was unable to estimate the distances of objects, especially as to height; he would extend his hand frequently towards a nail on the ceiling, or towards the moon, to catch it. It ist therefore the judgment which corrects and makes clear this idea, or perception of visible objects.«* [Eine bestimmte Vorstel-

* Feuerbach's Caspar Hauser – Beispiel eines Verbrechens am Seelenleben eines Menschen, Anspach, 1832. *pag. 79, etc.*

** *Haslam's Observations on Madness and Melancholy, 2. Ed. p. 192.*

lung von der Entfernung, wie auch von der Gestalt und Größe, kann nur gewonnen werden durch das Gesicht und den Tastsinn, mittels der Reflexion über die Eindrücke in beiden Sinnesorganen; aber zu diesem Zwecke muß man die muskuläre Bewegung und die willkürliche Fortbewegung des betreffenden Individuums berücksichtigen. – Kaspar Hauser sagt in einem ausführlichen Bericht über seine eigene Erfahrung in dieser Hinsicht aus, nach seiner ersten Befreiung aus der Gefangenschaft habe es ihm, wenn er durch das Fenster auf äußere Gegenstände, Straßen, Gärten u. s. w. blickte, geschienen, als wenn er nahe vor seinen Augen einen Vorhang hätte, der mit Farbenflecken aller Art bedeckt wäre, unter denen er nichts Einzelnes habe erkennen oder unterscheiden können. Er berichtet ferner, daß er einige Zeit gebraucht habe, um sich auf Spaziergängen davon zu überzeugen, daß dasjenige, was ihm zuerst wie ein mit allerlei Farben bemalter Vorhang erschienen sei, ebensogut wie viele andere Dinge in Wahrheit sehr verschiedene Gegenstände gewesen seien; und schließlich sei der Vorhang verschwunden und er habe alle Dinge in ihren richtigen Proportionen gesehen und erkannt. Blindgeborene, die erst in späteren Jahren durch eine Operation ihr Augenlicht erhalten, bilden sich eine Zeit lang ein, daß alle Gegenstände ihre Augen berühren und ihnen so nahe sind, daß sie fürchten, darüber zu stolpern; zuweilen greifen sie nach dem Monde, in der Meinung, daß sie ihn fassen können; ein andermal laufen sie den am Himmel hinziehenden Wolken nach, um sie zu erhaschen, oder tun andere ähnliche ausgefallene Dinge. – Da Vorstellungen durch Reflexion über die Sinneswahrnehmung gewonnen werden, ist es weiter in allen Fällen zur Gewinnung einer genauen Vorstellung des Gesehenen notwendig, daß die Kräfte des Verstandes ungehemmt und ungestört ihre Verrichtung ausführen können. Ein Beweis dafür liegt in dem von Haslam beigebrachten Falle eines Knaben, der keinen Fehler des Gesichtssinnes hatte, aber schwach an Verstand war, und der noch in seinem siebenten Jahre nicht imstande war, die Entfernung der Gegenstände abzuschätzen, namentlich nicht ihre Höhe; er pflegte oft die Hand nach einem Nagel an der Decke auszustrecken oder nach dem Mond, um ihn zu fangen. Es ist also die Urteilskraft, welche diese Vorstellung oder Wahrnehmung sichtbarer Gegenstände richtigstellt und klar macht.]

Physiologische Bestätigung erhält die hier dargelegte Intellektualität der Anschauung durch Flourens: *De la vie et de l'intelligence (Deuxième édition, Paris, Garnier Frères, 1858). Pag. 49,* unter der Ueberschrift: *Opposition entre les tubercules et les lobes cérébraux,* sagt Flourens: *»Il faut faire une grande distinction entre les sens et l'intelligence. L'ablation d'un tubercule détermine la perte de la* sensation, *du* sens *de la vue; la rétine devient insensible, l'iris devient immobile. L'ablation d'un lobe cérébral laisse la* sensation, *le* sens, *la* sensibilité *de la rétine, la* mobilité *de l'iris; elle ne détruit que la* perception *seule. Dans un cas, c'est un fait* sensorial; *et, dans l'autre, un fait* cérébral; *dans un cas, c'est la perte du* sens; *dans l'autre, c'est la perte de la* perception. *La distinction des perceptions et des sensations est encore un grand résultat; et il est démontré aux yeux. Il y a deux moyens de faire perdre la vision par l'encéphale: 1° par les tubercules, c'est la perte du sens, de la sensation; 2° par les lobes, c'est la perte de la perception, de l'intelligence. La sensibilité n'est donc pas l'intelligence, penser n'est donc pas sentir; et voilà toute une philosophie renversée. L'idée n'est donc pas la sensation; et voilà encore une autre preuve du vice radical de cette philosophie.«* [Man muß zwischen den Sinnen und dem Verstand einen großen Unterschied machen. Die Entfernung eines Hirnhügels bedingt den Verlust der Sinneswahrnehmung, des Gesichtssinnes; die Retina wird unempfindlich; die Iris wird unbeweglich. Die Entfernung eines Hirnlappens läßt die Sinneswahrnehmung, den Sinn, die Empfindlichkeit der Retina, die Beweglichkeit der Iris bestehen; sie zerstört lediglich die Perception. Im einen Falle handelt es sich um ein sensoriales, im andern um ein cerebrales Faktum; im einen Falle geht die Wahrnehmung, im andern die Perception verloren. Die Unterscheidung der Perceptionen und Wahrnehmungen ist ein weiteres großes Ergebnis; sein Beweis liegt vor Augen. Es gibt zwei Mittel, um das Sehen mittels des Gehirns verloren gehen zu lassen: 1. durch die Hirnhügel, das ist der Verlust des Sinnes, der Sinneswahrnehmung; 2. durch die Hirnlappen, das ist der Verlust der Perception, des Verstandes. Die Sinnesempfindung ist also etwas anderes als der Verstand, denken etwas anderes als wahrnehmen; und damit ist eine ganze Philosophie umgestürzt. Die Vorstellung ist also etwas anderes als die Sinneswahrnehmung, und darin haben wir einen neuen Beweis des radikalen Fehlers dieser Philosophie.] Ferner sagt Flourens *pag.* 77 unter der Ueberschrift: *Séparation de la Sensibilité et de la Perception: »Il y a une de mes expériences qui sépare nettement la* sensibilité *de la* perception. *Quand on enlève le* cerveau proprement dit (lobes *ou* hémisphères cérébraux) *à un animal, l'animal perd la vue. Mais, par rapport à l'œil, rien n'est changé: les objets continuent à se peindre sur la rétine; l'iris reste contractile, le* nerf optique *sensible, parfaitement sensible. Et cependant l'animal ne voit plus; il n'y a plus* vision, *quoique tout ce qui est* sensation *subsiste; il n'y a plus* vision, *parce qu'il n'y a plus* perception. *Le* percevoir, *et non le* sentir, *est donc le premier élément de l'*intelligence. *La* perception *est partie de l'*intelligence, *car elle se perd avec l'*intelligence, *et par l'ablation du même organe, les* lobes *ou* hémisphères cérébraux; *et la* sensibilité *n'en est point partie, puisqu'elle subsiste après la perte de l'*intelligence *et l'ablation des* lobes *ou* hémisphères.« [Unterscheidung der Sinnesempfindung von der Wahrnehmung: »Eines meiner Experimente beweist, daß man die Sinnesempfindung von der Perception (Wahrnehmung) genau unterscheiden muß. Wenn man das eigentliche Gehirn (die Hirnlappen oder cerebralen Hemisphären) bei einem Tiere entfernt, so verliert das Tier das Gesicht. Aber am Auge hat sich nichts geändert: die Gegenstände zeichnen sich nach wie vor auf der Retina ab; die Iris behält ihre Fähigkeit, sich zusammenzuziehen; der Sehnerv bleibt empfindlich, vollkommen empfindlich. Und doch kann das Tier nicht mehr sehen; es verliert das Sehvermögen, obgleich alles, was zur Sinneswahrnehmung gehört, fortbesteht; es verliert das Sehvermögen, weil die Perception aufgehoben ist. Die Perception und nicht die Sinnesempfindung ist somit die Hauptaufgabe des Verstandes. Die Perception ist Teil des Verstandes; denn sie verliert sich mit dem Verstande, und mit der Entfernung des nämlichen Organs, der Hirnlappen oder cerebralen Hemisphären; die Sinnesempfindung ist kein Teil des Verstandes, da sie bei Verlust des Verstandes und Entfernung der Hirnlappen oder Hemisphären fortbesteht.]

Daß die Intellektualität der Anschauung im Allgemeinen

schon von den Alten eingesehn wurde, bezeugt der berühmte Vers des alten Philosophen Epicharmus:

Νους ὁρῃ και νους ακουει· τ' αλλα κωφα και τυφλα. *(Mens videt, mens audit; caetera surda et coeca.)* [Der Verstand sieht, der Verstand hört; alles andere ist taub und blind.] Plutarch, der ihn *(de sollert. animal: c.3)* anführt, setzt hinzu: ὡς του περι τα ομματα και ωτα παθους, αν μη παρῃ το φρονουν, αισθησιν ου ποιουντος *(quia affectio oculorum et aurium nullum affert sensum, intelligentia absente)* [weil die Empfindung in den Augen und den Ohren keine Sinneswahrnehmung bewirkt, wenn nicht das Denken hinzukommt], und sagt kurz zuvor: Στρατωνος του φυσικου λογος εστιν, αποδεικνυων ὡς ουδ' αισθανεσθαι τοπαραπαν ανευ του νοειν ὑπαρχει *(Stratonis physici exstat ratiocinatio, qua »sine intelligentia sentiri omnino nihil posse« demonstrat).* [Es ist die Lehre des Physikers Straton, der beweist, daß ein Wahrnehmen ohne Verstand ganz unmöglich sei.] Bald darauf aber sagt er: ὁθεν αναγκη, πασιν, οἱς το αισθανεσθαι, και το νοειν ὑπαρχειν, ει τῳ νοειν αισθανεσθαι πεφυκαμεν *(quare necesse est, omnia, quae sentiunt, etiam intelligere, siquidem intelligendo demum sentiamus).* [Daher müssen alle wahrnehmenden Wesen auch Verstand haben, wenn wir nur durch den Verstand wahrnehmen.] Hiemit wäre denn wieder ein Vers desselben Epicharmus in Verbindung zu setzen, den Diogenes Laertius (III, [I,] 16) anführt:

Ευμαιε, το σοφον εστιν ου καθ' ἑν μονον,
αλλ' ὁσα περ ζῃ, παντα και γνωμαν εχει.

(Eumaee, sapientia non uni tantum competit, sed quaecunque vivunt etiam intellectum habent.) [Die Klugheit, o Eumaios, kommt nicht uns nur zu; Denn jedes Wesen, das da lebt, hat auch Verstand.] Auch Porphyrius *(de abstinentia, III, 21)* ist bemüht, ausführlich darzuthun, daß alle Thiere Verstand haben.

Daß nun Diesem so sei, folgt aus der Intellektualität der Anschauung nothwendig. Alle Thiere, bis zum niedrigsten herab, müssen Verstand, d. h. Erkenntniß des Kausalitätsgesetzes, haben, wenn auch in sehr verschiedenem Grade der Feinheit und Deutlichkeit; aber stets wenigstens so viel, wie zur Anschauung mit ihren Sinnen erfordert ist: denn Empfindung ohne Verstand wäre nicht nur ein unnützes, sondern ein grausames Geschenk der Natur. Den Verstand der obern Thiere wird Keiner, dem es nicht selbst daran gebricht, in Zweifel ziehn. Aber auch daß ihre

Erkenntniß der Kausalität wirklich *a priori* und nicht bloß aus der Gewohnheit, Dies auf Jenes folgen zu sehn, entsprungen ist, tritt bisweilen unleugbar hervor. Ein ganz junger Hund springt nicht vom Tisch herab, weil er die Wirkung anticipirt. Vor Kurzem hatte ich in meinem Schlafzimmer große, bis zur Erde herabreichende Fenstergardinen anbringen lassen, von der Art, die in der Mitte auseinanderfährt, wenn man eine Schnur zieht: als ich nun Dies zum ersten Mal, Morgens beim Aufstehn, ausführte, bemerkte ich, zu meiner Ueberraschung, daß mein sehr kluger Pudel ganz verwundert dastand und sich, aufwärts und seitwärts, nach der Ursache des Phänomens umsah, also die Veränderung suchte, von der er *a priori* wußte, daß sie vorhergegangen seyn müsse: das Selbe wiederholte sich noch am folgenden Morgen. – Aber auch die untersten Thiere, sogar noch der Wasserpolyp, ohne gesonderte Sinneswerkzeuge, wann er, auf seiner Wasserpflanze, um in helleres Licht zu kommen, mit seinen Armen sich anklammernd, von Blatt zu Blatt wandert, hat Wahrnehmung, folglich Verstand.

Und von diesem untersten Verstande ist der des Menschen, den wir jedoch von dessen Vernunft deutlich sondern, nur dem Grade nach verschieden; während alle dazwischen liegenden Stufen von der Reihe der Thiere ausgefüllt werden, deren oberste Glieder, also Affe, Elephant, Hund, uns durch ihren Verstand in Erstaunen setzen. Aber immer und immer besteht die Leistung des Verstandes in unmittelbarem Auffassen der kausalen Verhältnisse, zuerst, wie gezeigt, zwischen dem eigenen Leib und den andern Körpern, woraus die objektive Anschauung hervorgeht; dann zwischen diesen objektiv angeschauten Körpern unter einander, wo nun, wie wir im vorigen § gesehn haben, das Kausalitätsverhältniß unter drei verschiedenen Formen auftritt, nämlich als Ursache, als Reiz und als Motiv, nach welchen Dreien sodann alle Bewegung auf der Welt vorgeht und vom Verstande allein verstanden wird. Sind es nun, von jenen Dreien, die Ursachen, im engsten Sinne, denen er nachspürt; dann schafft er Mechanik, Astronomie, Physik, Chemie, und erfindet Maschinen, zum Heil und zum Verderben: stets aber liegt allen seinen Entdeckungen, in letzter Instanz, ein unmittelbares intuitives Auffassen der ursächlichen Verbindung zum Grunde. Denn dieses ist die alleinige Form und Funktion des Verstandes, keineswegs aber das komplicirte Räderwerk der zwölf Kantischen Kategorien, deren Nichtigkeit ich nachgewiesen habe. – Alles Verstehn ist ein unmittelbares und daher intuitives Auffassen des Kausalzusammenhangs, obwohl es sogleich in abstrakte Begriffe abgesetzt werden muß, um fixirt zu werden. Daher ist Rechnen nicht Verstehn und liefert an sich kein Verständniß der Sachen. Dies erhält man nur auf dem Wege der Anschauung, durch richtige Erkenntniß der Kausalität und geometrische Konstruktion des Hergangs; wie solche Euler besser als irgend jemand gegeben hat; weil er die Sachen von Grund aus verstand. Das Rechnen hingegen hat es mit lauter abstrakten Größenbegriffen zu thun, deren Verhältniß zu einander es feststellt. Dadurch erlangt man nie das mindeste Verständniß eines physischen Vorgangs. Denn zu einem solchen ist erfordert anschauliche Auffassung der räumlichen Verhältnisse, mittelst welcher die Ursachen wirken. Das Rechnen bestimmt das Wieviel und Wiegroß, ist daher zur Praxis unentbehrlich. Sogar kann man sagen: wo das Rechnen anfängt, hört das Verstehn auf: denn der mit Zahlen beschäftigte Kopf ist, während er rechnet, dem kausalen Zusammenhang und der geometrischen Konstruktion des physischen Hergangs gänzlich entfremdet: er steckt in lauter abstrakten Zahlenbegriffen. Das Resultat aber besagt nie mehr, als Wieviel; nie Was. Mit *l'expérience et le calcul* [dem Experiment und der Rechnung], diesem Waidspruch der französischen Physiker, reicht man also keineswegs aus. – Sind hingegen die Reize der Leitfaden des Verstandes; so wird er Physiologie der Pflanzen und Thiere, Therapie und Toxikologie zu Stande bringen. Hat er endlich sich auf die Motivation geworfen; dann wird er entweder sie bloß theoretisch zum Leitfaden gebrauchen, um Moral, Rechtslehre, Geschichte, Politik, auch dramatische und epische Poesie, zu Tage zu fördern; oder aber sich ihrer praktisch bedienen, entweder bloß um Thiere abzurichten, oder sogar um das Menschengeschlecht nach seiner Pfeife tanzen zu lassen, nachdem er glücklich an jeder Puppe das Fädchen herausgefunden hat, an welchem gezogen sie sich beliebig bewegt. Ob er nun die Schwere der Körper, mittelst der Mechanik, zu Maschinen so klug benutzt, daß ihre Wirkung, gerade zu rechter Zeit eintretend, seiner Absicht in die Hände spielt; oder ob er eben so die gemeinsamen, oder die individuellen Neigungen der Menschen zu seinen Zwecken ins Spiel versetzt, ist, hinsichtlich der dabei thätigen Funktion, das Selbe. In dieser praktischen Anwendung nun wird der Verstand Klugheit, und, wenn sie mit Ueberlistung Anderer geschieht, Schlauheit genannt, auch wohl, wenn seine Zwecke sehr geringfügig sind, Pfiffigkeit, auch, wenn sie mit dem Nachtheil Anderer verknüpft sind, Verschmitztheit. Hingegen heißt er im bloß theoretischen Gebrauch Verstand schlechtweg, in den höhern Graden aber alsdann Scharfsinn, Einsicht, Sagacität, Penetration; sein Mangel hingegen Stumpfheit, Dummheit, Pinselhaftigkeit u. s. w. Diese höchst verschiedenen Grade seiner Schärfe sind angeboren und nicht zu erlernen; wiewohl Uebung und Kenntniß des Stoffs überall zur richtigen Handhabung erfordert sind; wie wir dies ja selbst an seiner ersten Anwendung, also an der empirischen Anschauung, gesehn haben. Vernunft hat jeder Tropf: giebt man ihm die Prämissen, so vollzieht er den Schluß. Aber der Verstand liefert die primäre Erkenntniß, folglich die intuitive, und da liegen die Unterschiede. Demgemäß ist auch der Kern jeder großen Entdeckung, wie auch jedes welthistorischen Plans, das Erzeugniß eines glücklichen Augenblicks, in welchem, durch Gunst äußerer und innerer Umstände, dem Verstande komplicirte Kausalreihen, oder verborgene Ursachen tausend Mal gesehener Phänomene, oder nie betretene, dunkle Wege, sich plötzlich erhellen. –

Durch die obigen Auseinandersetzungen der Vorgänge beim Tasten und Sehn ist unwidersprechlich dargethan, daß die empirische Anschauung im Wesentlichen das Werk des Verstandes ist, dem dazu die Sinne nur den, im Ganzen ärmlichen Stoff, in ihren Empfindungen, liefern; so daß er der werkbildende Künstler ist, sie nur die das Material darreichenden Handlanger. Durchweg aber besteht dabei sein Verfahren im Uebergehn von gegebenen Wirkungen zu ihren Ursachen, welche, eben erst dadurch, sich als Objekte im Raume darstellen. Die Voraussetzung dazu ist das Gesetz der Kausalität, welches eben deshalb vom Verstande selbst hinzugebracht seyn muß; da es nimmermehr ihm von außen hat kommen können. Ist es doch die erste Bedingung aller empirischen Anschauung, diese aber die Form in der alle äußere Erfahrung auftritt: wie also sollte es erst aus der Erfahrung geschöpft seyn, deren wesentliche Voraussetzung es selbst ist? – Eben weil es Dies schlechterdings nicht kann, Locke's Philosophie aber alle Apriorität aufgehoben hatte, leugnete Hume die ganze Realität des Kausalitätsbegriffes. Dabei erwähnte schon er (im 7ten seiner *essays on human understanding*) zwei falsche Hypothesen, die man in unsern Tagen wieder vorgebracht hat: die eine, daß die Wirkung des Willens auf die Glieder des Leibes; die andere, daß der Widerstand, den die Körper unserm Druck gegen sie entgegensetzen, der Ursprung und Prototyp des Kausalitätsbegriffes sei. Hume widerlegt Beides in seiner Weise und seinem Zusammenhang. Ich aber so: zwischen dem Willensakt und der Leibesaktion ist gar kein Kausalzusammenhang; sondern Beide sind unmittelbar Eins und das Selbe, welches doppelt wahrgenommen wird: ein Mal im Selbstbewußtseyn, oder innern Sinn, als Willensakt; und zugleich in der äußern, räumlichen Gehirnanschauung, als Leibesaktion. (Vergl. Welt als Wille und Vorstellung, [Bd. III uns. Ausg., S. 46–47]. Die zweite Hypothese ist falsch, erstlich weil, wie oben ausführlich gezeigt, eine bloße Empfindung des Tastsinnes noch gar keine objektive Anschauung, geschweige den Kausalitätsbegriff liefert: nie kann dieser bloß aus dem Gefühl einer verhinderten Leibesanstrengung hervorgehn, die ja auch oft ohne äußere Ursache eintritt; und zweitens, weil unser Drängen gegen einen äußern Gegenstand, da es ein Motiv haben muß, schon die Wahrnehmung desselben, diese aber die Erkenntniß der Kausalität, voraussetzt. – Die Unabhängigkeit des Kausalitätsbegriffes von aller Erfahrung konnte aber gründlich nur dadurch dargethan werden, daß die Abhängigkeit aller Erfahrung, ihrer ganzen Möglichkeit nach, von ihm, nachgewiesen wurde; wie ich Dies im Obigen geleistet habe. Daß Kants in der selben Absicht aufgestellter Beweis falsch ist, werde ich § 23 darthun.

Hier ist auch der Ort darauf aufmerksam zu machen, daß Kant die Vermittelung der empirischen Anschauung durch das uns vor aller Erfahrung bewußte Kausalitätsgesetz entweder nicht eingesehn, oder, weil es zu seinen Absichten nicht paßte, geflissentlich umgangen hat. In der Kritik d. rein[en] Vern.[unft] kommt das Verhältniß der Kausalität zur Anschauung nicht in der Elementarlehre, sondern an einem Orte, wo man es nicht suchen würde, zur Sprache, nämlich im Kapitel von den Paralogismen [Fehlschlüssen] der reinen Vernunft, und zwar in der Kritik des vierten Paralogismus der transscendentalen Psychologie, in der ersten Auflage allein, S. 367ff. Schon daß er jener Erörterung diese Stelle angewiesen, zeigt an, daß er, bei Betrachtung jenes Verhältnisses, immer nur den Uebergang von der Erscheinung zum Dinge an sich, nicht aber das Entstehn der Anschauung selbst im Auge gehabt hat. Demgemäß sagt er hier, daß das Daseyn eines wirklichen Gegenstandes außer uns nicht geradezu in der Wahrnehmung gegeben sei, sondern als äußere Ursache derselben hinzugedacht und also geschlossen werden könne. Allein wer Dies thut, ist ihm ein transscendentaler Realist, mithin auf dem Irrwege begriffen. Denn unter dem »äußern Gegenstande« versteht Kant hier schon das Ding an sich. Der transscendentale Idealist hingegen bleibt bei der Wahrnehmung eines empirisch Realen, d. h. im Raume außer uns Vorhandenen, stehn, ohne, um ihr Realität zu geben, erst auf eine Ursache derselben schließen zu müssen. Die Wahrnehmung ist nämlich, bei Kant, etwas ganz Unmittelbares, welches ohne alle Beihülfe des Kausalnexus, und mithin des Verstandes, zu Stande kommt: er identificirt sie geradezu mit der Empfindung. Dies belegt a. a. O. die Stelle S. 371: »Ich habe, in Absicht auf die Wirklichkeit äußerer Gegenstände, eben so wenig nöthig« u. s. w., wie auch, S. 372, diese: »Man kann zwar einräumen, daß«, u. s.w. Aus diesen Stellen geht vollkommen deutlich hervor, daß bei ihm die Wahrnehmung äußerer Dinge im Raum aller Anwendung des Kausalgesetzes vorhergängig ist, dieses also nicht in jene, als Element und Bedingung derselben, eingeht: die bloße Sinnesempfindung ist ihm sofort Wahrnehmung. Bloß sofern man nach Dem, was, im transscendentalen Sinne verstanden, außer uns seyn mag, also nach dem Dinge an sich selbst frägt, kommt bei der Anschauung die Kausalität zur Sprache. Kant nimmt ferner das Kausalgesetz als allein in der Reflexion, also in abstrakter, deutlicher Begriffserkenntniß vorhanden und möglich an, hat daher keine Ahndung davon, daß die Anwendung desselben aller Reflexion vorhergeht, was doch offenbar der Fall ist, namentlich bei der empirischen Sinnesanschauung, als welche außerdem nimmermehr zu Stande käme; wie Dies meine obige Analyse derselben unwiderleglich beweist. Daher muß denn Kant das Entstehn der empirischen Anschauung ganz unerklärt lassen: sie ist, bei ihm, wie durch ein Wunder gegeben, bloß Sache der Sinne, fällt also mit der Empfindung zusammen. Ich wünsche sehr, daß der denkende Leser die angeführte Stelle

Kants nachsehe, damit ihm einleuchte, wie sehr viel richtiger meine Auffassung des ganzen Zusammenhanges und Herganges ist. Jene äußerst fehlerhafte Kantische Ansicht hat seitdem in der philosophischen Litteratur immer fortbestanden, weil Keiner sich getraute, sie anzutasten, und ich habe hier zuerst aufzuräumen gehabt, welches nöthig war, um Licht in den Mechanismus unsers Erkennens zu bringen.

Uebrigens hat, durch meine Berichtigung der Sache, die von Kant aufgestellte idealistische Grundansicht durchaus nichts verloren; ja, sie hat vielmehr gewonnen; sofern bei mir die Forderung des Kausalgesetzes in der empirischen Anschauung, als ihrem Produkt, aufgeht und erlischt, mithin nicht ferner geltend gemacht werden kann zu einer völlig transscendenten Frage nach dem Ding an sich. Sehn wir nämlich auf meine obige Theorie der empirischen Anschauung zurück; so finden wir, daß das erste Datum zu derselben, die Sinnesempfindung, ein durchaus Subjektives, ein Vorgang innerhalb des Organismus, weil unter der Haut, ist. Daß diese Empfindungen der Sinnesorgane, auch angenommen, daß äußere Ursachen sie anregen, dennoch mit der Beschaffenheit dieser durchaus keine Aehnlichkeit haben können, – der Zucker nicht mit der Süße, die Rose nicht mit der Röthe, – hat schon Locke ausführlich und gründlich dargethan. Allein auch daß sie nur überhaupt eine äußere Ursache haben müssen, beruht auf einem Gesetze, dessen Ursprung nachweislich in uns, in unserm Gehirn liegt, ist folglich zuletzt nicht weniger subjektiv, als die Empfindung selbst. Ja, die Zeit, diese erste Bedingung der Möglichkeit jeder Veränderung, also auch der, auf deren Anlaß die Anwendung des Kausalitätsbegriffs erst eintreten kann; nicht weniger der Raum, welcher das Nach-Außen-verlegen einer Ursache, die sich darauf als Objekt darstellt, allererst möglich macht, ist, wie Kant sicher dargethan hat, eine subjektive Form des Intellekts. Wir finden demnach sämmtliche Elemente der empirischen Anschauung in uns liegend und nichts darin enthalten, was auf etwas schlechthin von uns Verschiedenes, ein Ding an sich selbst, sichere Anweisung gäbe. – Aber noch mehr: unter dem Begriff der Materie denken wir Das, was von den Körpern noch übrig bleibt, wenn wir sie von ihrer Form und allen ihren specifischen Qualitäten entkleiden, welches eben deshalb in allen Körpern ganz gleich, Eins und das Selbe seyn muß. Jene von uns aufgehobenen

Formen und Qualitäten nun aber sind nichts Anderes, als die besondere und speciell bestimmte Wirkungsart der Körper, welche eben die Verschiedenheit derselben ausmacht. Daher ist, wenn wir davon absehn, das dann noch Uebrigbleibende die bloße Wirksamkeit überhaupt, das reine Wirken als solches, die Kausalität selbst, objektiv gedacht, – also der Widerschein unsers eigenen Verstandes, das nach außen projicirte Bild seiner alleinigen Funktion, und die Materie ist durch und durch lautere Kausalität: ihr Wesen ist das Wirken überhaupt. (Vergl. Welt als W. und V. Bd. 1 § 4, S. 9; u. Bd. 2 S. 48, 49 [Bd. I, S. 35, und Bd. III, S. 57f. uns. Ausg.]) Daher eben läßt die reine Materie sich nicht anschauen, sondern bloß denken: sie ist ein zu jeder Realität als ihre Grundlage Hinzugedachtes. Denn reine Kausalität, bloßes Wirken, ohne bestimmte Wirkungsart, kann nicht anschaulich gegeben werden, daher in keiner Erfahrung vorkommen. – Die Materie ist also nur das objektive Korrelat des reinen Verstandes, ist nämlich Kausalität überhaupt und sonst nichts; so wie dieser das unmittelbare Erkennen von Ursache und Wirkung überhaupt und sonst nichts ist. Eben dieserhalb nun wieder kann auf die Materie selbst das Gesetz der Kausalität keine Anwendung finden: d. h. sie kann weder entstehn, noch vergehn, sondern ist und beharrt. Denn da aller Wechsel der Accidenzien (Formen und Qualitäten), d. i. alles Entstehn und Vergehn, nur vermöge der Kausalität eintritt, die Materie aber die reine Kausalität als solche, objektiv aufgefaßt, selbst ist; so kann sie ihre Macht nicht an sich selbst ausüben; wie das Auge Alles, nur nicht sich selbst sehn kann. Da ferner »Substanz« identisch ist mit Materie; so kann man sagen: Substanz ist das Wirken *in abstracto* aufgefaßt; Accidenz die besondere Art des Wirkens, das Wirken *in concreto*. – Dies sind nun also die Resultate, zu denen der wahre, d. i. der transscendentale Idealismus leitet. Daß wir zum Dinge an sich selbst, d. i. dem überhaupt auch außer der Vorstellung Existirenden, nicht auf dem Wege der Vorstellung gelangen können, sondern dazu einen ganz andern, durch das Innere der Dinge führenden Weg, der uns gleichsam durch Verrath die Festung öffnet, einschlagen müssen, habe ich durch mein Hauptwerk dargethan. –

Wenn man aber etwan die hier gegebene, ehrliche und tief gründliche Auflösung der empirischen Anschauung in ihre Elemente, welche sich sämmtlich als subjektiv ergeben, vergleichen, oder gar identificiren wollte mit Fichtes algebraischen Gleichungen zwischen Ich und Nicht-Ich, mit seinen sophistischen Scheindemonstrationen, die der Hülle der Unverständlichkeit, ja des Unsinns bedurften, um den Leser zu täuschen, mit den Darlegungen, wie das Ich das Nicht-Ich aus sich selbst herausspinnt, kurz, mit sämmtlichen Possen der Wissenschaftsleere; so würde Dies eine offenbare Schikane und nichts weiter seyn. Gegen alle Gemeinschaft mit diesem Fichte protestire ich, so gut wie Kant öffentlich und ausdrücklich in einer Anzeige *ad hoc* in der Jena'schen Litteratur-Zeitung dagegen protestirt hat. (Kant: »Erklärung über Fichtes Wissenschaftslehre«, im Intelligenzblatt der Jena'schen Litteratur-Zeitung, 1799, Nr. 109.) Mögen immerhin Hegelianer und ähnliche Ignoranten von einer Kant-Fichte'schen Philosophie reden: es giebt eine Kantische Philosophie und eine Fichte'sche Windbeutelei, – das ist das wahre Sachverhältniß und wird es bleiben, trotz allen Präkonen [Lobpreisern] des Schlechten und Verächtern des Guten, an denen das Deutsche Vaterland reicher ist, als irgend ein anderes.

§ 22.

Vom unmittelbaren Objekt.

Die Sinnesempfindungen des Leibes also sind es, welche die Data zur allerersten Anwendung des Kausalgesetzes abgeben, aus welcher eben dadurch die Anschauung dieser Klasse von Objekten entsteht, die folglich ihr Wesen und Daseyn nur vermöge und in der Ausübung der also eingetretenen Verstandesfunktion hat.

Insofern nun der organische Leib der Ausgangspunkt für die Anschauung aller andern Objekte, also das diese Vermittelnde ist, hatte ich ihn, in der ersten Auflage dieser Abhandlung, das unmittelbare Objekt genannt; welcher Ausdruck jedoch nur in sehr uneigentlichem Verstande gelten kann. Denn, obwohl die Wahrnehmung seiner Empfindungen eine schlechthin unmittelbare ist; so stellt doch er selbst sich dadurch noch gar nicht als Objekt dar; sondern soweit bleibt Alles noch subjektiv, nämlich Empfindung. Von dieser geht die Anschauung der übrigen Objekte, als Ursachen solcher Empfindungen, allerdings aus, worauf jene sich als Objekte darstellen; nicht aber er selbst: denn er liefert hiebei dem Bewußtseyn bloße Empfindungen. Objektiv, also als Objekt, wird auch er allein mittelbar erkannt, indem er, gleich allen andern Objekten, sich im Verstande, oder Gehirn (welches Eins ist), als erkannte Ursache subjektiv gegebener Wirkung und eben dadurch objektiv darstellt; welches nur dadurch geschehn kann, daß seine Theile auf seine eigenen Sinne wirken, also das Auge den Leib sieht, die Hand ihn betastet, u. s. f., als auf welche Data das Gehirn, oder Verstand, auch ihn, gleich andern Objekten, seiner Gestalt und Beschaffenheit nach, räumlich konstruirt. – Die unmittelbare Gegenwart der Vorstellungen dieser Klasse im Bewußtseyn hängt demnach ab von der Stellung, welche sie, in der Alles verbindenden Verkettung der Ursachen und Wirkungen, zu dem jedesmaligen Leibe des Alles erkennenden Subjekts erhalten.

§ 23.

Bestreitung des von Kant aufgestellten Beweises der Apriorität des Kausalitätsbegriffes.

Die Darlegung der Allgemeingültigkeit des Gesetzes der Kausalität für alle Erfahrung, seiner Apriorität und seiner eben aus dieser folgenden Beschränkung auf die Möglichkeit der Erfahrung ist ein Hauptgegenstand der Kritik der reinen Vernunft. Jedoch kann ich dem daselbst gegebenen Beweis der Apriorität des Satzes nicht beistimmen. Er ist im Wesentlichen folgender: »Die zu aller empirischen Kenntniß nöthige Synthesis des Mannigfaltigen durch die Einbildungskraft giebt Succession, aber noch keine bestimmte: d. h. sie läßt unbestimmt, welcher von zwei wahrgenommenen Zuständen, nicht nur in meiner Einbildungskraft, sondern im Objekt, vorausgehe. Bestimmte Ordnung aber dieser Succession, durch welche allein das Wahrgenommene Erfahrung wird, d. h. zu objektiv gültigen Urtheilen berechtigt, kommt erst hinein durch den reinen Verstandesbegriff von Ursache und Wirkung. Also ist der Grundsatz des Kausalverhältnisses Bedingung der Möglichkeit der Erfahrung, und als solche uns *a priori* gegeben.« (Siehe Krit. d. rein. Vern., 1. Aufl., S. 201; 5. Aufl., S. 246.)

Danach also soll die Ordnung der Succession der Veränderungen realer Objekte allererst vermittelst der Kausalität derselben für eine objektive erkannt werden. Kant wiederholt und erläutert diese Behauptung, in der Kritik der reinen Vernunft, besonders in seiner »zweiten Analogie der Erfahrung« (1. Aufl., S. 189; vollständiger in der 5. Aufl., S. 232), sodann am Schlusse seiner »dritten Analogie«, welche Stellen ich Jeden, der das Folgende verstehn will, nachzulesen bitte. Er behauptet hier überall, daß die Objektivität der Succession der Vorstellungen, welche er als ihre Uebereinstimmung mit der Succession realer Objekte erklärt, lediglich erkannt werde durch die Regel, nach der sie einander folgen, d. h. durch das Gesetz der Kausalität; daß also durch meine bloße Wahrnehmung das objektive Verhältniß auf einander folgender Erscheinungen völlig unbestimmt bleibe, indem ich alsdann bloß die Folge meiner Vorstellungen wahrnehme, die Folge in meiner Apprehension aber zu keinem Urtheil über die Folge im Objekt berechtigt, wenn mein Urtheil sich nicht auf das Gesetz der Kausalität stützt; indem ich außerdem, in meiner Apprehension, die Succession der Wahrnehmungen auch in ganz umgekehrter Ordnung könnte gehn lassen, da nichts ist, was sie als objektiv bestimmt. Zur Erläuterung dieser Behauptung führt er das Beispiel eines Hauses an, dessen Theile er in jeder beliebigen Succession, z. B. von oben nach unten, und von unten nach oben betrachten kann, wo also die Bestimmung der Succession bloß subjektiv wäre und in keinem Objekt begründet, weil sie von seiner Willkür abhängt. Und als Gegensatz stellt er die Wahrnehmung eines den Strohm herabfahrenden Schiffes auf, das er zuerst oberhalb und successive immer mehr unterhalb des Laufs des Strohms wahrnimmt, welche Wahrnehmung der Succession der Stellen des Schiffs er nicht ändern kann: daher er hier die subjektive Folge seiner Apprehension ableitet von der objektiven Folge in der Erscheinung, die er deshalb eine Begebenheit nennt. Ich behaupte dagegen, daß beide Fälle gar nicht unterschieden sind, daß beides Begebenheiten sind, deren Erkenntniß objektiv ist, d. h. eine Erkenntniß von Veränderungen realer Objekte, die als solche vom Subjekt erkannt werden. Beides sind Veränderungen der Lage zweier Körper gegen einander. Im ersten Fall ist einer dieser Körper der eigene Leib des Betrachters und zwar nur ein Theil desselben, nämlich das Auge, und der andere ist das Haus, gegen dessen Theile die Lage des Auges successive geändert wird. Im zweiten Fall ändert das Schiff seine Lage gegen den Strohm, also ist die Veränderung zwischen zwei Körpern. Beides sind Begebenheiten: der einzige Unterschied ist, daß im ersten Fall die Veränderung ausgeht vom eigenen Leibe des Beobachters, dessen Empfindungen zwar der Ausgangspunkt aller Wahrnehmungen desselben sind, der jedoch nichtsdestoweniger ein Objekt unter Objekten, mithin den Gesetzen dieser objektiven Körperwelt unterworfen ist. Die Bewegung seines Leibes nach seinem Willen ist für ihn, sofern er sich rein erkennend verhält, bloß eine empirisch wahrgenommene Thatsache. Die Ordnung der Succession der Veränderung könnte so gut im zweiten, wie im ersten Fall, umgekehrt werden, sobald nur der Betrachter eben so wohl die Kraft hätte, das Schiff strohmaufwärts zu ziehn, wie die, sein Auge in einer der ersten entgegengesetzten Richtung zu bewegen. Denn daraus, daß die Succession der Wahrnehmungen der Theile des Hauses von seiner Willkür abhängt, will Kant abnehmen, daß sie keine objektive und keine Begebenheit sei. Aber das Bewegen seines Auges in der Richtung vom Dach zum Keller ist eine Begebenheit und die entgegengesetzte vom Keller zum Dach eine zweite, so gut wie das Fahren des Schiffs. Es ist hier gar kein Unterschied; so wie, in Hinsicht auf das Begebenheitseyn oder nicht, kein Unterschied ist, ob ich an einer Reihe Soldaten vorbeigehe, oder diese an mir: beides sind Begebenheiten. Fixire ich, vom Ufer aus, den Blick auf ein diesem nahe vorbeifahrendes Schiff; so wird es mir bald scheinen, daß das Ufer mit mir sich bewege und das Schiff stillestehe: hiebei bin ich nun zwar in der Ursache der relativen Ortsveränderung irre, da ich die Bewegung einem falschen Objekte zuschreibe: aber die reale Succession der relativen Stellungen meines Leibes zum Schiff erkenne ich dennoch objektiv und richtig. Kant würde auch, in dem von ihm aufgestellten Fall, nicht geglaubt haben, einen Unterschied zu finden, hätte er bedacht, daß sein Leib ein Objekt unter Objekten ist und daß die Succession seiner empirischen Anschauungen abhängt von der Succession der Einwirkungen anderer Objekte auf seinen Leib, folglich eine objektive ist, d. h. unter Objekten, u n m i t t e l b a r (wenn auch nicht mittelbar) unabhängig von der Willkür des Subjekts, Statt hat, folglich sehr wohl erkannt werden kann, ohne daß die successive auf seinen Leib einwirkenden Objekte in einer Kausalverbindung unter einander stehn.

Kant sagt: die Zeit kann nicht wahrgenommen werden: also empirisch läßt sich keine Succession von Vorstellungen als objektiv wahrnehmen, d. h. als Veränderungen der Erscheinungen unterscheiden von den Veränderungen bloß subjektiver Vorstellungen. Nur durch das Gesetz der Kausalität, welches eine Regel ist, nach der Zustände einander folgen, läßt sich die Objektivität einer Veränderung erkennen. Und das Resultat seiner Behauptung würde seyn, daß wir gar keine Folge in der Zeit als objektiv wahrnehmen, ausgenommen die von Ursache und Wirkung, und daß jede andere von uns wahrgenommene Folge von Erscheinungen bloß durch unsere Willkür so und nicht anders bestimmt sei. Ich muß gegen alles Dieses anführen, daß Erscheinungen sehr wohl a u f e i n a n d e r f o l g e n können, ohne a u s e i n a n d e r z u e r f o l g e n. Und Dies thut dem Gesetz der Kausalität keinen Abbruch. Denn es bleibt gewiß, daß jede Veränderung Wirkung einer andern ist, da Dies *a priori* fest steht: nur folgt sie nicht bloß auf die einzige, die ihre Ursache ist, sondern auf alle andern, die mit jener Ursache zugleich sind und mit denen sie in keiner Kausalverbindung steht. Sie wird nicht gerade in der Folge der Reihe der Ursachen von mir wahrgenommen; sondern in einer ganz andern, die aber deshalb nicht minder objektiv ist und von einer subjektiven, von meiner Willkür abhängigen, dergleichen z. B. die meiner Phantasmen ist, sich sehr unterscheidet. Das Aufeinanderfolgen in der Zeit von Begebenheiten, die nicht in Kausalverbindung stehn, ist eben was man Z u f a l l nennt, welches Wort vom Zusammentreffen, Zusammenfallen, des nicht Verknüpften herkommt: eben so το συμβεβηκος [das zufällig Geschehene] von συμβαινειν [zusammentreffen]. (Vergl. *Arist. Anal. post. I. 4.*) Ich trete vor die Hausthür, und darauf fällt ein Ziegel vom Dach, der mich trifft; so ist zwischen dem Fallen des Ziegels und meinem Heraustreten keine Kausalverbindung, aber dennoch die Succession, daß mein Heraustreten dem Fallen des Ziegels vorhergieng, in meiner Apprehension objektiv bestimmt und nicht subjektiv durch meine Willkür, die sonst wohl die Succession umgekehrt haben würde. Eben so ist die Succession der Töne einer Musik objektiv bestimmt und nicht subjektiv durch mich, den Zuhörer: aber wer wird sagen, daß die Töne der Musik nach dem Gesetz von Ursache und Wirkung auf einander folgen? Ja sogar die Succession von Tag und Nacht wird ohne Zweifel objektiv von uns erkannt, aber gewiß werden sie nicht als Ursache und Wirkung von einander aufgefaßt, und über ihre gemeinschaftliche Ursache war die Welt bis auf Kopernikus im Irrthum, ohne daß die richtige Erkenntniß ihrer Succession darunter zu leiden gehabt hätte. Hiedurch wird, beiläufig gesagt, auch Hume's Hypothese widerlegt; da die älteste und ausnahmsloseste Folge von Tag und Nacht doch nicht, vermöge der Gewohnheit, irgend Einen verleitet hat, sie für Ursache und Wirkung von einander zu halten.

Kant sagt a. a. O., daß eine Vorstellung nur dadurch objektive Realität zeige (das heißt doch wohl von bloßen Phantasmen unterschieden werde), daß wir ihre nothwendige und einer Regel (dem Kausalgesetz) unterworfene Verbindung mit andern Vorstellungen und ihre Stelle in einer bestimmten Ordnung des Zeitverhältnisses unserer Vorstellungen erkennen. Aber von wie wenigen Vorstellungen erkennen wir die Stelle, die ihnen das Kausalgesetz in der Reihe der Ursachen und Wirkungen giebt! und doch wissen wir immer die objektiven von den subjektiven, reale Objekte von Phantasmen zu unterscheiden. Im Schlafe, als in welchem das Gehirn vom peripherischen Nervensystem und dadurch von äußern Eindrücken isolirt ist, können wir jene Unterscheidung nicht machen, daher wir, während wir träumen, Phantasmen für reale Objekte halten und erst beim Erwachen, d. h. dem Wiedereintritt der sensibeln Nerven und dadurch der Außenwelt ins Bewußtseyn, den Irrthum erkennen, obgleich auch im Traum, so lange er nicht abbricht, das Gesetz der Kausalität sein Recht behauptet, nur daß ihm oft ein unmöglicher Stoff untergeschoben wird. Fast möchte man glauben, daß Kant, bei obiger Stelle, unter Leibnitzens Einfluß gestanden hat, so sehr er auch sonst diesem, in seiner ganzen Philosophie, entgegengesetzt ist; wenn man nämlich beachtet, daß ganz ähnliche Aeußerungen sich in Leibnitzens *Nouveaux essais sur l'entendement (Liv. IV, ch. 2, § 14)* finden, z. B. *la vérité des choses sensibles ne consiste que dans la liaison des phénomènes, qui doit avoir sa raison, et c'est ce qui les distingue des songes. – – – – Le vrai Critérion, en matière des objets des sens, est la liaison des phénomènes, qui garantit les vérités de fait, à l'égard des choses sensibles hors de nous* [Die Wahrheit der Sinnendinge besteht nur in der Verknüpfung der Erscheinungen, welche ihren Grund haben muß, und das ist es, was sie von den Träumen unterscheidet. – – – – Das wahre Kriterium, wo es sich um Sinnendinge handelt, ist die Verknüpfung der Erscheinungen, welche die tatsächlichen Wahrheiten hinsichtlich der Sinnendinge außer uns verbürgt.]

Bei diesem ganzen Beweise der Apriorität und Nothwendigkeit des Kausalitätsgesetzes, daraus, daß wir nur durch dessen Vermittelung die objektive Succession der Veränderungen erkennten und es insofern Bedingung der Erfahrung wäre, ist Kant offenbar in einen höchst wunderlichen und so palpabeln [offenbaren] Irrthum gerathen, daß derselbe nur zu erklären ist als eine Folge seiner Vertiefung in den apriorischen Theil unserer Erkenntniß, welche ihn aus den Augen verlieren ließ was sonst Jeder hätte sehn müssen. Den allein richtigen Beweis der Apriorität des Kausalitätsgesetzes habe ich § 21 gegeben. Bestätigt wird dieselbe jeden Augenblick durch die unerschütterliche Gewißheit, mit der Jeder in allen Fällen von der Erfahrung erwartet, daß sie diesem Gesetze gemäß ausfalle, d. h. durch die Apodikticität, die wir selbigem beilegen, die sich von jeder andern auf Induktion gegründeten Gewißheit, z. B. der empirisch erkannter Naturgesetze, dadurch unterscheidet, daß es uns sogar zu denken unmöglich ist, daß dieses Gesetz irgendwo in der Erfahrungswelt eine Ausnahme leide. Wir können uns z. B. denken, daß das Gesetz der Gravitation ein Mal aufhörte zu wirken, nicht aber daß dieses ohne eine Ursache geschähe.

Kant in seinem Beweise ist in den, dem des Hume entgegengesetzten Fehler gerathen. Dieser nämlich erklärte alles Erfolgen für bloßes Folgen: Kant hingegen will, daß es kein anderes Folgen gebe, als das Erfolgen. Der reine Verstand freilich kann allein das Erfolgen begreifen, das bloße Folgen aber so wenig wie den Unterschied zwischen rechts und links, welcher nämlich, eben wie das Folgen, bloß durch die reine Sinnlichkeit zu erfassen ist. Die Folge der Begebenheiten in der Zeit kann allerdings (was Kant a. a. O. leugnet) empirisch erkannt werden, so gut wie das Nebeneinanderseyn der Dinge im Raum. Die Art aber, wie etwas auf ein Anderes in der Zeit überhaupt folge, ist so wenig zu erklären, als die Art, wie etwas aus einem Andern erfolge: jene Erkenntniß ist durch die reine Sinnlichkeit, diese durch den reinen Verstand gegeben und bedingt. Kant aber, indem er objektive Folge der Erscheinungen für bloß durch den Leitfaden der Kausalität erkennbar erklärt, verfällt in den selben Fehler, den er (Kr. d. r. V., 1. Aufl., S. 275; 5. Aufl., S. 331) dem Leibnitz vorwirft, »daß er die Formen der Sinnlichkeit intellektuire [verstandesmäßig betrachte].« – Ueber die Succession ist meine Ansicht diese. Aus der zur reinen Sinnlichkeit gehörigen Form der Zeit schöpfen wir die Kenntniß der bloßen Möglichkeit der Succession. Die Succession der realen Objekte, deren Form eben die Zeit ist, erkennen wir empirisch und folglich als wirklich. Die Nothwendigkeit aber einer Succession zweier Zustände, d. h. einer Veränderung, erkennen wir bloß durch den Verstand, mittelst der Kausalität: und daß wir den Begriff von Nothwendigkeit einer Succession haben, ist sogar schon ein Beweis davon, daß das Gesetz der Kausalität kein empirisch erkanntes, sondern ein uns *a priori* gegebenes ist. Der Satz vom zureichenden Grund überhaupt ist Ausdruck der im Innersten unsers Erkenntnißvermögens liegenden Grundform einer nothwendigen Verbindung aller unserer Objekte, d. h. Vorstellungen: er ist die gemeinsame Form aller Vorstellungen und der alleinige Ursprung des Begriffes der Nothwendigkeit, als welcher schlechterdings keinen andern wahren Inhalt, noch Beleg, hat, als den des Eintritts der Folge, wenn ihr Grund gesetzt ist. Daß in der Klasse von Vorstellungen, die wir jetzt betrachten, wo jener Satz als Gesetz der Kausalität auftritt, derselbe die Zeitfolge bestimmt, kommt daher, daß die Zeit die Form dieser Vorstellungen ist, daher denn die nothwendige Verbindung hier als Regel der Succession erscheint. In andern Gestalten des Satzes vom zureichenden Grunde wird uns die nothwendige Verbindung, die er überall heischt, in ganz andern Formen, als die Zeit, und folglich nicht als Succession erscheinen, aber immer den Charakter einer nothwendigen Verbindung beibehalten, wodurch sich die Identität des Satzes vom zureichenden Grunde in allen seinen Gestalten, oder vielmehr die Einheit der Wurzel aller Gesetze, deren Ausdruck jener Satz ist, offenbart.

Wäre die angefochtene Behauptung Kants richtig, so würden wir die Wirklichkeit der Succession bloß aus ihrer Nothwendigkeit erkennen: dieses würde aber einen alle

Reihen von Ursachen und Wirkungen zugleich umfassenden, folglich allwissenden Verstand voraussetzen. Kant hat dem Verstand das Unmögliche aufgelegt, bloß um der Sinnlichkeit weniger zu bedürfen.

Wie läßt sich Kants Behauptung, daß Objektivität der Succession allein erkannt werde aus der Nothwendigkeit der Folge von Wirkung auf Ursache, vereinigen mit jener (Kr. d. rein. V., 1. Aufl., S. 203; 5. Aufl., S. 249), daß das empirische Kriterium, welcher von zwei Zuständen Ursache und welcher Wirkung sei, bloß die Succession sei? Wer sieht hier nicht den offenbarsten Cirkel?

Würde Objektivität der Succession bloß erkannt aus der Kausalität, so wäre sie nur als solche denkbar und wäre eben nichts als diese. Denn wäre sie noch etwas Anderes, so hätte sie auch andere unterscheidende Merkmale, an denen sie erkannt werden könnte, was eben Kant leugnet. Folglich könnte man, wenn Kant Recht hätte, nicht sagen: »Dieser Zustand ist Wirkung jenes, daher folgt er ihm.« Sondern Folgen und Wirkungseyn wäre Eins und das Selbe und jener Satz tautologisch. Auch erhielte nach also aufgehobenem Unterschied von Folgen und Erfolgen Hume wieder Recht, der alles Erfolgen für bloßes Folgen erklärte, also ebenfalls jenen Unterschied leugnete.

Kants Beweis wäre also dahin einzuschränken, daß wir empirisch bloß Wirklichkeit der Succession erkennen: da wir aber außerdem auch Nothwendigkeit der Succession in gewissen Reihen der Begebenheiten erkennen und sogar vor aller Erfahrung wissen, daß jede mögliche Begebenheit in irgend einer dieser Reihen eine bestimmte Stelle haben müsse; so folgt schon hieraus die Realität und Apriorität des Gesetzes der Kausalität, für welche Letztere der oben § 21 gegebene Beweis der allein richtige ist.

Mit Kants Lehre, daß objektive Succession nur möglich und erkennbar sei durch Kausalverknüpfung, geht eine andere parallel, daß nämlich Zugleichseyn nur möglich und erkennbar sei durch Wechselwirkung; dargelegt in der Krit. d. r. V. unter dem Titel »Dritte Analogie der Erfahrung.« Kant geht hierin so weit, zu sagen: »daß das Zugleichseyn von Erscheinungen, die nicht wechselseitig auf einander wirkten, sondern etwan durch einen leeren Raum getrennt würden, kein Gegenstand einer möglichen Wahrnehmung seyn würde« (Das wäre ein Beweis *a priori*, daß zwischen den Fixsternen kein leerer Raum sei): und »daß das Licht, das zwischen unserm Auge und den Weltkörpern spiele« (welcher Ausdruck den Begriff unterschiebt, als wirke nicht nur das Licht der Sterne auf unser Auge, sondern auch dieses auf jene), »eine Gemeinschaft zwischen uns und diesen bewirke und so das Zugleichseyn der letztern beweise.« Dies Letztere ist sogar empirisch falsch; da der Anblick eines Fixsterns keineswegs beweist, daß er jetzt mit dem Beschauer zugleich sei; sondern höchstens, daß er vor einigen Jahren, oft nur, daß er vor Jahrtausenden dagewesen. Uebrigens steht und fällt diese Lehre Kants mit jener ersteren, nur ist sie viel leichter zu durchschauen: zudem ist von der Nichtigkeit des ganzen Begriffes der Wechselwirkung schon oben § 20 geredet worden.

Mit dieser Bestreitung des in Rede stehenden Kantischen Beweises kann man beliebig zwei frühere Angriffe auf denselben vergleichen, nämlich den von Feder, in seinem Buche »über Raum und Kausalität«, § 29, und den von G. E. Schulze, in seiner Kritik der theoretischen Philosophie, Bd. 2, S. 422 fg.

Nicht ohne große Scheu habe ich es (1813) gewagt, Einwendungen vorzubringen gegen eine hauptsächliche, als erwiesen geltende und noch in den neuesten Schriften (z. B. Fries, Krit. der Vernunft, Bd. 2, S. 85) wiederholte Lehre jenes Mannes, dessen Tiefsinn ich bewundernd verehre und dem ich so Vieles und Großes verdanke, daß sein Geist in Homer's Worten zu mir sagen kann:

Αχλυν δ'αυ τοι απ' οφθαλμων ἑλον, ἡ πριν επηεν.
[Auch den Nebel nahm ich hinweg, der auf den Augen dir lag.
Ilias, V, 127.]

§ 24.

Vom Mißbrauch des Gesetzes der Kausalität.

Unserer bisherigen Auseinandersetzung zufolge begeht man einen solchen, so oft man das Gesetz der Kausalität auf etwas Anderes, als auf Veränderungen, in der uns empirisch gegebenen, materiellen Welt anwendet, z. B. auf die Naturkräfte, vermöge welcher solche Veränderungen überhaupt erst möglich sind; oder auf die Materie, an der sie vorgehn; oder auf das Weltganze, als welchem dazu ein absolut objektives, nicht durch unsern Intellekt bedingtes Daseyn beigelegt werden muß; auch noch sonst auf mancherlei Weise. Ich verweise hier auf das in der »Welt als W. u. V.« Bd. 2, Kap. 4, S. 42 fg. [Bd. III uns. Ausg., S. 57 f.] darüber Gesagte. Der Ursprung solches Mißbrauchs ist allemal, theils, daß man den Begriff der Ursache, wie unzählige andere in der Metaphysik und Moral, viel zu weit faßt; theils, daß man vergißt, daß das Gesetz der Kausalität zwar eine Voraussetzung ist, die wir mit auf die Welt bringen, und welche die Anschauung der Dinge außer uns möglich macht, daß wir jedoch eben deshalb nicht berechtigt sind, einen solchen, aus der Vorrichtung unsers Erkenntnißvermögens entspringenden Grundsatz auch außerdem und unabhängig von Letzterem als die für sich bestehende ewige Ordnung der Welt und alles Existirenden geltend zu machen.

§ 25.

Die Zeit der Veränderung.

Da der Satz vom zureichenden Grunde des Werdens nur bei Veränderungen Anwendung findet, darf hier nicht unerwähnt bleiben, daß schon die alten Philosophen die Frage aufgeworfen haben, in welcher Zeit die Veränderung vorgehe? sie könne nämlich nicht Statt haben, während der frühere Zustand noch dasei, und auch nicht nachdem schon der neue eingetreten: geben wir ihr aber eine eigene Zeit zwischen beiden; so müßte, während dieser, der Körper weder im ersten, noch im zweiten Zustande, z. B. ein Sterbender weder todt, noch lebendig, ein Körper weder ruhend, noch bewegt seyn; welches absurd wäre. Die Bedenklichkeiten und Spitzfindigkeiten hierüber findet man zusammengestellt im Sextus Empirikus, *adv. Mathem. lib. IX, 267–271, et Hypot. III, c. 14,* auch etwas davon im Gellius, *L. VI, c. 13.* – Plato hatte diesen schwierigen Punkt ziemlich cavalièrement [leichthin] abgefertigt, indem er, im Parmenides (S. 138 *Bip.* [XXI, p. 156 D]), eben behauptet, die Veränderung geschehe plötzlich und fülle gar keine Zeit; sie sei im εξαιφνης *(in repentino)* [plötzlich], welches er eine ατοπος φυσις, εν χρονῳ ουδενι ουσα, also ein wunderliches, zeitloses Wesen (das denn doch in der Zeit eintritt) nennt.

Dem Scharfsinn des Aristoteles ist es demnach vorbehalten geblieben, diese schwierige Sache ins Reine zu bringen; welches er gründlich und ausführlich geleistet hat, im 6. Buch der Physik, Kap. 1–8. Sein Beweis, daß keine Veränderung plötzlich (dem εξαιφνης des Plato), sondern jede nur allmälig geschehe, mithin eine gewisse Zeit ausfülle, ist gänzlich auf Grundlage der reinen Anschauung *a priori* der Zeit und des Raums geführt, aber auch sehr subtil ausgefallen. Das Wesentliche dieser sehr langen Beweisführung ließe sich allenfalls auf folgende Sätze zurückführen. An einander gränzen heißt die gegenseitigen äußersten Enden gemeinschaftlich haben: folglich können nur zwei Ausgedehnte, nicht zwei Untheilbare, (da sie sonst Eins wären) an einander gränzen; folglich nur Linien, nicht bloße Punkte. Dies wird nun vom Raum auf die Zeit übertragen. Wie zwischen zwei Punkten immer noch eine Linie, so ist zwischen zwei Jetzt immer noch eine Zeit. Diese nun ist die Zeit der Veränderung; wenn nämlich im ersten Jetzt ein Zustand und im zweiten ein anderer ist. Sie ist, wie jede Zeit, ins Unendliche theilbar: folglich durchgeht in ihr das sich Verändernde unendlich viele Grade, durch die aus jenem ersten Zustande der zweite allmälig erwächst. – Gemeinverständlich ließe sich die Sache so erläutern: Zwischen zwei successiven Zuständen, deren Verschiedenheit in unsere Sinne fällt, liegen immer noch mehrere, deren Verschiedenheit uns nicht wahrnehmbar ist; weil der neu eintretende Zustand einen gewissen Grad, oder Größe, erlangt haben muß, um sinnlich wahrnehmbar zu seyn. Daher gehn demselben schwächere Grade, oder geringere Ausdehnungen, vorher, welche durchlaufend er allmälig erwächst. Diese zusammengenommen begreift man unter dem Namen der Veränderung, und die Zeit, welche sie ausfüllen, ist die Zeit der Veränderung. Wenden wir dies an auf einen Körper, der gestoßen wird; so ist die nächste Wirkung eine gewisse Schwingung seiner innern Theile, welche, nachdem durch sie der Impuls sich fortgepflanzt hat, in äußere Bewegung ausbricht. – Aristoteles schließt ganz richtig, aus der unendlichen Theilbarkeit der Zeit, daß alles diese Ausfüllende, folglich auch jede Veränderung, d. i. Uebergang aus einem Zustand in den andern, ebenfalls unendlich theilbar seyn muß, daß also Alles, was entsteht, in der That aus unendlichen Theilen zusammenkommt, mithin stets allmälig, nie plötzlich wird. Aus den obigen Grundsätzen und aus dem daraus folgenden allmäligen Entstehn jeder Bewegung zieht er im letzten Kapitel dieses Buches die wichtige Folgerung, daß nichts Untheilbares, folglich kein bloßer Punkt, sich bewegen könne. Dazu stimmt sehr schön Kants Erklärung der Materie, daß sie sei »das Bewegliche im Raum.«

Dieses also zuerst vom Aristoteles aufgestellte und bewiesene Gesetz der Kontinuität und Allmäligkeit aller Veränderungen finden wir von Kant drei Mal dargelegt: nämlich in seiner *Dissertatio de mundi sensibilis et intelligibilis forma § 14*; in der Kritik der reinen Vernunft, 1. Aufl., S. 207 und 5. Aufl., S. 253; endlich in den Metaphysischen Anfangsgründen der Naturwissenschaft, am Schluß der »Allgemeinen Anmerkung zur Mechanik.« An allen drei Stellen ist seine Darstellung der Sache kurz, aber auch nicht so gründlich, wie die des Aristoteles, mit der sie dennoch im Wesentlichen ganz übereinstimmt; daher nicht wohl zu zweifeln ist, daß Kant diese Gedanken direkt, oder indirekt, vom Aristoteles überkommen habe; obwohl er ihn nirgends nennt. Der Satz des Aristoteles ουκ εστι[ν] αλληλων εχομενα τα νυν [es ist unmöglich, daß Augenblicke aneinander grenzen: *Physica*, IV, 10; gekürzt] findet sich darin wiedergegeben mit »zwischen zwei Augenblicken ist immer eine Zeit«; gegen welchen Ausdruck sich einwenden läßt: »Sogar zwischen zwei Jahrhunderten ist keine; weil es in der Zeit, wie im Raum, eine reine Gränze geben muß.« – Statt also des Aristoteles zu erwähnen, will Kant, in der ersten und ältesten der angeführten Darstellungen, jene von ihm vorgetragene Lehre identificiren mit der *lex continuitatis* [Gesetz der Stetigkeit = *loi de la continuité, Nouveaux essais, IV, 16*] des Leibnitz. Wäre diese mit jener wirklich das Selbe, so hätte Leibnitz die Sache vom Aristoteles. Nun hat Leibnitz diese *loi de la continuité* (nach seiner eigenen Aussage, S. 189 der *opera philos. ed. Erdmann*) zuerst aufgestellt in einem Briefe an Bayle (*ibid.* S. 104), wo er es jedoch *principe de l'ordre général* [allgemeines Ordnungsprinzip] nennt und unter diesem Namen ein sehr allgemeines und unbestimmtes, vorzüglich geometrisches Räsonnement giebt, welches auf die Zeit der Veränderung, die er gar nicht erwähnt, keine direkte Beziehung hat.

Fünftes Kapitel.

Ueber die zweite Klasse der Objekte für das Subjekt und die in ihr herrschende Gestaltung des Satzes vom zureichenden Grunde.

§ 26.

Erklärung dieser Klasse von Objekten.

Der allein wesentliche Unterschied zwischen Mensch und Thier, den man von jeher einem, Jenem ausschließlich eigenen und ganz besonderen Erkenntnißvermögen, der Vernunft, zugeschrieben hat, beruht darauf, daß der Mensch eine Klasse von Vorstellungen hat, deren kein Thier theilhaft ist: es sind die Begriffe, also die abstrakten Vorstellungen; im Gegensatz der anschaulichen, aus welchen jedoch jene abgezogen sind. Die nächste Folge hievon ist, daß das Thier weder spricht, noch lacht; mittelbare Folge aber alles das Viele und Große, was das menschliche Leben vor dem thierischen auszeichnet. Denn durch den Hinzutritt der abstrakten Vorstellung ist nunmehr auch die Motivation eine anderartige geworden. Wenn gleich die Handlungen des Menschen mit nicht minder strenger Nothwendigkeit, als die der Thiere, erfolgen; so ist doch durch die Art der Motivation, sofern sie hier aus Gedanken besteht, welche die Wahlentscheidung (d. i. den bewußten Konflikt der Motive) möglich machen, das Handeln mit Vorsatz, mit Ueberlegung, nach Plänen, Maximen, in Uebereinstimmung mit Andern u. s. w., an die Stelle des bloßen Impulses durch vorliegende, anschauliche Gegenstände getreten, dadurch aber alles Das herbeigeführt, was des Menschen Leben so reich, so künstlich und so schrecklich macht, daß er, in diesem Occident, der ihn weiß gebleicht hat und wohin ihm die alten, wahren, tiefen Ur-Religionen seiner Heimath nicht haben folgen können, seine Brüder nicht mehr kennt, sondern wähnt, die

Thiere seien etwas von Grund aus Anderes, als er, und, um sich in diesem Wahne zu befestigen, sie Bestien nennt, alle ihre ihm gemeinsamen Lebensverrichtungen an ihnen mit Schimpfnamen belegt und sie für rechtlos ausgiebt, indem er gegen die sich aufdrängende Identität des Wesens in ihm und ihnen sich gewaltsam verstockt.

Dennoch besteht, wie eben gesagt, der ganze Unterschied darin, daß, außer den anschaulichen Vorstellungen, die wir im vorigen Kapitel betrachtet haben und deren die Thiere ebenfalls theilhaft sind, der Mensch auch noch abstrakte, d. h. aus jenen abgezogene Vorstellungen in seinem, hauptsächlich hiezu so viel voluminöserem Gehirn beherbergt. Man hat solche Vorstellungen Begriffe genannt, weil jede derselben unzählige Einzeldinge in, oder vielmehr unter sich begreift, also ein Inbegriff derselben ist. Man kann sie auch definiren als Vorstellungen aus Vorstellungen. Denn bei ihrer Bildung zerlegt das Abstraktionsvermögen die, im vorigen Kapitel behandelten, vollständigen, also anschaulichen Vorstellungen in ihre Bestandtheile, um diese abgesondert, jeden für sich, denken zu können als die verschiedenen Eigenschaften, oder Beziehungen, der Dinge. Bei diesem Processe nun aber büßen die Vorstellungen nothwendig die Anschaulichkeit ein, wie Wasser, wenn in seine Bestandtheile zerlegt, die Flüssigkeit und Sichtbarkeit. Denn jede also ausgesonderte (abstrahirte) Eigenschaft läßt sich für sich allein wohl denken, jedoch darum nicht für sich allein auch anschauen. Die Bildung eines Begriffs geschieht überhaupt dadurch, daß von dem anschaulich Gegebenen Vieles fallen gelassen wird, um dann das Uebrige für sich allein denken zu können: derselbe ist also ein Wenigerdenken, als angeschaut wird. Hat man, verschiedene anschauliche Gegenstände betrachtend, von jedem etwas Anderes fallen lassen und doch bei Allen das Selbe übrig behalten; so ist dies das *genus* [die Gattung] jener Species [Art]. Demnach ist der Begriff eines jeden *genus* der Begriff einer jeden darunter begriffenen Species, nach Abzug alles Dessen, was nicht allen Speciebus zukommt. Nun kann aber jeder mögliche Begriff als ein *genus* gedacht werden: daher ist er stets ein Allgemeines und als solches ein nicht Anschauliches. Darum auch hat er eine Sphäre, als welche der Inbegriff alles durch ihn Denkbaren ist. Je höher man nun in der Abstraktion aufsteigt, desto mehr läßt man fallen, also desto weniger denkt man noch. Die höchsten, d. i. die allgemeinsten Begriffe sind die ausgeleertesten und ärmsten, zuletzt nur noch leichte Hülsen, wie z. B. Seyn, Wesen, Ding, Werden u. dgl. m. – Was können, beiläufig gesagt, philosophische Systeme leisten, die bloß aus dergleichen Begriffen herausgesponnen sind und zu ihrem Stoff nur solche leichte Hülsen von Gedanken haben? Sie müssen unendlich leer, arm und daher eben auch suffokirend [erstickend] langweilig ausfallen.

Da nun, wie gesagt, die, zu abstrakten Begriffen sublimirten und dabei zersetzten Vorstellungen alle Anschaulichkeit eingebüßt haben; so würden sie dem Bewußtseyn ganz entschlüpfen und ihm zu den damit beabsichtigten Denkoperationen gar nicht Stand halten; wenn sie nicht durch willkürliche Zeichen sinnlich fixirt und festgehalten würden: dies sind die Worte. Daher bezeichnen diese, so weit sie den Inhalt des Lexikons, also die Sprache, ausmachen, stets a l l g e m e i n e Vorstellungen, Begriffe, nie anschauliche Dinge: ein Lexikon, welches hingegen Einzeldinge aufzählt, enthält nicht Worte, sondern lauter Eigennamen und ist entweder ein geographisches, oder ein historisches, d. h. entweder das durch den Raum, oder das durch die Zeit Vereinzelte aufzählend, indem, wie m e i n e Leser wissen, Zeit und Raum das *principium individuationis* sind. Bloß weil die Thiere auf anschauliche Vorstellungen beschränkt und keiner Abstraktion, mithin keines Begriffes, fähig sind, haben sie keine Sprache; selbst wenn sie Worte auszusprechen vermögen: hingegen verstehn sie Eigennamen. Daß der selbe Mangel es ist, der sie vom Lachen ausschließt, erhellt aus meiner Theorie des Lächerlichen, im ersten Buche der »Welt als W. u. V.« § 13, und Bd. 2, Kap. 8.

Wenn man die längere und zusammenhängende Rede eines ganz rohen Menschen analysirt; so findet man darin einen solchen Reichthum an logischen Formen, Gliederungen, Wendungen, Distinktionen [Unterscheidungen] und Feinheiten jeder Art, richtig ausgedrückt mittelst grammatischer Formen und deren Flexionen und Konstruktionen, auch mit häufiger Anwendung des *sermo obliquus* [der indirekten Rede], der verschiedenen Modi des Verbums, u. s. w., Alles regelrecht; so daß es zum Erstaunen ist und man eine sehr ausgedehnte und wohlzusammenhängende Wissenschaft darin erkennen muß. Die Erwerbung dieser ist aber geschehn auf Grundlage der Auffassung der anschaulichen Welt, deren ganzes Wesen in die abstrakten Begriffe abzusetzen das fundamentale Geschäft der Vernunft ist, welches sie nur mittelst der Sprache ausführen kann. Mit der Erlernung dieser daher wird der ganze Mechanismus der Vernunft, also das Wesentliche der Logik, zum Bewußtseyn gebracht. Offenbar kann Dieses nicht ohne große Geistesarbeit und gespannte Aufmerksamkeit geschehn, die Kraft zu welcher den Kindern ihre Lernbegierde verleiht, als welche stark ist, wenn sie das wahrhaft Brauchbare und Nothwendige vor sich sieht, und nur dann schwach erscheint, wann wir dem Kinde das ihm Unangemessene aufdringen wollen. Also bei der Erlernung der Sprache, sammt aller ihrer Wendungen und Feinheiten, sowohl mittelst Zuhören der Reden Erwachsener, als mittelst Selbstreden, vollbringt das Kind, sogar auch das roh aufgezogene, jene Entwickelung seiner Vernunft und erwirbt sich jene wahrhaft konkrete Logik, als welche nicht in den logischen Regeln, sondern unmittelbar in der richtigen Anwendung derselben besteht; wie ein Mensch von musikalischer Anlage die Regeln der Harmonie, ohne Notenlesen und Generalbaß, durch bloßes Klavierspielen nach dem Gehör, erlernt. – Die besagte logische Schule, mittelst Erlernung der Sprache, macht nur der Taubstumme nicht durch: deshalb ist er fast so unvernünftig wie das Thier, wenn er nicht die ihm angemessene, sehr künstliche Ausbildung, durch Lesenlernen, erhält, die ihm das Surrogat jener naturgemäßen Schule der Vernunft wird.

§ 27.

Nutzen der Begriffe.

Unsere Vernunft, oder das Denkvermögen, hat, wie in Obigem gezeigt worden, zu ihrem Grundwesen das Abstraktionsvermögen, oder die Fähigkeit, B e g r i f f e zu bilden: die Gegenwart dieser im Bewußtseyn ist es also, welche so erstaunliche Resultate herbeiführt. Daß sie Dieses leisten könne, beruht, im Wesentlichen, auf Folgendem.

Eben dadurch, daß Begriffe weniger in sich enthalten, als die Vorstellungen daraus sie abstrahirt worden, sind sie leichter zu handhaben, als diese, und verhalten sich zu ihnen ungefähr wie die Formeln in der höheren Arithmetik zu den Denkoperationen, aus denen solche hervorgegangen sind und die sie vertreten, oder wie der Logarithmus zu seiner Zahl. Sie enthalten von den vielen Vorstellungen, aus denen sie abgezogen sind, gerade nur den Theil, den man eben braucht; statt daß, wenn man jene Vorstellungen selbst, durch die Phantasie, vergegenwärtigen wollte, man gleichsam eine Last von Unwesentlichem mitschleppen müßte und dadurch verwirrt würde: jetzt aber, durch Anwendung von Begriffen, denkt man nur die Theile und Beziehungen aller dieser Vorstellungen, die der jedesmalige Zweck erfordert. Ihr Gebrauch ist demnach dem Abwerfen unnützen Gepäckes, oder auch dem Operiren mit Quintessenzen, statt mit den Pflanzenspecies selbst, mit der Chinine statt der China [dem Chinin statt der Chinarinde], zu vergleichen. Ueberhaupt ist es die Beschäftigung des Intellekts mit Begriffen, also die Gegenwart der jetzt von uns in Betrachtung genommenen Klasse von Vorstellungen im Bewußtseyn, welche eigentlich und im engern Sinne Denken heißt. Sie auch wird durch das Wort Reflexion bezeichnet, welches, als ein optischer Tropus [Ausdruck], zugleich das Abgeleitete und Sekundäre dieser Erkenntnißart ausdrückt. Dieses Denken, diese Reflexion ertheilt nun dem Menschen jene Besonnenheit, die dem Thiere abgeht. Denn, indem sie ihn befähigt, tausend Dinge durch Einen Begriff, in jedem aber immer nur das Wesentliche zu denken, kann er Unterschiede jeder Art, also auch die des Raumes und der Zeit, beliebig fallen lassen, wodurch er, in Gedanken, die Uebersicht der Vergangenheit und Zukunft, wie auch des Abwesenden, erhält; während das Thier in jeder Hinsicht an die Gegenwart gebunden ist. Diese Besonnenheit nun wieder, also die Fähigkeit sich zu besinnen, zu sich zu kommen, ist eigentlich die Wurzel aller seiner theoretischen und praktischen Leistungen, durch welche der Mensch das Thier so sehr übertrifft; zunächst nämlich der Sorge für die Zukunft, unter Berücksichtigung der Vergangenheit, sodann des absichtlichen, planmäßigen, methodischen Verfahrens bei jedem Vorhaben, daher des Zusammenwirkens Vieler zu Einem Zweck, mithin der Ordnung, des Gesetzes, des Staats, u. s. w. – Ganz besonders aber sind die Begriffe das eigentliche Material der Wissenschaften, deren Zwecke sich zuletzt zurückführen lassen auf Erkenntniß des Besonderen durch das Allgemeine, welche nur mittelst des *dictum de omni et nullo* [Satzes von allem und keinem] und dieses wieder nur durch das Vorhandenseyn der Begriffe möglich ist. Daher sagt Aristoteles: ανευ μεν γαρ του καθολου ουκ εστιν επιστημην λαβειν *(absque universalibus enim non datur scientia)* [denn ohne das Allgemeine ist Wissen unmöglich]. *(Metaph. XII, c. 9.)* Die Begriffe sind eben jene *Universalia,* um deren Daseynsweise sich, im Mittelalter, der lange Streit der Realisten und Nominalisten drehte.

§ 28.

Repräsentanten der Begriffe. Die Urtheilskraft.

Mit dem Begriff ist, wie schon gesagt, das Phantasma überhaupt nicht zu verwechseln, als welches eine anschauliche und vollständige, also einzelne, jedoch nicht unmittelbar durch Eindruck auf die Sinne hervorgerufene, daher auch nicht zum Komplex der Erfahrung gehörige Vorstellung ist. Auch dann aber ist das Phantasma vom Begriff zu unterscheiden, wann es als Repräsentant eines Begriffs gebraucht wird. Dies geschieht wenn man die anschauliche Vorstellung, aus welcher der Begriff entsprungen ist, selbst, und zwar diesem entsprechend, haben will; was allemal unmöglich ist: denn z. B. von Hund überhaupt, Farbe überhaupt, Triangel überhaupt, Zahl überhaupt giebt es keine Vorstellung, kein diesen Begriffen entsprechendes Phantasma. Alsdann ruft man das Phantasma z. B. irgend eines Hundes hervor, der, als Vorstellung, durchweg bestimmt, d. h. von irgend einer Größe, bestimmter Form, Farbe u. s. w. seyn muß, da doch der Begriff, dessen Repräsentant er ist, alle solche Bestimmungen nicht hat. Beim Gebrauch aber eines solchen Repräsentanten eines Begriffs ist man sich immer bewußt, daß er dem Begriff, den er repräsentirt, nicht adäquat, sondern voll willkürlicher Bestimmungen ist. In Uebereinstimmung mit dem hier Gesagten äußert sich Hume in seinen *essays on human understanding, ess. 12. pars 1* gegen das Ende; und ebenfalls Rousseau, *sur l'origine de l'inégalité, pars 1* in der Mitte. Etwas ganz Anderes hingegen lehrt darüber Kant, im Kapitel vom Schematismus der reinen Verstandesbegriffe. Nur innere Beobachtung und deutliches Besinnen kann die Sache entscheiden. Jeder untersuche demnach, ob er sich bei seinen Begriffen eines »Monogramms [Grundrisses] der reinen Einbildungskraft *a priori«*, z. B. wenn er Hund denkt, so etwas *entre chien et loup* [zwischen Hund und Wolf], bewußt ist, oder ob er, den hier aufgestellten Erklärungen gemäß, entweder einen Begriff durch die Vernunft denkt, oder irgend einen Repräsentanten des Begriffs, als vollendetes Bild, durch die Phantasie vorstellt.

Alles Denken, im weitern Sinne des Worts, also alle innere Geistesthätigkeit überhaupt, bedarf entweder der Worte, oder der Phantasiebilder: ohne Eines von Beiden hat es keinen Anhalt. Aber Beide zugleich sind nicht erfordert; obwohl sie, zu gegenseitiger Unterstützung, ineinandergreifen können. Das Denken im engern Sinne, also das abstrakte, mit Hülfe der Worte vollzogene, ist nun entweder rein logisches Räsonnement, wo es dann gänzlich auf seinem eigenen Gebiete bleibt; oder es streift an die Gränze der anschaulichen Vorstellungen, um sich mit diesen auseinanderzusetzen, in der Absicht, das empirisch Gegebene und anschaulich Erfaßte mit deutlich gedachten abstrakten Begriffen in Verbindung zu bringen, um es so ganz zu besitzen. Es sucht also entweder zum gegebenen anschaulichen Fall den Begriff, oder die Regel, unter die er gehört; oder aber zum gegebenen Begriff, oder Regel, den Fall, der sie belegt. In dieser Eigenschaft ist es Thätigkeit der Urtheilskraft, und zwar (nach Kants Eintheilung) im erstern Falle reflektirende, im andern subsumirende. Die Urtheilskraft ist demnach die Vermittlerin zwischen der anschauenden und der abstrakten Erkenntnißart, oder zwischen Verstand und Vernunft. Bei den meisten Menschen ist sie nur rudimentarisch, oft sogar nur nominell, vorhanden:* sie sind bestimmt, von Andern geleitet zu werden. Man soll mit ihnen nicht mehr reden, als nöthig ist.

Das mit Hülfe anschaulicher Vorstellungen operirende Denken ist der eigentliche Kern aller Erkenntniß, indem es zurückgeht auf die Urquelle, auf die Grundlage aller Begriffe. Daher ist es der Erzeuger aller wahrhaft originellen Gedanken, aller ursprünglichen Grundansichten und aller Erfindungen, so fern bei diesen nicht der Zufall das Beste gethan hat. Bei demselben

* Wer dies für hyperbolisch hält, betrachte das Schicksal der Goethe'schen Farbenlehre: und wundert er sich, daß ich daran einen Beleg finde; so hat er selbst einen zweiten dazu gegeben.

ist der Verstand vorwaltend thätig, wie bei jenem ersteren, rein abstrakten, die Vernunft. Ihm gehören gewisse Gedanken an, die lange im Kopfe herumziehn, gehn und kommen, sich bald in diese, bald in jene Anschauung kleiden, bis sie endlich, zur Deutlichkeit gelangend, sich in Begriffen fixiren und Worte finden. Ja, es giebt deren, welche sie nie finden; und leider sind dies die besten: *quae voce meliora sunt* [die für Worte zu gut sind], wie Apulejus [*Metamorphoses*, XI, 23] sagt.

Aber Aristoteles ist zu weit gegangen, indem er meinte, daß kein Denken ohne Phantasiebilder vor sich gehn könne. Seine Aeußerungen hierüber, in den Büchern *de anima III, c. c. 3, 7, 8* wie ουδεποτε νοει ανευ φαντασματος ἡ ψυχη *(anima sine phantasmate nunquam intelligit)* [Nie denkt die Seele ohne ein Phantasiebild], und ὁταν θεωρῃ, αναγκη ἁμα φαντασμα τι θεωρειν *(qui contemplatur, necesse est, una cum phantasmate contempletur)* [Wenn man etwas denkt, muß man zugleich ein Phantasiebild mitdenken], desgleichen *de memoria c. 1*, νοειν ουκ εστιν ανευ φαντασματος *(fieri non potest, ut sine phantasmate quidquam intelligatur)* [Es gibt kein Denken ohne ein Phantasiebild], – haben jedoch viel Eindruck gemacht auf die Denker des 15. und 16. Jahrhunderts, von welchen sie daher öfter und mit Nachdruck wiederholt werden: so z. B. sagt *Picus de Mirandula, de imaginatione c. 5: Necesse est, eum, qui ratiocinatur et intelligit, phantasmata speculari* [Wer überlegt und denkt, muß notwendigerweise auf Phantasiebilder hinblicken]; – *Melanchthon, de anima, p. 130*, sagt: *oportet intelligentem phantasmata speculari* [Wer denkt, muß auf Phantasiebilder hinblicken]; – und *Jord. Brunus, de compositione imaginum, p. 10*, sagt: *dicit Aristoteles: oportet scire volentem, phantasmata speculari* [Aristoteles sagt: Wer wissen will, muß auf Phantasiebilder hinblicken]. Auch *Pomponatius, de immortalitate, p. 54 et 70*, äußert sich in diesem Sinn. – Nur so viel läßt sich behaupten, daß jede wahre und ursprüngliche Erkenntniß, auch jedes ächte Philosophem, zu ihrem innersten Kern, oder ihrer Wurzel, irgend eine anschauliche Auffassung haben muß. Diese, obgleich ein Momentanes und Einheitliches, theilt nachmals der ganzen Auseinandersetzung, sei sie auch noch so ausführlich, Geist und Leben mit, – wie ein Tropfen des rechten Reagens der ganzen Auflösung die Farbe des bewirkten Niederschlags. Hat die Auseinandersetzung einen solchen Kern; so gleicht sie der Note einer Bank, die Kontanten [Bargeld] in Kasse hat: jede andere, aus bloßen Begriffskombinationen entsprungene hingegen ist wie die Note einer Bank, die zur Sicherheit wieder nur andere, verpflichtende Papiere hinterlegt hat. Jedes bloß rein vernünftige Gerede ist so eine Verdeutlichung Dessen, was aus gegebenen Begriffen folgt, fördert daher eigentlich nichts Neues zu Tage, könnte also Jedem selbst zu machen überlassen bleiben, statt daß man täglich ganze Bücher damit füllt.

§ 29.

Satz vom zureichenden Grunde des Erkennens.

Aber auch das Denken im engern Sinne besteht nicht in der bloßen Gegenwart abstrakter Begriffe im Bewußtseyn, sondern in einem Verbinden, oder Trennen zweier, oder mehrerer derselben, unter mancherlei Restriktionen und Modifikationen, welche die Logik, in der Lehre von den Urtheilen, angiebt. Ein solches deutlich gedachtes und ausgesprochenes Begriffsverhältniß heißt nämlich ein U r t h e i l. In Beziehung auf diese Urtheile nun macht sich hier der Satz vom Grunde abermals geltend, jedoch in einer von der im vorigen Kapitel dargelegten sehr verschiedenen Gestalt, nämlich als Satz vom Grunde des Erkennens, *principium rationis sufficientis cognoscendi.* Als solcher besagt er, daß wenn ein Urtheil eine E r k e n n t n i ß ausdrücken soll, es einen zureichenden Grund haben muß: wegen dieser Eigenschaft erhält es sodann das Prädikat w a h r. Die W a h r h e i t ist also die Beziehung eines Urtheils auf etwas von ihm Verschiedenes, das sein Grund genannt wird und, wie wir sogleich sehn werden, selbst eine bedeutende Varietät der Arten zuläßt. Da es jedoch immer etwas ist, darauf das Urtheil sich stützt, oder beruht; so ist der deutsche Name G r u n d passend gewählt. Im Lateinischen und allen von ihm abzuleitenden Sprachen fällt der Name des E r k e n n t n i ß g r u n d e s mit dem der V e r n u n f t selbst zusammen: also heißen Beide *ratio, la ragione, la razon, la raison, the reason.* Dies zeugt davon, daß man im Erkennen der Gründe der Urtheile die vornehmste Funktion der Vernunft, ihr Geschäft κατ' εξοχην [schlechthin], erkannte.

Diese Gründe nun, worauf ein Urtheil beruhen kann, lassen sich in vier Arten abtheilen, nach jeder von welchen dann auch die Wahrheit, die es erhält, eine verschiedene ist. Diese sind in den nächsten vier Paragraphen aufgestellt.

§ 30.

Logische Wahrheit.

Ein Urtheil kann ein anderes Urtheil zum Grunde haben. Dann ist seine Wahrheit eine logische, oder formale. Ob es auch materiale [inhaltliche] Wahrheit habe, bleibt unentschieden und hängt davon ab, ob das Urtheil, darauf es sich stützt, materiale Wahrheit habe, oder auch die Reihe von Urtheilen, darauf dieses sich gründet, auf ein Urtheil von materialer Wahrheit zurückführe. – Eine solche Begründung eines Urtheils durch ein anderes entsteht immer durch eine Vergleichung mit ihm: diese geschieht nun entweder unmittelbar, in der bloßen Konversion [Umkehrung], oder Kontraposition [Entgegensetzung] desselben; oder aber durch Hinzuziehung eines dritten Urtheils, wo denn aus dem Verhältnisse der beiden letzteren zu einander die Wahrheit des zu begründenden Urtheils erhellt. Diese Operation ist der vollständige Schluß. Er kommt sowohl durch Opposition als Subsumtion [Unterordnung] der Begriffe zu Stande. Da der Schluß, als Begründung eines Urtheils durch ein anderes, mittelst eines dritten, es immer nur mit Urtheilen zu thun hat und diese nur Verknüpfungen der Begriffe sind, welche letztere eben der ausschließliche Gegenstand der Vernunft sind; so ist das Schließen mit Recht für das eigenthümliche Geschäft der Vernunft erklärt worden. Die ganze Syllogistik ist nichts weiter, als der Inbegriff der Regeln zur Anwendung des Satzes vom Grunde auf Urtheile unter einander; also der Kanon der logischen Wahrheit.

Als durch ein anderes Urtheil begründet sind auch diejenigen anzusehn, deren Wahrheit aus den vier bekannten Denkgesetzen erhellt: denn eben diese sind Urtheile, aus denen die Wahrheit jener folgt. Z. B. das Urtheil: »Ein Triangel ist ein von drei Linien eingeschlossener Raum«, hat zum letzten Grunde den Satz der Identität, d. h. den durch diesen ausgedrückten Gedanken. Dieses: »Kein Körper ist ohne Ausdehnung«, hat zum letzten Grunde den Satz vom Widerspruch. Dieses: »Jedes Urtheil ist entweder wahr, oder nicht wahr«, hat zum letzten Grunde den Satz vom ausgeschlossenen Dritten. Endlich dieses: »Keiner kann etwas als wahr annehmen, ohne zu wissen warum«, hat zum letzten Grunde den Satz vom zureichenden Grunde des Erkennens. Daß man, im gewöhnlichen Gebrauch der Vernunft, die aus den vier Gesetzen des Denkens folgenden Urtheile als wahr annimmt, ohne sie erst auf jene, als ihre Prämissen, zurückzuführen, da sogar der größte Theil der Menschen jene abstrakten Gesetze nie gehört hat, macht jene Urtheile so wenig von diesen als ihren Prämissen unabhängig, als, wenn Jemand sagt: »Nimmt man jenem Körper da seine Stütze, so wird er fallen«, dieses Urtheil, weil es möglich ist ohne daß der Satz »Alle Körper streben zum Mittelpunkt der Erde« jemals seinem Bewußtseyn gegenwärtig gewesen sei, dadurch von diesem als seiner Prämisse unabhängig wird. Daß man bisher in der Logik allen auf nichts außer den Denkgesetzen gegründeten Urtheilen eine innere Wahrheit beilegte, d. h. sie für unmittelbar wahr erklärte, und diese innere logische Wahrheit unterschied von der äußern logischen Wahrheit, welche das Beruhen auf einem andern Urtheil als Grund wäre, kann ich daher nicht billigen. Jede Wahrheit ist die Beziehung eines Urtheils auf etwas außer ihm, und innere Wahrheit ein Widerspruch.

§ 31.

Empirische Wahrheit.

Eine Vorstellung der ersten Klasse, also eine durch die Sinne vermittelte Anschauung, mithin Erfahrung, kann Grund eines Urtheils seyn: dann hat das Urtheil materiale Wahrheit, und zwar ist diese, sofern das Urtheil sich unmittelbar auf die Erfahrung gründet, empirische Wahrheit.

Ein Urtheil hat materiale Wahrheit, heißt überhaupt: seine Begriffe sind so mit einander verbunden, getrennt, eingeschränkt, wie es die anschaulichen Vorstellungen, durch die es begründet wird, mit sich bringen und erfordern. Dies zu erkennen ist unmittelbar Sache der Urtheilskraft, als welche, wie gesagt, das Vermittelnde zwischen dem anschauenden und dem abstrakten, oder diskursiven Erkenntnißvermögen, also zwischen Verstand und Vernunft, ist.

§ 32.

Transscendentale Wahrheit.

Die im Verstande und der reinen Sinnlichkeit liegenden Formen der anschauenden, empirischen Erkenntniß können, als Bedingungen der Möglichkeit aller Erfahrung, Grund eines Urtheils seyn, das alsdann ein synthetisches *a priori* ist. Da ein solches Urtheil dennoch materiale Wahrheit hat; so ist diese eine transscendentale; weil das Urtheil nicht bloß auf der Erfahrung, sondern auf den in uns gelegenen Bedingungen der ganzen Möglichkeit derselben beruht. Denn es ist durch eben Das bestimmt, wodurch die Erfahrung selbst bestimmt wird: nämlich entweder durch die *a priori* von uns angeschauten Formen des Raumes und der Zeit, oder durch das *a priori* uns bewußte Gesetz der Kausalität. Beispiele solcher Urtheile sind Sätze wie: Zwei gerade Linien schließen keinen Raum ein. – Nichts geschieht ohne Ursache. – $3 \times 7 = 21$. – Materie kann weder entstehn noch vergehn. Eigentlich kann die ganze reine Mathematik, nicht weniger meine Tafel der Prädikabilia *a priori,* im 2. Bande der Welt a. W. und V. [Bd. III, S. 61 f. uns. Ausg.], wie auch die meisten Sätze in Kants metaphys. Anfangsgr. d. Naturwissenschaft, als Beleg dieser Art der Wahrheit angeführt werden.

§ 33.

Metalogische Wahrheit.

Endlich können auch die in der Vernunft gelegenen formalen Bedingungen alles Denkens der Grund eines Urtheils seyn, dessen Wahrheit alsdann eine solche ist, die ich am besten zu bezeichnen glaube, wenn ich sie metalogische Wahrheit nenne; welcher Ausdruck übrigens nichts zu schaffen hat mit dem *Metalogicus*, den *Johannes Sarisberriensis* im 12. Jahrhundert geschrieben hat; da dieser, in seinem *prologus*, erklärt: *quia Logicae suscepi patrocinium, Metalogicus inscriptus est liber* [Weil ich die Verteidigung der Logik übernehme, heißt mein Buch Metalogicus], und von dem Worte weiter keinen Gebrauch macht. Solcher Urtheile von metalogischer Wahrheit giebt es aber nur vier, die man längst durch Induktion gefunden und Gesetze alles Denkens genannt hat, obgleich man sowohl über ihre Ausdrücke, als ihre Anzahl, noch immer nicht ganz einig, wohl aber über das, was sie überhaupt bezeichnen sollen, vollkommen einverstanden ist. Sie sind folgende: 1) Ein Subjekt ist gleich der Summe seiner Prädikate, oder a=a. 2) Einem Subjekt kann ein Prädikat nicht zugleich beigelegt und abgesprochen werden, oder a=–a=o. 3) Von jeden zwei kontradiktorisch entgegengesetzten Prädikaten muß jedem Subjekt eines zukommen. 4) Die Wahrheit ist die Beziehung eines Urtheils auf etwas außer ihm, als seinen zureichenden Grund.

Daß diese Urtheile der Ausdruck der Bedingungen alles Denkens sind und daher diese zum Grunde haben, erkennen wir durch eine Reflexion, die ich eine Selbstuntersuchung der Vernunft nennen möchte. Indem sie nämlich vergebliche Versuche macht, diesen Gesetzen zuwider zu denken, erkennt sie solche als Bedingungen der Möglichkeit alles Denkens: wir finden alsdann, daß ihnen zuwider zu denken, so wenig angeht, wie unsere Glieder der Richtung ihrer Gelenke entgegen zu bewegen. Könnte das Subjekt sich selbst erkennen, so würden wir auch unmittelbar und nicht erst durch Versuche an Objekten, d. i. Vorstellungen, jene Gesetze erkennen. Mit den Gründen der Urtheile von transscendentaler Wahrheit ist es in dieser Hinsicht eben so: auch sie kommen ins Bewußtseyn nicht unmittelbar, sondern zuerst *in concreto*, mittelst Objekten, d. h. Vorstellungen. Versuchen wir z. B. eine Veränderung ohne vorhergängige Ursache, oder auch ein Entstehn, oder Vergehn von Materie zu denken; so werden wir uns der Unmöglichkeit der Sache bewußt, und zwar als einer objektiven; obwohl sie ihre Wurzel in unserm Intellekt hat; sonst wir sie ja nicht auf subjektivem Wege zum Bewußtseyn bringen könnten. Ueberhaupt ist zwischen den transscendentalen und metalogischen Wahrheiten eine große Aehnlichkeit und Beziehung bemerkbar, die auf eine gemeinschaftliche Wurzel beider deutet. Den Satz vom zureichenden Grunde vorzüglich sehn wir hier als metalogische Wahrheit, nachdem er im vorigen Kapitel [§ 32] als transscendentale Wahrheit aufgetreten war und im folgenden noch in einer andern Gestalt als transscendentale Wahrheit erscheinen wird. Daher eben bin ich in dieser Abhandlung bemüht, den Satz vom zureichenden Grunde als ein Urtheil aufzustellen, das einen vierfachen Grund hat, nicht etwan vier verschiedene Gründe, die zufällig auf das selbe Urtheil leiteten, sondern einen sich vierfach darstellenden Grund, den ich bildlich vierfache Wurzel nenne. Die drei andern metalogischen Wahrheiten haben eine so große Aehnlichkeit mit einander, daß man bei ihrer Betrachtung beinah nothwendig auf das Bestreben geräth, einen gemeinschaftlichen Ausdruck für sie zu suchen; wie auch ich Dies im 9. Kapitel des 2. Bandes meines Hauptwerks gethan habe. Dagegen sind sie vom Satze des zureichenden Grundes sehr unterschieden. Wollte man für jene drei andern metalogischen Wahrheiten ein Analogon unter den transscendentalen suchen« so würde wohl diese, daß die Substanz, will sagen die Materie, beharrt, zu wählen seyn.

§ 34.

Die Vernunft.

Da die in diesem Kapitel in Betrachtung genommene Klasse von Vorstellungen dem Menschen allein zukommt, und da alles Das, was sein Leben von dem der Thiere so mächtig unterscheidet und ihn so sehr in Vortheil gegen sie stellt, nachgewiesenermaaßen auf seiner Fähigkeit zu diesen Vorstellungen beruht; so macht diese, offenbar und unstreitig, jene Vernunft aus, welche von jeher als das Vorrecht des Menschen gerühmt worden ist; wie denn auch alles Das, was zu allen Zeiten und von allen Völkern ausdrücklich als Aeußerung oder Leistung der Vernunft, des λογος, λογιμον, λογιστικον, *ratio, la ragione, la razon, la raison, reason*, betrachtet worden, augenfällig zurückläuft auf das nur der abstrakten, diskursiven, reflektiven, an Worte gebundenen und mittelbaren Erkenntniß, nicht aber der bloß intuitiven, unmittelbaren, sinnlichen, deren auch die Thiere theilhaft sind, Mögliche. *Ratio et oratio* [Vernunft und Rede] stellt Cicero, *de offic. I, 16*, ganz richtig zusammen und beschreibt sie als *quae docendo, discendo, communicando, disceptando, judicando, conciliat inter se homines* [die durch Lehren, Lernen, Mitteilen, Verhandeln und Urteilen die Menschen untereinander zu Freunden macht] u. s. w. Eben so *de nat. deor. II, 7: rationem dico, et, si placet, pluribus verbis, mentem, consilium, cogitationem, prudentiam* [Vernunft nenne ich es oder, wenn's beliebt, mit mehreren Worten: Geist, Überlegung, Denken, Umsicht]. Auch *de legib. I, 10: ratio, qua una praestamus beluis, per quam conjectura valemus, argumentamur, refellimus, disserimus, conficimus aliquid, concludimus* [die Vernunft, die allein unseren Vorzug vor den Tieren ausmacht, durch die wir die Macht haben, vorauszusehen, zu beweisen, widerlegen, darzulegen, etwas auszurichten, zu schließen]. In diesem Sinne aber haben alle Philosophen überall und jederzeit von der Vernunft geredet, bis auf K a n t, welcher übrigens selbst sie noch als das Vermögen der Principien und des Schließens bestimmt; wiewohl nicht zu leugnen ist, daß er Anlaß gegeben hat zu den nachherigen Verdrehungen. Ueber jene Uebereinstimmung aller Philosophen in diesem Punkt, und über die wahre Natur der Vernunft, im Gegensatz der Verfälschung ihres Begriffs durch die Philosophieprofessoren in diesem Jahrhundert, habe ich schon ausführlich geredet in der Welt a. W. und V. Bd. 1, § 8, wie auch im Anhange S. 577–585 [Bd. II uns. Ausg., S. 627–637], und abermals Bd. 2, Kap. 6; endlich auch in den Grundprobl. d. Ethik S. 148–154 [Bd. VI, S. 186–91], brauche also nicht alles dort Gesagte zu wiederholen; sondern knüpfe daran folgende Betrachtungen.

Die Philosophieprofessoren haben gerathen gefunden, jenem den Menschen vom Thier unterscheidenden Vermögen des Denkens und Ueberlegens, mittelst der Reflexion und der Begriffe, welches der Sprache bedarf und zu ihr befähigt, an dem die menschliche Besonnenheit hängt und mit ihr alle menschlichen Leistungen, welches daher in solcher Weise und in solchem Sinn von allen Völkern und auch von allen Philosophen stets aufgefaßt worden ist, seinen bisherigen Namen zu entziehn und es nicht mehr V e r n u n f t, sondern, wider allen Sprachgebrauch und allen gesunden Takt, V e r s t a n d, und eben so alles aus demselben Fließende v e r s t ä n d i g, statt v e r n ü n f t i g zu nennen; welches dann allemal queer und ungeschickt, ja wie ein falscher Ton herauskommen mußte. Denn jederzeit und überall hat man als Verstand, *intellectus, acumen, perspicacia, sagacitas* u. s. w. das im vorigen Kapitel dargestellte, unmittelbare und mehr intuitive Vermögen bezeichnet und die aus ihm entspringenden, von den hier in Rede stehenden, vernünftigen specifisch verschiedenen Leistungen verständig, klug, fein u. s. w. genannt, demnach verständig und vernünftig stets vollkommen unterschieden, als Aeußerungen zweier gänzlich und weitverschiedener Geistesfähigkeiten. Allein die Philosophieprofessoren durften sich hieran nicht kehren: denn ihre Politik verlangte dieses Opfer, und in solchen Fällen heißt es: »Platz da, Wahrheit! wir haben höhere, wohlverstandene Zwecke: Platz, Wahrheit! *in majorem Dei gloriam* [zu höherem Ruhme Gottes], wie du es längst gewohnt bist! Bezahlst du etwan Honorar und Gehalt? Platz, Wahrheit, Platz! geh zum Verdienst, und kauere in der Ecke.« Sie hatten nämlich die Stelle und den Namen der Vernunft nöthig für ein erfundenes und erdichtetes, richtiger und aufrichtiger ein völlig erlogenes Vermögen, das ihnen in den Nöthen, darin Kant sie versetzt hatte, aushelfen sollte, ein Vermögen unmittelbarer, metaphysischer, d. h. über alle Möglichkeit der Erfahrung hinausgehender, die Welt der Dinge an sich und ihre Verhältnisse erfassender Erkenntnisse, welches demnach vor Allem ein »Gottesbewußtseyn« ist, d. h. Gott den Herrn unmittelbar erkennt, auch die Art und Weise *a priori* konstruirt, wie er die Welt geschaffen, oder, wenn das zu trivial seyn sollte, wie er sie, durch einen mehr oder minder nothwendigen Lebensproceß, aus sich herausgetrieben und gewissermaaßen erzeugt, oder auch, was das Bequemste, wenn gleich hochkomisch ist, sie, nach Sitte und Brauch vornehmer Herren am Ende der Audienz, bloß »entlassen« habe, da sie dann selbst sich auf die Beine machen und marschiren möge, wohin es ihr gefällt. Zu diesem Letzteren war freilich nur die Stirn eines frechen Unsinnschmierers, wie Hegel, dreist genug. Dergleichen Narrenspossen also sind es, welche seit funfzig Jahren, unter dem Namen von Vernunfterkenntnissen, breit ausgesponnen, Hunderte sich philosophisch nennender Bücher füllen und, man sollte meinen ironischer Weise, Wissenschaft und wissenschaftlich genannt werden, sogar mit bis zum Ekel getriebener Wiederholung dieses Ausdrucks. Die Vernunft, der man so frech alle solche Weisheit anlügt, wird erklärt als ein »Vermögen des Uebersinnlichen«, auch wohl »der Ideen«, kurz, als ein in uns liegendes, unmittelbar auf Metaphysik angelegtes, orakelartiges Vermögen. Ueber die Art ihrer Perception aller jener Herrlichkeiten und übersinnlicher Wahrnehmungen herrscht jedoch, seit 50 Jahren, große Verschiedenheit der Ansichten unter den Adepten. Nach den Dreistesten hat sie eine unmittelbare Vernunftanschauung des Absolutums, oder auch *ad libitum* [nach Belieben] des Unendlichen, und seiner Evolutionen zum Endlichen. Nach Andern, etwas bescheideneren, verhält sie sich nicht sowohl sehend, als hörend, indem sie nicht gerade anschaut, sondern bloß vernimmt was in solchem Wolkenkukuksheim (νεφελοκοκκυγια [Aristophanes, *Die Vögel*, 821 u. ö.]) vorgeht, und dann dieses dem sogenannten Verstande treulich wiedererzählt, der danach philosophische Kompendien schreibt. Und von diesem angeblichen Vernehmen soll nun gar, nach einem Jacobischen Witz, die Vernunft ihren Namen haben; – als ob es nicht am Tage läge, daß er von der durch sie bedingten Sprache und dem Vernehmen der Worte, im Gegensatz des bloßen Hörens, welches auch den Thieren zukommt, genommen ist. Aber jener armsälige Witz florirt seit einem halben Jahrhundert, gilt für einen ernsthaften Gedanken, ja einen Beweis, und ist tausend Mal wiederholt worden. Nach den Bescheidensten endlich kann die Vernunft weder sehn, noch hören, empfängt also von allen besagten Herrlichkeiten weder den Anblick, noch den Bericht, sondern hat davon nichts weiter, als eine bloße Ahndung, aus welchem Worte nun aber das d ausgemerzt wird, wodurch dasselbe einen ganz eigenen Anstrich von Niaiserie [Albernheit] erhält, welcher, durch die Schaafsphysiognomie des jedesmaligen Apostels solcher Weisheit unterstützt, ihr nothwendig Eingang verschaffen muß.

Meine Leser wissen, daß ich das Wort Idee nur in seinem ursprünglichen, dem Platonischen, Sinne gelten lasse, und diesen, besonders im 3. Buche meines Hauptwerks, gründlich ausgeführt habe. Der Franzose und Engländer andererseits verbindet mit dem Worte *idée*, oder *idea*, einen sehr alltäglichen, aber doch ganz bestimmten und deutlichen Sinn. Hingegen dem Deutschen, wenn man ihm von Ideen redet (zumal wenn man [wie Hegel] Uedähen ausspricht), fängt an, der Kopf zu schwindeln, alle Besonnenheit verläßt ihn, ihm wird, als solle er mit dem Luftballon aufsteigen. Da war also etwas zu machen für unsere Adepten der Vernunftanschauung; daher auch der frechste von allen, der bekannte Scharlatan Hegel, sein Princip der Welt und aller Dinge ohne Weiteres die Idee genannt hat, – woran dann richtig Alle meinten etwas zu haben. – Wenn man jedoch sich nicht verdutzen läßt, sondern frägt, was denn eigentlich die Ideen seien, als deren Vermögen die Vernunft bestimmt wird; so erhält man gewöhnlich, als Erklärung derselben, einen hochtrabenden, hohlen, konfusen Wortkram, in eingeschachtelten Perioden von solcher Länge, daß der Leser, wenn er nicht schon in der Mitte derselben eingeschlafen ist, sich am Ende mehr im Zustande der Betäubung, als in dem der erhaltenen Belehrung befindet, oder auch wohl gar auf den Verdacht geräth, es möchten ungefähr so etwas wie Chimären gemeint seyn. Verlangt er inzwischen, dergleichen Ideen speciell kennen zu lernen; so wird ihm allerlei aufgetischt: bald nämlich die Hauptthemata der Scholastik, welche leider Kant selbst, unberechtigter und fehlerhafter Weise, wie ich in meiner Kritik seiner Philosophie dargethan habe, Ideen der Vernunft genannt hat, jedoch nur, um sie als etwas schlechthin Unbeweisbares und theoretisch Unberechtigtes nachzuweisen: nämlich die Vorstellungen von Gott, einer unsterblichen Seele und einer realen, objektiv vorhandenen Welt und ihrer Ordnung; – auch wird wohl, als Variation, bloß Gott, Freiheit und Unsterblichkeit angeführt: bald wieder soll es seyn das Absolutum, welches wir oben § 20 als den nothgedrungen inkognito reisenden kosmologischen Beweis kennen gelernt haben; bisweilen aber auch das Unendliche, im Gegensatz des Endlichen, da an diesem Wortkram der deutsche Leser, in der Regel, sein Genügen hat und nicht merkt, daß er am Ende nichts Deutliches dabei denken kann, als nur »was ein Ende hat«, und »was keines hat.« Sehr beliebt sind ferner, als angebliche Ideen, vorzüglich bei den Sentimentalen und Gemüthlichen, »das Gute, das Wahre und das Schöne«; obwohl dies eben nur drei sehr weite und abstrakte, weil aus einer Unzahl von Dingen und Verhältnissen abgezogene, mithin auch sehr inhaltsarme Begriffe sind, wie tausend andere dergleichen Abstrakta mehr. Ihren Inhalt anlangend, habe ich oben, § 29, die Wahrheit nachgewiesen als eine ausschließlich den Urtheilen zukommende, also logische Eigenschaft; und über die beiden andern hier in Rede stehenden Abstrakta verweise ich theils auf die »Welt als W. und V.« Bd. 1, § 65, und theils auf das ganze dritte Buch des selben Werks. Allein wenn bei jenen drei magern Abstraktis nur recht mysteriös und wichtig gethan und die Augenbrauen bis in die Perücke hinauf gezogen werden; so können junge Leute leicht sich einbilden, daß Wunder was dahinter stecke, nämlich etwas ganz Apartes und Unaussprechliches, weshalb sie den Namen Ideen verdienen und somit vor den Triumphwagen jener vorgeblichen, metaphysischen Vernunft gespannt werden.

Wenn nun also gelehrt wird, wir besäßen ein Vermögen unmittelbarer, materieller (d. h. den Stoff, nicht bloß die Form liefernder) übersinnlicher (d. h. über alle Möglichkeit der Erfahrung hinausführender) Erkenntnisse, ein ausdrücklich auf metaphysische Einsichten angelegtes und zu solchem Behuf uns einwohnendes Vermögen, und hierin bestände unsere Vernunft; – so muß ich so unhöflich seyn, dies eine baare Lüge zu nennen. Denn die leichteste, aber ehrliche Selbstprüfung muß Jeden überzeugen, daß in uns ein solches Vermögen schlechterdings nicht vorhanden ist. Diesem entspricht eben auch was im Laufe der Zeit aus den Forschungen der berufenen, befähigten und redlichen Denker sich als Resultat ergeben hat, daß nämlich das Angeborene, daher Apriorische und von der Erfahrung Unabhängige unsers gesammten Erkenntnißvermögens durchaus beschränkt ist auf den formellen Theil der Erkenntniß, d. h. auf das Bewußtseyn der selbsteigenen Funktionen des Intellekts und der Weise ihrer allein möglichen Thätigkeit, welche Funktionen jedoch sammt und sonders des Stoffs von außen bedürfen, um materielle Erkenntnisse zu liefern. So liegen in uns die Formen der äußern, objektiven Anschauung, als Zeit und Raum, sodann das Gesetz der Kausalität, als bloße Form des Verstandes, mittelst welcher dieser die objektive Körperwelt aufbaut, endlich auch der formelle Theil der abstrakten Erkenntniß: dieser ist niedergelegt und dargestellt in der Logik, die deshalb von unsern Vätern ganz richtig Vernunftlehre benannt worden ist. Eben sie lehrt jedoch auch, daß die Begriffe, aus denen die Urtheile und Schlüsse bestehn, auf welche alle logischen Gesetze sich beziehn, ihren Stoff und Inhalt von der anschaulichen Erkenntniß zu erwarten haben; – eben wie der diese schaffende Verstand den Stoff, welcher seinen apriorischen Formen Inhalt giebt, aus der Sinnesempfindung nimmt.

Also alles Materielle in unserer Erkenntniß, d. h. Alles, was sich nicht auf subjektive Form, selbsteigene Thätigkeitsweise, Funktion des Intellekts zurückführen läßt, mithin der gesammte Stoff derselben, kommt von außen, nämlich zuletzt aus der, von der Sinnesempfindung ausgehenden, objektiven Anschauung der Körperwelt. Diese anschauliche und, dem Stoffe nach, empirische Erkenntniß ist es, welche sodann die Vernunft, die wirkliche Vernunft, zu Begriffen verarbeitet, die sie durch Worte sinnlich fixirt und dann an ihnen den Stoff hat zu ihren endlosen Kombinationen, mittelst Urtheilen und Schlüssen, welche das Gewebe unserer Gedankenwelt ausmachen. Die Vernunft hat also durchaus keinen materiellen, sondern bloß einen formellen Inhalt, und dieser ist der Stoff der Logik, welche daher bloße Formen und Regeln zu Gedankenoperationen enthält. Den materiellen Inhalt muß die Vernunft, bei ihrem Denken, schlechterdings von außen nehmen, aus den anschaulichen Vorstellungen, die der Verstand geschaffen hat. An diesen übt sie ihre Funktionen aus, indem sie, zunächst Begriffe bildend, von den verschiedenen Eigenschaften der Dinge Einiges fallen läßt und Anderes behält und es nun verbindet zu einem Begriff. Dadurch aber büßen die Vorstellungen ihre Anschaulichkeit ein, gewinnen dafür jedoch an Uebersichtlichkeit und Leichtigkeit der Handhabung; wie im Obigen gezeigt worden. – Dies also, und Dies allein, ist die Thätigkeit der Vernunft: hingegen Stoff aus eigenen Mitteln liefern kann sie nimmermehr. – Sie hat nichts, als Formen: sie ist weiblich, sie empfängt bloß, erzeugt nicht. Es ist nicht zufällig, daß sie, sowohl in den Lateinischen, wie den Germanischen Sprachen, als weiblich auftritt, der Verstand hingegen als männlich.

Wenn nun etwan gesagt wird: »Dies lehrt die gesunde Vernunft«, oder auch: »Die Vernunft soll die Leidenschaften zügeln« und dergl. mehr; so ist damit keineswegs gemeint, daß die Vernunft aus eigenen Mitteln materielle Erkenntnisse liefere; sondern man weist dadurch hin auf die Ergebnisse des vernünftigen Nachdenkens, also auf die logische Folgerung aus den Sätzen, welche die aus der Erfahrung bereicherte, abstrakte Erkenntniß allmälig gewonnen hat, und vermöge welcher wir sowohl das empirisch Nothwendige, also vorkommenden Falls Vorauszusehende, als auch die Gründe und Folgen unsers eigenen Thuns deutlich und leicht überblicken können. Ueberall ist »vernünftig« oder »vernunftgemäß« gleichbedeutend mit »folgerecht« oder »logisch«; wie auch umgekehrt; da ja die Logik eben nur das als ein System von Regeln ausgesprochene natürliche Verfahren der Vernunft selbst ist: jene Ausdrücke (vernünftig und logisch) verhalten sich also zu einander wie Praxis und Theorie. In eben diesem Sinne versteht man unter einer vernünftigen Handlungsweise eine ganz konsequente, also von allgemeinen Begriffen ausgehende und von abstrakten Gedanken, als Vorsätzen, geleitete, nicht aber durch den flüchtigen Eindruck der Gegenwart bestimmte; wodurch inzwischen über die Moralität einer solchen Handlungsweise nichts entschieden wird, sondern diese sowohl schlecht, als gut seyn kann. Hierüber findet man ausführliche Erläuterungen in meiner »Kritik der Kantischen Philosophie«, S. 576 fg. [Bd. II uns. Ausg., S. 627 f.], wie auch in den »Grundproblemen der Ethik«, S. 152 [Bd. VI, S. 189 f.]. Erkenntnisse aus reiner Vernunft endlich sind solche, deren Ursprung im formellen Theil unsers Erkenntnißvermögens, sei es des denkenden oder des anschauenden, liegt, die wir also *a priori*, d. h. ohne Hülfe der Erfahrung, uns zum Bewußtseyn bringen können: sie beruhen allemal auf Sätzen von transscendentaler, oder auch von metalogischer Wahrheit.

Hingegen eine, materielle Erkenntnisse ursprünglich und aus eigenen Mitteln liefernde, uns daher über alle Möglichkeit der Erfahrung hinaus, positiv belehrende Vernunft, als welche dazu angeborene Ideen enthalten müßte, ist eine reine Fiktion der Philosophieprofessoren und ein Erzeugniß der durch die Kritik der reinen Vernunft in ihnen hervorgerufenen Angst. – Kennen die Herren wohl einen gewissen Locke, und haben sie ihn gelesen? Vielleicht ein Mal, vor langer Zeit, obenhin, stellenweise, dabei mit wohlbewußter Superiorität auf den großen Mann herabsehend, zudem in schlechter, deutscher Tagelöhnerübersetzung: – denn daß die Kenntniß der neuern Sprachen in dem Maaße zunähme, wie, dem Himmel sei's geklagt, die der alten abnimmt, merke ich noch nicht. Freilich haben sie auch keine Zeit auf solche alte Knasterbärte zu verwenden gehabt; ist doch sogar eine wirkliche und gründliche Kenntniß der Kantischen Philosophie höchstens nur noch in einigen, sehr wenigen, alten Köpfen zu finden. Denn die Jugendzeit der jetzt im Mannesalter stehenden Generation hat verwendet werden müssen auf die Werke des »Riesengeistes Hegel«, des »großen Schleiermacher« und des »scharfsinnigen Herbart«. Leider, leider, leider! Denn Das eben ist das Verderbliche solcher Universitätscelebritäten und jenes aus dem Munde ehrsamer Kollegen im Amte und hoffnungsvoller Aspiranten zu solchem emporsteigenden Kathederheldenruhmes, daß der guten, gläubigen, urtheilslosen Jugend mittelmäßige Köpfe, bloße Fabrikwaare der Natur, als große Geister, als Ausnahmen und Zierden der Menschheit angepriesen werden; wonach dann dieselbe sich mit aller ihrer Jugendkraft auf das sterile Studium der endlosen und geistlosen Schreibereien solcher Leute wirft und die wenige, kostbare Zeit, die ihr zu höherer Bildung vergönnt worden, vergeudet, statt solche der wirklichen Belehrung zu widmen, welche die Werke der so seltenen, ächten Denker darbieten, dieser wahren Ausnahmen unter den Menschen, welche, *rari nantes in gurgite vasto* [einzelne Schwimmer im unermeßlichen Gewoge: Vergil, *Aeneis*, I, 118], im Laufe der Jahrhunderte nur hin und wieder ein Mal aufgetaucht sind, weil eben die Natur jeden ihrer Art nur Ein Mal machte und dann »die Form zerbrach« [nach Ariost, *Orlando furioso*, X, 84]. Auch für sie würden diese gelebt haben, wenn sie nicht um ihren Antheil an ihnen wären betrogen worden durch die so überaus verderblichen Präkonen [Lobredner] des Schlechten, diese Mitglieder der großen Kamerad- und Gevatterschaft der Alltagsköpfe, die allezeit florirt und ihr Panier hoch flattern läßt, als stehender Feind des sie demüthigenden Großen und Aechten. Durch eben Diese und ihr Treiben ist die Zeit so heruntergebracht, daß die, von unsern Vätern nur nach jahrelangem ernstlichen Studium und unter großer Anstrengung verstandene Kantische Philosophie der jetzigen Generation wieder fremd geworden ist, die nun davorsteht wie ονος προς λυραν [der Esel vor der Leier: sprichwörtlich], und etwan rohe, plumpe, tölpelhafte Angriffe darauf versucht, – wie Barbaren Steine werfen gegen ein ihnen fremdartiges, griechisches Götterbild. Weil es denn nun so steht, liegt auch mir heute ob, den Verfechtern der unmittelbar erkennenden, vernehmenden, anschauenden, kurz materielle Kenntnisse aus eigenen Mitteln liefernden Vernunft, als etwas ihnen Neues, in dem seit 150 Jahren weltberühmten Werke Locke's das erste, ausdrücklich gegen alle angeborenen Erkennntnisse gerichtete Buch zu empfehlen, und noch speciell im 3. Kapitel desselben die §§ 21–26. Denn obwohl Locke in seinem Leugnen aller angeborenen Wahrheiten insofern zu weit geht, als er es auch auf die formalen Erkenntnisse ausdehnt, worin er später von Kant auf das Glänzendeste berichtigt worden ist; so hat er doch hinsichtlich aller materialen. d. i. Stoff gebenden Erkenntnisse vollkommen und unleugbar Recht.

Ich habe es schon in meiner Ethik gesagt, muß es jedoch wiederholen, weil, wie das Spanische Sprichwort lehrt, es keinen ärgern Tauben giebt, als den, der nicht hören will *(no hay peor sordo, que el que no quiere oir)*: wenn die Vernunft ein auf Metaphysik angelegtes, Erkenntnisse, ihrem Stoff nach, lieferndes und demnach alle Möglichkeit der Erfahrung überschreitende Aufschlüsse gebendes Vermögen wäre; so müßte ja nothwendig über die Gegenstände der Metaphysik, mithin auch der Religion, da sie die selben sind, eine eben so große Uebereinstimmung unter dem Menschengeschlechte herrschen, wie über die Gegenstände der Mathematik; so daß, wenn etwan Einer in seinen Ansichten über Dergleichen von den Andern abwiche, er sofort als nicht recht bei Troste angesehn werden müßte. Aber gerade das Umgekehrte findet Statt: über kein Thema ist das Menschengeschlecht so durchaus uneinig, wie über das besagte. Seitdem Menschen denken, liegen überall die sämmtlichen philosophischen Systeme im Streit und sind einander zum Theil diametral entgegengesetzt; und seitdem Menschen glauben (welches noch länger her ist), bekämpfen einander die Religionen mit Feuer und Schwerdt, mit Exkommunikationen und Kanonen. Für sporadische Heterodoxe [vereinzelte Irrgläubige] aber gab es, zur Zeit des recht lebendigen Glaubens, nicht etwan Narrenhäuser, sondern Inquisitionsgefängnisse, nebst Zubehör. Also auch hier spricht die Erfahrung laut und unabweisbar gegen das lügenhafte Vorgeben einer Vernunft, die ein Vermögen unmittelbarer, metaphysischer Erkenntnisse, oder, deutlicher geredet, Eingebungen von oben wäre, und über welche ein Mal strenges Gericht zu halten, es wahrlich an der Zeit ist; da, *horribile dictu* [schrecklich zu sagen], eine so lahme, so palpable Lüge seit einem halben Jahrhundert in Deutschland überall kolportirt wird, jahraus jahrein vom Katheder auf die Bänke und dann wieder von den Bänken aufs Katheder wandert, ja sogar unter den Franzosen ein Paar Pinsel gefunden hat, die sich das Mährchen haben aufbinden lassen und nun damit in Frankreich hausiren gehn; woselbst jedoch der *bon sens* [gesunde Menschenverstand] der Franzosen der *raison transcendentale* [transzendentalen Vernunft] bald die Thüre weisen wird.

Aber wo ist denn die Lüge ausgeheckt, und wie ist das Mährchen in die Welt gekommen? – Ich muß es gestehn: den nächsten Anlaß hat leider Kants praktische Vernunft gegeben, mit ihrem kategorischen Imperativ. Diese nämlich ein Mal angenommen, hatte man weiter nichts nöthig, als derselben eine eben so reichsunmittelbare, folglich *ex tripode* [vom Dreifuß der weissagenden Pythia aus] die metaphysischen Wahrheiten verkündende theoretische Vernunft, als ihren Pendant, oder ihre Zwillingsschwester, beizugeben. Den glänzenden Erfolg der Sache habe ich geschildert in den Grundproblemen der Ethik S. 148 fg. [Bd. VI uns. Ausg., S. 185 f.], wohin ich verweise. Indem ich also einräume, daß Kant zu dieser erlogenen Annahme den Anlaß gegeben, muß ich jedoch hinzufügen: wer gerne tanzt, dem ist leicht gepfiffen. Ist es doch wie ein Fluch, der auf dem bipedischen [zweifüßigen] Geschlechte lastet, daß, vermöge seiner Wahlverwandtschaft zum Verkehrten und Schlechten, ihm sogar an den Werken großer Geister gerade das Schlechteste, ja geradezu die Fehler, am besten gefallen; so daß es diese lobt und bewundert, hingegen das wirklich Bewunderungswürdige ihnen nur so mit hingehn läßt. Das wahrhaft Große, das eigentlich Tiefe in Kants Philosophie ist jetzt äußerst Wenigen bekannt: denn mit dem ernstlichen Studio seiner Werke mußte auch das Verständniß derselben aufhören. Sie werden nur noch kursorisch, zum Behuf historischer Kenntnißnahme, gelesen von Jenen, welche wähnen, nach ihm sei auch etwas gekommen, ja, erst das Rechte: daher man allem Gerede Dieser von Kantischer Philosophie anmerkt, daß sie nur die Schaale, die Außenseite derselben kennen, einen rohen Umriß davon nach Hause getragen, hie und da ein Wort aufgeschnappt haben, aber nie in den tiefen Sinn und Geist derselben eingedrungen sind. Was nun allen Solchen von jeher am besten im Kant gefallen hat, sind zuvörderst die Antinomien, als ein gar vertracktes Ding, noch mehr aber die praktische Vernunft, mit ihrem kategorischen Imperativ, und wohl gar noch die darauf gesetzte Moraltheologie, mit der es jedoch Kanten nie Ernst gewesen ist; da ein theoretisches Dogma von ausschließlich praktischer Geltung der hölzernen Flinte gleicht, die man ohne Gefahr den Kindern geben kann, auch ganz eigentlich zum »Wasch' mir den Pelz, aber mach' ihn mir nicht naß« gehört. Was nun aber den kategorischen Imperativ selbst betrifft, so hat Kant ihn nie als Thatsache behauptet, hiegegen vielmehr wiederholentlich protestirt und denselben bloß als das Resultat einer höchst wunderlichen Begriffskombination aufgetischt; weil er eben einen Nothanker für die Moral brauchte. Die Philosophieprofessoren aber haben niemals das Fundament der Sache untersucht, so daß, wie es scheint, vor mir dasselbe nicht ein Mal erkannt worden ist: statt Dessen haben sie sich beeilt, unter dem puristischen Namen »das Sittengesetz«, der mich jedesmal an Bürger's Mamsell Laregle erinnert, den kategorischen Imperativ als felsenfest begründete Thatsache in Kredit zu bringen, ja, haben etwas so Massives daraus gemacht, wie die steinernen Gesetztafeln des Moses, welche er ganz und gar bei ihnen vertreten muß. Nun habe ich zwar, in meiner Abhandlung über das Fundament der Moral, die praktische Vernunft, mit ihrem Imperativ, unter das anatomische Messer genommen [,] und daß nie Leben und Wahrheit in ihnen gewesen ist so deutlich und sicher nachgewiesen, daß ich Den sehn will, der mich mit Gründen widerlegen und ehrlicher Weise dem kategorischen Imperativ wieder auf die Beine helfen kann. Das macht jedoch die Philosophieprofessoren nicht irre. Sie können ihr »Sittengesetz der praktischen Vernunft« als einen bequemen *Deus ex machina* [göttlichen Eingriff] zur Begründung ihrer Moral, so wenig wie die Freiheit des Willens, entbehren: denn dies sind zwei höchst wesentliche Stücke ihrer Alteweiber- und Rocken-Philosophie. Daß ich nun beide todtgeschlagen habe thut nichts: bei ihnen leben sie noch immer, – wie man bisweilen einen bereits gestorbenen Monarchen, aus politischen Gründen, noch einige Tage fortregieren läßt. Gegen meine unerbittliche Demolition jener beiden alten Fabeln gebrauchen die Tapfern eben nur ihre alte Taktik: schweigen, schweigen, fein leise vorüber schleichen, thun als ob nichts geschehn wäre, damit das Publikum glaube, daß was so Einer wie ich sagt nicht werth sei, daß man auch nur hinhöre: nun freilich; sind sie doch vom Ministerio zur Philosophie berufen, und ich bloß von der Natur. Zwar wird sich wohl am Ende ergeben, daß diese Helden es machen, wie der idealistisch gesinnte Vogel Strauß, welcher meint, daß wenn nur er die Augen verhüllt, der Jäger nicht mehr dasei. Je nun, kommt Zeit, kommt Rath: wenn nur noch einstweilen, etwan bis ich todt bin und man sich meine Sachen nach eigenem Gusto [Geschmack] appretiren kann, das Publikum sich an dem unfruchtbaren Gesaalbader, dem unerträglich langweiligen Gekaue, den arbiträren Konstruktionen des Absolutums und der Kinderschulenmoral der Herren genügen lassen will, da wird man später weiter sehn.

Morgen habe denn das Rechte
Seine Freunde wohlgesinnet,
Wenn nur heute noch das Schlechte
Vollen Platz und Gunst gewinnet.

[Goethe] W. O. Divan p. 97 [— ›Buch des Unmuts‹, 15, Str. 3].

Aber wissen die Herren auch, was es an der Zeit ist? – Eine längst prophezeite Epoche ist eingetreten: die Kirche wankt, wankt so stark, daß es sich frägt, ob sie den Schwerpunkt wiederfinden werde: denn der Glaube ist abhanden gekommen. Ist es doch mit dem Licht der Offenbarung wie mit andern Lichtern: einige Dunkelheit ist die Bedingung. Die Zahl Derer, welche ein gewisser Grad und Umfang von Kenntnissen zum Glauben unfähig macht, ist bedenklich groß geworden. Dies bezeugt die allgemeine Verbreitung des platten Rationalismus, der sein Bulldogsgesicht immer breiter auslegt. Die tiefen Mysterien des Christenthums, über welche die Jahrhunderte gebrütet und gestritten haben, schickt er sich ganz gelassen an, mit seiner Schneiderelle auszumessen und dünkt sich wunderklug dabei. Vor Allem ist das Christliche Kerndogma, die Lehre von der Erbsünde, bei den rationalistischen Plattköpfen zum Kinderspott geworden; weil eben ihnen nichts klärer und gewisser dünkt, als daß das Daseyn eines Jeden mit seiner Geburt angefangen habe, daher er unmöglich verschuldet auf die Welt gekommen seyn könne. Wie scharfsinnig! – Und wie, wenn Verarmung und Vernachlässigung überhand nehmen, dann die Wölfe anfangen sich im Dorfe zu zeigen; so erhebt, unter diesen Umständen, der stets bereit liegende Materialismus das Haupt und kommt, mit seinem Begleiter, dem Bestialismus (von gewissen Leuten Humanismus genannt), an der Hand, heran. – Mit der Unfähigkeit zum Glauben wächst das Bedürfniß der Erkenntniß. Es giebt einen Siedepunkt auf der Skala der Kultur, wo aller Glaube, alle Offenbarung, alle Auktoritäten sich verflüchtigen, der Mensch nach eigener Einsicht verlangt, belehrt, aber auch überzeugt seyn will. Das Gängelband der Kindheit ist von ihm gefallen: er will auf eigenen Beinen stehn. Dabei aber ist sein metaphysisches Bedürfniß (Welt als W. und V., B. 2, Kap. 17) so unvertilgbar, wie irgend ein physisches. Dann wird es Ernst mit dem Verlangen nach Philosophie, und die bedürftige Menschheit ruft alle denkenden Geister, die sie jemals aus ihrem Schooß erzeugt hat, an. Mit hohlem Wortkram und impotenten Bemühungen geistiger Kastraten ist da nicht mehr auszureichen; sondern es bedarf dann einer ernstlich gemeinten, d. h. einer auf Wahrheit, nicht auf Gehalte und Honorare gerichteten Philosophie, die daher nicht frägt, ob sie Ministern oder Räthen gefalle, oder dieser oder jener Kirchenpartei der Zeit in ihren Kram passe; sondern an den Tag legt, daß der Beruf der Philosophie ein ganz anderer sei, als eine Erwerbsquelle für die Armen am Geiste abzugeben.

Doch ich kehre zu meinem Thema zurück. Dem praktischen Orakel, welches Kant der Vernunft fälschlich zugeschrieben hatte, wurde, mittelst einer, bloß einiger Kühnheit bedürfenden Amplifikation, ein theoretisches Orakel zugesellt. Die Ehre der Erfindung wird wohl auf F. H. Jacobi zurückzuführen seyn, von welchem theueren Manne die Philosophieprofessoren das werthvolle Geschenk freudig und dankbar entgegennahmen. Denn dadurch war ihnen geholfen aus der Noth, in die Kant sie versetzt hatte. Die kalte, nüchterne, überlegende Vernunft, welche Kant so grausam kritisirt hatte, wurde zum Verstande degradirt und mußte fortan diesen Namen führen: der Name der Vernunft aber wurde einem gänzlich imaginären, zu Deutsch, erlogenen Vermögen beigelegt, an dem man gleichsam ein in die supralunarische [überirdische], ja übernatürliche Welt sich öffnendes Fensterlein hatte, durch welches man daher alle die Wahrheiten ganz fertig und zugerichtet in Empfang nehmen konnte, um welche die bisherige, altmodische, ehrliche, reflektirende und besonnene Vernunft sich Jahrhunderte lang vergeblich abgemüht und gestritten hatte. Und auf einem solchen, völlig aus der Luft gegriffenen, völlig erlogenen Vermögen basirt sich seit funfzig Jahren die Deutsche sogenannte Philosophie, erst als freie Konstruktion und Projektion des absoluten Ich und seiner Emanationen zum Nicht-Ich, dann als intellektuale Anschauung der absoluten Identität, oder Indifferenz, und ihrer Evolutionen zur Natur, oder auch des Entstehns Gottes aus seinem finstern Grunde, oder Ungrunde, *à la* Jakob Böhme, endlich als reines Sichselbstdenken der absoluten Idee und Schauplatz des Ballets der Selbstbewegung der Begriffe, daneben aber stets noch als unmittelbares Vernehmen des Göttlichen, des Uebersinnlichen, der Gottheit, der Schönheit, Wahrheit, Gutheit, und was sonst noch für Heiten gefällig seyn mögen, oder auch als bloßes Ahnen (ohne d) aller dieser Herrlichkeiten. – Das also wäre Vernunft? o nein, das sind Possen, welche den durch die ernsthaften Kantischen Kritiken in Verlegenheit gesetzten Philosophieprofessoren zum Nothbehelfe dienen sollen, um irgend wie, *per fas aut nefas* [zu Recht oder zu Unrecht], die Gegenstände der Landesreligion für Ergebnisse der Philosophie auszugeben.

Nämlich die erste Obliegenheit aller Professorenphilosophie ist, die Lehre von Gott, dem Schöpfer und Regierer der Welt, als einem persönlichen, folglich individuellen, mit Verstand und Willen begabten Wesen, welches die Welt aus nichts hervorgebracht hat und sie mit höchster Weisheit, Macht und Güte lenkt, philosophisch zu begründen und über allen Zweifel hinaus festzustellen. Dadurch aber gerathen die Philosophieprofessoren in eine mißliche Stellung zur ernstlichen Philosophie. Nämlich Kant ist gekommen, die Kritik der reinen Vernunft ist geschrieben, schon vor mehr als 60 Jahren [1787], und das Resultat derselben ist gewesen, daß alle Beweise, die man im Lauf der christlichen Jahrhunderte für das Daseyn Gottes aufgestellt hatte und die auf drei allein mögliche Beweisarten zurückzuführen sind, durchaus nicht vermögen das Verlangte zu leisten, ja, die Unmöglichkeit jeden solchen Beweises, und damit die Unmöglichkeit aller spekulativen Theologie, wird ausführlich *a priori* dargethan, und zwar, wohlverstanden, nicht etwan, wie es in unsern Tagen Mode geworden, mit hohlem Wortkram, Hegel'schem Wischiwaschi, woraus Jeder machen kann was er will; nein, ganz ernstlich und ehrlich, nach alter guter Sitte, folglich so, daß seit 60 Jahren, so höchst ungelegen die Sache auch Vielen gekommen, Keiner etwas Erhebliches dagegen hat einwenden können, vielmehr in Folge davon die Beweise des Daseyns Gottes ganz außer Kredit und Gebrauch gekommen sind. Ja, gegen dieselben haben, von Dem an, die Philosophieprofessoren äußerst vornehm gethan, sogar eine entschiedene Verachtung dagegen an den Tag gelegt; weil nämlich die Sache sich so ganz von selbst verstände, daß es lächerlich sei, sie erst beweisen zu wollen. Ei, ei, ei! hätte man doch Das früher gewußt! Dann würde man sich nicht Jahrhunderte lang um solche Beweise abgemüht haben, und Kant hätte nicht nöthig gehabt, dieselben mit dem ganzen Gewicht der Vernunftkritik zu zermalmen. Da wird denn wohl, bei besagter Verachtung, Manchem der Fuchs mit den sauern Trauben einfallen. Wer übrigens eine kleine Probe derselben sehn möchte, findet eine recht charakteristische in Schelling's philosophischen Schriften, Bd. 1, 1809, S. 152. – Während nun Andere sich damit trösteten, daß Kant gesagt habe, das Gegentheil ließe sich auch nicht beweisen, – als ob dem alten Schalk das *affirmanti incumbit probatio* [Dem, der eine Behauptung aufstellt, obliegt der Beweis] unbekannt gewesen wäre, – so kam, als ein Retter in der Noth, für die Philosophieprofessoren, die bewundernswürdige Jacobische Erfindung, welche den deutschen Gelehrten dieses Jahrhunderts eine ganz aparte Vernunft verlieh, von der bis dahin kein Mensch etwas gehört, noch gewußt hatte.

Und doch waren alle diese Schliche keineswegs nöthig. Denn durch jene Unbeweisbarkeit wird das Daseyn Gottes selbst nicht im Mindesten angefochten; da es auf viel sichererm Boden und unerschütterlich fest steht. Es ist ja Sache der Offenbarung, und zwar ist es Dies um so gewisser, als solche Offenbarung allein und ausschließlich demjenigen Volke, welches deshalb das auserwählte heißt, zu Theil geworden ist. Dies ist daraus ersichtlich, daß die Erkenntniß Gottes, als des persönlichen Regierers und Schöpfers der Welt, der Alles wohlgemacht, sich ganz allein in der Jüdischen und den beiden aus ihr hervorgegangenen Glaubenslehren, die man, im weitern Sinne, ihre Sekten nennen könnte, findet, nicht aber in der Religion irgend eines andern Volkes, alter oder neuer Zeit. Denn es wird doch wohl Keinem in den Sinn kommen, etwan das B r a h m der Hindu, welches in mir, in dir, in meinem Pferde, deinem Hunde lebt und leidet, – oder auch den Brahma, welcher geboren ist und stirbt, andern Brahmas Platz zu machen, und dem überdies sein Hervorbringen der Welt zur Schuld und Sünde angerechnet wird*, – geschweige den üppigen Sohn [Zeus] des betrogenen Saturns, dem Prometheus trotzt und seinen Fall verkündet, – mit Gott

* *If Brimha be unceasingly employed in the creation of worlds,* – – – – – – *how can tranquillity be obtained by inferior orders of being?* [Wenn Brahma unaufhörlich

dem Herrn zu verwechseln. Sehn wir aber gar die Religion an, welche auf Erden die größte Anzahl von Bekennern, folglich die Majorität der Menschheit für sich hat und in dieser Beziehung die vornehmste heißen kann, also den Buddhaismus; so läßt es heut zu Tage sich nicht mehr verhehlen, daß dieser, so wie streng idealistisch und asketisch, auch entschieden und ausdrücklich atheistisch ist; so sehr, daß die Priester, wenn ihnen die Lehre des reinen Theismus vorgetragen wird, solche ausdrücklich perhorresciren [verabscheuen]. Daher (wie uns in den *Asiatic researches Vol. 6, p. 268*, desgleichen von Sangermano in seiner *Description of the Burmese empire, p. 81*, berichtet wird) der Oberpriester der Buddhaisten in Ava, in einem Aufsatze, den er einem katholischen Bischofe übergab, zu den sechs verdammlichen Ketzereien auch die Lehre zählte, »daß ein Wesen dasei, welches die Welt und alle Dinge geschaffen habe und allein würdig sei, angebetet zu werden«. (Siehe I. J. Schmidt's »Forschungen im Gebiete der ältern Bildungsgeschichte Mittelasiens«, Petersburg 1824, S. 276.) Eben deswegen sagt auch I. J. Schmidt in Petersburg, welchen trefflichen Gelehrten ich entschieden für den gründlichsten Kenner des Buddhaismus in Europa halte, in seiner Schrift »über die Verwandtschaft der gnostischen Lehren mit dem Buddhaismus« S. 9: »In den Schriften der Buddhaisten fehlt jede positive Andeutung eines höchsten Wesens, als Princips der Schöpfung, und scheint sogar dieser Gegenstand, wo er sich, der Konsequenz gemäß, von selbst darbietet, mit Fleiß umgangen zu werden.« In seinen »Forschungen im Gebiete der ältern Bildungsgeschichte Mittelasiens« S. 180 sagt derselbe: »Das System des Buddhaismus kennt kein ewiges, unerschaffenes, einiges göttliches Wesen, das vor allen Zeiten war und alles Sichtbare und Unsichtbare erschaffen hat. Diese Idee ist ihm ganz fremd, und man findet in den buddhaistischen Büchern nicht die geringste Spur davon. Eben so wenig giebt es eine Schöpfung; zwar ist das sichtbare Weltall nicht ohne Anfang, es ist aber aus dem leeren Raume nach folgerechten, unabänderlichen Naturgesetzen entstanden. Man würde sich indeß irren, wenn man annähme, daß Etwas, man nenne es nun Schicksal oder Natur,

---

Welten schafft, --- wie sollen Wesen niedrigerer Art zur Ruhe kommen?] *Prabodh Chandro Daya, tr. by J. Taylor, p. 23.* – Auch ist Brahma Theil des Trimurti, dieser aber die Personifikation der Natur, als Zeugung, Erhaltung und Tod: er vertritt also die erstere.

von den Buddhaisten als göttliches Princip angesehn oder verehrt würde: vielmehr das Gegentheil; denn gerade diese Entwickelung des leeren Raumes, dieser Niederschlag aus demselben oder dessen Zerstückelung in unzählige Theile, diese nun entstandene Materie, ist das Uebel des *Jirtintschü*, oder des Weltalls in seinen innern und äußern Beziehungen, aus welchem der *Ortschilang*, oder der beständige Wechsel nach unabänderlichen Gesetzen entstanden ist, nachdem diese durch jenes Uebel begründet waren.« Eben so sagt derselbe in seiner, am 15. September 1830 in der Petersburger Akademie gehaltenen Vorlesung S. 26: »Der Ausdruck Schöpfung ist dem Buddhaismus fremd, indem derselbe nur von Weltentstehungen weiß«; und S. 27: »Man muß einsehn, daß, bei ihrem System, keine Idee irgend einer urgöttlichen Schöpfung Statt finden kann.« Es ließen sich hundert dergleichen Belege anführen. Nur auf einen jedoch will ich noch aufmerksam machen; weil er ganz populär und zudem offiziell ist. Nämlich der 3. Band des sehr belehrenden Buddhaistischen Werkes *Mahavansi, Raja-ratnacari and Raja-vali, from the Singhalese, by E. Upham, Lond. 1833*, enthält die aus den holländischen Protokollen übersetzten offiziellen Interrogatorien [Befragungen], welche, um 1766, der holländische Gouverneur von Ceylon mit den Oberpriestern der fünf vornehmsten Pagoden einzeln und successive abgehalten hat. Der Kontrast zwischen den Interlokutoren [Gesprächspartnern], welche sich nicht wohl verständigen können, ist höchst ergötzlich. Die Priester, den Lehren ihrer Religion gemäß, von Liebe und Mitleid gegen alle lebenden Wesen, selbst wenn es holländische Gouverneure seyn sollten, erfüllt, sind auf das Bereitwilligste bemüht, allen seinen Fragen zu genügen. Aber der naive und arglose Atheismus dieser frommen und sogar enkratistischen Oberpriester geräth in Konflikt mit der innigen Herzensüberzeugung des schon in der Wiege judaisirten Gouverneurs. Sein Glaube ist ihm zur zweiten Natur geworden, er kann sich gar nicht darin finden, daß diese Geistlichen keine Theisten sind, frägt daher immer von Neuem nach dem höchsten Wesen, und wer denn die Welt geschaffen habe und dergl. mehr. – Jene meinen dann, es könne doch kein höheres Wesen geben, als den Siegreich-Vollendeten, den Buddha Schakia Muni, der, ein geborener Königssohn, freiwillig als Bettler gelebt und bis ans Ende seine hohe Lehre gepredigt hat, zum Heil der Menschheit, um uns Alle vom Elend der steten Wiedergeburt zu erlösen; die Welt nun aber sei von Niemanden gemacht*, sie sei selbstgeschaffen *(selfcreated)*, die Natur breite sie aus und ziehe sie wieder ein: allein sie sei Das, was existirend nicht existirt; sie sei die nothwendige Begleitung der Wiedergeburten, diese aber seien die Folgen unsers sündlichen Wandels u. s. w. So gehn denn diese Gespräche gegen hundert Seiten fort. – Ich erwähne solche Thatsachen hauptsächlich darum, weil es wirklich skandalös ist, wie noch heut zu Tage, in den Schriften deutscher Gelehrten, durchgängig Religion und Theismus ohne Weiteres als identisch und synonym genommen werden; während Religion sich zum Theismus verhält, wie das *Genus* zu einer einzigen Species, und in der That bloß Judenthum und Theismus identisch sind; daher eben auch alle Völker, die nicht Juden, Christen, oder Mohammedaner sind, von uns durch den gemeinsamen Namen Heiden stigmatisirt werden. Sogar werfen Mohammedaner und Juden den Christen vor, daß sie nicht reine Theisten wären, wegen der Lehre von der Trinität. Denn das Christenthum, was man auch sagen möge, hat Indisches Blut im Leibe und daher einen beständigen Hang, vom Judenthume los zu kommen. – Wäre Kants Vernunftkritik, welche der ernsthafteste Angriff auf den Theismus ist, der je gewagt worden, weshalb die Philosophieprofessoren sich beeilt haben, ihn zu beseitigen, in Buddhaistischen Landen erschienen; so hätte man, obigen Anführungen gemäß, darin nichts weiter gesehn, als einen erbaulichen Traktat, zu gründlicherer Widerlegung derer Ketzer und heilsamer Befestigung der orthodoxen Lehre des Idealismus, also der Lehre von der bloß scheinbaren Existenz dieser unsern Sinnen sich darstellenden Welt. Eben so atheistisch, wie der Buddhaismus, sind auch die beiden andern, neben ihm in China sich behauptenden Religionen: die der Taossee und die des Konfuzius; daher eben die Missionare den ersten Vers des Pentateuchs nicht ins Chinesische übersetzen konnten; weil diese Sprache für Gott und Schaffen gar keine Ausdrücke hat. Sogar der Missionär Gützlaff, in seiner soeben erschienenen »Geschichte des Chinesischen Reichs«, ist so ehrlich, S. 18, zu sagen: »Es ist außerordentlich, daß keiner der

* Κοσμον τονδε, φησιν Ἡρακλειτος, ουτε τις θεων ουτε ανθρωπων εποιησεν.
[Diese Welt, sagt Heraklit, hat weder ein Gott noch ein Mensch gemacht.]
Plut[arch], de animae procreatione, c. 5.

Philosophen (in China), welche jedoch das Naturlicht in vollem Maaße besaßen, sich zur Erkenntniß eines Schöpfers und Herrn des Universums emporgeschwungen hat.« Ganz übereinstimmend hiemit ist was J. F. Davis *(The Chinese, chap. 15, p. 156)* anführt, daß Milne, der Uebersetzer des *Shing-yu,* im Vorbericht über dieses Werk sagt, man könne daraus ersehn: »that the bare light of nature, as it is called, even when aided by all the light of pagan philosophy, is totally incapable of leading men to the knowledge and worship of the true God« [daß das klare Naturlicht, wie es genannt wird, selbst wenn es von allem Lichte heidnischer Philosophie unterstützt wird, völlig unfähig ist, die Menschen zur Erkenntnis und Verehrung des wahren Gottes zu führen]. Alles dieses bestätigt, daß das alleinige Fundament des Theismus die Offenbarung ist; wie es auch seyn muß, wenn nicht die Offenbarung eine überflüssige seyn soll. Bei dieser Gelegenheit sei bemerkt, daß das Wort Atheismus eine Erschleichung enthält; weil es vorweg den Theismus als sich von selbst verstehend annimmt. Man sollte statt Dessen sagen: Nichtjudenthum, und, statt Atheist, Nicht-Jude: so wäre es ehrlich geredet.

Da nun, wie oben gesagt, das Daseyn Gottes Sache der Offenbarung und dadurch unerschütterlich festgestellt ist, bedarf es keiner menschlichen Beglaubigung. Die Philosophie nun aber ist bloß der, eigentlich zum Ueberfluß und müßiger Weise angestellte Versuch, ein Mal die Vernunft, also das Vermögen des Menschen, zu denken, zu überlegen, zu reflektiren, ganz allein ihren eigenen Kräften zu überlassen, – etwan wie man einem Kinde, auf einem Rasenplatz, ein Mal das Gängelband abnimmt, damit es seine Kräfte versuche, – um zu sehn, was dabei herauskommt. Man nennt solche Proben und Versuche die Spekulation; wobei es in der Natur der Sache liegt, daß sie von aller Auktorität, göttlicher wie menschlicher, ein Mal absehe, solche ignorire und ihren eigenen Weg gehe, um auf ihre Weise die höchsten und wichtigsten Wahrheiten aufzusuchen. Wenn nun, auf diesem Grund und Boden, ihr Resultat kein anderes, als das oben angeführte unsers großen Kant ist; so hat sie deshalb nicht sofort aller Ehrlichkeit und Gewissenhaftigkeit zu entsagen und, wie ein Schelm, Schleichwege zu gehn, um nur irgendwie auf den jüdischen Grund und Boden, als ihre *conditio sine qua non* [unerläßliche Bedingung], zurückzugelangen: vielmehr hat sie, ganz redlich und einfach, nunmehr der Wahrheit auf anderweitigen Wegen nachzuspüren, wie solche sich etwan vor ihr aufthun, nie aber irgend einem andern Lichte, als dem der Vernunft, zu folgen, sondern unbekümmert, wohin sie gelange, ihren Weg zu gehn, getrost und beruhigt, wie Einer, der in seinem Berufe arbeitet.

Wenn unsere Philosophieprofessoren die Sache anders verstehn und vermeinen, ihr Brod nicht mit Ehren essen zu können, so lange sie nicht Gott den Herrn (als ob er ihrer bedürfte) auf den Thron gesetzt haben; so ist schon hieraus erklärlich, warum sie an meinen Sachen keinen Geschmack haben finden können und ich durchaus nicht ihr Mann bin: denn freilich kann ich mit Dergleichen nicht dienen und habe nicht, wie sie, jede Messe die neuesten Berichte über den lieben Gott mitzutheilen.

Sechstes Kapitel.

Ueber die dritte Klasse der Objekte für das Subjekt und die in ihr herrschende Gestaltung des Satzes vom zureichenden Grunde.

§ 35.

Erklärung dieser Klasse von Objekten.

Die dritte Klasse der Gegenstände für das Vorstellungsvermögen bildet der formale Theil der vollständigen Vorstellungen, nämlich die *a priori* gegebenen Anschauungen der Formen des äußern und innern Sinnes, des Raums und der Zeit.

Als reine Anschauungen sind sie für sich abgesondert von den vollständigen Vorstellungen und den erst durch diese hinzukommenden Bestimmungen des Voll- oder Leerseyns, Gegenstände des Vorstellungsvermögens, da sogar reine Punkte und Linien gar nicht dargestellt, sondern nur *a priori* angeschaut werden können, wie auch die unendliche Ausdehnung und unendliche Theilbarkeit des Raumes und der Zeit allein Gegenstände der reinen Anschauung und der empirischen fremd sind. Was diese Klasse von Vorstellungen, in welcher Zeit und Raum r e i n a n g e s c h a u t werden, von der ersten Klasse, in der sie (und zwar im Verein) w a h r g e n o m m e n werden, unterscheidet, das ist die Materie, welche ich daher einerseits als die Wahrnehmbarkeit von Zeit und Raum, und andererseits als die objektiv gewordene Kausalität erklärt habe.

Hingegen ist die Verstandesform der Kausalität nicht für sich und abgesondert ein Gegenstand des Vorstellungsvermögens, sondern kommt erst mit und an dem Materiellen der Erkenntniß ins Bewußtseyn.

§ 36.

Satz vom Grunde des Seyns.

Raum und Zeit haben die Beschaffenheit, daß alle ihre Theile in einem Verhältniß zu einander stehn, in Hinsicht auf welches jeder derselben durch einen andern bestimmt und bedingt ist. Im Raum heißt dies Verhältniß Lage, in der Zeit Folge. Diese Verhältnisse sind eigenthümliche, von allen andern möglichen Verhältnissen unserer Vorstellungen durchaus verschiedene, daher weder der Verstand, noch die Vernunft, mittelst bloßer Begriffe, sie zu fassen vermag; sondern einzig und allein vermöge der reinen Anschauung *a priori* sind sie uns verständlich: denn was oben und unten, rechts und links, hinten und vorn, was vor und nach sei, ist aus bloßen Begriffen nicht deutlich zu machen. Kant belegt Dies sehr richtig damit, daß der Unterschied zwischen dem rechten und linken Handschuh durchaus nicht anders, als mittelst der Anschauung verständlich zu machen ist. Das Gesetz nun, nach welchem die Theile des Raums und der Zeit, in Absicht auf jene Verhältnisse, einander bestimmen, nenne ich den Satz vom zureichenden Grunde des Seyns, *principium rationis sufficientis essendi.* Ein Beispiel von diesem Verhältniß ist schon im 15. Paragraph gegeben, an der Verbindung zwischen den Seiten und den Winkeln eines Dreiecks, und daselbst gezeigt, daß dieses Verhältniß sowohl von dem zwischen Ursache und Wirkung, als dem zwischen Erkenntnißgrund und Folge, ganz und gar verschieden sei, weshalb hier die Bedingung Grund des Seyns, *ratio essendi* genannt werden mag. Es versteht sich von selbst, daß die Einsicht in einen solchen Seynsgrund Erkenntnißgrund werden kann, eben wie auch die Einsicht in das Gesetz der Kausalität und seine Anwendung auf einen bestimmten Fall Erkenntnißgrund der Wirkung ist, wodurch aber keineswegs die gänzliche Verschiedenheit zwischen Grund des Seyns, des Werdens und des Erkennens aufgehoben wird. In vielen Fällen ist Das, was nach einer Gestaltung unsers Satzes Folge ist, nach der andern Grund: so ist sehr oft die Wirkung Erkenntnißgrund der Ursache. Z. B. das Steigen des Thermometers ist, nach dem Gesetze der Kausalität, Folge der vermehrten Wärme; nach dem Satze vom Grunde des Erkennens aber ist es Grund, Erkenntnißgrund der vermehrten Wärme, wie auch des Urtheils, welches diese aussagt.

§ 37.

Seynsgrund im Raume.

Im Raum ist durch die Lage jedes Theils desselben, wir wollen sagen einer gegebenen Linie (von Flächen, Körpern, Punkten, gilt das Selbe), gegen irgend eine andere Linie, auch ihre von der ersten ganz verschiedene Lage gegen jede mögliche andere durchaus bestimmt, so daß die letztere Lage zur ersteren im Verhältniß der Folge zum Grunde steht. Da die Lage der Linie gegen irgend eine der möglichen andern eben so ihre Lage gegen alle andern bestimmt, also auch die vorhin als bestimmt angenommene Lage gegen die erste; so ist es einerlei, welche man zuerst als bestimmt und die andern bestimmend, d. h. als *ratio* [Grund] und die andern als *rationata* [begründet] betrachten will. Dies daher, weil im Raume keine Succession ist, da ja eben durch Vereinigung des Raumes mit der Zeit, zur Gesammtvorstellung des Komplexes der Erfahrung, die Vorstellung des Zugleichseyns entsteht. Bei dem Grunde des Seyns im Raum herrscht also überall ein Analogon der sogenannten Wechselwirkung: wovon das Ausführlichere bei Betrachtung der Reciprokation [Wechselseitigkeit] der Gründe § 48. Weil nun jede Linie in Hinsicht auf ihre Lage sowohl bestimmt durch alle andern, als sie bestimmend ist; so ist es nur Willkür, wenn man irgend eine Linie bloß als die andern bestimmend und nicht als bestimmt betrachtet, und die Lage jeder gegen irgend eine andere läßt die Frage zu nach ihrer Lage gegen irgend eine dritte, vermöge welcher zweiten Lage die erste nothwendig so ist, wie sie ist. Daher ist auch in der Verkettung der Gründe des Seyns, wie in der der Gründe des Werdens, gar kein Ende *a parte ante* [hinsichtlich des Vorher] zu finden, und, wegen der Unendlichkeit des Raums und der in ihm möglichen Linien, auch keines *a parte post* [hinsichtlich des Nachher]. Alle möglichen relativen Räume sind Figuren, weil sie begränzt sind, und alle diese Figuren haben, wegen der gemeinschaftlichen Gränzen, ihren Seynsgrund eine in der andern. Die *series rationum essendi* [Reihe der Gründe des

Seins] im Raum geht also, wie die *series rationum findi* [Reihe der Gründe des Werdens], *in infinitum* [bis ins Unendliche], und zwar nicht nur, wie jene, nach einer, sondern nach allen Richtungen.

Ein Beweis von allem Diesen ist unmöglich: denn es sind Sätze, deren Wahrheit transscendental ist, indem sie ihren Grund unmittelbar in der *a priori* gegebenen Anschauung des Raumes haben.

§ 38.

Seynsgrund in der Zeit. Arithmetik.

In der Zeit ist jeder Augenblick bedingt durch den vorigen. So einfach ist hier der Grund des Seyns, als Gesetz der Folge; weil die Zeit nur Eine Dimension hat, daher keine Mannigfaltigkeit der Beziehungen in ihr seyn kann. Jeder Augenblick ist bedingt durch den vorigen; nur durch jenen kann man zu diesem gelangen; nur sofern jener w a r, verflossen ist, i s t dieser. Auf diesem Nexus der Theile der Zeit beruht alles Zählen, dessen Worte nur dienen, die einzelnen Schritte der Succession zu markiren; folglich auch die ganze Arithmetik, die durchweg nichts Anderes, als methodische Abkürzungen des Zählens lehrt. Jede Zahl setzt die vorhergehenden als Gründe ihres Seyns voraus: zur Zehn kann ich nur gelangen durch alle vorhergehenden, und bloß vermöge dieser Einsicht in den Seynsgrund weiß ich, daß wo Zehn sind, auch Acht, Sechs, Vier sind.

§ 39.

Geometrie.

Eben so beruht auf dem Nexus der Lage der Theile des Raums die ganze Geometrie. Sie wäre demnach eine Einsicht in jenen Nexus: da solche aber, wie oben gesagt, nicht durch bloße Begriffe möglich ist, sondern nur durch Anschauung; so müßte jeder geometrische Satz auf diese zurückgeführt werden, und der Beweis bestände bloß darin, daß man den Nexus, auf dessen Anschauung es ankommt, deutlich heraushöbe; weiter könnte man nichts thun. Wir finden indessen die Behandlung der Geometrie ganz anders. Nur die zwölf Axiome Euklids läßt man auf bloßer Anschauung beruhen, und sogar beruhen von diesen eigentlich nur das neunte, elfte und zwölfte auf einzelnen verschiedenen Anschauungen, alle die andern aber auf der Einsicht, daß man in der Wissenschaft nicht, wie in der Erfahrung, es mit realen Dingen, die für sich neben einander bestehn und ins Unendliche verschieden seyn können, zu thun habe; sondern mit Begriffen, und in der Mathematik mit Normalanschauungen, d. h. Figuren und Zahlen, die für alle Erfahrung gesetzgebend sind und daher das Vielumfassende des Begriffs mit der durchgängigen Bestimmtheit der einzelnen Vorstellung vereinigen. Denn obgleich sie, als anschauliche Vorstellung, durchweg genau bestimmt sind und auf diese Weise für Allgemeinheit durch das Unbestimmtgelassene keinen Raum geben; so sind sie doch allgemein: weil sie die bloßen Formen aller Erscheinungen sind, und als solche von allen realen Objekten, denen eine solche Form zukommt, gelten. Daher von diesen Normalanschauungen, selbst in der Geometrie, so gut als von den Begriffen, Das gelten würde, was Plato von seinen Ideen sagt, daß nämlich gar nicht zwei gleiche existiren können, weil solche nur Eine wären*. Dies würde, sage ich, auch von den Normalanschauungen in der Geometrie gelten, wären sie nicht, als allein räumliche Objekte, durch das bloße Nebeneinanderseyn, den Ort, unterschieden. Diese Bemerkung hat, nach dem Aristoteles, schon Plato selbst gemacht: ετι δε, παρα τα αισθητα και τα ειδη, τα μαθηματικα των πραγματων ειναι φησι μεταξυ, διαφεροντα των μεν αισθητων τῳ αΐδια και ακινητα ειναι, των δε ειδων τῳ τα μεν πολλ' αττα ὁμοια ειναι, το δε ειδος αυτο ἑν ἑκαστον μονον *(item praeter sensibilia et species, mathematica rerum ait media esse, a sensibilibus quidem differentia eo, quod perpetua et immobilia sunt, a speciebus vero eo, quod illorum quidem multa quaedam similia sunt, species vero ipsa unaquaeque sola)* [Fer-

---

* Die Platonischen Ideen lassen sich allenfalls beschreiben als Normalanschauungen, die nicht nur, wie die mathematischen, für das Formale, sondern auch für das Materiale der vollständigen Vorstellungen gültig wären: also vollständige Vorstellungen, die, als solche, durchgängig bestimmt wären, und doch zugleich, wie die Begriffe, Vieles unter sich befaßten; d. h. nach meiner § 28 gegebenen Erklärung, Repräsentanten der Begriffe, die ihnen aber völlig adäquat wären.

ner behauptet er, daß im Vergleich mit den Sinnendingen und den Ideen die mathematischen Gebilde die Mitte halten: sie unterscheiden sich von den Sinnendingen dadurch, daß sie ewig und unbewegt sind, von den Ideen aber dadurch, daß ihrer viele und gleiche sind, jede einzelne aber nur als Einheit besteht]. *Metaph. I, 6,* womit *X, 1* zu vergleichen. Die bloße Einsicht nun, daß ein solcher Unterschied des Orts die übrige Identität nicht aufhebt, scheint mir jene neun Axiome ersetzen zu können und dem Wesen der Wissenschaft, deren Zweck es ist, das Einzelne aus dem Allgemeinen zu erkennen, angemessener zu seyn, als die Aufstellung neun verschiedener Axiome, die auf Einer Einsicht beruhen. Alsdann nämlich wird von den geometrischen Figuren gelten, was Aristoteles, *Metaph. X, 3* sagt: εν τουτοις ἡ ισοτης ἑνοτης *(in illis aequalitas unitas est)* [bei diesen ist Gleichheit soviel wie Einheit].

Von den Normalanschauungen in der Zeit aber, den Zahlen, gilt sogar kein solcher Unterschied des Nebeneinanderseyns, sondern schlechthin, wie von den Begriffen, die *identitas indiscernibilium* [Identität der ununterscheidbaren Dinge: Leibniz, *Nouveaux essais,* ch. 27, § 1, 3], und es giebt nur Eine Fünf und nur Eine Sieben. Auch hier ließe sich ein Grund dafür finden, daß $7 + 5 = 12$ nicht, wie Herder in der Metakritik meint, ein identischer, sondern wie Kant so tiefsinnig entdeckt hat, ein synthetischer Satz *a priori* ist, der auf reiner Anschauung beruht. $12 = 12$ ist ein identischer Satz.

Auf die Anschauung beruft man also in der Geometrie sich eigentlich nur bei den Axiomen. Alle übrigen Lehrsätze werden demonstrirt, d. h. man giebt einen Erkenntnißgrund des Lehrsatzes an, welcher Jeden zwingt denselben als wahr anzunehmen: also man weist die logische, nicht die transscendentale Wahrheit des Lehrsatzes nach. (§§ 30 und 32.) Diese aber, welche im Grund des Seyns und nicht in dem des Erkennens liegt, leuchtet nie ein, als nur mittelst der Anschauung. Daher kommt es, daß man nach so einer geometrischen Demonstration zwar die Ueberzeugung hat, daß der demonstrirte Satz wahr sei, aber keineswegs einsieht, warum was er behauptet so ist, wie es ist: d. h. man hat den Seynsgrund nicht, sondern gewöhnlich ist vielmehr erst jetzt ein Verlangen nach diesem entstanden. Denn der Beweis durch Aufweisung des Erkenntnißgrundes wirkt bloß Ueberführung *(convictio)*, nicht Einsicht *(cognitio)*: er wäre deswegen vielleicht richtiger *elenchus* [Gegenbeweis], als *demonstratio* [Beweis] zu nennen. Daher kommt es, daß er gewöhnlich ein unangenehmes Gefühl hinterläßt, wie es der bemerkte Mangel an Einsicht überall giebt, und hier wird der Mangel der Erkenntniß, warum etwas so sei, erst fühlbar durch die gegebene Gewißheit, daß es so sei. Die Empfindung dabei hat Aehnlichkeit mit der, die es uns giebt, wenn man uns etwas aus der Tasche, oder in die Tasche, gespielt hat, und wir nicht begreifen wie. Der, wie es in solchen Demonstrationen geschieht, ohne den Grund des Seyns gegebene Erkenntnißgrund ist manchen Lehren der Physik analog, die das Phänomen darlegen, ohne die Ursache angeben zu können, wie z. B. der Leidenfrostische Versuch, sofern er auch im Platinatiegel gelingt. Hingegen gewährt der durch Anschauung erkannte Seynsgrund eines geometrischen Satzes Befriedigung, wie jede gewonnene Erkenntniß. Hat man diesen, so stützt sich die Ueberzeugung von der Wahrheit des Satzes allein auf ihn, keineswegs mehr auf den durch Demonstration gegebenen Erkenntnißgrund. Z. B. den 6. Satz des ersten Buchs Euklids: »Wenn in einem Dreieck zwei Winkel gleich sind, sind auch die ihnen gegenüberliegenden Seiten gleich« beweist Euklid so: (siehe *Fig. 3* [S. 178]) Das Dreieck sei *a b g*, worin der Winkel *a b g* dem Winkel *a g b* gleich ist; so behaupte ich, daß auch die Seite *a g* der Seite *a b* gleich ist.

Denn ist die Seite *a g* der Seite *a b* ungleich, so ist eine davon größer. *a b* sei größer. Man schneide von der größern *a b* das Stück *d b* ab, das der kleinern *a g* gleich ist, und ziehe *d g*. Weil nun (in den Dreiecken *d b g*, *a b g*) *d b* gleich *a g* und *b g* beiden gemeinschaftlich ist, so sind die zwei Seiten *d b* und *b g* den zwei Seiten *a g* und *g b* gleich, jede einzeln genommen, der Winkel *d b g* dem Winkel *a g b*, und die Grundlinie *d g* der Grundlinie *a b*, und das Dreieck *a b g* dem Dreieck *d g b*, das größere dem kleineren, welches ungereimt ist. *a b* ist also *a g* nicht ungleich, folglich gleich.

In diesem Beweis haben wir nun einen Erkenntnißgrund der Wahrheit des Lehrsatzes. Wer gründet aber seine Ueberzeugung von jener geometrischen Wahrheit auf diesen Beweis? und nicht vielmehr auf den durch Anschauung erkannten Seynsgrund, vermöge welches, (durch eine Nothwendigkeit die sich weiter nicht demonstriren, sondern nur anschauen läßt,) wenn von den beiden Endpunkten einer Linie sich zwei andere gleich tief gegen einander neigen, sie nur in einem Punkt, der von beiden jenen Endpunkten gleich weit entfernt ist, zusammentreffen können, indem die entstehenden zwei Winkel eigentlich nur Einer sind, der bloß durch die entgegengesetzte Lage als zwei erscheint, weshalb kein Grund vorhanden ist, aus dem die Linien näher dem Einen als dem andern Punkte sich begegnen sollten.

Durch Erkenntniß des Seynsgrundes sieht man die nothwendige Folge des Bedingten aus seiner Bedingung, hier der Gleichheit der Seiten aus der Gleichheit der Winkel, ein, ihre Verbindung: durch den Erkenntnißgrund aber bloß das Zusammendaseyn Beider. Ja, es ließe sich sogar behaupten, daß man durch die gewöhnliche Methode der Beweise eigentlich nur überführt werde, daß Beides in gegenwärtiger, zum Beispiel aufgestellter Figur zusammen dasei, keineswegs aber daß es immer zusammen dasei, von welcher Wahrheit (da die nothwendige Verknüpfung ja nicht gezeigt wird) man hier eine bloß auf Induktion gegründete Ueberzeugung erhalte, die darauf beruht, daß bei jeder Figur, die man macht, es sich so findet. Freilich ist nur bei so einfachen Lehrsätzen, wie jener sechste Euklids, der Seynsgrund so leicht in die Augen fallend: doch bin ich überzeugt, daß bei jedem, auch dem verwickeltesten Lehrsatze, derselbe aufzuweisen und die Gewißheit des Satzes auf eine solche einfache Anschauung zurückzuführen seyn muß. Auch ist sich Jeder der Nothwendigkeit eines solchen Seynsgrundes für jedes räumliche Verhältniß, so gut wie der Nothwendigkeit der Ursache für jede Veränderung, *a priori* bewußt. Allerdings muß derselbe, bei komplicirten Lehrsätzen, sehr schwer anzugeben seyn, und zu schwierigen geometrischen Untersuchungen ist hier nicht der Ort. Ich will daher, bloß um noch deutlicher zu machen was ich meine, einen nur wenig komplicirteren Satz, dessen Seynsgrund jedoch wenigstens nicht sogleich in die Augen fällt, auf selbigen zurückzuführen suchen. Ich gehe zehn Lehrsätze weiter, zum sechszehnten. »In jedem Dreieck, dessen eine Seite verlängert worden, ist der äußere Winkel größer, als jeder der beiden gegenüberstehenden innern.« Euklids Beweis ist folgender: (siehe *Fig. 4* [S. 178]).

Das Dreieck sei *a b g :* man verlängere die Seite *b g* nach *d*, und ich behaupte, daß der äußere Winkel *a g d* größer sei, als jeder der beiden innern gegenüberstehenden. – Man halbire die Seite *a g* bei *e*, ziehe *b e* , verlängere sie bis *z* und mache *e z* gleich *e b*, verbinde *z g* und verlängere *a g* bis *h*. – Da nun *a e* gleich *e g* und *b e* gleich *e z* ist, so sind die zwei Seiten *a e* und *e b* gleich den zwei Seiten *g e* und *e z*, jede einzeln genommen, und der Winkel *a e b* gleich dem Winkel *z e g*: denn es sind Scheitelwinkel. Mithin ist die Grundlinie *a b* gleich der Grundlinie *z g* und das Dreieck *a b e* ist gleich dem Dreieck *z e g* und die übrigen Winkel den übrigen Winkeln, folglich auch der Winkel *b a e* dem Winkel *e g z*. Es ist aber *e g d* größer als *e g z*, folglich ist auch der Winkel *a g d* größer als der Winkel *b a e*. – Halbiret man auch *b g*, so wird auf ähnliche Art bewiesen, daß auch der Winkel *b g h*, d. i. sein Scheitelwinkel *a g d* größer sei als *a b g*.

Ich würde den selben Satz folgendermaaßen beweisen: (siehe *Fig. 5* [S. 178])

Damit Winkel *b a g* nur gleich komme, geschweige übertreffe, Winkel *a g d*, müßte (denn das eben heißt Gleichheit der Winkel) die Linie *b a* auf *g a* in der selben Richtung liegen wie *b d*, d. h. mit *b d* parallel seyn, d. h. nie mit *b d* zusammentreffen: sie muß aber (Seynsgrund), um ein Dreieck zu bilden, auf *b d* treffen, also das Gegentheil dessen thun, was erfordert wäre, damit Winkel *b a g* nur die Größe von *a g d* erreichte.

Damit Winkel *a b g* nur gleich komme, geschweige übertreffe, Winkel *a g d*, müßte (denn das eben heißt Gleichheit der Winkel) die Linie *b a* in der selben Richtung auf *b d* liegen wie *a g*, d. h. mit *a g* parallel seyn, d. h. nie mit *a g* zusammentreffen: sie muß aber, um ein Dreieck zu bilden, auf *a g* treffen, also das Gegentheil thun von dem, was erfordert wäre, damit Winkel *a b g* nur die Größe von *a g d* erreichte.

Durch alles Dieses habe ich keineswegs eine neue Methode mathematischer Demonstrationen vorschlagen, auch eben so wenig meinen Beweis an die Stelle des Euklidischen setzen wollen, als wohin er, seiner ganzen Natur nach und auch schon weil er den Begriff von Parallellinien voraussetzt, der im Euklid erst später vorkommt, nicht paßt; sondern ich habe nur zeigen wollen, was Seynsgrund sei und wie er sich vom Erkenntnißgrunde unterscheide, indem dieser bloß *convictio* [Überführung] wirkt, welche etwas ganz Anderes ist, als Einsicht in den Seynsgrund. Daß man aber in der Geometrie nur strebt *convictio* zu wirken, welche, wie gesagt, einen unangenehmen Eindruck macht, nicht aber Einsicht in den Grund des Seyns, die, wie jede Einsicht, befriedigt und erfreut; Dies möchte nebst Anderm ein Grund seyn, warum manche sonst vortreffliche Köpfe Abneigung gegen die Mathematik haben.

Ich kann mich nicht entbrechen, nochmals die, schon an einem andern Orte gegebene Figur herzusetzen *(Fig. 6* [S. 178]), deren bloßer Anblick, ohne alles Gerede, von der Wahrheit des Pythagorischen Lehrsatzes zwanzig Mal mehr Ueberzeugung giebt, als der Euklidische Mausefallenbeweis. Der für dieses Kapitel sich interessirende Leser findet den Gegenstand desselben weiter ausgeführt in der »Welt als Wille und Vorstellung«, Bd. 1, § 15, und Bd. 2, Kap. 13.

Siebentes Kapitel.

Ueber die vierte Klasse der Objekte für das Subjekt und die in ihr herrschende Gestaltung des Satzes vom zureichenden Grunde.

§ 40.

Allgemeine Erklärung.

Die letzte unserer Betrachtung noch übrige Klasse der Gegenstände des Vorstellungsvermögens ist eine gar eigene, aber sehr wichtige: sie begreift für Jeden nur ein Objekt, nämlich das unmittelbare Objekt des innern Sinnes, das Subjekt des Wollens, welches für das erkennende Subjekt Objekt ist und zwar nur dem innern Sinn gegeben, daher es allein in der Zeit, nicht im Raum, erscheint, und auch da noch, wie wir sehn werden, mit einer bedeutenden Einschränkung.

§ 41.

Subjekt des Erkennens und Objekt.

Jede Erkenntniß setzt unumgänglich Subjekt und Objekt voraus. Daher ist auch das Selbstbewußtseyn nicht schlechthin einfach; sondern zerfällt, eben wie das Bewußtseyn von andern Dingen (d. i. das Anschauungsvermögen), in ein Erkanntes und ein Erkennendes. Hier tritt nun das Erkannte durchaus und ausschließlich als Wille auf.

Demnach erkennt das Subjekt sich nur als ein Wollendes, nicht aber als ein Erkennendes. Denn das vorstellende Ich, das Subjekt des Erkennens, kann, da es, als nothwendiges Korrelat aller Vorstellungen, Bedingung derselben ist, nie selbst Vorstellung oder Objekt werden; sondern von ihm gilt der schöne Ausspruch des heiligen Upanischad: *Id videndum non est: omnia videt; et id audiendum non est: omnia audit; sciendum non est: omnia scit; et intelligendum non est: omnia intelligit. Praeter id, videns, et sciens, et audiens, et intelligens ens aliud non est.* [Es ist nicht zu sehen: es sieht alles; es ist nicht zu hören: es hört alles; es ist nicht zu wissen: es weiß alles; und es ist nicht zu erkennen: es erkennt alles. Außer diesem Sehenden, Wissenden, Hörenden und Erkennenden gibt es kein anderes Wesen.] – *Oupnekhat. Vol. I, p. 202.* –

Daher also giebt es kein Erkennen des Erkennens; weil dazu erfordert würde, daß das Subjekt sich vom Erkennen trennte und nun doch das Erkennen erkennte, was unmöglich ist.

Auf den Einwand: »Ich erkenne nicht nur, sondern ich weiß doch auch, daß ich erkenne«, würde ich antworten: Dein Wissen von deinem Erkennen ist von deinem Erkennen nur im Ausdruck unterschieden. »Ich weiß, daß ich erkenne«, sagt nicht mehr, als »Ich erkenne«, und dieses, so ohne weitere Bestimmung, sagt nicht mehr, als »Ich.« Wenn dein Erkennen und dein Wissen von diesem Erkennen zweierlei sind, so versuche nur ein Mal jedes für sich allein zu haben, jetzt zu erkennen, ohne darum zu wissen, und jetzt wieder bloß vom Erkennen zu wissen, ohne daß dies Wissen zugleich das Erkennen sei. Freilich läßt sich von allem besonderen Erkennen abstrahiren und so zu dem Satz »Ich erkenne« gelangen, welches die letzte uns mögliche Abstraktion ist, aber identisch mit dem Satz »Für mich sind Objekte« und dieser identisch mit dem »Ich bin Subjekt«, welcher nicht mehr enthält als das bloße »Ich.«

Nun könnte man aber fragen, woher uns, wenn das Subjekt nicht erkannt wird, seine verschiedenen Erkenntnißkräfte, Sinnlichkeit, Verstand, Vernunft, bekannt seien. – Diese sind uns nicht dadurch bekannt, daß das Erkennen Objekt für uns geworden ist, sonst würden über selbige nicht so viele widersprechende Urtheile vorhanden seyn; vielmehr sind sie erschlossen, oder richtiger: sie sind allgemeine Ausdrücke für die aufgestellten Klassen der Vorstellungen, die man zu jeder Zeit, eben in jenen Erkenntnißkräften, mehr oder weniger bestimmt unterschied. Aber sie sind mit Rücksicht auf das als Bedingung nothwendige Korrelat jener Vorstellungen, das Subjekt, von ihnen abstrahirt, verhalten sich folglich zu den Klassen der Vorstellungen gerade so, wie das Subjekt überhaupt zum Objekt überhaupt. Wie mit dem Subjekt sofort auch das Objekt gesetzt ist (da sogar das Wort sonst ohne Bedeutung ist) und auf gleiche Weise mit dem Objekt das Subjekt, und also Subjektseyn gerade so viel bedeutet, als ein Objekt haben, und Objektseyn so viel, als vom Subjekt erkannt werden: genau eben so nun ist auch mit einem auf irgend eine Weise bestimmten Objekt sofort auch das Subjekt als auf eben solche Weise erkennend gesetzt. Insofern ist es einerlei, ob ich sage: Die Objekte haben solche und solche ihnen anhängende und eigenthümliche Bestimmungen; oder: das Subjekt erkennt auf solche und solche Weisen: einerlei, ob ich sage: die Objekte sind in solche Klassen zu theilen; oder: dem Subjekt sind solche unterschiedne Erkenntnißkräfte eigen. Auch von dieser Einsicht findet sich die Spur bei jenem wundersamen Gemisch von Tiefsinn und Oberflächlichkeit, dem Aristoteles, wie überhaupt bei ihm schon der Keim zur kritischen Philosophie liegt. *De anima III, 8* sagt er: ἡ ψυχη τα οντα πως εστι παντα· *(anima quodammodo est universa, quae sunt)* [Die Seele ist in gewissem Sinne alles, was ist] sodann: ὁ νους εστι ειδος ειδων, d. h. der Verstand ist die Form der Formen, και ἡ αισθησις ειδος αισθητων, und die Sinnlichkeit die Form der Sinnesobjekte. Demnach nun, ob man sagt: Sinnlichkeit und Verstand sind nicht mehr; oder: die Welt hat ein Ende, – ist Eins. Ob man sagt: es giebt keine Begriffe; oder: die Vernunft ist weg und es giebt nur noch Thiere, – ist Eins.

Das Verkennen dieses Verhältnisses ist der Anlaß des Streites zwischen Realismus und Idealismus, zuletzt auftretend als Streit des alten Dogmatismus mit den Kantianern, oder der Ontologie und Metaphysik mit der transscendentalen Aesthetik und transscendentalen Logik, welcher auf dem Verkennen jenes Verhältnisses bei Betrachtung der ersten und dritten der von mir aufgestellten Klassen der Vorstellungen beruht; wie der Streit der Realisten und Nominalisten, im Mittelalter, auf dem Verkennen jenes Verhältnisses in Beziehung auf die zweite unserer Klassen der Vorstellungen.

§ 42.

Subjekt des Wollens.

Das Subjekt des Erkennens kann, laut Obigem, nie erkannt, nie Objekt, Vorstellung, werden. Da wir dennoch nicht nur eine äußere (in der Sinnesanschauung), sondern auch eine innere Selbsterkenntniß haben, jede Erkenntniß aber, ihrem Wesen zufolge, ein Erkanntes und ein Erkennendes voraussetzt; so ist das Erkannte in uns, als solches, nicht das Erkennende, sondern das Wollende, das Subjekt des Wollens, der Wille. Von der Erkenntniß ausgehend kann man sagen »Ich erkenne« sei ein analytischer Satz, dagegen »Ich will« ein synthetischer und zwar *a posteriori*, nämlich durch Erfahrung, hier durch innere (d. h. allein in der Zeit) gegeben. Insofern wäre also das Subjekt des Wollens für uns ein Objekt. Wenn wir in unser Inneres blicken, finden wir uns immer als w o l l e n d. Jedoch hat das Wollen viele Grade, vom leisesten Wunsche bis zur Leidenschaft, und daß nicht nur alle Affekte, sondern auch alle die Bewegungen unsers Innern, welche man dem weiten Begriffe Gefühl subsumirt, Zustände des Willens sind, habe ich öfter auseinandergesetzt, z. B. in den »Grundproblemen der Ethik«, S. 11 [Bd. VI uns. Ausg., S. 50 f.], und auch sonst.

Die Identität nun aber des Subjekts des Wollens mit dem erkennenden Subjekt, vermöge welcher (und zwar nothwendig) das Wort »Ich« beide einschließt und bezeichnet, ist der Weltknoten und daher unerklärlich. Denn nur die Verhältnisse der Objekte sind uns begreiflich: unter diesen aber können zwei nur insofern Eins seyn, als sie Theile eines Ganzen sind. Hier hingegen, wo vom Subjekt die Rede ist, gelten die Regeln für das Erkennen der Objekte nicht mehr, und eine wirkliche Identität des Erkennenden mit dem als wollend Erkannten, also des Subjekts mit dem Objekte, ist u n m i t t e l b a r g e g e b e n. Wer aber das Unerklärliche dieser Identität sich recht vergegenwärtigt, wird sie mit mir das Wunder κατ' εξοχην [schlechthin] nennen.

Wie nun das subjektive Korrelat der ersten Klasse der Vorstellungen der Verstand ist, das der zweiten die Vernunft, das der dritten die reine Sinnlichkeit; so finden wir als das dieser vierten den innern Sinn, oder überhaupt das Selbstbewußtseyn.

§ 43.

Das Wollen. Gesetz der Motivation.

Eben weil das Subjekt des Wollens dem Selbstbewußtseyn unmittelbar gegeben ist, läßt sich nicht weiter definiren, oder beschreiben, was Wollen sei: vielmehr ist es die unmittelbarste aller unserer Erkenntnisse, ja die, deren Unmittelbarkeit auf alle übrigen, als welche sehr mittelbar sind, zuletzt Licht werfen muß.

Bei jedem wahrgenommenen Entschluß sowohl Anderer, als unserer selbst, halten wir uns berechtigt, zu fragen Warum? d. h. wir setzen als nothwendig voraus, es sei ihm etwas vorhergegangen, daraus er erfolgt ist, und welches wir den Grund, genauer, das Motiv der jetzt erfolgenden Handlung nennen. Ohne ein solches ist dieselbe uns so undenkbar, wie die Bewegung eines leblosen Körpers ohne Stoß, oder Zug. Demnach gehört das Motiv zu den Ursachen und ist auch bereits unter diesen als die dritte Form der Kausalität, § 20, aufgezählt und charakterisirt worden. Allein die ganze Kausalität ist nur die Gestalt des Satzes vom Grunde in der ersten Klasse der Objekte, also in der in äußerer Anschauung gegebenen Körperwelt. Dort ist sie das Band der Veränderungen unter einander, indem die Ursache die von außen hinzutretende Bedingung jedes Vorgangs ist. Das Innere solcher Vorgänge hingegen bleibt uns dort ein Geheimniß: denn wir stehn daselbst immer draußen. Da sehn wir wohl diese Ursache jene Wirkung mit Nothwendigkeit hervorbringen: aber wie sie eigentlich Das könne, was nämlich dabei im Innern vorgehe, erfahren wir nicht. So sehn wir die mechanischen, physikalischen, chemischen Wirkungen, und auch die der Reize, auf ihre respektiven Ursachen jedesmal erfolgen; ohne deswegen jemals den Vorgang durch und durch zu verstehn; sondern die Hauptsache dabei bleibt uns ein Mysterium: wir schreiben sie alsdann den Eigenschaften der Körper, den Naturkräften, auch der Lebenskraft, zu, welches jedoch lauter *qualitates occultae* sind. Nicht besser nun würde es mit unserm Verständniß der Bewegungen und Handlungen der Thiere und Menschen stehn, und wir würden auch diese auf unerklärliche Weise durch ihre Ursachen (Motive) hervorgerufen sehn; wenn uns nicht hier die Einsicht in das Innere des Vorgangs eröffnet wäre: wir wissen nämlich, aus der an uns selbst gemachten innern Erfahrung, daß dasselbe ein Willensakt ist, welcher durch das Motiv, das in einer bloßen Vorstellung besteht, hervorgerufen wird. Die Einwirkung des Motivs also wird von uns nicht bloß, wie die aller andern Ursachen, von außen und daher nur mittelbar, sondern zugleich von innen, ganz unmittelbar und daher ihrer ganzen Wirkungsart nach, erkannt. Hier stehn wir gleichsam hinter den Koulissen und erfahren das Geheimniß, wie, dem innersten Wesen nach, die Ursache die Wirkung herbeiführt: denn hier erkennen wir auf einem ganz andern Wege, daher in ganz anderer Art. Hieraus ergiebt sich der wichtige Satz: die Motivation ist die Kausalität von innen gesehn. Diese stellt sich demnach hier in ganz anderer Weise, in einem ganz andern Medio, für eine ganz andere Art des Erkennens dar: daher nun ist sie als eine besondere und eigenthümliche Gestalt unsers Satzes aufzuführen, welcher sonach hier auftritt als Satz vom zureichenden Grunde des Handelns, *principium rationis sufficientis agendi,* kürzer, Gesetz der Motivation.

Zu anderweitiger Orientirung, in Bezug auf meine Philosophie überhaupt, füge ich hier hinzu, daß, wie das Gesetz der Motivation sich zu dem oben, § 20, aufgestellten Gesetz der Kausalität verhält; so diese vierte Klasse von Objekten für das Subjekt, also der in uns selbst wahrgenommene Wille, zur ersten Klasse. Diese Einsicht ist der Grundstein meiner ganzen Metaphysik.

Ueber die Art und die Nothwendigkeit der Wirkung der Motive, das Bedingtseyn derselben durch den empirischen, individuellen Charakter, wie auch durch die Erkenntnißfähigkeit der Individuen u. s. w. verweise ich auf meine Preisschrift über die Freiheit des Willens, woselbst dies Alles ausführlich abgehandelt ist.

§ 44.

Einfluß des Willens auf das Erkennen.

Nicht auf eigentlicher Kausalität, sondern auf der § 42 erörterten Identität des erkennenden mit dem wollenden Subjekt beruht der Einfluß, den der Wille auf das Erkennen ausübt, indem er es nöthigt, Vorstellungen, die demselben ein Mal gegenwärtig gewesen, zu wiederholen, überhaupt die Aufmerksamkeit auf dieses oder jenes zu richten und eine beliebige Gedankenreihe hervorzurufen. Auch hierin wird er bestimmt durch das Gesetz der Motivation, welchem gemäß er auch der heimliche Lenker der sogenannten Ideenassociation ist, der ich im 2. Bande der Welt als W. und V. ein eigenes Kapitel (das 14.) gewidmet habe, und welche selbst nichts Anderes ist, als die Anwendung des Satzes vom Grunde, in seinen vier Gestalten, auf den subjektiven Gedankenlauf, also auf die Gegenwart der Vorstellungen im Bewußtseyn. Der Wille des Individuums aber ist es, der das ganze Getriebe in Thätigkeit versetzt, indem er dem Interesse, d. h. den individuellen Zwecken der Person gemäß, den Intellekt antreibt, zu seinen gegenwärtigen Vorstellungen die mit ihnen logisch, oder analogisch, oder durch räumliche, oder zeitliche Nachbarschaft verschwisterten herbeizuschaffen. Die Thätigkeit des Willens hiebei ist jedoch so unmittelbar, daß sie meistens nicht ins deutliche Bewußtseyn fällt; und so schnell, daß wir uns bisweilen nicht ein Mal des Anlasses zu einer also hervorgerufenen Vorstellung bewußt werden, wo es uns dann scheint, als sei Etwas ohne allen Zusammenhang mit einem Andern in unser Bewußtseyn gekommen: daß aber dies nicht geschehn könne, ist eben, wie oben gesagt, die Wurzel des Satzes vom zureichenden Grunde, und hat in dem erwähnten Kapitel seine nähere Erörterung gefunden. Jedes unserer Phantasie sich plötzlich darstellende Bild, auch jedes Urtheil, das nicht auf seinen vorher gegenwärtig gewesenen Grund folgt, muß durch einen Willensakt hervorgerufen seyn, der ein Motiv hat, obwohl das Motiv, weil es geringfügig, und der Willensakt, weil seine Erfüllung so leicht ist, daß sie mit ihm zugleich daist, oft nicht wahrgenommen werden.

§ 45.

Gedächtniß.

Die Eigenthümlichkeit des erkennenden Subjekts, daß es in Vergegenwärtigung von Vorstellungen dem Willen desto leichter gehorcht, je öfter solche Vorstellungen ihm schon gegenwärtig gewesen sind, d. h. seine Uebungsfähigkeit, ist das Gedächtniß. Der gewöhnlichen Darstellung desselben, als eines Behältnisses, in welchem wir einen Vorrath fertiger Vorstellungen aufbewahrten, die wir folglich immer hätten, nur ohne uns derselben immer bewußt zu seyn, – kann ich nicht beistimmen. Die willkürliche Wiederholung gegenwärtig gewesener Vorstellungen wird durch Uebung so leicht, daß, sobald ein Glied einer Reihe von Vorstellungen uns gegenwärtig geworden ist, wir alsbald die übrigen, selbst oft scheinbar gegen unsern Willen, hinzurufen. Will man von dieser Eigenthümlichkeit unsers Vorstellungsvermögens ein Bild (wie Plato eines giebt, indem er das Gedächtniß mit einer weichen Masse vergleicht, welche Eindrücke annimmt und bewahrt), so scheint mir das richtigste das eines Tuchs, welches die Falten, in die es oft gelegt ist, nachher gleichsam von selbst wieder schlägt. Wie der Leib dem Willen durch Uebung gehorchen lernt, eben so das Vorstellungsvermögen. Keineswegs ist, wie die gewöhnliche Darstellung es annimmt, eine Erinnerung immer die selbe Vorstellung, die gleichsam aus ihrem Behältniß wieder hervorgeholt wird, sondern jedesmal entsteht wirklich eine neue, nur mit besonderer Leichtigkeit durch die Uebung: daher kommt es, daß Phantasmen, welche wir im Gedächtniß aufzubewahren glauben, eigentlich aber nur durch öftere Wiederholung üben, unvermerkt sich ändern, was wir inne werden, wenn wir einen alten bekannten Gegenstand nach langer Zeit wiedersehn und er dem Bilde, das wir von ihm mitbringen, nicht vollkommen entspricht. Dies könnte nicht seyn, wenn wir ganz fertige Vorstellungen aufbewahrten. Eben daher kommt es, daß alle erworbenen Kenntnisse, wenn wir sie nicht üben, allmälig aus unserm Gedächtniß verschwinden; weil sie eben nur aus der Gewohnheit und dem Griffe kommende Uebungsstücke sind: so z. B. vergessen die meisten Gelehrten ihr Griechisch, und die heimgekehrten Künstler ihr Italiänisch. Ebenfalls erklärt sich daraus, daß, wenn wir einen Namen, einen Vers oder dergleichen ehemals wohl gewußt, aber in vielen Jahren nicht gedacht haben, wir ihn mit Mühe zurückbringen, aber, wenn dieses gelungen ist, ihn abermals auf einige Jahre zur Disposition haben; weil jetzt die Uebung erneuert ist. Daher soll wer mehrere Sprachen versteht in jeder derselben von Zeit zu Zeit etwas lesen; wodurch er seinen Besitz sich erhält.

Hieraus erklärt sich auch, warum die Umgebungen und Begebenheiten unserer Kindheit sich so tief dem Gedächtniß einprägen; weil wir nämlich als Kinder nur wenige und hauptsächlich anschauliche Vorstellungen haben und wir diese daher, um beschäftigt zu seyn, unablässig wiederholen. Bei Menschen, die zum Selbstdenken wenig Fähigkeit haben, ist dieses ihr ganzes Leben hindurch (und zwar nicht nur mit anschaulichen Vorstellungen, sondern auch mit Begriffen und Worten) der Fall, daher solche bisweilen, wenn nämlich nicht Stumpfheit und Geistesträgheit es verhindert, ein sehr gutes Gedächtniß haben. Dagegen hat das Genie bisweilen kein vorzügliches Gedächtniß, wie Rousseau Dies von sich selbst angiebt: es wäre daraus zu erklären, daß dem Genie die große Menge neuer Gedanken und Kombinationen zu vielen Wiederholungen keine Zeit läßt; wiewohl dasselbe sich wohl nicht leicht mit einem ganz schlechten Gedächtniß findet, weil die größere Energie und Beweglichkeit der gesammten Denkkraft hier die anhaltende Uebung ersetzt. Auch wollen wir nicht vergessen, daß die Mnemosyne [Personifizierung des Erinnerungsvermögens] die Mutter der Musen ist. Man kann demnach sagen: das Gedächtniß steht unter zwei einander antagonistischen Einflüssen: dem der Energie des Vorstellungsvermögens einerseits und dem der Menge der dieses beschäftigenden Vorstellungen andererseits. Je kleiner der erste Faktor, desto kleiner muß auch der andere seyn, um ein gutes Gedächtniß zu liefern; und je größer der zweite, desto größer muß auch der andere seyn. Hieraus erklärt sich auch, warum Menschen, die unablässig Romane lesen, dadurch ihr Gedächtniß verlieren; weil nämlich auch bei ihnen, eben wie beim Genie, die Menge von Vorstellungen, die hier aber nicht eigne Gedanken und Kombinationen, sondern fremde, rasch vorüberziehende Zusammenstellungen sind, zur Wiederholung und Uebung keine Zeit noch Geduld läßt: und was beim Genie die Uebung kompensirt geht ihnen ab. Uebrigens unterliegt die ganze Sache noch der Korrektion, daß Jeder das meiste Gedächtniß hat für Das, was ihn interessirt, das wenigste für das Uebrige. Daher vergißt mancher große Geist die kleinen Angelegenheiten und Vorfälle des täglichen Lebens, imgleichen die ihm bekannt gewordenen unbedeutenden Menschen, unglaublich schnell; während beschränkte Köpfe das Alles trefflich behalten: nichtsdestoweniger wird Jener für die *ihm* wichtigen Dinge und für das an sich selbst Bedeutende ein gutes, wohl gar ein stupendes Gedächtniß haben.

Ueberhaupt aber ist leicht einzusehn, daß wir am besten solche Reihen von Vorstellungen behalten, welche unter sich am Bande einer oder mehrerer der angegebenen Arten von Gründen und Folgen zusammenhängen; schwerer aber die, welche nicht unter sich, sondern nur mit unserm Willen nach dem Gesetze der Motivation verknüpft, d. h. willkürlich zusammengestellt sind. Bei jenen nämlich ist in dem uns *a priori* bewußten Formalen die Hälfte der Mühe uns erlassen: Dieses, wie überhaupt alle Kenntniß *a priori*, hat auch wohl Plato's Lehre, daß alles Lernen nur ein Erinnern sei, veranlaßt. –

Achtes Kapitel.

Allgemeine Bemerkungen und Resultate.

§ 46.

Die systematische Ordnung.

Die Reihenfolge, in welcher ich die verschiedenen Gestaltungen unsers Satzes aufgestellt habe, ist nicht die systematische, sondern bloß der Deutlichkeit wegen gewählt, um das Bekannte und Das, welches das Uebrige am wenigsten voraussetzt, voranzuschicken; gemäß der Regel des Aristoteles: και μαθησεως ουκ απο του πρωτου, και της του πραγματος αρχης ενιοτε αρκτεον, αλλ' ὁθεν ρᾳστ' αν μαθοι. *(et doctrina non a primo, ac rei principio aliquando inchoanda est, sed unde quis facilius discat.)* [Beim Unterricht ist mitunter nicht mit dem ersten und mit dem Anfang der Sache zu beginnen, sondern mit dem, von wo aus man sie am leichtesten lernt.] *Metaph. IV, 1.* Die systematische Ordnung, in der die Klassen der Gründe folgen müßten, ist aber diese. Zuerst müßte der Satz vom Seynsgrund angeführt werden und zwar von diesem wieder zuerst seine Anwendung auf die Zeit, als welche das einfache, nur das Wesentliche enthaltende Schema aller übrigen Gestaltungen des Satzes vom zureichenden Grunde, ja, der Urtypus aller Endlichkeit ist. Dann müßte, nach Aufstellung des Seynsgrundes auch im Raum, das Gesetz der Kausalität, diesem das der Motivation folgen und der Satz vom zureichenden Grunde des Erkennens zuletzt aufgestellt werden; da die andern auf unmittelbare Vorstellungen, dieser aber auf Vorstellungen aus Vorstellungen geht.

Die hier ausgesprochene Wahrheit, daß die Zeit das einfache, nur das Wesentliche enthaltende Schema aller Gestaltungen des Satzes vom Grunde ist, erklärt uns die absolut vollkommene Klarheit und Genauigkeit der Arithmetik, worin keine andere

Wissenschaft ihr gleichkommen kann. Alle Wissenschaften nämlich beruhen auf dem Satze vom Grunde, indem sie durchweg Verknüpfungen von Gründen und Folgen sind. Die Zahlenreihe nun aber ist die einfache und alleinige Reihe der Seynsgründe und Folgen in der Zeit: wegen dieser vollkommenen Einfachheit, indem nichts ihr zur Seite liegen bleibt, noch irgendwo unbestimmte Beziehungen sind, läßt sie an Genauigkeit, Apodikticität und Deutlichkeit nichts zu wünschen übrig. Hierin stehn alle andern Wissenschaften ihr nach; sogar die Geometrie: weil aus den drei Dimensionen des Raums so viele Beziehungen hervorgehn, daß die Uebersicht derselben sowohl der reinen, wie der empirischen Anschauung zu schwer fällt; daher die komplicirteren Aufgaben der Geometrie nur durch Rechnung gelöst werden, die Geometrie also eilt, sich in Arithmetik aufzulösen. Daß die übrigen Wissenschaften mancherlei verdunkelnde Elemente enthalten, brauche ich nicht darzuthun.

§ 47.

Zeitverhältniß zwischen Grund und Folge.

Nach den Gesetzen der Kausalität und der Motivation muß der Grund der Folge, der Zeit nach, vorhergehn. Dies ist durchaus wesentlich, wie ich ausführlich dargethan habe im 2. Bande meines Hauptwerks, Kap. 4, S. 41, 42 [Bd. II uns. Ausg., S. 49 f.]; worauf ich hier verweise, um mich nicht zu wiederholen. Danach wird man sich nicht irre machen lassen durch Beispiele, wie Kant (Krit. d. rein. Vern., 1. Aufl., S. 202; 5. Aufl., S. 248) eines anführt, nämlich daß die Ursache der Stubenwärme, der Ofen, mit dieser seiner Wirkung zugleich sei, – sobald man nur bedenkt, daß nicht ein Ding Ursache des andern, sondern ein Zustand Ursache des andern ist. Der Zustand des Ofens, daß er eine höhere Temperatur, als das ihn umgebende Medium hat, muß der Mittheilung des Ueberschusses seiner Wärme an dieses vorhergehn; und da nun jede erwärmte Luftschicht einer hinzuströmenden kälteren Platz macht, erneuert sich der erste Zustand, die Ursache, und folglich auch der zweite, die Wirkung, so lange, als Ofen und Stube nicht die selbe Temperatur haben. Es ist hier also nicht eine dauernde Ursache, Ofen, und eine dauernde Wirkung, Stubenwärme, die zugleich wären, sondern eine Kette von Veränderungen, nämlich eine stete Erneuerung zweier Zustände, deren einer Wirkung des andern ist. Wohl aber ist aus diesem Beispiel zu ersehn, welchen unklaren Begriff von der Kausalität sogar noch Kant hatte.

Hingegen der Satz vom zureichenden Grunde des Erkennens bringt kein Zeitverhältniß mit sich, sondern allein ein Verhältniß für die Vernunft: also sind v o r und n a c h hier ohne Bedeutung.

Beim Satz vom Grunde des Seyns ist, sofern er in der Geometrie gilt, ebenfalls kein Zeitverhältniß, sondern allein ein räumliches, von dem sich sagen ließe, alles wäre zugleich, wenn nicht das Zugleich hier, sowohl als das Nacheinander, ohne Bedeutung wäre. In der Arithmetik dagegen ist der Seynsgrund nichts anderes, als eben das Zeitverhältniß selbst.

§ 48.

Reciprokation der Gründe.

Der Satz vom zureichenden Grunde kann in jeder seiner Bedeutungen ein hypothetisches Urtheil begründen, wie denn auch jedes hypothetische Urtheil zuletzt auf ihm beruht, und immer bleiben dabei die Gesetze der hypothetischen Schlüsse gültig, nämlich: vom Daseyn des Grundes auf das Daseyn der Folge, und vom Nichtseyn der Folge auf das Nichtseyn des Grundes, ist der Schluß richtig: aber vom Nichtseyn des Grundes auf das Nichtseyn der Folge, und vom Daseyn der Folge auf das Daseyn des Grundes ist der Schluß unrichtig. Nun ist es merkwürdig, daß dennoch in der Geometrie fast überall auch vom Daseyn der Folge auf das Daseyn des Grundes und vom Nichtseyn des Grundes auf das Nichtseyn der Folge geschlossen werden kann. Dies kommt daher, daß, wie § 37 gezeigt ist, jede Linie die Lage der andern bestimmt und es dabei einerlei ist, von welcher man anfangen, d. h. welche man als Grund und welche als Folge betrachten will. Man kann hievon sich überzeugen, indem man sämmtliche geometrische Lehrsätze durchgeht. Nur da, wo nicht bloß von Figur, d. h. von Lage der Linien, sondern von Flächeninhalt, abgesehn von der Figur, die Rede ist, kann man meistens nicht vom Daseyn der Folge auf das Daseyn des Grundes schließen, oder vielmehr die Sätze reciprociren und das Bedingte zur Bedingung machen. Ein Beispiel hievon giebt der Satz: Wenn Dreiecke gleiche Grundlinien und gleiche Höhen haben, sind sie an Flächeninhalt gleich. Er läßt sich nicht also umkehren: Wenn Dreiecke gleichen Flächeninhalt haben, sind auch ihre Grundlinien und Höhen gleich. Denn die Höhen können sich auch umgekehrt wie die Grundlinien verhalten.

Daß das Gesetz der Kausalität keine Reciprokation zulasse, indem die Wirkung nie die Ursache ihrer Ursache seyn könne, und daher der Begriff der Wechselwirkung, seinem eigentlichen Sinne nach, nicht zulässig sei, ist schon oben, § 20, zur Sprache gekommen. – Eine Reciprokation nach dem Satz vom Grunde des Erkennens könnte nur bei Wechselbegriffen Statt finden; indem nur die Sphären dieser sich gegenseitig decken. Außerdem giebt sie den *circulus vitiosus* [Zirkelschluß].

§ 49.

Die Nothwendigkeit.

Der Satz vom zureichenden Grunde, in allen seinen Gestalten, ist das alleinige Princip und der alleinige Träger aller und jeder Nothwendigkeit. Denn N o t h w e n d i g k e i t hat keinen andern wahren und deutlichen Sinn, als den der Unausbleiblichkeit der Folge, wenn der Grund gesetzt ist. Demnach ist jede Nothwendigkeit b e d i n g t ; absolute, d. h. unbedingte, Nothwendigkeit also eine *contradictio in adjecto.* Denn N o t h - w e n d i g - s e y n kann nie etwas Anderes besagen, als aus einem gegebenen Grunde folgen. Will man es hingegen definiren »was nicht nichtseyn kann«; so giebt man eine bloße Worterklärung und flüchtet sich, um die Sacherklärung zu vermeiden, hinter einen höchst abstrakten Begriff; von wo man jedoch sogleich herauszutreiben ist durch die Frage, wie es denn möglich, oder nur denkbar, sei, daß irgend etwas nicht nichtseyn könne; da ja doch alles Daseyn bloß empirisch gegeben ist? Da ergiebt sich denn, daß es nur insofern möglich sei, als irgend ein G r u n d gesetzt oder vorhanden ist, aus dem es folgt. Nothwendigseyn und Aus einem gegebenen Grund folgen sind mithin Wechselbegriffe, welche als solche überall einer an die Stelle des andern gesetzt werden können. Der bei den Philosophastern beliebte Begriff vom »**absolut** nothwendigen Wesen« enthält also einen Widerspruch: durch das Prädikat »absolut« (d. h. »von nichts Anderm abhängig«) hebt er die Bestimmung auf, durch welche allein das »Nothwendige« denkbar ist und einen Sinn hat. Wir haben daran wieder ein Beispiel vom Mißbrauch abstrakter Begriffe zum Behuf metaphysischer Erschleichung, wie ich ähnliche nachgewiesen habe am Begriff »Immaterielle Substanz«, »Grund schlechthin«, »Ursache überhaupt« u. s. w.† Ich kann es nicht genug wiederholen, daß alle abstrakte Begriffe durch die Anschauung zu kontrolliren sind.

Demnach giebt es, den vier Gestalten des Satzes vom Grunde gemäß, eine vierfache Nothwendigkeit. 1) Die logische, nach dem Satz vom Erkenntnißgrunde, vermöge welcher, wenn man die Prämissen hat gelten lassen, die Konklusion unweigerlich zuzugeben ist. 2) Die physische, nach dem Gesetz der Kausalität, vermöge welcher, sobald die Ursache eingetreten ist, die Wirkung nicht ausbleiben kann. 3) Die mathematische, nach dem Satz vom Grunde des Seyns, vermöge welcher jedes von einem wahren geometrischen Lehrsatze ausgesagte Verhältniß so ist, wie er es besagt, und jede richtige Rechnung unwiderleglich bleibt. 4) Die moralische, vermöge welcher jeder Mensch, auch jedes Thier, nach eingetretenem Motiv, die Handlung vollziehn muß, welche seinem angeborenen und unveränderlichen Charakter allein gemäß ist und demnach jetzt so unausbleiblich, wie jede andere Wirkung einer Ursache, erfolgt; wenn sie gleich nicht so leicht, wie jede andere, vorherzusagen ist, wegen der Schwierigkeit der Ergründung und vollständigen Kenntniß des individuellen empirischen Charakters und der ihm beigegebenen Erkenntnißsphäre; als welche zu erforschen ein ander Ding ist, als die Eigenschaften eines Mittelsalzes kennen zu lernen und danach seine Reaktion vorherzusagen. Ich darf nicht müde werden, dies zu wiederholen, wegen der Ignoranten und Dummköpfe, welche die einhellige Belehrung so vieler großen Geister

---

† Vergl. über »immaterielle Substanz« die Welt als Wille und Vorstellung, I, 582 fg. [Bd. II S. 599–601], und über »Grund schlechthin« den § 52 des vorliegenden Werkes. Der [erste] Herausgeber [Julius Frauenstädt].

für nichts achtend, noch immer, zu Gunsten ihrer Rockenphilosophie, das Gegentheil zu behaupten dreist genug sind. Bin ich doch kein Philosophieprofessor, der nöthig hätte, vor dem Unverstande des andern Bücklinge zu machen.

§ 50.

Reihen der Gründe und Folgen.

Nach dem Gesetz der Kausalität ist die Bedingung immer wieder bedingt und zwar auf gleiche Art: daher entsteht *a parte ante* [von seiten des Vorher] eine *series in infinitum* [Reihe ins Unendliche]. Eben so ist es mit dem Seynsgrund im Raum: jeder relative Raum ist eine Figur, hat Gränzen, die ihn mit einem andern in Verbindung setzen und wieder die Figur dieses andern bedingen, und so nach allen Dimensionen, *in infinitum.* Betrachtet man aber eine einzelne Figur in sich, so hat die Reihe der Seynsgründe ein Ende; weil man von einem gegebenen Verhältniß anhub: wie auch die Reihe der Ursachen ein Ende hat, wenn man bei irgend einer Ursache beliebig stehn bleibt. In der Zeit hat die Reihe der Seynsgründe sowohl *a parte ante,* wie *a parte post* [hinsichtlich des Vorher wie des Nachher] eine unendliche Ausdehnung, indem jeder Augenblick durch einen früheren bedingt ist und den folgenden nothwendig herbeiführt, die Zeit also weder Anfang noch Ende haben kann. Die Reihe der Erkenntnißgründe dagegen, d. h. eine Reihe von Urtheilen, deren jedes dem andern logische Wahrheit ertheilt, endigt immer irgendwo, nämlich entweder in einer empirischen, oder transscendentalen, oder metalogischen Wahrheit. Ist das erstere, also eine empirische Wahrheit der Grund des obersten Satzes, darauf man geführt worden, und man fährt fort zu fragen Warum; so ist was man jetzt verlangt kein Erkenntnißgrund mehr, sondern eine Ursache: d. h. die Reihe der Gründe des Erkennens geht über in die Reihe der Gründe des Werdens. Macht man nun aber es ein Mal umgekehrt, läßt nämlich die Reihe der Gründe des Werdens, damit sie ein Ende finden könne, übergehn in die Reihe der Gründe des Erkennens; so ist Dies nie durch die Natur der Sache herbeigeführt, sondern durch specielle Absicht, also ein Kniff, und zwar ist es das unter dem Namen des ontologischen

Beweises bekannte Sophisma. Nämlich nachdem man, durch den kosmologischen Beweis, zu einer Ursache gelangt ist, bei welcher man stehn zu bleiben Belieben trägt, um sie zur ersten zu machen, das Gesetz der Kausalität jedoch sich nicht so zur Ruhe bringen läßt, sondern fortfahren will, Warum zu fragen; so schafft man es heimlich bei Seite und schiebt ihm den ihm von Weitem ähnlich sehenden Satz vom Erkenntnißgrunde unter, giebt also, statt der hier verlangten Ursache, einen Erkenntnißgrund, der aus dem zu beweisenden, seiner Realität nach also noch problematischen, Begriff selbst geschöpft wird und der nun, weil er doch ein Grund ist, als Ursache figuriren muß. Natürlich hat man jenen Begriff schon zum voraus darauf eingerichtet, indem man die Realität, allenfalls, des Anstandes halber, noch in ein Paar Hüllen gewickelt, hineinlegte und sich also die nunmehrige, freudige Ueberraschung, sie darin zu finden, vorbereitete, – wie wir Dies schon oben, § 7, näher beleuchtet haben. – Beruht hingegen eine Kette von Urtheilen zuletzt auf einem Satz von transscendentaler, oder metalogischer Wahrheit, und man fährt fort zu fragen Warum; so giebt es darauf keine Antwort, weil die Frage keinen Sinn hat, nämlich nicht weiß, was für einen Grund sie fordert. Denn der Satz vom Grunde ist das Princip aller Erklärung: eine Sache erklären heißt ihren gegebenen Bestand, oder Zusammenhang, zurückführen auf irgend eine Gestaltung des Satzes vom Grunde, der gemäß er seyn muß, wie er ist. Diesem gemäß ist der Satz vom Grunde selbst, d. h. der Zusammenhang, den er, in irgend einer Gestalt, ausdrückt, nicht weiter erklärbar; weil es kein Princip giebt, das Princip aller Erklärung zu erklären, – oder wie das Auge Alles sieht, nur sich selbst nicht. – Von den Motiven giebt es zwar Reihen, indem der Entschluß zur Erreichung eines Zwecks, Motiv wird des Entschlusses zu einer ganzen Reihe von Mitteln: doch endigt diese Reihe immer *a parte priori* [hinsichtlich des Früheren] in einer Vorstellung aus den zwei ersten Klassen, woselbst das Motiv liegt, welches ursprünglich vermochte, diesen individuellen Willen in Bewegung zu setzen. Daß es nun Dieses konnte, ist ein Datum zur Erkenntniß des hier gegebenen empirischen Charakters: warum dieser aber dadurch bewegt werde, kann nicht beantwortet werden, weil der intelligible Charakter außer der Zeit liegt und nie Objekt wird. Die Reihe der Motive als solcher findet also in einem solchen letzten Motiv ihr Ende und geht, jenachdem ihr letztes Glied ein reales Objekt, oder ein bloßer Begriff war, über in die Reihe der Ursachen, oder in die der Erkenntnißgründe.

§ 51.

Jede Wissenschaft hat eine der Gestaltungen des Satzes vom Grunde vor den andern zum Leitfaden.

Weil die Frage Warum immer einen zureichenden Grund will und die Verbindung der Erkenntnisse nach dem Satz vom zureichenden Grunde die Wissenschaft vom bloßen Aggregat von Erkenntnissen unterscheidet, ist § 4 gesagt worden, daß das Warum die Mutter der Wissenschaften sei. Auch findet sich, daß in jeder derselben Eine der Gestaltungen unsers Satzes, vor den übrigen, der Leitfaden ist; obgleich in derselben auch die andern, nur mehr untergeordnet, Anwendung finden. So ist in der reinen Mathematik der Seynsgrund Hauptleitfaden (obgleich die Darstellung in den Beweisen nur am Erkenntnißgrunde fortschreitet); in der angewandten tritt zugleich das Gesetz der Kausalität auf; und dieses gewinnt ganz die Oberherrschaft in der Physik, Chemie, Geologie u. a. m. Der Satz vom Grunde des Erkennens findet durchaus in allen Wissenschaften starke Anwendung, da in allen das Besondere aus dem Allgemeinen erkannt wird. Hauptleitfaden und fast allein herrschend aber ist er in der Botanik, Zoologie, Mineralogie und andern klassificirenden Wissenschaften. Das Gesetz der Motivation ist, wenn man alle Motive und Maximen, welche sie auch seien, als Gegebenes betrachtet, aus dem man das Handeln erklärt, Hauptleitfaden der Geschichte, Politik, pragmatischen Psychologie u. a. – wenn man aber die Motive und Maximen selbst, ihrem Werth und Ursprung nach, zum Gegenstand der Untersuchung macht, Leitfaden der Ethik. Im 2. Bande meines Hauptwerks findet man, Kap. 12, S. 126 [Bd. III uns. Ausg., S. 149 f.], die oberste Eintheilung der Wissenschaften nach diesem Princip ausgeführt.

§ 52.

Zwei Hauptresultate.

Ich habe mich bestrebt, in dieser Abhandlung zu zeigen, daß der Satz vom zureichenden Grund ein gemeinschaftlicher Ausdruck sei für vier ganz verschiedene Verhältnisse, deren jedes auf einem besonderen und (da der Satz vom zureichenden Grund ein synthetischer *a priori* ist) *a priori* gegebenen Gesetze beruht, von welchen vier, nach dem Grundsatz der Specifikation gefunden, Gesetzen nach dem Grundsatz der Homogeneität angenommen werden muß, daß, so wie sie in einem gemeinschaftlichen Ausdruck zusammentreffen, sie auch aus einer und der selben Urbeschaffenheit unsers ganzen Erkenntnißvermögens, als ihrer gemeinschaftlichen Wurzel, entspringen, welche demnach anzusehn wäre als der innerste Keim aller Dependenz, Relativität, Instabilität und Endlichkeit der Objekte unsers in Sinnlichkeit, Verstand und Vernunft, Subjekt und Objekt befangenen Bewußtseyns, oder derjenigen Welt, welche der hohe Plato wiederholentlich als das αει γιγνομενον μεν και απολλυμενον, οντως δε ουδεποτε ον [immer Entstehende und Vergehende, in Wahrheit aber nie Seiende], deren Erkenntniß nur eine δοξα μετ' αισθησεως αλογου [bloße Vorstellung mittels vernunftloser Wahrnehmung: *Timaios*, Kap. v] wäre, herabsetzt, und welche das Christenthum, mit richtigem Sinn, nach derjenigen Gestaltung unsers Satzes, welche ich § 46 als sein einfachstes Schema und den Urtypus aller Endlichkeit bezeichnet habe, die Zeitlichkeit nennt. Der allgemeine Sinn des Satzes vom Grunde überhaupt läuft darauf zurück, daß immer und überall Jegliches nur vermöge eines Andern ist. Nun ist aber der Satz vom Grunde in allen seinen Gestalten *a priori*, wurzelt also in unserm Intellekt: daher darf er nicht auf das Ganze aller daseienden Dinge, die Welt, mit Einschluß dieses Intellekts, in welchem sie dasteht, angewandt werden. Denn eine solche, vermöge apriorischer Formen sich darstellende Welt ist eben deshalb bloße Erscheinung: was daher nur in Folge eben dieser Formen von ihr gilt, findet keine Anwendung auf sie selbst, d. h. auf das in ihr sich darstellende Ding an sich. Daher kann man nicht sagen: »Die Welt und alle Dinge in ihr existiren vermöge eines Andern«; – welcher Satz eben der kosmologische Beweis ist.

Ist mir die Ableitung des so eben ausgesprochenen Resultats durch gegenwärtige Abhandlung gelungen; so wäre, dächte ich, an jeden Philosophen, der, bei seinen Spekulationen, auf den Satz vom zureichenden Grunde einen Schluß baut, oder überhaupt nur von einem Grunde spricht, die Forderung zu machen, daß er bestimme, welche Art von Grund er meine. Man könnte glauben, daß, so oft von einem Grunde die Rede ist, Jenes sich von selbst ergebe und keine Verwechselung möglich sei. Allein es finden sich nur gar zu viele Beispiele, theils daß die Ausdrücke Grund und Ursache verwechselt und ohne Unterscheidung gebraucht werden, theils daß *im Allgemeinen* von einem Grund und Begründeten, Princip und Principiat, Bedingung und Bedingten geredet wird, ohne nähere Bestimmung; vielleicht eben weil man sich im Stillen eines unberechtigten Gebrauchs dieser Begriffe bewußt ist. So spricht selbst Kant von dem Ding an sich als dem *Grunde* der Erscheinung. So spricht er (Krit. d. r. V., 5. Aufl., S. 590) von einem *Grunde der Möglichkeit* aller Erscheinung; von einem *intelligiblen Grund* der Erscheinungen; von einer *intelligiblen Ursache*, einem *unbekannten Grund* der Möglichkeit der sinnlichen Reihe überhaupt (S. 592); von einem den Erscheinungen *zum Grunde* liegenden *transscendentalen Objekt* und dem *Grunde* warum unsere Sinnlichkeit diese viel mehr als alle andern obersten Bedingungen habe (S. 641); und so an mehreren Stellen. Welches alles mir schlecht zu passen scheint zu jenen gewichtigen, tiefsinnigen, ja unsterblichen Worten (S. 591): »daß die Zufälligkeit* der Dinge *selbst nur Phänomen* sei und auf keinen andern Regressus führen könne, als den empirischen, der die Phänomene bestimmt.«

Daß, seit Kant, die Begriffe Grund und Folge, Princip und Principiat u. s. w. noch viel unbestimmter und ganz und gar transscendent gebraucht sind, weiß Jeder dem die neueren philosophischen Schriften bekannt sind.

Gegen diesen unbestimmten Gebrauch des Wortes *Grund* und mit ihm des Satzes vom zureichenden Grunde überhaupt ist

* Die empirische Zufälligkeit ist gemeint, welche bei Kant so viel bedeutet, wie Abhängigkeit von andern Dingen; worüber ich auf meine Rüge, S. 524 [Bd. II uns. Ausg., S. 570] meiner »Kritik an der Kantischen Philosophie« verweise.

Folgendes meine Einwendung und zugleich das zweite, mit dem ersten genau verbundene Resultat, welches diese Abhandlung über ihren eigentlichen Gegenstand giebt. Obgleich die vier Gesetze unsers Erkenntnißvermögens, deren gemeinschaftlicher Ausdruck der Satz vom zureichenden Grunde ist, durch ihren gemeinsamen Charakter, und dadurch, daß alle Objekte des Subjekts unter sie vertheilt sind, sich ankündigen als durch Eine und die selbe Urbeschaffenheit und innere Eigenthümlichkeit des als Sinnlichkeit, Verstand und Vernunft erscheinenden Erkenntnißvermögens gesetzt, so daß sogar, wenn man sich einbildete, es könnte eine neue, fünfte Klasse von Objekten entstehn, dann ebenfalls vorauszusetzen wäre, daß in ihr auch der Satz vom zureichenden Grund in einer neuen Gestalt auftreten würde; so dürfen wir dennoch nicht von einem Grunde schlechthin sprechen, und es giebt so wenig einen Grund überhaupt, wie einen Triangel überhaupt, anders, als in einem abstrakten, durch diskursives Denken gewonnenen Begriff, der als Vorstellung aus Vorstellungen, nichts weiter ist, als ein Mittel Vieles durch Eines zu denken. Wie jeder Triangel spitz-, recht- oder stumpf-winklicht, gleichseitig, gleichschenklicht oder ungleichseitig seyn muß; so muß auch (da wir nur vier und zwar bestimmt gesonderte Klassen von Objekten haben) jeder Grund zu einer der angegebenen vier möglichen Arten der Gründe gehören und demnach innerhalb einer der vier angegebenen möglichen Klassen von Objekten unsers Vorstellungsvermögens, – die folglich, mit sammt diesem Vermögen, d. h. der ganzen Welt, sein Gebrauch schon als gegeben voraussetzt und sich diesseit hält, – gelten, nicht aber außerhalb derselben, oder gar außerhalb aller Objekte. Sollte dennoch Jemand hierüber anders denken, und meinen, Grund überhaupt sei etwas Anderes, als der aus den vier Arten der Gründe abgezogene, ihr Gemeinschaftliches ausdrückende Begriff; so könnten wir den Streit der Realisten und Nominalisten erneuen, wobei ich in gegenwärtigem Fall auf der Seite der letztern stehn müßte.

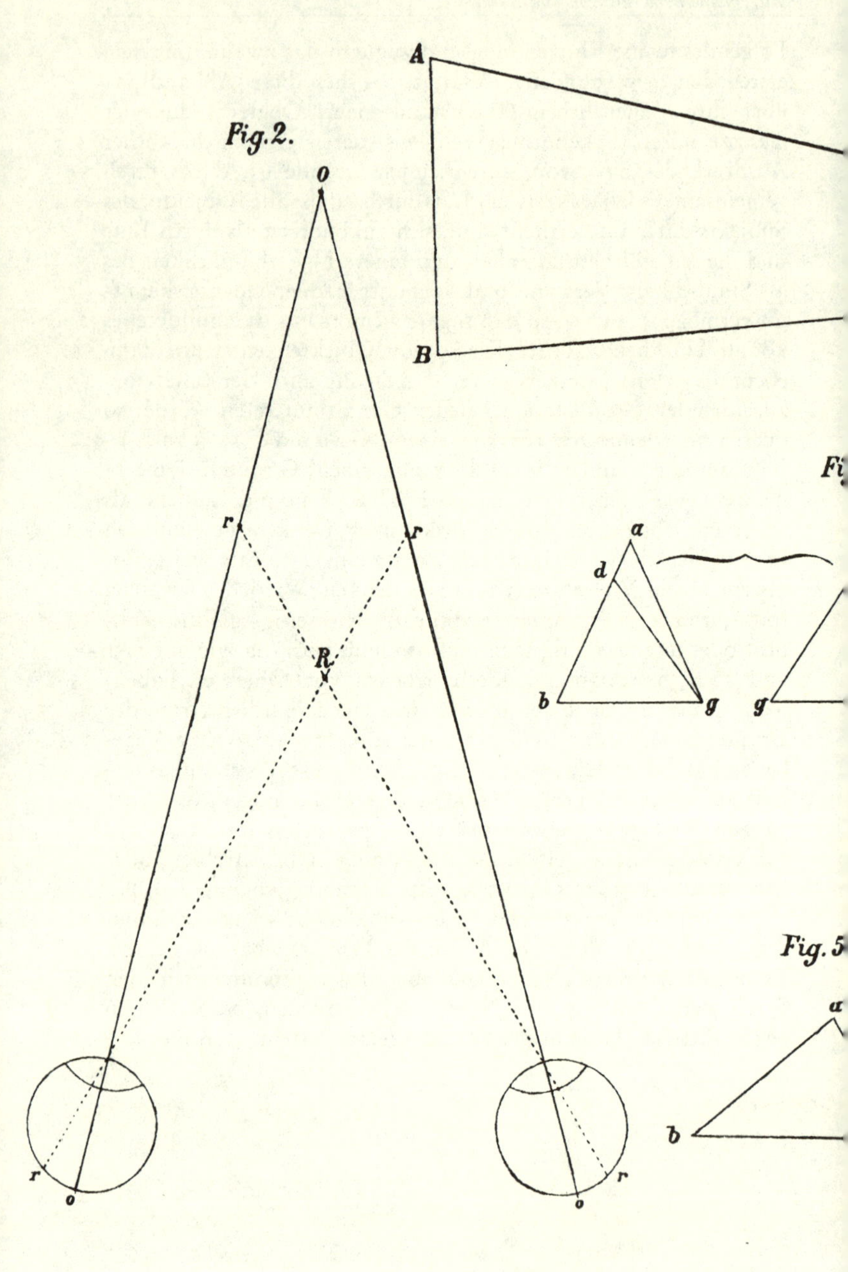

A
B
Fig.2.
O
r
r
R
r
o
r
o
Fi
a
d
b
g
g
Fig. 5
a
b

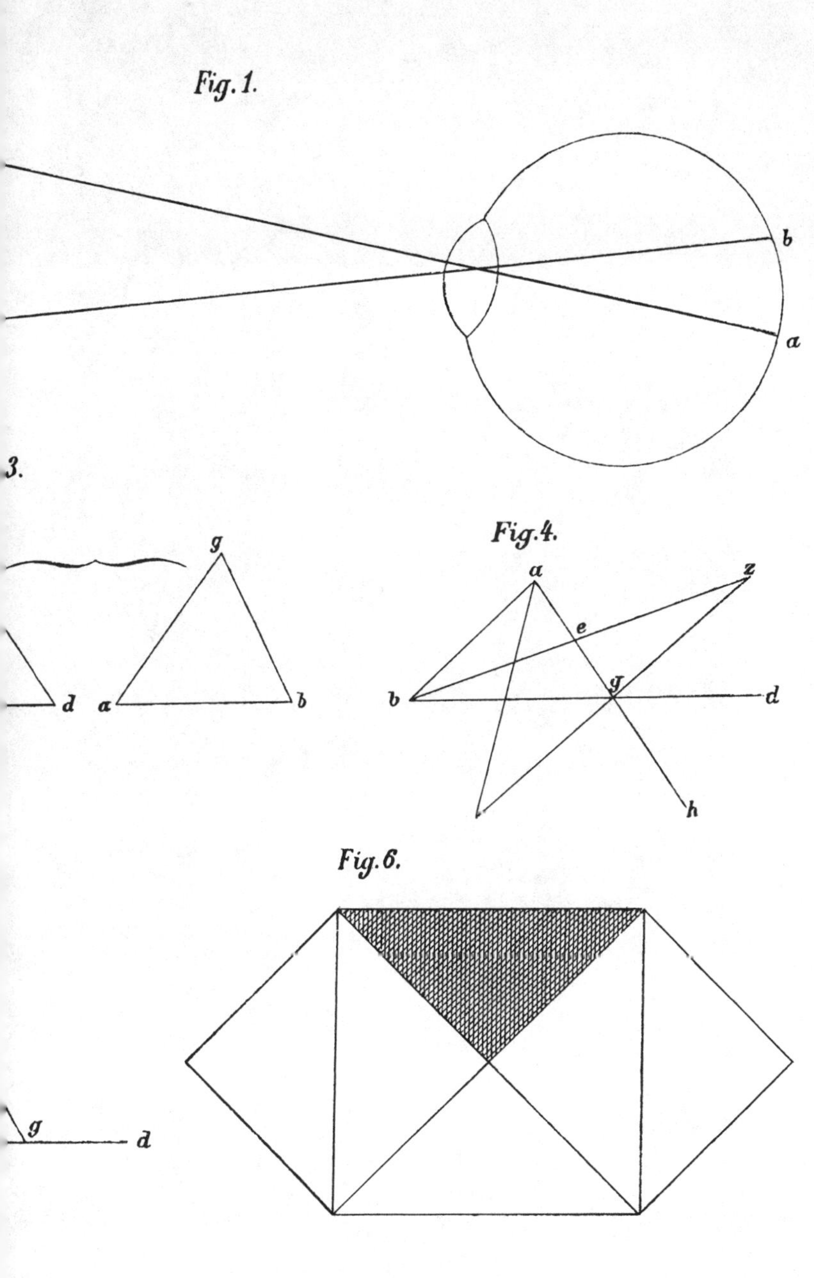
Fig. 1.
b
a
3.
g
d
a
b
Fig. 4.
a
z
e
b
g
d
h
Fig. 6.
g
d

Ueber den Willen in der Natur.

Eine Erörterung der Bestätigungen, welche die Philosophie des Verfassers, seit ihrem Auftreten, durch die empirischen Wissenschaften erhalten hat.

Τοιαῦτ' ἐμοῦ λόγοισιν ἐξηγουμένου,
Οὐκ ἠξίωσαν οὐδὲ προσβλέψαι τὸ πᾶν·
'Αλλ' ἐκδιδάσκει πάνθ' ὁ γηράσκων χρόνος.

[Ich spann am Webstuhl der Gedanken mein Gespinst:
Sie hielten's nicht der Mühe wert, nur hinzusehn;
Doch alles macht fortschreitend offenbar die Zeit.]

Aesch. [*ylos, Prometheus,* 214–215, 981.]

Vorrede.

Ich habe die Freude erlebt, auch an dieses kleine Werk die zweite, nachbessernde Hand legen zu können, – nach 19 Jahren; und sie ist um so größer gewesen, als dasselbe für meine Philosophie von besonderer Wichtigkeit ist. Denn ausgehend vom rein Empirischen, von den Bemerkungen unbefangener, den Faden ihrer Specialwissenschaft verfolgender Naturforscher, gelange ich hier unmittelbar zum eigentlichen Kern meiner Metaphysik, weise die Berührungspunkte dieser mit den Naturwissenschaften nach und liefere so gewissermaaßen die Rechnungsprobe zu meinem Fundamentaldogma, welches eben dadurch sowohl seine nähere und speciellere Begründung erhält, als auch deutlicher, faßlicher und genauer, als irgendwo, in das Verständniß tritt.

Die dieser neuen Auflage gegebenen Verbesserungen fallen fast ganz mit den Vermehrungen zusammen, indem aus der ersten nichts irgend der Erwähnung Werthes weggelassen, hingegen zahlreiche und zum Theil beträchtliche Zusätze eingefügt sind.

Aber auch im Allgemeinen ist es ein gutes Zeichen, daß der Buchhandel eine neue Auflage dieser Schrift verlangt hat; indem es auf Antheil an ernstlicher Philosophie überhaupt deutet und bestätigt, daß das Bedürfniß wirklicher Fortschritte in derselben zu jetziger Zeit dringender, als je, fühlbar wird. Dieses aber beruht auf zwei Umständen. Einerseits nämlich auf dem beispiellos eifrigen Betriebe sämmtlicher Zweige der Naturwissenschaft, welcher, größtentheils von Leuten gehandhabt, die nichts außerdem gelernt haben, droht, zu einem krassen und stupiden Materialismus zu führen, an welchem das zunächst Anstößige nicht die moralische Bestialität der letzten Resultate, sondern der unglaubliche Unverstand der ersten Principien ist; da sogar die Lebenskraft abgeleugnet und die organische Natur zu einem zufälligen Spiele chemischer Kräfte erniedrigt wird†. Solchen Herren vom Tiegel und der Retorte muß beigebracht werden, daß bloße Chemie wohl zum Apotheker, aber nicht zum Philosophen befähigt; wie nicht weniger gewissen andern, ihrem Geiste verwandten Naturforschern, daß man ein vollkommener Zoolog seyn und alle sechzig Affenspecies an Einer Schnur haben kann, und doch, wenn man außerdem nichts, als etwan nur noch seinen Katechismus gelernt hat, im Ganzen genommen, ein unwissender, dem Volke beizuzählender Mensch ist. Dies ist aber in jetziger Zeit ein häufiger Fall. Da werfen sich Leute zu Welterleuchtern auf, die ihre Chemie, oder Physik, oder Mineralogie, oder Zoologie, oder Physiologie, sonst aber auf der Welt nichts gelernt haben, bringen an diese ihre einzige anderweitige Kenntniß, nämlich was ihnen von den Lehren des Katechismus noch aus den Schuljahren anklebt, und wenn ihnen nun diese beiden Stücke nicht recht zu einander passen, werden sie sofort Religionsspötter und demnächst abgeschmackte, seichte Materialisten††. Daß es einen Plato und Aristoteles, einen Locke und zumal einen Kant gegeben hat, haben sie vielleicht ein Mal auf der Schule gehört, jedoch diese Leute, da sie weder Tiegel und Retorte handhabten, noch Affen ausstopften, keiner näheren Bekanntschaft werth gehalten; sondern, die Gedankenarbeit zweier Jahrtausende gelassen zum Fenster hinauswerfend, philosophiren sie aus eigenen reichen Geistesmitteln, auf Grundlage des Katechismus einerseits und der Tiegel und Retorten, oder der Affenregister, andererseits, dem Publiko etwas vor. Ihnen gehört die unumwundene Belehrung, daß sie Ignoranten sind, die noch Vieles zu lernen haben, ehe sie mitreden können. Und überhaupt Jeder, der so mit kindlich naivem Realismus in den Tag hinein dogmatisirt, über Seele, Gott, Weltanfang, Atome u. dgl. m., als wäre die Kritik der reinen Vernunft im Monde geschrieben und kein Exemplar derselben auf die Erde gekom-

† Und die Bethörung hat den Grad erreichen können, daß man ganz ernstlich vermeint, der Schlüssel zu dem Mysterium des Wesens und Daseyns dieser bewunderungswerthen und geheimnißvollen Welt sei in den armsäligen chemischen Verwandtschaften gefunden! – Wahrlich der Wahn der Alchymisten, welche den Stein der Weisen suchten und bloß hofften, Gold zu machen, war Kleinigkeit, verglichen mit dem Wahn unserer physiologischen Chemiker.

†† *Aut catechismus, aut materialismus* [Entweder Katechismus oder Materialismus], ist ihre Losung.

men, – gehört eben zum Volke: schickt ihn in die Bedientenstube, daß er dort seine Weisheit an den Mann bringe†.

Der andere, zu wirklichen Fortschritten der Philosophie aufrufende Umstand ist der, allen hypokritischen Verhüllungen und allem kirchlichen Scheinleben zum Trotz, immer mehr Ueberhand nehmende Unglaube, als welcher mit den immer weiter sich verbreitenden empirischen und historischen Kenntnissen jeder Art nothwendig und unvermeidlich Hand in Hand geht. Dieser droht, mit der Form des Christenthums auch den Geist und Sinn desselben (der sich viel weiter als es selbst erstreckt) zu verwerfen und die Menschheit dem moralischen Materialismus zu überliefern, der noch gefährlicher ist, als der oben erwähnte chemische. Dabei arbeitet diesem Unglauben nichts mehr in die Hände, als der jetzt überall und so dummdreist auftretende, obligate Tartüffianismus, dessen plumpe Jünger, ihr Trinkgeld noch in der Hand haltend, salbungsvoll und so eindringlich predigen, daß ihre Stimmen bis in die gelehrten, von Akademien, oder Universitäten, herausgegebenen, kritischen Zeitschriften und in die physiologischen, wie philosophischen Bücher dringen, wo sie, als ganz am unrechten Ort, ihrem Zwecke schaden; indem sie indigniren††. Unter diesen Umständen also ist es erfreulich, das Publikum Antheil an der Philosophie verrathen zu sehn.

Nichtsdestoweniger habe ich den Philosophieprofessoren eine betrübte Nachricht mitzutheilen. Ihr Kaspar Hauser (nach Dorguth), den sie beinahe vierzig Jahre hindurch, von Licht und Luft so sorgfältig abgesperrt und so fest eingemauert hatten, daß kein Laut sein Daseyn der Welt verrathen konnte, – ihr Kaspar Hauser ist entsprungen! ist entsprungen und läuft in der Welt herum; – Einige meinen gar, es sei ein Prinz. – Oder, in Prosa zu reden: was sie über Alles fürchteten, daher mit vereinten Kräften und seltener Standhaftigkeit, mittelst eines so tiefen Schweigens, so einträchtigen Ignorirens und Sekretirens [Nicht-

† Er wird auch dort Leute antreffen, die gern mit aufgeschnappten Fremdwörtern, die sie nicht verstehn, um sich werfen, gerade so wie Er, wenn er z. B. gern von »Idealismus« redet, ohne zu wissen, was es bedeute, und es daher meistens statt Spiritualismus gebraucht (welcher als Realismus das Gegentheil des Idealismus ist), wie man Dies in Büchern und kritischen gelehrten Zeitschriften 100 Mal sehn kann; nebst ähnlichen *quid pro quo's* [Verwechslungen].

†† Man sollte überall ihnen zeigen, daß man an ihren Glauben nicht glaubt.

beachtens und Verbergens], wie es noch nie dagewesen, über ein Menschenalter hinaus, glücklich zu verhüten gewußt haben, – dies Unglück ist dennoch eingetreten: man hat angefangen, mich zu lesen, – und wird nun nicht wieder aufhören. *Legor et legar* [Man liest mich und wird mich lesen]: es ist nicht anders. Wahrlich schlimm und höchst ungelegen; ja, eine rechte Fatalität, wo nicht gar Kalamität. Ist Dies der Lohn, für so viel treue, traute Schweigsamkeit? für so festes einträchtiges Zusammenhalten? Beklagenswerthe Hofräthe! Wo bleibt das Versprechen des Horaz:

Est et fideli tuta silentio
Merces, –?
[Auch treuem Schweigen wird sicherer
Lohn gewiß zutheil, –? *Carm.*, III, 2,25]

Am fidelen Silentium haben sie es doch wahrlich nicht fehlen lassen; vielmehr ist dies gerade ihre Stärke, wo immer sie Verdienste wittern, ist auch wirklich gegen diese der feinste Kunstgriff: denn was Keiner weiß, ist als ob es nicht wäre. Aber mit der *merces* [Lohn], ob die so ganz *tuta* [sicher] bleiben wird, sieht es jetzt bedenklich aus; – es wäre denn, daß man *merces* im schlimmen Sinn interpretirte, der freilich auch durch gute klassische Auktoritäten belegt werden kann. Ganz richtig hatten die Herren eingesehn, daß das einzige, gegen meine Schriften anwendbare Mittel wäre, dem Publiko aus denselben ein Geheimniß zu machen, mittelst tiefen Schweigens darüber, unter lautem Lerm bei der Geburt jedes mißgestalteten Kindes der Professorenphilosophie; – wie einst die Korybanten [Priester der Göttermutter Rhea], durch lautes Tosen und Lermen, die Stimme des neugeborenen Zeus unvernehmbar machten. Aber jenes Mittel ist erschöpft und das Geheimniß ist verrathen: das Publikum hat mich entdeckt. Der Grimm der Philosophieprofessoren darüber ist groß, aber ohnmächtig: denn nachdem jenes einzige wirksame und so lange mit Erfolg angewandte Mittel erschöpft ist, vermag nunmehr kein Belfern gegen mich meine Wirksamkeit zu hemmen, und vergeblich stellt jetzt der Eine sich so, der Andere anders. Freilich haben sie erlangt, daß die meiner Philosophie eigentlich gleichzeitige Generation ohne Kunde von ihr zu Grabe getragen ist. Aber es war ein bloßer Aufschub: die Zeit hat, wie immer, Wort gehalten.

Der Gründe aber, warum den Herren vom »philosophischen Gewerbe« (sie selbst haben die unglaubliche Naivetät es so zu nennen*) meine Philosophie so sehr verhaßt ist, sind zwei. Erstlich, weil meine Werke den Geschmack des Publikums verderben, den Geschmack am leeren Phrasengewebe, an hoch aufgethürmten und nichtssagenden Wortackumulationen, am hohlen, seichten und langsam marternden Geträtsche, an der im Gewande langweiligster Metaphysik vermummt auftretenden christlichen Dogmatik und der die Ethik vorstellenden, systematisirten, plattesten Philisterei, sogar mit Anleitung zu Kartenspiel und Tanz, kurz, an der ganzen rockenphilosophischen Methode, die schon gar Viele auf immer von aller Philosophie zurückgescheucht hat.

Der zweite Grund ist, daß die Herren vom »philosophischen Gewerbe« meine Philosophie schlechterdings nicht dürfen gelten lassen und sie daher auch nicht zum Nutzen des »Gewerbes« verwenden können; – was sie sogar herzlich bedauern, da mein Reichthum ihrer bittern Armuth herrlich zu Statten kommen würde. Allein sie darf vor ihren Augen keine Gnade finden, nie und nimmer; auch nicht, wenn sie die größten, je gehobenen Schätze menschlicher Weisheit enthielte. Denn ihr geht alle spekulative Theologie, nebst rationaler Psychologie ab, und Diese, gerade Diese sind die Lebenslust der Herren, die *conditio sine qua non* [unerläßliche Bedingung] ihres Daseyns. Sie wollen nämlich, vor allen Dingen im Himmel und auf Erden, ihre Aemter; und ihre Aemter verlangen, vor allen Dingen im Himmel und auf Erden, spekulative Theologie und rationale Psychologie: *extra haec non datur salus* [außer diesem ist kein Heil zu finden: nach Apostelgeschichte, 4, 12]. Theologie soll und muß es seyn; sie komme nun woher sie wolle: Moses und die Propheten müssen Recht behalten: dies ist der oberste Grundsatz der Philosophie; und dazu rationale Psychologie, wie sich's gehört. Nun aber ist Dergleichen weder bei Kant, noch bei mir zu holen. Zerschellen ja doch bekanntlich an seiner Kritik aller spekulativen Theologie die bündigsten theologischen Argumentationen, wie ein an die Wand geworfenes Glas, und bleibt, unter seinen Händen, an der rationalen Psychologie kein ganzer Fetzen! Und nun gar bei mir, dem kühnen Fortsetzer seiner Philosophie,

* Siehe Götting. gelehrte Anzeig. von 1853, S. 1.

treten Beide, wie es eben konsequent und ehrlich ist, gar nicht mehr auf†. Hingegen ist die Aufgabe der Kathederphilosophie im Grunde diese, unter einer Hülle sehr abstrakter, abstruser und schwieriger, daher marternd langweiliger Formeln und Phrasen die Hauptgrundwahrheiten des Katechismus darzulegen; daher diese sich allemal zuletzt als der Sache Kern enthüllen; so kraus, bunt, fremdartig und absonderlich solche auch dem ersten Blick erschienen seyn mag. Dies Beginnen kann seinen Nutzen haben; wenn er mir auch unbekannt ist. Ich weiß nur so viel, daß in der Philosophie, d. h. dem Forschen nach der Wahrheit, will sagen der Wahrheit κατ' εξοχην [schlechthin], worunter die höchsten, wichtigsten, dem Menschengeschlecht über Alles auf der Welt am Herzen liegenden Aufschlüsse verstanden werden, man durch solches Treiben nie, auch nur um einen Zoll, weiter gelangen wird: vielmehr wird jenem Forschen dadurch der Weg verrannt; weshalb ich schon längst in der Universitätsphilosophie den Antagonisten der wirklichen erkannt habe. Wenn nun aber, bei so gestalteter Sachlage, ein Mal eine es ehrlich meinende und in vollem Ernst auf Wahrheit, und nichts als Wahrheit, gerichtete Philosophie auftritt, muß da nicht den Herren vom »philosophischen Gewerbe« zu Muthe werden, wie den in Pappe geharnischten Theaterrittern, wenn plötzlich unter ihnen ein wirklich Geharnischter stände, unter dessen schwerem Tritt die leichten Bühnenbretter bebten? Eine solche Philosophie m u ß also schlecht und falsch seyn und legt sonach den Herren vom »Gewerbe« die peinliche Rolle Desjenigen auf, der, um zu scheinen was er nicht ist, Andere nicht darf gelten lassen für Das, was sie sind. Hieraus entwickelt sich aber jetzt das belustigende Schauspiel, welches wir genießen, wenn die Herren, da es mit dem Ignoriren leider zu Ende ist, nunmehr, nach 40 Jahren, anfangen, mich mit ihrem Maaßstäblein zu messen und von der Höhe ihrer Weisheit herab über mich aburtheilen, als, von Amts wegen, völlig kompetent; wobei sie am ergötzlichsten sind, wenn sie gegen mich die Respektspersonen spielen wollen.

Nicht viel weniger, als ich, wenn auch mehr im Stillen, ist ihnen K a n t verhaßt, eben weil er die spekulative Theologie, nebst rationaler Psychologie, das *gagne-pain* [Broterwerb] die-

† Denn auf Offenbarungen wird, in der Philosophie, nichts gegeben; daher ein Philosoph, vor allen Dingen, ein Ungläubiger seyn muß.

ser Herren, in ihren tiefsten Fundamenten untergraben, ja, bei Allen, die Ernst verstehn, unwiederbringlich ruinirt hat. Und Den sollten die Herren nicht hassen? ihn, der ihr »philosophisches Gewerbe« ihnen so erschwert hat, daß sie kaum absehn, wie sie mit Ehren durchkommen sollen. Darum also sind wir Beide schlecht, und die Herren übersehn uns weit. Mich haben sie beinahe vierzig Jahre hindurch nicht eines Blickes gewürdigt, und auf Kant sehn sie jetzt, von der Höhe ihrer Weisheit, mitleidig herab, seine Irrthümer belächelnd. Das ist sehr weise Politik und gar erklecklich. Denn da können sie ganz ungenirt, als gäbe es keine Kritik der reinen Vernunft auf der Welt, von Gott und der Seele, als von bekannten und ihnen besonders vertrauten Persönlichkeiten, ganze Bände hindurch reden, das Verhältniß des einen zur Welt, und der andern zum Leibe, gründlich und gelehrt besprechen. Nur erst die Kritik der reinen Vernunft unter die Bank, dann geht Alles herrlich! Zu diesem Ende suchen sie, nun schon seit vielen Jahren, Kanten fein leise, allmälig bei Seite zu schieben, zu antiquiren [für veraltet zu erklären], ja, über ihn die Nase zu rümpfen, und werden jetzt, Einer durch den Andern ermuthigt, dabei immer dreister†. Haben sie ja doch aus ihrer eigenen Mitte keinen Widerspruch zu fürchten: sie haben ja Alle die selben Zwecke, die gleiche Mission, und bilden eine zahlreiche Genossenschaft, deren geistreiche Mitglieder, *coram populo* [angesichts des Volkes], sich gegenseitig mit Bücklingen bedienen, nach allen Richtungen. So ist es denn nach und nach dahin gekommen, daß die elendesten Kompendienschreiber in ihrem Uebermuth so weit gehn, Kants große und unsterbliche Entdeckungen als veraltete Irrthümer zu behandeln, ja, sie mit der lächerlichsten *suffisance* [Selbstgefälligkeit] und den unverschämtesten Machtsprüchen, die sie jedoch im Ton der Argumentation vortragen, gelassen zu beseitigen, im Vertrauen darauf, daß sie ein gläubiges Publikum vor sich haben, welches die Sachen nicht kennt*. Und Dies widerfährt Kanten von Schreibern, deren gänzliche Unfähigkeit aus

† Einer giebt immer dem Andern Recht, und da meint ein einfältiges Publikum am Ende, sie hätten wirklich Recht.

* Hier habe ich besonders vor Augen gehabt Ernst Reinholds »System der Metaphysik«, 3. Aufl. 1854. Wie es zugeht, daß kopfverderbende Bücher, wie dieses, wiederholte Auflagen erleben, habe ich erklärt in den Parergis, Bd. I, S. 171 [Bd. VII uns. Ausg., S. 199 f.].

jeder Seite, man möchte sagen aus jeder Zeile, ihres betäubenden, gedankenleeren Wortschwalls in die Augen springt. Wenn Das so fortgienge, würde bald Kant das Schauspiel des todten Löwen darbieten, dem der Esel Fußtritte giebt. Sogar in Frankreich fehlt es nicht an Kamaraden, die, von gleicher Orthodoxie beseelt, dem selben Ziele entgegenarbeiten: namentlich hat ein Hr. Barthélemy de St. Hilaire, in einer vor der *académie des sciences morales* im April 1850 gehaltenen Rede, sich erdreistet, Kanten von oben herab zu beurtheilen und auf die unwürdigste Weise von ihm zu reden; glücklicherweise aber so, daß Jeder gleich sieht, was dahinter steckt†.

Andere nun wieder, aus unserm deutschen »philosophischen Gewerbe«, schlagen, bei ihrem Bestreben, sich den ihren Zwecken so sehr entgegenstehenden Kant vom Halse zu schaffen, den Weg ein, daß sie nicht etwan geradezu gegen seine Philosophie polemisiren, sondern die Fundamente, darauf sie gebaut ist, zu untergraben suchen, sind aber dabei von allen Göttern und aller Urtheilskraft so gänzlich verlassen, daß sie Wahrheiten *a priori* angreifen, d. h. Wahrheiten, die so alt sind, wie der menschliche Verstand, ja, diesen selbst ausmachen, denen man also nicht widerstehen kann, ohne auch ihm den Krieg zu erklären. So groß aber ist der Muth dieser Herren. Leider sind mir ihrer drei* bekannt und ich fürchte, daß es deren noch mehrere giebt, welche an dieser Unterminirung arbeiten und die unglaubliche Vermessenheit haben, den Raum *a posteriori*, als eine Folge, ein bloßes Verhältniß, der Gegenstände in ihm entstehn zu lassen, indem sie behaupten, daß Raum und Zeit empirischen Ursprungs seien und den Körpern anhiengen, so daß allererst

† Jedoch, beim Zeus, allen solchen Herren, in Frankreich und Deutschland, soll beigebracht werden, daß die Philosophie zu etwas Anderem daist, als den Pfaffen in die Hände zu spielen. Vor Allem aber müssen wir ihnen deutlichst zu vermerken geben, daß wir an ihren Glauben nicht glauben, – woraus folgt, wofür wir sie halten.

* Rosenkranz, »Meine Reform der Hegelschen Philosophie«, 1852, besonders S. 41, im gewichtigen und auktoritativen Tone: »Ich habe ausdrücklich gesagt, daß Raum und Zeit gar nicht existiren würden, wenn nicht die Materie existirte. Erst der in sich gespannte Aether ist der wirkliche Raum, erst die Bewegung desselben und in ihrer Folge das reale Werden alles Besonderen und Einzelnen ist die wirkliche Zeit.«

L. Noack, »Die Theologie als Religionsphilosophie«, 1853, S. 8, 9.

v. Reichlin-Meldegg, zwei Recensionen des »Geist in der Natur« von Oersted, in den Heidelberger Jahrbüchern vom Nov.–Dec. 1850, und vom Mai–Juni 1854.

durch unsere Wahrnehmung des Nebeneinander der Körper der Raum, und eben so durch die des Nacheinander der Veränderung die Zeit entstehe *(Sankta simplicitas!* [Heilige Einfalt!]), als ob für uns die Worte Neben- und Nacheinander irgend einen Sinn haben könnten, ohne die vorhergängigen, ihnen Bedeutung ertheilenden Anschauungen des Raumes und der Zeit†, und daß folglich, wenn die Körper nicht wären, auch der Raum nicht seyn würde, mithin, wenn jene verschwänden, wegfallen müßte; und eben so daß, wenn alle Veränderungen stockten, auch die Zeit stillstände††.

Und solches Zeug wird, 50 Jahre nach Kants Tode, ernsthaft vorgetragen. Aber Unterminirung der Kantischen Philosophie ist ja der Zweck, und allerdings würde sie, wenn jene Sätze der Herren wahr wären, mit einem Schlage umgestoßen seyn. Allein glücklicherweise sind es Behauptungen von der Art, die nicht ein Mal eine Widerlegung, sondern ein Hohngelächter zur Antwort erhält, nämlich Behauptungen, bei denen es sich zunächst nicht um eine Ketzerei gegen die Kantische Philosophie, sondern um eine Ketzerei gegen den gesunden Menschenverstand handelt, und hier nicht sowohl ein Angriff auf irgend ein philosophisches Dogma, als ein Angriff auf eine Wahrheit *a priori* geschieht, die, eben als solche, den Menschenverstand selbst ausmacht und daher Jedem, der bei Sinnen ist, augenblicklich einleuchten muß, so gut, wie daß $2 \times 2 = 4$ ist. Holt mir einen Bauern vom Pfluge, macht ihm die Frage verständlich, und er wird euch sagen, daß, wenn alle Dinge am Himmel und auf Erden verschwänden, der Raum doch stehn bliebe, und daß, wenn alle Veränderungen am Himmel und auf Erden stockten, die Zeit doch fortliefe. Wie achtungswerth steht doch, gegen diese deutschen Philosophaster, der französische Physiker Pouillet da, der sich nicht um Metaphysik kümmert, jedoch, in seinem allbekannten, in Frankreich dem öffentlichen Unterricht zum Grunde gelegten Lehrbuch der Physik, nicht ver-

---

† Die Zeit ist die Bedingung der Möglichkeit des Nacheinander-Seyns, als welches ohne sie weder Statt haben, noch von uns verstanden und durch Worte bezeichnet werden könnte. Eben so ist die Bedingung der Möglichkeit des Nebeneinander-Seyns der Raum, und die Nachweisung, daß diese Bedingungen in der Anlage unsers Kopfes stecken, ist die transscendentale Aesthetik.

†† Den Raum aus den Körpern in ihm ableiten, ist ungefähr wie das Salz des Meeres aus den gesalzenen Heeringen ableiten.

fehlt, gleich dem ersten Kapitel zwei ausführliche Paragraphen, einen *de l'espace* [über den Raum] und einen *du temps* [über die Zeit], einzuverleiben, worin er darthut, daß, wenn alle Materie vernichtet würde, doch der Raum bliebe, wie auch, daß er unendlich ist; und daß, wenn alle Veränderungen stockten, doch die Zeit ihren Gang gehn würde, ohne Ende. Hiebei nun beruft er sich nicht, wie doch sonst überall, auf die Erfahrung, weil sie eben unmöglich ist: dennoch spricht er mit apodiktischer Gewißheit. Ihm nämlich, als Physiker, dessen Wissenschaft durchaus immanent ist, d. h. sich auf die empirisch gegebene Realität beschränkt, fällt es gar nicht ein, zu fragen, woher er denn das Alles wisse. Kanten ist dies eingefallen, und gerade dieses Problem, welches er in die strenge Form der Frage nach der Möglichkeit der synthetischen Urtheile *a priori* kleidete, wurde der Ausgangspunkt und der Grundstein seiner unsterblichen Entdeckungen, also der Transscendentalphilosophie, welche, durch Beantwortung eben dieser und verwandter Fragen, nachweist, was für ein Bewandtniß es mit jener empirischen Realität selbst habe†.

---

† Schon Neuton, im Scholion [Kommentar] zur achten der Definitionen, welche an der Spitze seiner *Principia (p. 12)* stehn, unterscheidet ganz richtig die absolute, d. i. leere Zeit von der erfüllten, oder relativen, und eben so den absoluten und relativen Raum. Er sagt *(p. 11): Tempus, spatium, locum, motum, ut omnibus notissima, non definio. Notandum tamen, quod vulgus* (d. i. solche Philosophieprofessoren, wie die hier in Rede stehenden) *quantitates hasce non aliter quam ex relatione ad sensibilia concipiat. Et inde oriuntur praejudicia quaędam, quibus tollendis convenit easdem in absolutas et relativas, veras et apparentes, mathematicas et vulgares distingui.* Hierauf sagt er *(p. 12):*

I. Tempus absolutum, verum et mathematicum, in se et natura sua sine relatione ad externum quodvis, aequabiliter fluit, alioque nomine dicitur Duratio: relativum, apparens et vulgare est sensibilis et externa quaevis Durationis per motum mensura (seu accurata seu inaequabilis) quâ vulgus vice veri temporis utitur; ut Hora, Dies, Mensis, Annus.

II. Spatium absolutum, natura sua sine relatione ad externum quodvis, semper manet similare et immobile: relativum est spatii hujus mensura seu dimensio quaelibet mobilis, quae a sensibus nostris per situm suum ad corpora definitur, et a vulgo pro spatio immobili usurpatur: uti dimensio spatii subterranei, aerei vel coelestis definita per situm suum ad terram.

[Zeit, Raum, Ort und Bewegung definiere ich nicht, da sie allen ganz bekannt sind. Doch ist zu bemerken, daß das Volk diese Größen nicht anders als aus ihrem Verhältnis zu den Sinnendingen begreift. Und hieraus entspringen gewisse Vorurteile, zu deren Beseitigung es erforderlich ist, dieselben in absolute und relative, wahre und scheinbare, mathematische und empirische zu scheiden.

I. Die absolute, wahre und mathematische Zeit ist diejenige, welche in sich und ihrer Natur nach ohne Beziehung auf irgend etwas Äußeres, gleichmäßig dahinfließt und mit anderem Namen Dauer genannt wird: die relative, scheinbare und empirische

Und siebenzig Jahre nach dem Erscheinen der Kritik der reinen Vernunft, und nachdem die Welt ihres Ruhmes vollgeworden, wagen es die Herren solche längst abgethane, krasse Absurditäten aufzutischen und zu den alten Rohheiten zurückzukehren. Käme Kant jetzt wieder und sähe solchen Unfug; so müßte wahrlich ihm zu Muthe werden, wie dem Moses, der, vom Berge Sinai kommend, sein Volk um das goldene Kalb tanzend vorfand, worauf er vor Zorn die Gesetzestafeln zerschmetterte. Wenn er aber eben so es tragisch nehmen wollte, würde ich ihn mit Jesus Sirachs [22, 8–9] Worten trösten: »Wer mit einem Narren redet, der redet mit einem Schlafenden: wenn es aus ist, so spricht er: was ist's?« Denn für jene Herren ist eben die transscendentale Aesthetik, dieser Diamant in Kants Krone, gar nicht dagewesen: sie wird als *non avenue* stillschweigend bei Seite gesetzt. Wozu meinen sie denn, daß die Natur ihr seltenstes Werk, einen großen Geist, einen einzigen aus so vielen hundert Millionen, zu Stande bringt, wenn es in Dero Alltagsköpfigkeit Belieben stehn soll, seine wichtigsten Lehren, durch ihre bloße Gegenbehauptung, zu annulliren, oder gar sie ohne Weiteres in den Wind zu schlagen, und zu thun, als ob nichts geschehn wäre?

Aber dieser Zustand der Verwilderung und Rohheit in der Philosophie, wo jetzt Jeder in den Tag hinein naturalisirt über Dinge, welche die größten Köpfe beschäftigt haben, ist eben noch eine Folge davon, daß, mit Hülfe der Philosophieprofessoren, der freche Unsinnschmierer Hegel die monstrosesten Einfälle hat dreist zu Markte bringen dürfen und damit, dreißig Jahre lang, in Deutschland für den größten aller Philosophen

---

ist jedes wahrnehmbare und äußerliche Maß der Dauer durch die Bewegung (mag es genau oder approximativ sein), welches dem Volke anstatt der wahren Zeit dient, z. B. als Stunde, Tag, Monat und Jahr.

II. Der absolute Raum besteht seiner Natur nach ohne Beziehung auf irgend etwas Äußeres und bleibt immer gleichmäßig und unbeweglich: der relative Raum ist das Maß dieses Raumes, d. h. jede veränderliche Entfernung, welches durch unsere Sinne nach seiner Lage zu den Körpern bestimmt wird, und vom Volke statt des unbeweglichen Raumes gebraucht wird: wie wenn man den Abstand des Raumes unter der Erde, in der Luft oder am Himmel nach seiner Lage zur Erde bestimmt.]

Aber auch dem Neuton ist es nicht eingefallen, zu fragen, woher denn diese zwei unendlichen Wesen, Raum und Zeit, da sie, wie er eben hier urgirt [nachdrücklich fordert], nicht sinnenfällig sind, uns bekannt seien, und zwar so genau bekannt, daß wir ihre ganze Beschaffenheit und Gesetzlichkeit bis auf das Kleinste anzugeben wissen.

gelten konnte. Da denkt Jeder, er dürfe eben auch nur, was ihm durch seinen Sperlingskopf fährt, dreist auftischen.

Vor Allem also sind, wie gesagt, die Herren vom »philosophischen Gewerbe« darauf bedacht, Kants Philosophie zu oblitteriren [auszulöschen], um wieder einlenken zu können in den verschlammten Kanal des alten Dogmatismus und lustig in den Tag hinein zu fabeln über ihre bekannten, ihnen anempfohlenen Lieblingsmaterien, als wäre eben nichts geschehn und kein Kant, keine kritische Philosophie, je auf der Welt gewesen†. Daher stammt auch die, seit einigen Jahren sich überall kundgebende, affektirte Veneration [Verehrung] und Anpreisung des Leibnitz, den sie gern Kanten gleichstellen, ja, über ihn erheben, indem sie mitunter ihn den größten aller deutschen Philosophen zu nennen dreist genug sind. Nun aber ist, gegen Kant gehalten, Leibnitz ein erbärmlich kleines Licht. Kant ist ein großer Geist, dem die Menschheit unvergeßliche Wahrheiten verdankt, und zu seinen Verdiensten gehört eben auch, daß er die Welt auf immer erlöst hat von dem Leibnitz und seinen Flausen, von den prästabilirten Harmonien, Monaden [kleinsten seelischen Einzelwesen] und *identitas indiscernibilium* [Identität der ununterscheidbaren Dinge]. Kant hat den Ernst in die Philosophie eingeführt und ich halte ihn aufrecht. Daß die Herren anders denken ist leicht erklärlich: hat ja doch Leibnitz eine Centralmonade und eine Theodicee dazu, sie aufzustutzen! Das ist so was für meine Herren vom »philosophischen Gewerbe«: dabei kann doch Einer bestehn und sich redlich nähren. Hingegen bei so einer Kantischen »Kritik aller spekulativen Theologie« stehn Einem ja die Haare zu Berge. Also ist Kant ein Queerkopf, den man bei Seite schiebt. Vivat Leibnitz! vivat das philosophische Gewerbe! vivat die Rockenphilosophie! Die Herren meinen wirklich, sie könnten, nach Maaßgabe ihrer kleinlichen Absichten, das Gute verdunkeln, das Große herabziehn, das Falsche in Kredit bringen. Auf eine Weile wohl; aber wahrlich nicht auf die Dauer, auch nicht ungestraft. Bin doch sogar ich am Ende durchgedrungen, trotz ihren Machinationen und ihrem hämischen vierzigjährigen Ignoriren, während dessen ich Chamfort's Aus-

† Kant hat nämlich die erschreckliche Wahrheit aufgedeckt, daß Philosophie etwas ganz Anderes seyn muß, als Judenmythologie.

spruch verstehn lernte: *en examinant la ligue des sots contre les gens d'esprit, on croirait voir une conjuration de valets pour écarter les maîtres* [Wenn man beobachtet, wie die Dummköpfe sich gegen die Leute von Geist zusammentun, so möchte man glauben, eine Verschwörung der Diener zum Sturz ihrer Herren zu sehen: *Œuvres choisies*, Bibl. Nat., T. II, p. 44].

Wen man nicht liebt, mit dem giebt man sich wenig ab. Daher ist eine Folge jenes Widerwillens gegen Kant eine unglaubliche Unkenntniß seiner Lehren, von welcher mir bisweilen Proben aufstoßen, daß ich meinen Augen nicht traue. Durch ein Paar Beispiele muß ich Dies denn doch belegen. Also zuvörderst ein rechtes Kabinetstück, wenn es auch schon einige Jahre alt ist. In des Prof. Michelets »Anthropologie und Psychologie« wird, S. 444, Kants kategorischer Imperativ in diesen Worten angegeben: »Du sollst, denn du kannst.« Es ist kein Schreibfehler: denn in seiner drei Jahre später herausgegebenen »Entwickelungsgeschichte der neuesten deutschen Philosophie« giebt er es S. 38 eben so an. Also, abgesehn davon, daß er sein Studium der Kantischen Philosophie in Schillers Epigrammen [Schiller, Xenien, 383: Du kannst, denn du sollst. –] gemacht zu haben scheint, hat er die Sache auf den Kopf gestellt, das Gegentheil des berühmten Kantischen Arguments ausgesprochen und ist offenbar ohne die allerleiseste Ahndung von Dem, was Kant mit jenem Postulat der Freiheit auf Grund seines kategorischen Imperativs hat sagen wollen. Mir ist nicht bekannt, daß irgend wo einer seiner Kollegen die Sache gerügt hätte; sondern *hanc veniam damus, petimusque vicissim* [Diese Freiheit gewähren wir uns und erbitten sie gleichfalls: Horaz, *De arte poetica*, cap. II].† – Und nur noch einen recht frischen Fall

† Michelet, in dem Aufsatz über mich, im Philosophischen Journal 1855, 3tes oder 4tes Heft [Fichtes »Zeitschrift für Philosophie und philosophische Kritik«, 27. Bd. 1. und 2. Heft] bringt *p. 44* Kants berühmte Frage: »wie sind synthetische Urtheile *a priori* möglich?« zur Sprache, und fährt dann fort: »Die affirmative Beantwortung dieser Frage« u. s. w.; wodurch er beweist, daß er nicht die entfernteste Ahndung vom Sinn der Frage hat, als welche weder zum Affirmiren, noch zum Negiren irgendwie Anlaß bietet, sondern besagt: »wie geht es zu, daß wir vor aller Erfahrung über Alles, was Zeit, Raum und Kausalität als solche betrifft, apodiktisch zu urtheilen fähig sind?« Den Kommentar zu dieser schändlichen Ignoranz des Michelet giebt eine Stelle in den letzten Jahrgängen der Hegelzeitung, als wo er sagt, daß seitdem Kant jene Frage aufgeworfen hat, alle Philosophen nach synthetischen Urtheilen *a priori* suchten! Eine solche Ignoranz im *a b c* der Philosophie verdient Kassation [Dienstenthebung].

dazu. Der oben [S. 190], in der Anmerkung, erwähnte Recensent jenes Oersted'schen Buchs, bei dessen Titel der unsere leider hat zu Gevatter stehn müssen, stößt in demselben auf den Satz, »daß Körper krafterfüllte Räume sind«: der ist ihm neu und, ohne alle Ahndung davon, daß er einen weltberühmten Kantischen Lehrsatz vor sich hat, hält er denselben für Oersteds eigene, paradoxe Meinung und polemisirt demgemäß in seinen beiden, drei Jahre auseinanderliegenden Recensionen, tapfer, anhaltend und wiederholt dagegen, mit Argumenten, wie: »die Kraft kann den Raum nicht erfüllen, ohne ein Stoffartiges, Materie«; und 3 Jahre später: »Kraft im Raum macht noch kein Ding: es muß Stoff daseyn, Materie, damit die Kraft den Raum erfülle. – Dies Erfüllen ist aber ohne Stoff unmöglich. Eine bloße Kraft wird nie ausfüllen. Die Materie muß daseyn, damit sie ausfülle.« – Bravo! so würde mein Schuster auch argumentiren†. – Wenn ich dergleichen *specimina eruditionis* [Musterbeispiele der Gelehrsamkeit] sehe; so wandelt mich ein Zweifel an, ob ich nicht oben dem Manne Unrecht gethan habe, indem ich ihn unter Denen anführte, die Kanten zu unterminiren trachten; wobei ich freilich vor Augen hatte, daß er sagt: »Der Raum ist nur das Verhältniß des Nebeneinanderseyns der Dinge«: l. c. S. 899, und weiterhin, S. 908: »Der Raum ist ein Verhältniß, unter welchem die Dinge sind, ein Nebeneinanderseyn der Dinge. Dieses Nebeneinanderseyn hört auf, ein Begriff zu seyn, wenn der Begriff der Materie aufhört.« Denn er könnte am Ende diese Sätze ebenfalls in reiner Unschuld hingeschrieben haben, indem ihm die »transscendentale Aesthetik« eben so fremd wäre, wie die »Metaphysischen Anfangsgründe der Naturwissenschaft«. Allerdings wäre das etwas stark, für einen Professor der Philosophie. Aber heut zu Tage muß man auf Alles gefaßt seyn. Denn die Kenntniß der kritischen Philosophie ist ausgestorben, trotz Dem, daß sie die letzte wirkliche Philosophie ist, welche aufgetreten, und dabei eine Lehre, welche in allem Philosophiren, ja, im menschlichen Wissen und Denken überhaupt eine Revolution und eine Weltepoche macht. Da dem-

---

† Der selbe Recensent (v. Reichlin-Meldegg), im August-Heft der Heidelberger Jahrbücher von 1855, S. 579, die Lehren der Philosophen über Gott darlegend, sagt: »In Kant ist Gott ein unerkennbares Ding an sich.« In seiner Recension der Frauenstädt'schen »Briefe«, Heidelberger Jahrbücher 1855, Mai oder Juni, sagt er, es gäbe gar keine Erkenntniß *a priori*.

nach durch sie alle früheren Systeme umgestoßen sind; so geht jetzt, nachdem die Kenntniß von ihr ausgestorben ist, das Philosophiren meistens nicht mehr auf Grund der Lehren irgend eines der bevorzugten Geister vor sich, sondern ist ein reines Naturalisiren, in den Tag hinein, auf Grund der Alltagsbildung und des Katechismus. Vielleicht nun aber werden, von mir aufgeschreckt, die Professoren wieder die Kantischen Werke vornehmen. Jedoch sagt Lichtenberg: »Man kann Kantische Philosophie in gewissen Jahren, glaube ich, eben so wenig lernen, als das Seiltanzen« [*Vermischte Schriften*, Göttingen 1844, Bd. I, 107].

Ich würde wahrlich nicht mich herbeigelassen haben, die Sünden jener Sünder aufzuzählen; aber ich mußte es, weil mir, im Interesse der Wahrheit auf Erden, obliegt, auf den Zustand der Versunkenheit hinzuweisen, in welchem, 50 Jahre nach Kants Tode, die deutsche Philosophie sich befindet, in Folge des Treibens der Herren vom »philosophischen Gewerbe«, und wohin es kommen würde, wenn diese kleinen, nichts, als ihre Absichten kennenden Geister ungestört den Einfluß der großen, die Welt erleuchtenden Genien hemmen dürften. Dazu darf ich nicht schweigen; vielmehr ist dies ein Fall, wo Goethes Aufruf gilt:

»Du Kräftiger, sei nicht so still,
Wenn auch sich Andre scheuen:
Wer den Teufel erschrecken will,
Der muß laut schreien.«

[*Zahme Xenien*, I, 153 ff.]

Dr. Luther hat auch so gedacht.

Haß gegen Kant, Haß gegen mich, Haß gegen die Wahrheit, wiewohl Alles *in majorem Dei gloriam* [zum größeren Ruhme Gottes], beseelt diese Kostgänger der Philosophie. Wer sieht nicht, daß die Universitätsphilosophie der Antagonist der wirklichen und ernstlich gemeinten geworden ist, deren Fortschritten sich zu widersetzen ihr obliegt. Denn die Philosophie, welche ihren Namen verdient, ist eben der reine Dienst der Wahrheit, mithin die höchste Anstrebung der Menschheit, als solche aber nicht zum Gewerbe geeignet. Am wenigsten kann sie ihren Sitz auf den Universitäten haben, als wo die theologische Fakultät oben an steht, die Sachen also ein für alle Mal abgemacht sind, ehe jene kommt. Mit der Scholastik, von der die Universitätsphilosophie abstammt, war es ein Anderes. Diese war eingeständlich die *ancilla theologiae* [Magd der Theologie], und da stimmte das Wort zur Sache. Die jetzige Universitätsphilosophie hingegen leugnet es zu seyn und giebt Unabhängigkeit des Forschens vor: dennoch ist sie bloß die verkappte *ancilla* und so gut wie jene bestimmt, der Theologie zu dienen. Dadurch aber hat die ernstlich und aufrichtig gemeinte Philosophie an der Universitätsphilosophie eine angebliche Gehülfin, wirkliche Antagonistin. Daher eben habe ich schon längst* gesagt, daß nichts für die Philosophie ersprießlicher seyn könnte, als daß sie aufhörte, Universitätswissenschaft zu seyn; und wenn ich dort noch einräumte, daß, neben der Logik, die unbedingt auf die Universität gehört, allenfalls noch ein kurzer, ganz succincter [gedrängter] Kursus der Geschichte der Philosophie vorgetragen werden könnte; so bin ich auch von diesem voreiligen Zugeständnisse zurückgebracht worden, durch die Eröffnung, welche, in den Göttingischen Gelehrten Anzeigen vom 1. Jan. 1853, S. 8, der *Ordinarius loci* [Professor der dortigen Universität] (ein dickbändiger Geschichtschreiber der Philosophie) uns gemacht hat: »Es war nicht zu verkennen, daß die Lehre Kants der gewöhnliche Theismus ist und zu einer Umgestaltung der verbreiteten Meinungen über Gott und sein Verhältniß zur Welt wenig oder nichts beigetragen hat.« – Wenn es so steht; so sind, meines Erachtens, auch für die Geschichte der Philosophie die Universitäten nicht mehr der geeignete Ort. Dort herrscht die Absicht unumschränkt. Freilich hatte mir schon längst geahndet, daß auf den Universitäten die Geschichte der Philosophie in dem selben Geist und mit dem selben *grano salis* [Körnchen Salz = Einschränkung] vorgetragen würde, wie die Philosophie selbst: es bedurfte nur noch eines Anstoßes, um diese Erkenntniß zum Durchbruch zu bringen. Demnach ist mein Wunsch, die Philosophie, mit sammt ihrer Geschichte, aus dem Lektionskatalog [Vorlesungsverzeichnis] verschwinden zu sehn, indem ich sie gerettet wissen möchte aus den Händen der Hofräthe. Keineswegs aber ist dabei meine Absicht, die Philosophieprofessoren ihrer gedeihlichen Wirksamkeit auf den Universitäten zu entziehn. Im Gegentheil: ich möchte sie um drei Staffeln der Ehren erhöht und in die oberste Fakultät versetzt sehn, als Professoren der Theologie. Im Grunde sind sie es ja schon längst und haben nun lange genug als Volontärs gedient.

---

* Parerga, Bd. 1, S. 185–187 [Bd. VII, S. 215–217].

Den Jünglingen ertheile ich inzwischen den ehrlichen und wohlgemeinten Rath, keine Zeit mit der Kathederphilosophie zu verlieren, sondern statt Dessen Kants Werke und auch die meinigen zu studieren. Dort werden sie etwas Solides zu lernen finden, Das verspreche ich ihnen, und in ihren Kopf wird Licht und Ordnung kommen, so weit er fähig ist, solche aufzunehmen. Es ist nicht wohlgethan, sich um ein klägliches Ende Nachtlicht zu schaaren, während strahlende Fackeln zu Gebote stehn; noch weniger aber soll man Irrwischen nachlaufen. Besonders, meine wahrheitsdurstigen Jünglinge, laßt euch nicht von den Hofräthen erzählen, was in der Kritik der reinen Vernunft steht; sondern lest sie selbst. Da werdet ihr ganz andere Dinge finden, als Die zu wissen euch dienlich erachten. – Ueberhaupt wird heut zu Tage zu viel Studium auf die Geschichte der Philosophie verwendet, indem solches, schon seiner Natur nach, geeignet, das Wissen die Stelle des Denkens einnehmen zu lassen, jetzt geradezu mit der Absicht getrieben wird, die Philosophie selbst in ihrer Geschichte bestehn zu lassen. Vielmehr aber ist es nicht gerade nöthig, ja, nicht ein Mal sehr fruchtbringend, von den Lehrmeinungen aller Philosophen, seit drittehalb Jahrtausenden, sich eine oberflächliche und halbe Kenntniß zu erwerben: mehr jedoch liefert die Geschichte der Philosophie, sogar die ehrliche, nicht. Philosophen lernt man nur aus ihren eigenen Werken kennen, nicht aus dem verzerrten Bilde ihrer Lehren, welches sich in einem Alltagskopfe darstellt†. Wohl aber ist es nöthig, daß, mittelst irgend einer Philosophie, Ordnung in den Kopf gebracht und zugleich gelernt werde, wirklich unbefangen in die Welt zu sehn. Nun aber liegt, dem Zeitalter und der Sprache nach, keine Philosophie uns so nahe, wie die Kantische, und zugleich ist diese eine solche, mit der verglichen alle frühern oberflächlich sind. Daher sie unbedenklich vorzuziehn ist.

Aber ich werde gewahr, daß die Nachricht vom entsprungenen Kaspar Hauser sich schon unter den Philosophieprofessoren verbreitet hat: denn ich sehe, daß einige ihrem Herzen bereits

† *Potius de rebus ipsis judicare debemus, quam pro magno habere, de hominibus quid quisque senserit scire* [Vielmehr sollen wir über die Dinge selbst urteilen, statt auf die Kenntnis der Ansichten jedes Menschen über die Menschen Wert zu legen], sagt Augustinus *(de civ. Dei, L. 19, c. 3)*. – Bei dem jetzigen Verfahren aber wird der philosophische Hörsaal zu einer Trödelbude alter, längst abgelegter und abgethaner Meinungen, die daselbst alle halbe Jahre noch ein Mal ausgeklopft werden.

Luft gemacht haben, mit Schmähungen über mich, voll Gift und Galle, in allerlei Zeitschriften, wobei sie was ihnen an Witz abgeht durch Lügen ersetzen*. Jedoch beschwere ich mich darüber nicht; weil mich die Ursache freut und die Wirkung belustigt, als Erläuterung des Goethe'schen Verses:

»Es will der Spitz aus unserm Stall
Uns immerfort begleiten:
Doch seines Bellens lauter Schall
Beweist nur, daß wir reiten.«

[»Kläffer« in: *Parabolisch.*]

Frankfurt a. M., im August, 1854.

* Bei dieser Gelegenheit bitte ich das Publikum, ein für alle Mal, Berichten über Das, was ich gesagt haben soll, selbst wenn sie als Anführungen auftreten, ja nicht unbedingt zu glauben, sondern erst in meinen Werken nachzusehn: dabei wird manche Lüge zu Tage kommen; aber erst hinzugefügte sogenannte Gänsefüße („") können sie zum förmlichen Falsum [Fälschung] stämpeln.

Einleitung.

Ich breche ein siebzehnjähriges Schweigen*, um den Wenigen, welche, der Zeit vorgreifend, meiner Philosophie ihre Aufmerksamkeit geschenkt haben, einige Bestätigungen nachzuweisen, die solche von unbefangenen, mit ihr unbekannten Empirikern erhalten hat, deren auf bloße Erfahrungserkenntniß gerichteter Weg an seinem Endpunkt sie eben Das entdecken ließ, was meine Lehre als das Metaphysische, aus welchem die Erfahrung überhaupt zu erklären sei, aufgestellt hat. Dieser Umstand ist um so ermuthigender, als er mein System vor allen bisherigen auszeichnet, indem diese sämmtlich, selbst das neueste von Kant nicht ausgenommen, noch eine weite Kluft lassen zwischen ihren Resultaten und der Erfahrung, und gar viel fehlt, daß sie bis unmittelbar zu dieser herabgiengen und von ihr berührt würden. Meine Metaphysik bewährt sich dadurch als die einzige, welche wirklich einen gemeinschaftlichen Gränzpunkt mit den physischen Wissenschaften hat, einen Punkt, bis zu welchem diese aus eigenen Mitteln ihr entgegenkommen, so daß sie wirklich sich an sie schließen und mit ihr übereinstimmen: und zwar wird Dieses hier nicht dadurch zu Wege gebracht, daß man die empirischen Wissenschaften nach der Metaphysik dreht und zwängt, noch dadurch, daß diese zum Voraus heimlich aus jenen abstrahirt war und nun, nach Schellingischer Manier, *a priori* findet, was sie *a posteriori* gelernt hatte; sondern von selbst und ohne Verabredung treffen beide an dem selben Punkte zusam-

* So schrieb ich im J. 1835, als ich gegenwärtige Schrift abfaßte. Ich hatte nämlich seit dem J. 1818, vor dessen Schluß »Die Welt als Wille und Vorstellung« erschienen war, nichts veröffentlicht. Denn eine, zum Nutzen der Ausländer abgefaßte, lateinische Verarbeitung meiner bereits 1816 herausgegebenen Abhandlung über das Sehn und die Farben, welche ich 1830 dem 3. Bande der *Scriptores ophthalmologici minores, edente J. Radio*, einverleibt hatte, kann nicht für eine Unterbrechung jenes Schweigens gelten.

men. Daher schwebt mein System nicht, wie alle bisherigen, in der Luft, hoch über aller Realität und Erfahrung; sondern geht herab bis zu diesem festen Boden der Wirklichkeit, wo die physischen Wissenschaften den Lernenden wieder aufnehmen.

Die nun hier anzuführenden fremden und empirischen Bestätigungen betreffen sämmtlich den Kern und Hauptpunkt meiner Lehre, die eigentliche Metaphysik derselben, also jene paradoxe Grundwahrheit, daß Das, was Kant als das Ding an sich der bloßen Erscheinung, von mir entschiedener Vorstellung genannt, entgegensetzte und für schlechthin unerkennbar hielt, daß, sage ich, dieses Ding an sich, dieses Substrat aller Erscheinungen, mithin der ganzen Natur, nichts Anderes ist, als jenes uns unmittelbar Bekannte und sehr genau Vertraute, was wir im Innern unsers eigenen Selbst als Willen finden; daß demnach dieser Wille, weit davon entfernt, wie alle bisherigen Philosophen annahmen, von der Erkenntniß unzertrennlich und sogar ein bloßes Resultat derselben zu seyn, von dieser, die ganz sekundär und spätern Ursprungs ist, grundverschieden und völlig unabhängig ist, folglich auch ohne sie bestehn und sich äußern kann, welches in der gesammten Natur, von der thierischen abwärts, wirklich der Fall ist; ja, daß dieser Wille, als das alleinige Ding an sich, das allein wahrhaft Reale, allein Ursprüngliche und Metaphysische, in einer Welt, wo alles Uebrige nur Erscheinung, d. h. bloße Vorstellung, ist, jedem Dinge, was immer es auch seyn mag, die Kraft verleiht, vermöge deren es daseyn und wirken kann; daß demnach nicht allein die willkürlichen Aktionen thierischer Wesen, sondern auch das organische Getriebe ihres belebten Leibes, sogar die Gestalt und Beschaffenheit desselben, ferner auch die Vegetation der Pflanzen, und endlich selbst im unorganischen Reiche die Krystallisation und überhaupt jede ursprüngliche Kraft, die sich in physischen und chemischen Erscheinungen manifestirt, ja, die Schwere selbst, – an sich und außer der Erscheinung, welches bloß heißt außer unserm Kopf und seiner Vorstellung, geradezu identisch sind mit Dem, was wir in uns selbst als Willen finden, von welchem Willen wir die unmittelbarste und intimste Kenntniß haben, die überhaupt möglich ist; daß ferner die einzelnen Aeußerungen dieses Willens in Bewegung gesetzt werden bei erkennenden, d. h. thierischen Wesen durch Motive, aber nicht minder im organischen

Leben des Thieres und der Pflanze durch Reize, bei Unorganischen endlich durch bloße Ursachen im engsten Sinne des Worts; welche Verschiedenheit bloß die Erscheinung betrifft; daß hingegen die Erkenntniß und ihr Substrat, der Intellekt, ein vom Willen gänzlich verschiedenes, bloß sekundäres, nur die höhern Stufen der Objektivation des Willens begleitendes Phänomen sei, ihm selbst unwesentlich, von seiner Erscheinung im thierischen Organismus abhängig, daher physisch, nicht metaphysisch, wie er selbst; daß folglich nie von Abwesenheit der Erkenntniß geschlossen werden kann auf Abwesenheit des Willens; vielmehr dieser sich auch in allen Erscheinungen der erkenntnißlosen, sowohl der vegetabilischen, als der unorganischen Natur nachweisen läßt; also nicht, wie man bisher ohne Ausnahme annahm, Wille durch Erkenntniß bedingt sei; wiewohl Erkenntniß durch Wille.

Und diese, auch noch jetzt so paradox klingende Grundwahrheit meiner Lehre ist es, welche, in allen ihren Hauptpunkten, von den empirischen, aller Metaphysik möglichst aus dem Wege gehenden Wissenschaften, eben so viele, durch die Gewalt der Wahrheit abgenöthigte, aber, als von solcher Seite kommend, höchst überraschende Bestätigungen erhalten hat: und zwar sind diese erst nach dem Erscheinen meines Werks, jedoch völlig unabhängig von demselben, im Laufe vieler Jahre, ans Licht getreten. Daß nun gerade dieses Grunddogma meiner Lehre es ist, dem jene Bestätigungen geworden sind, ist in zwiefacher Hinsicht vortheilhaft: nämlich theils, weil dasselbe der alle übrigen Theile meiner Philosophie bedingende Hauptgedanke ist; theils, weil nur ihm die Bestätigung aus fremden, von der Philosophie ganz unabhängigen Wissenschaften zufließen konnten. Denn zwar haben auch zu den übrigen Theilen meiner Lehre, dem ethischen, ästhetischen und dianoiologischen [zur Denklehre gehörigen], die seitdem unter beständiger Beschäftigung mit ihr mir verstrichenen siebenzehn Jahre zahlreiche Belege gebracht; allein diese treten, ihrer Natur nach, vom Boden der Wirklichkeit, dem sie entsprossen, unmittelbar auf den der Philosophie selbst: deshalb können sie nicht den Charakter eines fremden Zeugnisses tragen und, weil von mir selbst aufgefaßt, nicht so unabweisbar, unzweideutig und schlagend seyn, wie jene, die eigentliche *Metaphysik* betreffenden, als welche zunächst von dem Korrelat dieser, der *Physik* (dies Wort im weiten

Sinne der Alten genommen), geliefert werden. Die Physik nämlich, also Naturwissenschaft überhaupt, muß, indem sie ihre eigenen Wege verfolgt, in allen ihren Zweigen, zuletzt auf einen Punkt kommen, bei dem ihre Erklärungen zu Ende sind: dieser eben ist das Metaphysische, welches sie nur als ihre Gränze, darüber sie nicht hinaus kann, wahrnimmt, dabei stehn bleibt und nunmehr ihren Gegenstand der Metaphysik überläßt. Daher hat Kant mit Recht gesagt: »Es ist augenscheinlich, daß die allerersten Quellen von den Wirkungen der Natur durchaus ein Vorwurf der Metaphysik seyn müssen.« (Von der wahren Schätzung der lebendigen Kräfte. § 51.) Dieses also der Physik Unzugängliche und Unbekannte, bei dem ihre Forschungen enden und welches nachher ihre Erklärungen als das Gegebene voraussetzen, pflegt sie zu bezeichnen mit Ausdrücken wie Naturkraft, Lebenskraft, Bildungstrieb u. dgl., welche nicht mehr sagen, als x. y. z. Wenn nun aber, in einzelnen günstigen Fällen, es besonders scharfsichtigen und aufmerksamen Forschern im Gebiete der Naturwissenschaft glückt, durch diesen dasselbe abgränzenden Vorhang gleichsam einen verstohlenen Blick zu werfen, die Gränze nicht bloß als solche zu fühlen, sondern auch noch ihre Beschaffenheit einigermaaßen wahrzunehmen und dergestalt sogar in das jenseit derselben liegende Gebiet der Metaphysik hinüberzuspähen, und die nun so begünstigte Physik bezeichnet jetzt die solchermaaßen explorirte Gränze geradezu und ausdrücklich als Dasjenige, welches ein ihr zur Zeit völlig unbekanntes, seine Gründe aus einem ganz andern Gebiete nehmendes metaphysisches System aufgestellt hat als das wahre innere Wesen und letzte Prinzip aller Dinge, welche es seinerseits außerdem nur als Erscheinungen, d. i. Vorstellungen, anerkennt; – da muß doch wahrlich den beiderseitigen verschiedenartigen Forschern zu Muthe werden wie den Bergleuten, welche, im Schooße der Erde, zwei Stollen, von zwei weit von einander entfernten Punkten aus, gegen einander führen und, nachdem sie beiderseits lange, im unterirdischen Dunkel, auf Kompaß und Libelle [Wasserwaage] allein vertrauend, gearbeitet haben, endlich die lang ersehnte Freude erleben, die gegenseitigen Hammerschläge zu vernehmen. Denn jene Forscher erkennen jetzt, daß sie den so lange vergeblich gesuchten Berührungspunkt zwischen Physik und Metaphysik, die, wie Himmel und Erde, nie zusammenstoßen wollten, erreicht haben, die Versöhnung beider

Wissenschaften eingeleitet und ihr Verknüpfungspunkt gefunden ist. Das philosophische System aber, welches diesen Triumph erlebt, erhält dadurch einen so starken und genügenden äußern Beweis seiner Wahrheit und Richtigkeit, daß kein größerer möglich ist. Im Vergleich mit einer solchen Bestätigung, die für eine Rechnungsprobe gelten kann, ist die Theilnahme oder Nichttheilnahme einer Zeitperiode von gar keinem Belang, am allerwenigsten aber wenn man betrachtet, worauf solche Theilnahme unterdessen gerichtet gewesen und es findet – wie das seit Kant Geleistete. Ueber dieses während der letzten vierzig Jahre in Deutschland unter dem Namen der Philosophie getriebene Spiel fangen nachgerade an dem Publiko die Augen aufzugehn und werden es immer weiter: die Zeit der Abrechnung ist gekommen, und es wird sehn, ob durch das endlose Schreiben und Streiten seit Kant irgend eine Wahrheit zu Tage gefördert ist. Dies überhebt mich der Nothwendigkeit hier unwürdige Gegenstände zu erörtern; zumal da was mein Zweck erfordert kürzer und angenehmer durch eine Anekdote geleistet werden kann: Als Dante, im Karneval, sich ins Maskengewühl verloren hatte und der Herzog von Medici ihn aufzusuchen befahl; zweifelten die damit Beauftragten an der Möglichkeit, ihn, der auch maskirt war, herauszufinden: weshalb der Herzog ihnen eine Frage aufgab, die sie jeder dem Dante irgend ähnlich sehenden Maske zurufen sollten. Die Frage war: »Wer erkennt das Gute?« Nachdem sie auf selbige viele alberne Antworten erhalten hatten, gab endlich eine Maske diese: »Wer das Schlechte erkennt.« Daran erkannten sie den Dante*. Womit hier soviel gesagt seyn soll, daß ich keine Ursache gefunden habe, mich durch das Ausbleiben der Theilnahme meiner Zeitgenossen entmuthigen zu lassen, weil ich zugleich vor Augen hatte, worauf solche gerichtet gewesen. Wer die Einzelnen waren, wird die Nachwelt an ihren Werken sehn; an der Aufnahme, die diesen geworden, aber nur, wer die Zeitgenossen. Auf den Namen der »Philosophie der gegenwärtigen Zeit«, welchen man den so ergötzlichen Adepten der Hegelschen Mystifikation hat streitig machen wollen, macht meine Lehre durchaus keinen Anspruch, aber wohl auf den der Philosophie der kommenden Zeit, jener Zeit, die nicht mehr an sinnleerem Wortkram, hohlen Phrasen und spielenden Paralle-

* *Baltazar Gracian, el Criticon, III, 9,* der den Anachronismus vertreten mag.

lismen ihr Genüge finden, sondern realen Inhalt und ernstliche Aufschlüsse von der Philosophie verlangen, dagegen aber auch sie verschonen wird mit der ungerechten und ungereimten Forderung, daß sie eine Paraphrase der jedesmaligen Landesreligion seyn müsse. »Denn es ist sehr was Ungereimtes, von der Vernunft Aufklärung zu erwarten, und ihr doch vorher vorzuschreiben, auf welche Seite sie nothwendig ausfallen müsse.« Kant, Krit. der rein. Vern. S. 775. 5te Ausg. – Traurig, in einer so tief gesunkenen Zeit zu leben, daß eine solche sich von selbst verstehende Wahrheit noch erst durch die Auktorität eines großen Mannes beglaubigt werden muß. Lächerlich aber ist es, wenn von einer Philosophie an der Kette große Dinge erwartet werden, und vollends belustigend zu sehn, wenn diese mit feierlichem Ernst sich anschickt, solche zu leisten, während Jeder der langen Rede kurzen Sinn zum voraus weiß. Die Scharfsichtigeren aber wollen meistens unter dem Mantel der Philosophie die darin verkappte Theologie erkannt haben, die das Wort führe und den wahrheitsdurstigen Schüler auf ihre Weise belehre; – welches denn an eine beliebte Scene des großen Dichters erinnert. Jedoch Andere, deren Blick noch tiefer eingedrungen seyn will, behaupten, daß was in jenem Mantel stecke, so wenig die Theologie als die Philosophie sei, sondern bloß ein armer Schlucker, der, indem er mit feierlichster Miene und tiefem Ernst die hohe, hehre Wahrheit zu suchen vorgiebt, in der That nichts weiter suche, als ein Stück Brod für sich und dereinstige junge Familie, was er freilich auf andern Wegen mit weniger Mühe und mehr Ehre erreichen könnte, inzwischen um diesen Preis erbötig ist, was nur verlangt wird, nöthigenfalls sogar den Teufel und seine Großmutter *a priori* zu deduciren, ja, wenn es seyn muß, intellektual anzuschauen; – wo denn allerdings durch den Kontrast der Höhe des vorgeblichen mit der Niedrigkeit des wirklichen Zwecks die Wirkung des Hochkomischen in seltenem Grade erreicht wird, nichtsdestoweniger aber es wünschenswerth bleibt, daß der reine, heilige Boden der Philosophie von solchen Gewerbsleuten, wie weiland der Tempel zu Jerusalem von den Verkäufern und Wechslern, gesäubert werde. – Bis also jene bessere Zeit gekommen seyn wird, mag das philosophische Publikum seine Aufmerksamkeit und Theilnahme wie bisher verwenden. Wie bisher werde auch fernerhin neben K a n t, – diesem der Natur nur Ein Mal gelungenen großen Geiste, der seine eigenen Tiefen beleuchtet hat, – jedesmal und obligat, nämlich als eben noch so Einer, – Fichte genannt; ohne daß auch nur e i n e Stimme dazwischen riefe: Ἡρακλῆς καὶ πίθηκος! [Herakles und der Affe!] – Wie bisher sei auch fernerhin Hegels Philosophie des absoluten Unsinns (davon 3/4 baar und 1/4 in aberwitzigen Einfällen) unergründlich tiefe Weisheit; ohne daß Shakespeare's Wort *such stuff as madmen tongue and brain not** zum Motto seiner Schriften vorgeschlagen werde, und zum Vignetten-Emblem derselben ein Tintenfisch, der eine Wolke von Finsterniß um sich schafft, damit man nicht sehe was es sei, mit der Umschrift *mea caligine tutus* [durch meine schwarze Wolke abgesichert]. – Wie bisher endlich bringe auch ferner jeder Tag neue Systeme, rein aus Worten und Phrasen zusammengesetzt, zum Gebrauch der Universitäten, nebst einem gelehrten Jargon dazu, in welchem man Tagelang reden kann, ohne je etwas zu sagen, und nimmer störe diese Freude jenes Arabische Sprichwort: »Das Klappern der Mühle höre ich wohl; aber das Mehl sehe ich nicht.« – Denn alles Dieses ist nun ein Mal der Zeit angemessen und muß seinen Verlauf haben; wie denn in jeder Zeitperiode etwas Analoges vorhanden ist, welches mit mehr oder weniger Lerm die Zeitgenossen beschäftigt und dann so gänzlich verhallt und so spurlos verschwindet, daß die nächste Generation nicht mehr zu sagen weiß, was es gewesen. Die Wahrheit kann warten: denn sie hat ein langes Leben vor sich. Das Aechte und ernstlich Gemeinte geht stets langsam seinen Gang und erreicht sein Ziel; freilich fast wie durch ein Wunder: denn bei seinem Auftreten wird es in der Regel kalt, ja, mit Ungunst aufgenommen, ganz aus dem selben Grunde, warum auch nachher, wann es in voller Anerkennung und bei der Nachwelt angelangt ist, die unberechenbar große Mehrzahl der Menschen es allein auf Auktorität gelten läßt, um sich nicht zu kompromittiren, die Zahl der aufrichtigen Schätzer aber immer noch fast so klein bleibt, wie am Anfang. Dennoch vermögen diese Wenigen es in Ansehn zu halten, weil sie selbst in Ansehn stehn. Sie reichen es nun von Hand zu Hand, über den Köpfen der unfähigen Menge einander zu, durch die Jahrhunderte. So schwierig ist die Existenz des besten Erbtheils der Menschheit. – Hingegen wenn die Wahrheit, um wahr zu seyn, bei Denen um

* Solches Zeug, wie die Tollen »zungen«, aber nicht »hirnen« [*Cymbeline*, v, 4].

Erlaubniß zu bitten hätte, welchen ganz andere Dinge am Herzen liegen; da könnt man freilich an ihrer Sache verzweifeln, da möchte oft ihr zum Bescheide die Hexenlosung werden *fair is foul, and foul is fair**. Allein glücklicherweise ist es nicht so: sie hängt von keiner Gunst oder Ungunst ab und hat bei Niemanden um Erlaubniß zu bitten: sie steht auf eigenen Füßen, die Zeit ist ihr Bundesgenosse, ihre Kraft ist unwiderstehlich, ihr Leben unzerstörbar.

---

* Schön ist häßlich, und häßlich ist schön [*Macbeth*, 1, 1].

Physiologie und Pathologie.

Indem ich die im Obigen angekündigten empirischen Bestätigungen meiner Lehre nach den Wissenschaften klassificire, von denen sie ausgegangen, und dabei, als Leitfaden meiner Erörterungen, den Stufengang der Natur von oben nach unten verfolge, habe ich zuerst von einer sehr auffallenden Bestätigung zu reden, welche in diesen letzten Jahren meinem Hauptdogma geworden ist durch die physiologischen und pathologischen Ansichten eines Veteranen der Heilkunde, des Königl. Dänischen Leibarztes J. D. Brandis, dessen »Versuch über die Lebenskraft« (1795) schon von Reil mit besonderem Lobe aufgenommen wurde. In seinen beiden neuesten Schriften: »Erfahrungen über die Anwendung der Kälte in Krankheiten«, Berlin 1833, und »Nosologie und Therapie der Kachexien« 1834, sehn wir ihn auf die ausdrücklichste, ja, auffallendeste Weise, als die Urquelle aller Lebensfunktionen einen bewußtlosen Willen aufstellen, aus diesem alle Vorgänge im Getriebe des Organismus, sowohl bei krankem, als bei gesundem Zustande, ableiten und ihn als das *primum mobile* [erste Bewegende] des Lebens darstellen. Ich muß dieses durch wörtliche Anführungen aus jenen Schriften belegen, da selbige höchstens dem medicinischen Leser zur Hand seyn könnten.

In der ersten jener beiden Schriften heißt es S. VIII: »Das Wesen jedes lebendigen Organismus besteht darin, daß er sein eigenes Seyn gegen den Makrokosmos möglichst erhalten will.« – S. X. »Nur ein lebendiges Seyn, nur ein Wille, kann in einem Organ zu der selben Zeit statt haben: ist also ein kranker, mit der Einheit nicht harmonirender Wille im Hautorgan vorhanden; so ist Kälte im Stande denselben so lange zu unterdrücken, als sie Wärmeerzeugung, einen normalen Willen, hervorbringen kann.«

S. 1. »Wenn wir uns überzeugen müssen, daß bei jedem Akt des Lebens ein Bestimmendes – ein Wille statt haben muß, wodurch die dem ganzen Organismo zweckmäßige Bildung veranlaßt und jede Formveränderung der Theile in Uebereinstimmung mit der ganzen Individualität bedingt wird, und ein Zubestimmendes oder Bildsames u. s. w.« – S. 11. »In Rücksicht des individuellen Lebens muß dem Bestimmenden, dem organischen Willen, von dem Zubestimmenden Genüge geschehn können, wenn derselbe befriedigt aufhören soll. Selbst bei dem erhöhten Lebensprocesse in der Entzündung geschieht das: ein Neues wird gebildet, das Schädliche ausgestoßen; bis dahin wird mehr Zubildendes durch die Arterien zugeführt und mehr venöses Blut wird weggeführt, bis der Entzündungsproceß vollendet und der organische Wille befriedigt ist. Dieser Wille kann aber auch so erregt werden, daß er nicht befriedigt werden kann. Diese erregende Ursache (Reiz) wirkt entweder unmittelbar auf das einzelne Organ (Gift, Kontagium [Ansteckungsstoff]) oder afficirt das ganze Leben, wo dieses Leben dann bald die höchsten Anstrengungen macht, um das Schädliche wegzuschaffen oder den organischen Willen umzustimmen und in einzelnen Theilen kritische Lebensthätigkeiten, Entzündungen, erregt, oder dem unbefriedigten Willen erliegt.« – S. 12. »Der nicht zu befriedigende anomale Wille wirkt auf diese Art den Organismum zerstörend, wenn nicht entweder *a)* das ganze nach Einheit strebende Leben (Tendenz zur Zweckmäßigkeit) andere zu befriedigende Lebensthätigkeiten hervorbringt *(Crises et Lyses)*, die jenen Willen unterdrücken, und wenn sie dieses vollkommen zu Stande bringen, entscheidende Krisen *(Crises completae)*, oder wenn sie nur den Willen zum Theil ablenken, *crises incompletae* heißen, oder *b)* ein anderer Reiz (Arznei) einen andern Willen hervorbringt, der jenen kranken unterdrückt. – Wenn wir dieses mit dem durch Vorstellungen uns bewußt gewordenen Willen unter eine und die selbe Kategorie setzen und uns verwahren, daß hier nicht von nähern oder entferntern Gleichnissen die Rede seyn kann; so haben wir die Ueberzeugung, daß wir den Grundbegriff des einen, als Unbegränztes nicht theilbaren Lebens festhalten, das im menschlichen Körper das Haar wachsen und die erhabensten Kombinationen von Vorstellungen machen kann, je nachdem es sich in verschiedenen, mehr oder weniger begabten und geübten Organen manifestirt. Wir sehn, daß der heftigste Affekt, – unbefriedigte Wille – durch eine stärkere oder schwächere Erregung unterdrückt werden kann« u. s. w. – S. 18. »Die äußere Temperatur ist eine Veranlassung, wonach das Bestimmende – diese Tendenz, den Organismum als Einheit zu erhalten, dieser organische Wille ohne Vorstellung – seine Thätigkeit bald in dem selben Organ, bald in einem entfernten modificirt. – Jede Lebensäußerung ist aber Manifestation des organischen Willens, sowohl kranke als gesunde: dieser Wille bestimmt die Vegetation. Im gesunden Zustande in Uebereinstimmung mit der Einheit des Ganzen. Im kranken Zustande wird derselbe --- veranlaßt, nicht in Uebereinstimmung mit der Einheit zu wollen.« --- S. 23. »Eine plötzliche Anbringung von Kälte auf die Haut unterdrückt die Funktion derselben (Erkältung), kalter Trunk den organischen Willen der Verdauungsorgane und vermehrt dadurch den der Haut, und bringt Transspiration hervor; eben so den kranken organischen Willen: Kälte unterdrückt Hautausschläge« u. s. w. – S. 33. »Fieber ist die Theilnahme des ganzen Lebensprocesses an einem kranken Willen, ist also Das im ganzen Lebensproceß, was Entzündung in den einzelnen Organen ist: die Anstrengung des Lebens etwas Bestimmtes zu bilden, um dem kranken Willen Genüge zu leisten und das Nachtheilige zu entfernen. – Wenn dieses gebildet wird, so heißt das Krise oder Lyse [Fieberabfall]. Die erste Perception des Schädlichen, welches den kranken Willen veranlaßt, wirkt eben so auf die Individualität, als das durch die Sinne appercipirte Schädliche wirkt, ehe wir das ganze Verhältniß desselben zu unserer Individualität und die Mittel es zu entfernen, zur Vorstellung gebracht haben. Es wirkt Schrecken und seine Folgen, Stillstand des Lebensprocesses im Parenchyma [Zellgewebe] und zunächst in dem der Außenwelt zugekehrten Theile desselben, in der Haut und den die ganze Individualität (den äußern Körper) bewegenden Muskeln: Schauder, Frost, Zittern, Gliederschmerzen u. s. w. Der Unterschied zwischen beiden ist: daß in letzterem Falle das Schädliche sogleich oder nach und nach, zu deutlichen Vorstellungen kommt, weil es durch alle Sinne mit der Individualität verglichen, dadurch sein Verhältniß zur Individualität bestimmt und das Mittel die Individualität dagegen zu sichern (Nichtachten, Fliehen, Abwehren), zu einem bewußten Willen gebracht werden kann; im erstern Falle hingegen das Schädliche nicht zum Bewußtseyn gelangt, und das Leben allein (hier die Heilkraft der Natur) Anstrengungen macht, um das Schädliche zu entfernen und dadurch den kranken Willen zu befriedigen. Dieses darf nicht als Gleichniß angesehn werden, sondern ist die wahre Darstellung der Manifestation des Lebens.« -- S. 58. »Immer erinnere man sich aber, daß hier die Kälte als ein heftiges Reizmittel wirkt, um den kranken Willen zu unterdrücken oder zu mäßigen, und statt seiner einen natürlichen Willen der allgemeinen Wärmeerzeugung zu erwecken.« –

Aehnliche Aeußerungen findet man fast auf jeder Seite des Buches. In der zweiten der angeführten Schriften des Herrn Brandis mischt er die Erklärung aus dem Willen, wahrscheinlich aus der Rücksicht, daß sie eigentlich metaphysisch ist, nicht mehr so durchgängig seinen einzelnen Auseinandersetzungen ein, behält sie jedoch ganz und gar bei, ja, spricht sie an den Stellen, wo er sie aufstellt, um so bestimmter und deutlicher aus. So redet er §§ 68 *seqq.* von einem »unbewußten Willen, welcher vom bewußten nicht zu trennen ist«, und welcher das *primum mobile* alles Lebens, der Pflanze wie des Thieres ist, als in welchen das Bestimmende aller Lebensprocesse, Sekretionen u. s. w. ein in allen Organen sich äußerndes Verlangen und Abscheu ist. – § 71. »Alle Krämpfe beweisen, daß die Manifestation des Willens ohne deutliches Vorstellungsvermögen statt haben kann.« – § 72. »Ueberall kommen wir auf eine ursprüngliche nicht mitgetheilte Thätigkeit, die bald vom erhabensten humanen freien Willen, bald von thierischem Verlangen und Abscheu, und bald von einfachen, mehr vegetativen Bedürfnissen bestimmt, in der Einheit des Individuums mehrere Thätigkeiten weckt, um sich zu manifestiren.« – S. 96. »Ein Schaffen, eine ursprüngliche, nicht mitgetheilte Thätigkeit manifestirt sich bei jeder Lebensäußerung.« --- »Der dritte Faktor dieses individuellen Schaffens ist der Wille, das Leben des Individuums selbst.« -- »Die Nerven sind Leiter dieses individuellen Schaffens; vermittelst ihrer werden Form und Mischung nach Verlangen und Abscheu verändert.« – S. 97. »Die Assimilation des fremden Stoffes --- macht das Blut, --- ist kein Aufsaugen, noch Durchschwitzen der organischen

Materie, --- sondern überall ist der eine Faktor der Erscheinung der schaffende Wille, auf keine Art mitgetheilter Bewegung zurückzuführendes Leben.« –

Als ich dieses 1835 schrieb, war ich noch treuherzig genug, im Ernste zu glauben, Herrn Brandis sei mein Werk nicht bekannt gewesen: sonst würde ich seiner Schriften hier nicht erwähnt haben; da solche alsdann keine Bestätigung, sondern nur eine Wiederholung, Anwendung und Ausführung meiner Lehre in diesem Punkt seyn würden. Allein ich glaubte mit Sicherheit annehmen zu können, daß er mich nicht kannte; weil er meiner nirgends erwähnt, und wenn er mich gekannt hätte, die schriftstellerische Redlichkeit durchaus erheischt haben würde, daß er den Mann, von dem er seinen Haupt- und Grund-Gedanken entlehnte, nicht verschwiege, um so weniger, als er ihn alsdann, durch das allgemeine Ignoriren seines Werkes, eine unverdiente Vernachlässigung erleiden sah, welche gerade als einem Unterschleife günstig hätte ausgelegt werden können. Dazu kommt, daß es im eigenen litterarischen Interesse des Herrn Brandis gelegen hätte, mithin auch Sache der Klugheit war, sich auf mich zu berufen. Denn die von ihm aufgestellte Grundlehre ist eine so auffallende und paradoxe, daß schon sein Göttinger Recensent darüber verwundert ist und nicht weiß, was er daraus machen soll: und eine solche hat Herr Brandis nicht durch Beweis oder Induktion eigentlich begründet, noch sie in ihrem Verhältniß zum Ganzen unsers Wissen von der Natur festgestellt, sondern er hat sie bloß behauptet. Ich stellte mir daher vor, daß er durch jene eigenthümliche Divinationsgabe [Ahnungsvermögen], welche ausgezeichnete Aerzte am Krankenbette das Richtige erkennen und ergreifen lehrt, zu ihr gelangt wäre, ohne von den Gründen dieser eigentlich metaphysischen Wahrheit strenge und methodische Rechenschaft geben zu können; wenn er gleich sehn mußte, wie sehr sie den bestehenden Ansichten entgegen läuft. Hätte er, dachte ich, meine Philosophie gekannt, welche die selbe Wahrheit in weit größerem Umfange aufstellt, sie von der gesammten Natur geltend macht, sie durch Beweis und Induktion begründet, im Zusammenhang mit der Kantischen Lehre, aus deren bloßem Zu-Ende-denken sie hervorgeht; – wie willkommen hätte es ihm da seyn müssen, sich auf sie berufen und an sie lehnen zu können, um nicht mit einer unerhörten Behauptung, die bei ihm doch nur Behauptung bleibt, allein dazustehn.

Dieses sind die Gründe, aus welchen ich damals glaubte, als ausgemacht annehmen zu dürfen, daß Herr Brandis mein Werk wirklich nicht gekannt hatte.

Seitdem nun aber habe ich die deutschen Gelehrten und die Kopenhagener Akademiker, zu denen Herr Brandis gehörte, besser kennen gelernt und bin zu der Ueberzeugung gelangt, daß er mich sehr wohl gekannt hat. Die Gründe derselben habe ich bereits 1844, im zweiten Bande der »Welt als Wille und Vorstellung« Kap. 20, S. 263 [Bd. III uns. Ausg., S. 304] dargelegt, und will sie, da der ganze Gegenstand unerquicklich ist, hier nicht wiederholen, sondern füge nur hinzu, daß ich seitdem, von sehr guter Hand, die Versicherung erhalten habe, daß Herr Brandis mein Hauptwerk allerdings gekannt und sogar besessen hat, da es sich in seinem Nachlaß vorgefunden. – Die unverdiente Obskurität, welche ein Schriftsteller, wie ich, lange Zeit zu erleiden hat, ermuthigt solche Leute, sogar die Grundgedanken desselben sich anzueignen, ohne ihn zu nennen.

Noch weiter, als Herr Brandis, hat ein anderer Mediciner Dies getrieben, indem er es nicht bei den Gedanken bewenden ließ, sondern auch noch die Worte dazu nahm. Nämlich Herr Anton Rosas, o. ö. Professor an der Universität zu Wien, ist es, der im ersten Bande seines Handbuchs der Augenheilkunde, von 1830, aus meiner Abhandlung »über das Sehn und die Farben«, von 1816, und zwar von S. 14–16 (2. Aufl. S. 10) derselben, seinen ganzen § 507 wörtlich abgeschrieben hat, ohne meiner dabei zu erwähnen, oder sonst durch irgend etwas merken zu lassen, daß hier ein Anderer spricht, als er. Schon hieraus erklärt sich genügend, warum er in seinen Verzeichnissen von 21 Schriften über die Farben und von 40 Schriften über die Physiologie des Auges, welche er § 542 und 567 giebt, meine Abhandlung anzuführen sich gehütet hat: allein dies war um so räthlicher, als er auch sonst sehr Vieles aus ihr sich zu eigen gemacht hat, ohne mich zu nennen. Z. B. § 526, gilt was von »man« behauptet wird, bloß von mir. Sein ganzer § 527 ist, nur nicht ganz wörtlich, ausgeschrieben aus S. 59 und 60 (2. Aufl. S. 46 und 47) meiner Abhandlung. Was er § 535 ohne Weiteres mit »offenbar« einführt, nämlich daß das Gelbe 3/4 und das Violette 1/4 der Thätigkeit des Auges sei, ist keinem Menschen jemals »offenbar« gewesen, als bis ich es »offenbart« hatte, ist auch, bis auf den heutigen Tag, eine von Wenigen gekannte, von noch Wenigern zugestandene Wahrheit, und damit sie so ohne Weiteres »offenbar« heißen könne, ist noch mancherlei erfordert, unter Anderm daß ich begraben sei: bis dahin muß sogar die ernstliche Prüfung der Sache aufgeschoben bleiben; weil bei dieser leicht wirklich o f f e n b a r werden könnte, daß der eigentliche Unterschied zwischen Neuton's Farbentheorie und meiner darin besteht, daß seine falsch und meine wahr ist; welches denn doch für die Mitlebenden nicht anders als kränkend seyn könnte: weshalb man, weislich und nach altem Brauch, die ernstliche Prüfung der Sache noch die wenigen Jahre bis dahin aufschiebt. Herr Rosas hat diese Politik nicht gekannt, sondern, eben wie der Kopenhagener Akademiker [Akademie-Mitglied] Brandis, weil von der Sache nirgends die Rede ist, gemeint, er könne sie *de bonne prise* [als gute Beute] erklären. Man sieht, die norddeutsche und die süddeutsche Redlichkeit verstehn einander noch nicht genugsam. – Ferner ist der ganze Inhalt der §§ 538, 539, 540 im Buche des Herrn Rosas ganz aus meinem § 13 (2. Aufl. 12) genommen, ja meistentheils wörtlich daraus abgeschrieben. Ein Mal sieht er sich aber doch gezwungen, meine Abhandlung zu citiren, nämlich § 531, wo er für eine Thatsache einen Gewährsmann braucht. Belustigend ist die Art, wie er sogar die Zahlenbrüche, durch welche ich, in Folge meiner Theorie, sämmtliche Farben ausdrücke, einführt. Nämlich diese sich so ganz *sans façon* [schlankweg] anzueignen, mag ihm doch verfänglich geschienen haben: er sagt also S. 308: »W o l l t e n wir erstgedachtes Verhältniß der Farben zum Weiß mit Zahlen ausdrücken und nähmen wir Weiß = 1 an; so ließe sich beiläufig (wie bereits Schopenhauer that) folgende Proportion feststellen: Gelb = $^3/_4$, Orange = $^2/_3$, Roth = $^1/_2$, Grün = $^1/_2$, Blau = $^1/_3$, Violett = $^1/_4$, Schwarz = 0.« – Nun möchte ich doch wissen, wie sich das so beiläufig thun ließe, ohne vorher meine ganze physiologische Farbentheorie erdacht zu haben, auf welche allein diese Zahlen sich beziehn und ohne welche sie unbenannte Zahlen ohne Bedeutung sind, und vollends, wie jenes sich thun ließe, wenn man, wie Herr Rosas, sich zur Neutonischen Farbentheorie bekennt, mit der diese Zahlen in geradem Widerspruch stehn; endlich, wie es zugeht, daß seit den Jahrtausenden, daß Menschen denken und schreiben, noch nie einem gerade diese Brüche als Ausdrücke der Farben in den Sinn gekommen sind, als bloß uns beiden, mir und Herrn Rosas? Denn daß er sie ganz eben so aufgestellt haben würde, auch wenn ich es nicht zufällig 14 Jahre früher »bereits« gethan hätte und ihm dadurch nur unnöthigerweise zuvorgekommen wäre, besagen seine obigen Worte, aus denen man sieht, daß es dabei nur auf das »Wollen« ankommt. Nun aber liegt gerade in jenen Zahlenbrüchen das Geheimniß der Farben, über deren Wesen und Verschiedenheit von einander man den wahren Aufschluß ganz allein durch jene Zahlenbrüche erhält. – Aber ich wollte froh seyn, wenn das Plagiat die größte Unredlichkeit wäre, welche die Deutsche Litteratur befleckt; es giebt deren viel mehr, viel tiefer eingreifende und verderblichere, zu welchen das Plagiat sich verhält wie ein wenig *pickpocketing* [Taschendieberei] zu Kapitalverbrechen. Jenen niedrigen, schnöden Geist meine ich, vermöge dessen das persönliche Interesse der Leitstern ist, wo es die Wahrheit seyn sollte, und unter der Maske der Einsicht die Absicht redet. Achselträgerei und Augendienerei sind an der Tagesordnung, Tartüffiaden werden ohne Schminke aufgeführt, ja Kapuzinaden [Sittenpredigten] ertönen von der den Wissenschaften geweihten Stätte: das ehrwürdige Wort Aufklärung ist eine Art Schimpfwort geworden, die größten Männer des vorigen Jahrhunderts, Voltaire, Rousseau, Locke, Hume, werden verunglimpft, die Heroen, diese Zierden und Wohlthäter der Menschheit, deren über beide Hemisphären verbreiteter Ruhm, wenn durch irgend etwas, nur noch dadurch verherrlicht werden kann, daß jederzeit und überall, wo Obskuranten [Dunkelmänner] auftreten, solche ihre erbitterten Feinde sind – und Ursache dazu haben. Litterarische Faktionen [Parteien] und Brüderschaften auf Tadel und Lob werden geschlossen, und nun wird das Schlechte gepriesen und ausposaunt, das Gute verunglimpft, oder auch, wie Goethe sagt, »durch ein unverbrüchliches Schweigen sekretirt [geheimgehalten], in welcher Art von Inquisitionscensur es die Deutschen weit gebracht haben« (Tag- und Jahreshefte. J. 1821). Die Motive und Rücksichten aber, aus denen das Alles geschieht, sind zu niedriger Art, als daß ich mit ihrer Aufzählung mich befassen möchte. Welch ein weiter Abstand ist doch zwischen der von unabhängigen *Gentlemen*, der Sache wegen geschriebenen *Edinburgh Review*, welche ihr edles, dem Publius Syrus [*Sententiae*, Nr. 257] entnommenes Motto: *Judex damnatur, cum nocens absolvitur* [Die Freisprechung des Schuldigen ist die Verurteilung des Richters], mit Ehren trägt†, und den absichtsvollen, rücksichtsvollen, verzagten, unredlichen deutschen Litteraturzeitungen, die, großentheils von Söldlingen des Geldes wegen fabrizirt, zum Motto haben sollten: *accedas socius, laudes, lauderis ut absens* [Mach mit, Genosse, und lobe, damit man dich lobt, wenn du fern bist: Horaz, *serm.* II, 5, 72]. – Jetzt, nach 21 Jahren, verstehe ich was Goethe mir 1814 sagte, in Berka, wo ich ihn beim Buch der Staël *de l'Allemagne* gefunden hatte und nun im Gespräch darüber äußerte, sie mache eine übertriebene Schilderung von der Ehrlichkeit der Deutschen, wodurch Ausländer irre geleitet werden könnten. Er lachte und sagte: »Ja, freilich, die werden den Koffer nicht anketten, und da wird er abgeschnitten werden.« Dann aber setzte er ernst hinzu: »Aber wenn man die Unredlichkeit der Deutschen in ihrer ganzen Größe kennen lernen will, muß man sich mit der deutschen Litteratur bekannt machen.« – Wohl! Allein unter allen Unredlichkeiten der deutschen Litteratur ist die empörendeste die Zeitdienerei vorgeblicher Philosophen, wirklicher Obskuranten. Zeitdienerei: das Wort, wenn ich es gleich dem Englischen nachbilde, bedarf keiner Erklärung, und die Sache keines Beweises: denn wer die Stirn hätte, sie abzuleugnen, würde einen starken Beleg zu meinem gegenwärtigen Thema geben. Kant hat gelehrt, daß man den Menschen nur als Zweck, nie als Mittel behandeln soll: daß die Philosophie nur als Zweck, nie als Mittel gehandhabt werden soll, glaubte er nicht erst sagen zu müssen. Zeitdienerei läßt sich zur Noth in jedem Kleide entschuldigen, in der Kutte und dem Hermelin, nur nicht im Tribonion, dem Philosophenmantel: denn wer diesen anlegt, hat zur Fahne der Wahrheit geschworen, und nun ist, wo es ihren Dienst gilt, jede andere Rücksicht, auf was immer es auch sei, schmählicher Verrath. Darum ist Sokrates dem Schierling und Bruno dem Scheiterhaufen nicht ausgewichen. Jene aber kann man mit einem Stück Brod seitabwärts locken. Ob sie so kurzsichtig sind, daß sie nicht dort, schon ganz in der Nähe, die Nachwelt sehn, bei der die Geschichte der Philosophie sitzt und unerbittlich, mit ehernem Griffel und fester Hand, in ihr unvergängliches Buch

† Dies ist 1836 geschrieben, seit welcher Zeit die *Edinburgh Review* gesunken und nicht mehr ist was sie war: sogar auf bloßen Pöbel berechnete Pfäfferei ist mir darin vorgekommen.

zwei bittere Zeilen der Verdammung schreibt? oder ficht sie das nicht an? – freilich wohl, *après moi le déluge* [nach mir die Sintflut!] läßt sich zur Noth sagen; jedoch *après moi le mépris* [nach mir die Verachtung!] will nicht über die Lippen. Ich glaube daher, daß sie zu jener Richterin sprechen werden: »Ach, liebe Nachwelt und Geschichte der Philosophie, ihr seid im Irrthum, wenn ihr es mit uns ernstlich nehmt: wir sind ja gar nicht Philosophen, bewahre der Himmel! nein, bloße Philosophieprofessoren, bloße Staatsdiener, bloße Spaaßphilosophen! es ist, wie wenn ihr die in Pappe geharnischten Theater-Ritter ins wirkliche Turnier schleppen wolltet.« Da wird wohl die Richterin ein Einsehn haben, alle jene Namen durchstreichen und ihnen das *beneficium perpetui silentii* [die Wohltat ewiger Vergessenheit] angedeihen lassen.

Von dieser Abschweifung, zu der mich, vor 18 Jahren, der Anblick der Zeitdienerei und des Tartüffianismus, die doch noch nicht so blühten wie heute, hingerissen hatte, kehre ich zurück zu dem durch Herrn Brandis, wenn auch nicht selbsterkannten, doch bestätigten Theil meiner Lehre, um einige Erläuterungen zu demselben beizubringen, an welche ich sodann noch einige andere demselben von Seiten der Physiologie gewordene Bestätigungen knüpfen werde.

Die drei von Kant in der transscendentalen Dialektik unter dem Namen der Ideen der Vernunft kritisirten und demzufolge in der theoretischen Philosophie beseitigten Annahmen haben, bis zu der durch diesen großen Mann hervorgebrachten gänzlichen Umgestaltung der Philosophie, der tiefern Einsicht in die Natur sich jederzeit hinderlich erwiesen. Für den Gegenstand unserer gegenwärtigen Betrachtung war ein solches Hinderniß die sogenannte Vernunft-Idee der Seele, dieses metaphysischen Wesens, in dessen absoluter Einfachheit Erkennen und Wollen ewig unzertrennlich Eins, verbunden und verschmolzen waren. So lange sie bestand, konnte keine philosophische Physiologie zu Stande kommen; um so weniger, als mit ihr zugleich auch ihr Korrelat, die reale und rein passive Materie, als Stoff des Leibes, nothwendig gesetzt werden mußte, als ein an sich selbst bestehendes Wesen, ein Ding an sich. Jene Vernunft-Idee der Seele also war Schuld, daß am Anfange des vorigen Jahrhunderts der berühmte Chemiker und Physiolog Georg Ernst Stahl die Wahrheit verfehlen mußte, welcher er ganz nahe gekommen war und sie erreicht haben würde, wenn er an die Stelle der *anima rationalis* [des vernünftigen Seelenteils], den nackten, noch erkenntnißlosen Willen, der allein metaphysisch ist, hätte setzen können. Allein unter dem Einfluß jener Vernunft-Idee konnte er nichts Anderes lehren, als daß jene einfache, vernünftige Seele es sei, welche den Körper sich baue und alle inneren, organischen Funktionen desselben lenke und vollzöge, dabei aber doch, obschon Erkennen die Grundbestimmung und gleichsam die Substanz ihres Wesens sei, nichts von dem Allen wisse und erführe. Darin lag etwas Absurdes, welches die Lehre schlechterdings unhaltbar machte. Sie wurde verdrängt durch Hallers Irritabilität und Sensibilität, die zwar rein empirisch aufgefaßt, dafür aber auch zwei *qualitates occultae* [verborgene Eigenschaften] sind, bei denen die Erklärung zu Ende ist. Die Bewegung des Herzens und der Eingeweide wurde jetzt der Irritabilität zugeschrieben. Die *anima rationalis* aber blieb ungekränkt in ihren Ehren und Würden, als ein fremder Gast im Hause des Leibes, woselbst sie das Oberstübchen bewohnt. – »Die Wahrheit steckt tief im Brunnen«, – hat Demokritos gesagt, und die Jahrtausende haben es seufzend wiederholt: aber es ist kein Wunder; wenn man, sobald sie heraus will, ihr auf die Finger schlägt.

Der Grundzug meiner Lehre, welcher sie zu allen je dagewesenen in Gegensatz stellt, ist die gänzliche Sonderung des Willens von der Erkenntniß, welche beide alle mir vorhergegangenen Philosophen als unzertrennlich, ja, den Willen als durch die Erkenntniß, die der Grundstoff unsers geistigen Wesens sei, bedingt und sogar meistens als eine bloße Funktion derselben angesehn haben. Jene Trennung aber, jene Zersetzung des so lange untheilbar gewesenen Ichs oder Seele, in zwei heterogene Bestandtheile, ist für die Philosophie Das, was die Zersetzung des Wassers für die Chemie gewesen ist; wenn dies auch erst spät erkannt werden wird. Bei mir ist das Ewige und Unzerstörbare im Menschen, welches daher auch das Lebensprincip in ihm ausmacht, nicht die Seele, sondern, mir einen chemischen Ausdruck zu gestatten, das Radikal [Grundelement] der Seele, und dieses ist d e r W i l l e. Die sogenannte Seele ist schon zusammengesetzt: sie ist die Verbindung des Willens mit dem νοῦς, Intellekt. Dieser Intellekt ist das Sekundäre, ist das *posterius* [Spätere] des Organismus und, als eine bloße Gehirnfunktion, durch diesen bedingt. Der Wille hingegen ist primär, ist das *prius* [Frühere] des Organismus und dieser durch ihn bedingt. Denn der Wille ist dasjenige Wesen an sich, welches erst in der Vorstellung (jener bloßen Gehirnfunktion) sich als ein solcher organischer Leib darstellt: nur vermöge der Formen der Erkenntniß (oder Gehirnfunktion), also nur in der Vorstellung, ist der Leib eines Jeden ihm als ein Ausgedehntes, Gegliedertes, Organisches gegeben, nicht außerdem, nicht unmittelbar im Selbstbewußtseyn. Wie die Aktionen des Leibes nur die in der Vorstellung sich abbildenden einzelnen Akte des Willens sind, so ist auch ihr Substrat, die Gestalt dieses Leibes, sein Bild im Ganzen: daher ist in allen organischen Funktionen des Leibes, eben so gut wie in seinen äußern Aktionen, der Wille das *agens* [die treibende Kraft]. Die wahre Physiologie, auf ihrer Höhe, weist das Geistige im Menschen (die Erkenntniß) als Produkt seines Physischen nach; und das hat, wie kein Anderer, Cabanis geleistet: aber die wahre Metaphysik belehrt uns, daß dieses Physische selbst bloßes Produkt, oder vielmehr Erscheinung, eines Geistigen (des Willens) sei, ja, daß die Materie selbst durch die Vorstellung bedingt sei, in welcher allein sie existirt. Das Anschauen und Denken wird immer mehr aus dem Organismus erklärt werden, nie aber das Wollen, sondern umgekehrt, aus diesem der Organismus; wie ich unter der folgenden Rubrik nachweise. Ich setze also erstlich den Willen, als Ding an sich, völlig Ursprüngliches; zweitens seine bloße Sichtbarkeit, Objektivation, den Leib; und drittens die Erkenntniß, als bloße Funktion eines Theils dieses Leibes. Dieser Theil selbst ist das objektivirte (Vorstellung gewordene) Erkennenwollen, indem der Wille, zu seinen Zwecken, der Erkenntniß bedarf. Diese Funktion nun aber bedingt wieder die ganze Welt als Vorstellung, mithin auch den Leib selbst, sofern er anschauliches Objekt ist, ja, die Materie überhaupt, als welche nur in der Vorstellung vorhanden ist. Denn eine objektive Welt, ohne ein Subjekt, in dessen Bewußtseyn sie dasteht, ist, wohlerwogen, etwas schlechthin Undenkbares. Die Erkenntniß und die Materie (Subjekt und Objekt) sind also nur relativ für einander da und machen die Erscheinung aus. Mithin steht, durch meine Fundamentalveränderung, die Sache so, wie sie noch nie gestanden hat.

Wenn er nach außen schlägt, nach außen wirkt, auf einen

erkannten Gegenstand gerichtet, mithin durch das Medium der Erkenntniß hindurchgegangen ist, – da erkennen Alle als das hier Thätige den Willen, und da erhält er seinen Namen. Allein er ist es nicht weniger, welcher in den, jenen äußern Handlungen als Bedingung vorhergängigen, innern Processen, die das organische Leben und sein Substrat schaffen und erhalten, thätig ist, und auch Blutumlauf, Sekretion und Verdauung sind sein Werk. Aber eben weil man ihn nur da erkannte, wo er das Individuum, von dem er ausgeht, verlassend, sich auf die Außenwelt, welche nunmehr gerade zu diesem Behuf sich als Anschauung darstellt, richtet, hat man die Erkenntniß für seine wesentliche Bedingung, sein alleiniges Element, ja sogar für den Stoff, aus welchem er bestehe, gehalten und damit das größte ὑστερον προτερον [Verwechslung von Grund und Folge] begangen, welches je gewesen.

Vor allen Dingen aber muß man Wille von Willkür zu unterscheiden wissen und einsehn, daß jener ohne diese bestehn kann; was freilich meine ganze Philosophie voraussetzt. Willkür heißt der Wille da, wo ihn Erkenntniß beleuchtet, und daher Motive, also Vorstellungen, die ihn bewegenden Ursachen sind: Dies heißt, objektiv ausgedrückt, wo die Einwirkung von außen, welche den Akt verursacht, durch ein Gehirn vermittelt ist. Das Motiv kann definirt werden als ein äußerer Reiz, auf dessen Einwirkung zunächst ein Bild im Gehirn entsteht, unter dessen Vermittelung der Wille die eigentliche Wirkung, eine äußere Leibesaktion, vollbringt. Bei der Menschenspecies nun aber kann ein Begriff, der sich aus frühern Bildern dieser Art, durch Fallenlassen ihrer Unterschiede, abgesetzt hat, folglich nicht mehr anschaulich ist, sondern bloß durch Worte bezeichnet und fixirt wird, die Stelle jenes Bildes vertreten. Weil demnach die Einwirkung der Motive überhaupt nicht an den Kontakt gebunden ist, können sie ihre Wirkungskräfte auf den Willen gegen einander messen, d. h. gestatten eine gewisse Wahl: diese ist beim Thiere auf den engen Gesichtskreis des ihm anschaulich Vorliegenden beschränkt; beim Menschen hingegen hat sie den weiten Umkreis des für ihn Denkbaren, also seiner Begriffe, zum Spielraum. Demnach bezeichnet man als willkürlich die Bewegungen, welche nicht, wie die der unorganischen Körper, auf Ursachen, im engsten Sinne des Worts, erfolgen, auch nicht auf bloße Reize, wie die der

Pflanzen, sondern auf Motive*. Diese aber setzen Erkenntniß voraus, als welche das Medium der Motive ist, durch welches hindurch die Kausalität sich hier bethätigt, ihrer ganzen sonstigen Nothwendigkeit jedoch unbeschadet. Physiologisch läßt der Unterschied zwischen Reiz und Motiv sich auch so bezeichnen: der Reiz ruft die Reaktion unmittelbar hervor, indem diese ausgeht von dem selben Theil, auf welchen der Reiz gewirkt hat: das Motiv hingegen ist ein Reiz, welcher den Umweg durch das Gehirn machen muß, woselbst, bei Einwirkung desselben, zunächst ein Bild entsteht und dieses allererst die erfolgende Reaktion hervorruft, welche jetzt Willensakt und willkürlich genannt wird. Der Unterschied zwischen willkürlichen und unwillkürlichen Bewegungen betrifft demnach nicht das Wesentliche und Primäre, welches in beiden der Wille ist, sondern bloß das Sekundäre, die Hervorrufung der Aeußerung des Willens; ob nämlich diese am Leitfaden der eigentlichen Ursachen, oder der Reize, oder der Motive, d. h. der durch die Erkenntniß hindurchgegangenen Ursachen, geschieht. Im menschlichen Bewußtseyn, welches vom thierischen sich dadurch unterscheidet, daß es nicht bloß anschauliche Vorstellungen, sondern auch abstrakte Begriffe enthält, welche, vom Zeitunterschied unabhängig, zugleich und neben einander wirken, wodurch Ueberlegung, d. h. Konflikt der Motive, möglich geworden ist, tritt Willkür im engsten Sinne des Wortes ein, die ich Wahlentscheidung genannt habe, welche jedoch nur darin besteht, daß das für den gegebenen individuellen Charakter mächtigste Motiv die andern überwindet und die That bestimmt, wie Stoß vom stärkern Gegenstoß überwältigt wird; wobei also der Erfolg immer noch mit eben der Nothwendigkeit eintritt, wie die Bewegung des gestoßenen Steins. Hierüber sind alle große Denker aller Zeiten einig und entschieden, eben so gewiß, als der große Haufe es nie einsehn wird, nie die große Wahrheit fassen wird, daß das Werk unserer Freiheit nicht in den einzelnen Handlungen, sondern in unserm Daseyn und Wesen selbst zu suchen ist. Ich habe sie auf das Deutlichste dargelegt in meiner Preisschrift über die Freiheit des Willens. Dem-

* Den Unterschied zwischen Ursache im engsten Sinne, Reiz und Motiv habe ich ausführlich dargelegt in den »Beiden Grundproblemen der Ethik«, S. 30 fg. [Bd. VI, S. 60 f.].

nach ist das vermeinte *liberum arbitrium indifferentiae* [freie Willensentscheidung], als unterscheidendes Merkmal der vom Willen ausgehenden Bewegungen, durchaus unzulässig: denn es ist eine Behauptung der Möglichkeit von Wirkungen ohne Ursachen.

Sobald man also dahin gelangt ist, Wille von Willkür zu unterscheiden und letztere als eine besondere Gattung, oder Erscheinungsart des ersteren zu betrachten, wird man keine Schwierigkeit finden, den Willen auch in erkenntnißlosen Vorgängen zu erblicken. Daß alle Bewegungen unsers Leibes, auch die bloß vegetativen und organischen, vom Willen ausgehn, besagt also keineswegs, daß sie willkürlich sind: denn das würde heißen, daß sie von Motiven veranlaßt würden: Motive aber sind Vorstellungen und deren Sitz ist das Gehirn: nur die Theile, welche von ihm Nerven erhalten, können von ihm aus, mithin auf Motive bewegt werden: und diese Bewegung allein heißt willkürlich. Die der innern Oekonomie des Organismus hingegen wird durch Reize gelenkt, wie die der Pflanzen; nur daß die Komplikation des thierischen Organismus, wie sie ein äußeres Sensorium, zur Auffassung der Außenwelt und Reaktion des Willens auf dieselbe, nöthig machte, auch ein *Cerebrum abdominale* [Bauchnervengeflecht], das sympathische Nervensystem, erforderte, um eben so die Reaktion des Willens auf die innern Reize zu dirigiren. Ersteres kann dem Ministerio des Aeußern, Letzteres dem des Innern verglichen werden: der Wille aber bleibt der Selbstherrscher, der überall gegenwärtig ist.

Die Fortschritte der Physiologie seit Haller haben außer Zweifel gesetzt, daß nicht bloß die von Bewußtseyn begleiteten äußeren Handlungen *(functiones animales)*, sondern auch die völlig unbewußt vorgehenden Lebensprocesse *(functiones vitales et naturales)* durchgängig unter Leitung des Nervensystems stehn, und der Unterschied, in Hinsicht auf das Bewußtwerden, bloß darauf beruht, daß die ersteren durch Nerven gelenkt werden, die vom Gehirn ausgehn, die letzteren aber durch Nerven, die nicht direkt mit jenem, hauptsächlich nach außen gerichteten Hauptcentrum des Nervensystems kommuniciren, dagegen aber mit untergeordneten, kleinen Centris, den Nervenknoten, Ganglien und ihren Verflechtungen, welche gleichsam als Statthalter den verschiedenen Provinzen des Nervensystems vorstehn und die innern Vorgänge auf innere Reize leiten, wie das Gehirn die äußern Handlungen auf äußere Motive; welche also Eindrücke des Innern empfangen und darauf angemessen reagiren, wie das Gehirn Vorstellungen erhält und darauf beschließt; nur daß jegliches von jenen auf einen engern Wirkungskreis beschränkt ist. Hierauf beruht die *vita propria* [Eigenleben] jedes Systems, hinsichtlich auf welche schon van Helmont sagte, daß jedes Organ gleichsam sein eigenes Ich habe. Hieraus ist auch das fortdauernde Leben abgeschnittener Theile erklärlich, bei Insekten, Reptilien und andern niedrig stehenden Thieren, deren Gehirn kein großes Uebergewicht über die Ganglien einzelner Theile hat; imgleichen, daß manche Reptilien, nach weggenommenem Gehirn, noch Wochen, ja Monate lang leben. Wissen wir nun aus der sichersten Erfahrung, daß in den von Bewußtseyn begleiteten und vom Hauptcentro des Nervensystems gelenkten Aktionen das eigentliche Agens der uns im unmittelbarsten Bewußtseyn und auf ganz andere Art, als die Außenwelt, bekannte Wille ist; so können wir doch nicht wohl umhin anzunehmen, daß die von eben jenem Nervensystem ausgehenden, aber unter der Leitung seiner untergeordneten Centra stehenden Aktionen, welche den Lebensproceß fortdauernd im Gange erhalten, ebenfalls Aeußerungen des Willens sind; zumal da uns die Ursache, weshalb sie nicht, wie jene, von Bewußtseyn begleitet sind, vollkommen bekannt ist: daß nämlich das Bewußtseyn seinen Sitz im Gehirn hat und daher auf solche Theile beschränkt ist, deren Nerven zum Gehirn gehn, und auch bei diesen wegfällt, wenn sie durchschnitten werden: hiedurch ist der Unterschied des Bewußten und Unbewußten, und mit ihm der des Willkürlichen und Unwillkürlichen in den Bewegungen des Leibes vollkommen erklärt, und kein Grund bleibt übrig, zwei ganz verschiedene Urquellen der Bewegung anzunehmen; zumal da *principia praeter necessitatem non sunt multiplicanda* [man die Prinzipien nicht ohne Not vermehren soll: nach Wilhelm von Occam (vgl. S. 13)]. Dies Alles ist so einleuchtend, daß, bei unbefangener Ueberlegung, von diesem Standpunkt aus, es fast als absurd erscheint, den Leib zum Diener zweier Herren machen zu wollen, indem man seine Aktionen aus zwei grundverschiedenen Urquellen ableitet und nun die Bewegung der Arme und Beine, der Augen, der Lippen, der Kehle, Zunge und Lunge, der Gesichts- und Bauch-Muskeln dem Willen zuschreibt;

hingegen die Bewegung des Herzens, der Adern, die peristaltische [fortschreitende] Bewegung der Gedärme, das Saugen der Darmzotten und der Drüsen, und alle den Sekretionen dienenden Bewegungen ausgehn läßt von einem ganz andern, uns unbekannten und ewig geheimen Princip, das man durch Namen, wie Vitalität, Archäus [Urkraft], *spiritus animales* [Lebensgeister], Lebenskraft, Bildungstrieb, die sämmtlich so viel sagen als x, bezeichnet†.

Merkwürdig und lehrreich ist es zu sehn, wie der vortreffliche Treviranus, in seinem Buche »die Erscheinungen und Gesetze des organischen Lebens«, Bd. 1, S. 178–185, sich abmüht, bei den untersten Thieren, Infusorien [Aufgußtierchen] und Zoophyten [Pflanzentieren], herauszubringen, welche ihrer Bewegungen willkürlich, und welche, wie er es nennt, automatisch oder physisch, – d. h. bloß vital – seien; wobei ihm die Voraussetzung zum Grunde liegt, er habe es mit zwei ursprünglich verschiedenen Quellen der Bewegung zu thun; während, in Wahrheit, die einen, wie die andern, vom Willen ausgehn, und der ganze Unterschied darin besteht, ob sie durch Reiz, oder durch Motiv veranlaßt, d. h. durch ein Gehirn vermittelt werden, oder nicht; welcher Reiz dann wieder ein bloß innerer, oder ein äußerer seyn kann. Bei mehreren, schon höher stehenden Thieren, – Krustaceen [Krebstieren] und sogar Fischen, – findet er die willkürlichen und die vitalen Bewegungen ganz in Eins zusammenfallend, z. B. die der Ortsveränderung mit der Respiration: ein deutlicher Beweis der Identität ihres Wesens und Ursprungs. – Er sagt, S. 188: »In der Familie der Aktinien [Seelilien], Asterien [Seesterne], Seeigel und Holothurien *(Echinodermata pedata Cuv.)* [Seegurken] ist es augenscheinlich, wie die Bewegung der Säfte von dem Willen derselben abhängt und ein Mittel zur örtlichen Bewegung ist.« – S. 288 heißt es: »Der

† Besonders ist bei den Sekretionen eine gewisse Auswahl des zu jeder Tauglichen, folglich Willkür der sie vollziehenden Organe nicht zu verkennen, die sogar von einer gewissen dumpfen Sinnesempfindung unterstützt seyn muß und vermöge welcher aus dem selben Blute jedes Sekretionsorgan bloß das ihm angemessene Sekret und nichts Anderes entnimmt, also aus dem zuströhmenden Blute die Leber nur Galle saugt, das übrige Blut weiterschickend, eben so die Speicheldrüse und das Pankreas nur Speichel, die Nieren nur Urin, die Hoden nur Sperma u. s. w. Man kann demnach die Sekretionsorgane vergleichen mit verschiedenartigem Vieh, auf der selben Wiese weidend und Jedes nur das seinem Appetit entsprechende Kraut abrupfend.

Schlund der Säugethiere hat an seinem obern Ende den Schlundkopf, der durch Muskeln, die in ihrer Bildung mit den willkürlichen übereinkommen, ohne doch unter der Herrschaft des Willens zu stehn, hervorgestreckt und zurückgezogen wird.« – Man sieht hier, wie die Gränzen der vom Willen ausgehenden und der ihm angenommenermaaßen fremden Bewegungen in einander laufen. – *Ibid.* S. 293: »So gehn in den Magenkammern der Wiederkäuer Bewegungen vor, die ganz den Schein der Willkür haben. Sie stehn jedoch nicht bloß mit dem Wiederkauen in beständiger Verbindung. Auch der einfache Magen des Menschen und vieler Thiere gestattet nur dem Verdaulichen den Durchgang durch seine untere Oeffnung und wirft das Unverdauliche durch Erbrechen wieder aus.«

Auch giebt es noch besondere Belege dazu, daß die Bewegungen auf Reize (die unwillkürlichen) eben so wohl als die auf Motive (die willkürlichen) vom Willen ausgehn: dahin gehören die Fälle, wo die selbe Bewegung bald auf Reiz, bald auf Motiv erfolgt, wie z. B. die Verengerung der Pupille: sie erfolgt auf Reiz, bei Vermehrung des Lichts; auf Motiv, so oft wir einen sehr nahen und kleinen Gegenstand genau zu betrachten uns anstrengen; weil Verengerung der Pupille das deutliche Sehn in großer Nähe bewirkt, welches wir noch vermehren können, wenn wir durch ein mit einer Nadel in eine Karte gestochenes Loch sehn; und umgekehrt erweitern wir die Pupille, wenn wir in die Ferne sehn. Die gleiche Bewegung des selben Organs wird doch nicht abwechselnd aus zwei grundverschiedenen Quellen entspringen. – E. H. Weber, in seinem Programm *additamenta ad E. H. Weberi tractatum de motu iridis. Lips. 1823*, erzählt, er habe an sich selber das Vermögen entdeckt, die Pupille des einen, auf einen und den selben Gegenstand gerichteten Auges, während das andere geschlossen sei, durch bloße Willkür so erweitern und verengern zu können, daß ihm der Gegenstand bald deutlich, bald undeutlich erscheine. – Auch Joh. Müller, Handb. d. Physiol. S. 764, sucht zu beweisen, daß der Wille auf die Pupille wirkt.

Ferner wird die Einsicht, daß die ohne Bewußtseyn vollzogenen vitalen und vegetativen Funktionen zum innersten Triebwerk den Willen haben, auch noch durch die Betrachtung bestätigt, daß selbst die anerkannt willkürliche Bewegung eines Gliedes bloß das letzte Resultat einer Menge ihr vorhergängiger

Veränderungen im Innern dieses Gliedes ist, die eben so wenig als jene organischen Funktionen ins Bewußtseyn kommen und doch offenbar Das sind, was zunächst durch den Willen aktuirt [in Tätigkeit gesetzt] wird und die Bewegung des Gliedes bloß zur Folge hat, dennoch aber unserm Bewußtseyn so fremd bleibt, daß die Physiologen es durch Hypothesen zu finden suchen, der Art wie diese, daß Sehne und Muskelfaser zusammengezogen werden durch eine Veränderung im Zellgewebe des Muskels, welche durch einen Niederschlag des in demselben enthaltenen Blutdunstes zu Blutwasser bewirkt wird, diese aber durch Einwirkung des Nerven, und diese – durch den Willen. Die zunächst vom Willen ausgehende Veränderung kommt also auch hier nicht ins Bewußtseyn, sondern bloß ihr entferntes Resultat, und selbst dieses eigentlich nur durch die räumliche Anschauung des Gehirns, in welcher es sich zusammt dem ganzen Leibe darstellt. Daß nun aber hiebei, in jener aufsteigenden Kausalreihe, das letzte Glied der Wille sei, würden die Physiologen nimmermehr auf dem Wege ihrer experimentalen Forschungen und Hypothesen erreicht haben; sondern es ist ihnen ganz anderweitig bekannt: das Wort des Räthsels wird ihnen von außerhalb der Untersuchung zugeflüstert, durch den glücklichen Umstand, daß der Forscher hier zugleich selbst der zu erforschende Gegenstand ist und dadurch das Geheimniß des innern Hergangs dies Mal erfährt; außerdem seine Erklärung eben auch, wie die jeder andern Erscheinung, stehn bleiben müßte vor einer unerforschlichen Kraft. Und umgekehrt würde, wenn wir zu jedem Naturphänomen die selbe innere Relation hätten, wie zu unserm eigenen Organismus, die Erklärung jedes Naturphänomens, und aller Eigenschaften jedes Körpers, zuletzt eben so zurücklaufen auf einen sich darin manifestirenden Willen. Denn der Unterschied liegt nicht in der Sache, sondern nur in unserm Verhältniß zur Sache. Ueberall wo die Erklärung des Physischen zu Ende läuft, stößt sie auf ein Metaphysisches, und überall wo dieses einer unmittelbaren Erkenntniß offen steht, wird sich, wie hier, der Wille ergeben. – Daß die nicht vom Gehirn aus, nicht auf Motive, nicht willkürlich bewegten Theile des Organismus dennoch vom Willen belebt und beherrscht werden, bezeugt auch ihre Mitleidenschaft bei allen ungewöhnlich heftigen Bewegungen des Willens, d. h. Affekten und Leidenschaften: das beschleunigte Herzklopfen bei

Freude oder Furcht, das Erröthen bei der Beschämung, Erblassen beim Schreck, auch bei verhehltem Zorn, Weinen bei der Betrübniß, Erektion bei wollüstigen Vorstellungen, erschwertes Athmen und beschleunigte Darmthätigkeit bei großer Angst, Speichel im Munde bei erregter Leckerheit, Uebelkeit beim Anblick ekelhafter Dinge, starkbeschleunigter Blutumlauf und sogar veränderte Qualität der Galle durch den Zorn, und des Speichels durch heftige Wuth: Letzteres in dem Grade, daß ein aufs Aeußerste erzürnter Hund durch seinen Biß Hydrophobie [Wasserscheu – Symptom der Tollwut] ertheilen kann, ohne selbst mit der Hundswuth behaftet zu seyn, oder es von Dem an zu werden; welches auch von Katzen und sogar von erzürnten Hähnen behauptet wird. Ferner untergräbt anhaltender Gram den Organismus im Tiefsten, und kann Schreck, wie auch plötzliche Freude, tödtlich wirken. Hingegen bleiben alle die innern Vorgänge und Veränderungen, welche bloß das Erkennen betreffen und den Willen außer dem Spiel lassen, seien sie auch noch so groß und wichtig, ohne Einfluß auf das Getriebe des Organismus, – bis auf diesen, daß zu angestrengte und zu anhaltende Thätigkeit des Intellekts das Gehirn ermüdet, allmälig erschöpft und endlich den Organismus untergräbt; welches abermals bestätigt, daß das Erkennen sekundärer Natur und bloß die organische Funktion eines Theils, ein Produkt des Lebens ist, nicht aber den innern Kern unsers Wesens ausmacht, nicht Ding an sich ist, nicht metaphysisch, unkörperlich, ewig, wie der Wille: dieser ermüdet nicht, altert nicht, lernt nicht, vervollkommnet sich nicht durch Uebung, ist im Kinde was er im Greise ist, stets Einer und der selbe, und sein Charakter in Jedem unveränderlich. Imgleichen ist er, als das Wesentliche, auch das Konstante, und daher im Thiere wie in uns vorhanden: denn er hängt nicht, wie der Intellekt, von der Vollkommenheit der Organisation ab, sondern ist, dem Wesentlichen nach, in allen Thieren das Selbe, uns so intim Bekannte. Demnach hat das Thier sämmtliche Affekten des Menschen: Freude, Trauer, Furcht, Zorn, Liebe, Haß, Sehnsucht, Neid u. s. w.: die große Verschiedenheit zwischen Mensch und Thier beruht allein auf den Graden der Vollkommenheit des Intellekts. Doch führt uns Dies zu weit ab; daher ich hier auf die »Welt als W. und V.« Bd. 2, Kap. 19, *sub 2*, verweise.

Nach den dargelegten einleuchtenden Gründen dafür, daß das

ursprüngliche Agens im innern Getriebe des Organismus eben der Wille ist, der die äußern Aktionen des Leibes leitet, und nur weil er hier der Vermittelung der nach außen gerichteten Erkenntniß bedarf, in diesem Durchgang durch das Bewußtseyn, sich als Wille zu erkennen giebt, wird es uns nicht wundern, daß außer Brandis auch einige andere Physiologen, auf dem bloß empirischen Wege ihres Forschens, diese Wahrheit mehr oder weniger deutlich erkannt haben. Meckel, in seinem Archiv für die Physiologie (Bd. 5, S. 195–198) gelangt ganz empirisch und völlig unbefangen zu dem Resultat, daß das vegetative Leben, die Entstehung des Embryo, die Assimilation der Nahrung, das Pflanzenleben, wohl eigentlich als Aeußerungen des Willens zu betrachten seyn möchten, ja daß sogar das Streben des Magneten so einen Anschein gebe. »Die Annahme« sagt er, »eines gewissen freien Willens bei jeder Lebensbewegung ließe sich vielleicht rechtfertigen.« – »Die Pflanze scheint freiwillig nach dem Lichte zu gehn«, u. s. f. – Der Band ist von 1819, wo mein Werk erst kürzlich erschienen war, und es ist wenigstens ungewiß, daß es Einfluß auf ihn gehabt, oder ihm auch nur bekannt gewesen sei; daher ich auch diese Aeußerungen zu den unbefangenen empirischen Bestätigungen meiner Lehre rechne. – Auch Burdach, in seiner großen Physiologie, Bd. 1, § 259, S. 388, gelangt ganz empirisch zu dem Resultat, daß »die Selbstliebe eine allen Dingen ohne Unterschied zukommende Kraft sei«: er weist sie nach, zunächst in Thieren, dann in Pflanzen und endlich in leblosen Körpern. Was ist aber Selbstliebe Anderes, als Wille sein Daseyn zu erhalten, Wille zum Leben? – Eine meine Lehre noch entschiedener bestätigende Stelle des selben Buchs werde ich unter der Rubrik »Vergleichende Anatomie« anführen. – Daß die Lehre vom Willen als Princip des Lebens anfängt, sich auch im weitern Kreise der Arzneikunde zu verbreiten und bei ihren jüngern Repräsentanten Eingang findet, sehe ich mit besonderm Vergnügen aus den Thesen, welche Herr *Dr.* v. Sigriz bei seiner Promotion zu München im August 1835 vertheidigt hat und welche so anheben: *1. Sanguis est determinans formam organismi se evolventis. – 2. Evolutio organica determinatur vitae internae actione et voluntate.* [1. Das Blut ist es, das die Form des sich entwickelnden Organismus bestimmt. – 2. Die organische Entwicklung wird durch die Tätigkeit des inneren Lebens und durch den *Willen* bestimmt.]

Endlich ist noch eine sehr merkwürdige und unerwartete Bestätigung dieses Theiles meiner Lehre zu erwähnen, welche in neuerer Zeit Colebrooke aus der uralten Hindostanischen Philosophie mitgetheilt hat. In der Darstellung der philosophischen Schulen der Hindu, welche er im ersten Bande der *Transactions of the Asiatic Society of Great-Britain, 1824*, giebt, führt er, S. 110, Folgendes als Lehre der Nyaga-Schule an:* »Wille *(volition, Yatna)*, Willens-Anstrengung oder -Aeußerung ist eine Selbstbestimmung zum Handeln, welche Befriedigung gewährt. Wunsch ist ihr Anlaß, und Wahrnehmung ihr Motiv. Man unterscheidet zwei Arten wahrnehmbarer Willensanstrengung: die, welche aus dem Wunsch entspringt, der das Angenehme sucht; und die, welche aus dem Abscheu entspringt, der das Widrige flieht. Noch eine andere Gattung, welche sich der Empfindung und Wahrnehmung entzieht, aber auf welche aus der Analogie mit den willkürlichen Handlungen geschlossen wird, begreift die animalischen Funktionen, welche die unsichtbare Lebenskraft zur Ursache haben.« *(Another species, which escapes sensation or perception, but is inferred from analogy of spontaneous acts, comprises animal functions, having for a cause the vital unseen power.)* Offenbar ist »animalische Funktionen« hier nicht im physiologischen, sondern im populären Sinne des Worts zu verstehn: also wird hier unstreitig das organische Leben aus dem Willen abgeleitet. – Eine ähnliche Angabe Colebrooke's findet sich in seiner Berichterstattung über die Veden *(Asiatic researches Vol. 8, p. 426)*, wo es heißt: »Asu ist unbewußtes Wollen, welches einen zur Erhaltung des Lebens nothwendigen Akt bewirkt, wie das Athmen u. s. w.« *(Asu is unconscious volition, which occasions an act necessary to the support of life, as breathing etc.)*

Meine Zurückführung der Lebenskraft auf Willen steht übrigens der alten Eintheilung ihrer Funktionen in Reproduktionskraft, Irritabilität und Sensibilität durchaus nicht entgegen. Diese bleibt eine tiefgefaßte Unterscheidung und giebt zu interessanten Betrachtungen Anlaß.

---

* Ueberall wo ich Stellen aus Büchern in lebenden Sprachen anführe, übersetze ich sie, citire jedoch nach dem Original, füge dieses selbst aber nur da hinzu, wo meine Uebersetzung irgend einem Verdacht ausgesetzt seyn könnte.

Die Reproduktionskraft, objektivirt im Zellgewebe, ist der Hauptcharakter der Pflanze und ist das Pflanzliche im Menschen. Wenn sie in ihm überwiegend vorherrscht, vermuthen wir Phlegma, Langsamkeit, Trägheit, Stumpfsinn (Böotier); wiewohl diese Vermuthung nicht immer ganz bestätigt wird. – Die Irritabilität, objektivirt in der Muskelfaser, ist der Hauptcharakter des Thieres, und ist das Thierische im Menschen. Wenn sie in diesem überwiegend vorherrscht, pflegt sich Behändigkeit, Stärke und Tapferkeit zu finden, also Tauglichkeit zu körperlichen Anstrengungen und zum Kriege (Spartaner). Fast alle warmblütigen Thiere und sogar die Insekten übertreffen an Irritabilität den Menschen bei Weitem. Das Thier wird sich seines Daseyns am lebhaftesten in der Irritabilität bewußt; daher es in den Aeußerungen derselben exultirt [frohlockt]. Von dieser Exultation zeigt sich beim Menschen noch eine Spur als Tanz. – Die Sensibilität, objektivirt im Nerven, ist der Hauptcharakter des Menschen, und ist das eigentlich Menschliche im Menschen. Kein Thier kann sich hierin mit ihm auch nur entfernt vergleichen. Ueberwiegend vorherrschend giebt sie Genie (Athener). Demnach ist der Mensch von Genie in höherem Grade Mensch. Hieraus ist es erklärlich, daß einige Genies die übrigen Menschen, mit ihren eintönigen Physiognomien und dem durchgängigen Gepräge der Alltäglichkeit, nicht für Menschen haben anerkennen wollen: denn sie fanden in ihnen nicht ihres Gleichen und geriethen in den natürlichen Irrthum, daß ihre eigene Beschaffenheit die normale wäre. In diesem Sinne suchte Diogenes mit der Laterne nach Menschen; – der geniale Koheleth [Prediger Salomo] sagt [7, 29]: »Unter Tausend habe ich einen Menschen gefunden, aber kein Weib unter allen diesen«; – und Gracian im Kritikon, vielleicht der größten und schönsten Allegorie, die je geschrieben worden, sagt: »Aber das Wunderlichste war, daß sie im ganzen Lande, selbst in den volkreichsten Städten, keinen Menschen antrafen; sondern alles war bevölkert von Löwen, Tigern, Leoparden, Wölfen, Füchsen, Affen, Ochsen, Eseln, Schweinen, – nirgends einen Menschen! Erst spät brachten sie in Erfahrung, daß die wenigen vorhandenen Menschen, um sich zu bergen und nicht anzusehn wie es hergeht, sich zurückgezogen hatten in jene Einöden, welche eigentlich die Wohnung der wilden Thiere hätten seyn sollen« (aus Crisi 5 und 6 der ersten

Abtheilung zusammengezogen). In der That beruht auf dem selben Grunde der allen Genies eigene Hang zur Einsamkeit, als zu welcher sowohl ihre Verschiedenheit von den Uebrigen sie treibt, wie ihr innerer Reichthum sie ausstattet: denn von Menschen, wie von Diamanten, taugen nur die ungemein großen zu Solitärs: die gewöhnlichen müssen beisammen seyn und in Masse wirken.

Zu den drei physiologischen Grundsätzen stimmen auch die drei G u n a s oder Grundeigenschaften der Hindu. T a m a s - G u n a , Stumpfheit, Dummheit, entspricht der Reproduktionskraft; – R a j a s - G u n a , Leidenschaftlichkeit, der Irritabilität; – und S a t t w a - G u n a , Weisheit und Tugend, der Sensibilität. Wenn aber hinzugefügt wird, Tamas-Guna sei das Loos der Thiere, Rajas-Guna der Menschen, und Sattwa-Guna der Götter; so ist dies mehr mythologisch, als physiologisch geredet.

Den unter dieser Rubrik betrachteten Gegenstand behandelt ebenfalls das 20. Kapitel des 2. Bandes der »Welt als Wille und Vorstellung«, überschrieben »Objektivation des Willens im thierischen Organismus« [Bd. III uns. Ausg., S. 286 f.]; welches ich daher als Ergänzung des hier Gegebenen nachzulesen empfehle. In den Parergis gehört § 94 des 2. Bandes [Bd. IX, S. 176 f.] hieher.

Noch sei hier bemerkt, daß die oben S. 14 und 15 [S. 214–215] aus meiner Schrift über die Farben citirten Stellen sich auf die erste Auflage derselben beziehn, nächstens aber eine zweite erscheinen und andere Seitenzahlen haben wird.

Vergleichende Anatomie.

Aus meinem Satze, daß Kants »Ding an sich«, oder das letzte Substrat jeder Erscheinung, der Wille sei, hatte ich nun aber nicht allein abgeleitet, daß auch in allen innern unbewußten Funktionen des Organismus der Wille das Agens sei; sondern ebenfalls, daß dieser organische Leib selbst nichts Anderes sei, als der in die Vorstellung getretene Wille, der in der Erkenntnißform des Raums angeschaute Wille selbst. Demnach hatte ich gesagt, daß, wie jeder einzelne momentane Willensakt sofort, unmittelbar und unausbleiblich sich in der äußern Anschauung des Leibes als eine Aktion desselben darstellt; so müsse auch das Gesammtwollen jedes Thieres, der Inbegriff aller seiner Bestrebungen, ein getreues Abbild haben an dem ganzen Leibe selbst, an der Beschaffenheit seines Organismus, und zwischen den Zwecken seines Willens überhaupt und den Mitteln zur Erreichung derselben, die seine Organisation ihm darbietet, müsse die allergenaueste Uebereinstimmung seyn. Oder kurz: der Gesammtcharakter seines Wollens müsse zur Gestalt und Beschaffenheit seines Leibes in eben dem Verhältnisse stehn, wie der einzelne Willensakt zur einzelnen ihn ausführenden Leibesaktion. – Auch dieses haben, in neuerer Zeit, denkende Zootomen [Tier-Anatomen] und Physiologen, ihrerseits und unabhängig von meiner Lehre, als Thatsache erkannt und demnach *a posteriori* bestätigt: ihre Aussprüche darüber legen auch hier das Zeugniß der Natur für die Wahrheit meiner Lehre ab.

In dem vortrefflichen Kupferwerke: »Ueber die Skelette der Raubthiere« von Pander und d'Alton, 1822, heißt es S. 7: »Wie das Charakteristische der Knochenbildung aus dem Charakter der Thiere entspringt; so entwickelt sich dieser dagegen aus den Neigungen und Begierden derselben. –– Diese Neigungen und Begierden der Thiere, die in ihrer ganzen Organisation so lebendig ausgesprochen sind und wovon die Organisation nur als das Vermittelnde erscheint, können nicht aus besondern Grundkräften erklärt werden, da der innere Grund nur aus dem allgemeinen Leben der Natur herzuleiten ist.« – Durch diese letzte Wendung besagt der Verfasser eigentlich, daß er, wie jeder Naturforscher, hier zu dem Punkte gelangt ist, wo er stehn bleiben muß, weil er auf das Metaphysische stößt, daß jedoch an diesem Punkt das letzte Erkennbare, über welches hinaus die Natur sich seinem Forschen entzieht, Neigungen und Begierden, d.h. Wille war. »Das Thier ist so, weil es so will«, wäre der kurze Ausdruck für sein letztes Resultat.

Nicht minder ausdrücklich ist das Zeugniß, welches der gelehrte und denkende Burdach für meine Wahrheit ablegt in seiner großen Physiologie, Bd. 2, § 474, wo er vom letzten Grunde der Entstehung des Embryo handelt. Leider darf ich nicht verschweigen, daß der sonst so vortreffliche Mann gerade hier, zur schwachen Stunde und der Himmel weiß wie und wodurch verleitet, einige Phrasen aus jener völlig werthlosen, gewaltsam aufgedrungenen Pseudo-Philosophie anbringt, über den »Gedanken«, der das Ursprüngliche (er ist gerade das Allerletzte und Bedingteste), jedoch »keine Vorstellung« (also ein hölzernes Eisen) sei. Allein gleich darauf und unter dem wiederkehrenden Einfluß seines eigenen bessern Selbst, spricht er die reine Wahrheit aus S. 710: »Das Gehirn stülpt sich zur Netzhaut aus, weil das Centrale des Embryo die Eindrücke der Weltthätigkeit in sich aufnehmen will; die Schleimhaut des Darmkanals entwickelt sich zur Lunge, weil der organische Leib mit den elementaren Weltstoffen in Verkehr treten will; aus dem Gefäßsystem sprossen Zeugungsorgane hervor, weil das Individuum nur in der Gattung lebt, und das in ihm begonnene Leben sich vervielfältigen will.« – Dieser meiner Lehre so ganz gemäße Ausspruch Burdachs erinnert an eine Stelle des uralten Mahabharata, die man, von diesem Gesichtspunkt aus, wirklich für einen mythischen Ausdruck der selben Wahrheit zu halten schwerlich umhin kann. Sie steht im dritten Gesange der Episode Sundas und Upasundas in Bopp's »Ardschunas Reise zu Indras Himmel, nebst andern Episoden des Mahabharata«, 1824. Da hat Brahma die Tilottama, das schönste aller Weiber geschaffen, und sie umgeht die Versammlung der Götter: Schiwa hat solche Begierde sie anzuschauen, daß, wie sie successive den

Kreis umwandelt, ihm vier Gesichter, nach Maaßgabe ihres Standpunkts, also nach den vier Weltgegenden hin, entstehn. Vielleicht beziehn sich hierauf die Darstellungen Schiwa's mit fünf Köpfen, als Pansch Mukhti Schiwa. Auf gleiche Weise entstehn, bei der selben Gelegenheit, dem Indra unzählige Augen auf dem ganzen Leibe†. – In Wahrheit ist jedes Organ anzusehn als der Ausdruck einer universalen, d. h. ein für alle Mal gemachten Willensäußerung, einer fixirten Sehnsucht, eines Willensaktes, nicht des Individuums, sondern der Species. Jede Thiergestalt ist eine von den Umständen hervorgerufene Sehnsucht des Willens zum Leben: z. B. ihn ergriff die Sehnsucht, auf Bäumen zu leben, an ihren Zweigen zu hängen, von ihren Blättern zu zehren, ohne Kampf mit andern Thieren und ohne je den Boden zu betreten: dieses Sehnen stellt sich, endlose Zeit hindurch, dar, in der Gestalt (Platonischen Idee) des Faulthiers. Gehn kann es fast gar nicht, weil es nur auf Klettern berechnet ist: hülflos auf dem Boden, ist es behänd auf den Bäumen, und sieht selbst aus wie ein bemooster Ast, damit kein Verfolger seiner gewahr werde. – Aber wir wollen jetzt die Sache etwas prosaischer und methodischer betrachten.

Die augenfällige, bis ins Einzelne herab sich erstreckende Angemessenheit jedes Thieres zu seiner Lebensart, zu den äußern Mitteln seiner Erhaltung, und die überschwängliche Kunstvollkommenheit seiner Organisation ist der reichste Stoff teleologischer Betrachtungen, denen der menschliche Geist von jeher gern obgelegen hat, und die sodann, auch auf die unbelebte Natur ausgedehnt, das Argument des physikotheologischen Beweises geworden sind. Die ausnahmslose Zweckmäßigkeit, die offenbare Absichtlichkeit in allen Theilen des thierischen Organismus kündigt zu deutlich an, daß hier nicht zufällig und planlos wirkende Naturkräfte, sondern ein Wille thätig gewesen sei, als daß es je hätte im Ernst verkannt werden können. Nun aber konnte man, empirischer Kenntniß und Ansicht gemäß, das Wirken eines Willens sich nicht anders denken, denn als ein vom

---

† Der M a t s y a P u r a n a läßt die vier Gesichter des B r a h m a auf die selbe Weise entstehn, nämlich dadurch, daß er in die S a t a r u p a, seine Tochter, sich verliebend, sie starr ansah, sie aber diesem Blicke, seitwärts tretend, auswich, er jetzt, sich schämend, ihrer Bewegung nicht folgen wollte, worauf ihm nun aber ein Gesicht nach jener Seite wuchs, sie dann abermals das Selbe that und so fort, bis er vier Gesichter hatte. *(Asiat. researches Vol. 6, p. 473.)*

Erkennen geleitetes. Denn bis zu mir hielt man, wie schon unter der vorigen Rubrik erörtert worden, Wille und Erkenntniß für schlechthin unzertrennlich, ja, sah den Willen als eine bloße Operation der Erkenntniß, dieser vermeinten Basis alles Geistigen, an. Demzufolge mußte, wo Wille wirkte, Erkenntniß ihn leiten, folglich auch hier ihn geleitet haben. Das Medium der Erkenntniß aber, die als solche wesentlich nach außen gerichtet ist, bringt es mit sich, daß ein mittelst derselben thätiger Wille nur nach außen, also nur von einem Wesen auf das andere wirken kann. Deshalb suchte man den Willen, dessen unverkennbare Spuren man gefunden hatte, nicht da, wo man diese fand, sondern versetzte ihn nach außen und machte das Thier zum Produkt eines ihm fremden, von Erkenntniß geleiteten Willens, welche Erkenntniß alsdann eine sehr deutliche, ein durchdachter Zweckbegriff gewesen seyn und dieser der Existenz des Thieres vorhergegangen und mit sammt dem Willen, dessen Produkt das Thier ist, außer ihm gelegen haben mußte. Demnach hätte das Thier früher in der Vorstellung, als in der Wirklichkeit, oder an sich, existirt. Dies ist die Basis des Gedankenganges, auf welchem der physikotheologische Beweis beruht. Dieser Beweis aber ist nicht ein bloßes Schulsophisma, wie der ontologische: auch trägt er nicht einen unermüdlichen, natürlichen Widersacher in sich selbst, wie der kosmologische einen solchen hat, an dem selben Gesetz der Kausalität, dem er sein Daseyn verdankt; sondern er ist wirklich für den Gebildeten Das, was der keraunologische* für das Volk†, und hat eine so große, so mächtige Scheinbarkeit, daß sogar die eminentesten und zugleich unbefangensten Köpfe tief darin verstrickt waren, z. B. Voltaire, der, nach anderweitigen Zweifeln jeder Art, immer darauf zurückkommt, keine Möglichkeit absieht darüber hinauszugelangen, ja seine Evidenz fast einer mathematischen gleich setzt. Auch sogar Priestley *(disquis. on matter and*

* Unter dieser Benennung nämlich möchte ich zu den drei von Kant aufgeführten Beweisen einen vierten fügen, den *a terrore* [vom Schrecken her], welchen das alte Wort des Petronius *primus in orbe Deos fecit timor* [Ursprung war für den Götterglauben die Furcht nur: *Fragmenta,* 27, 1] bezeichnet und als dessen Kritik Hume's unvergleichliche *natural history of religion* zu betrachten ist. Im Sinne desselben verstanden, möchte wohl auch der von dem Theologen Schleiermacher versuchte Beweis, aus dem Gefühl der Abhängigkeit, seine Wahrheit haben; wenn auch nicht gerade die, welche der Aufsteller desselben sich dachte.

† Schon Sokrates trägt ihn, bei Xenophon *(Mem. I, 4),* ausführlich vor.

spirit, sect. 16, p. 188) erklärt ihn für unwiderleglich. Nur Hume's Besonnenheit und Scharfsinn hielt auch hier Stich: dieser ächte Vorläufer Kants macht in seinen so lesenswerthen *Dialogues on natural religion (part. 7,* und an andern Stellen) darauf aufmerksam, wie doch im Grunde gar keine Aehnlichkeit sei zwischen den Werken der Natur und denen einer nach Absicht wirkenden Kunst. Desto herrlicher glänzt nun hier Kants Verdienst, sowohl in der Kritik der Urtheilskraft, als in der der reinen Vernunft, als wo er, wie den beiden andern, so auch diesem so höchst verfänglichen Beweise den *nervus probandi* [Nerv der Beweisführung] durchschnitten hat. Ein ganz kurzes *résumé* dieser Kantischen Widerlegung des physikotheologischen Beweises findet man in meinem Hauptwerke, Bd. 1, S. 597. [Bd. II uns. Ausg., S. 648]. Kant hat sich dadurch ein großes Verdienst erworben: denn nichts steht der richtigen Einsicht in die Natur und in das Wesen der Dinge mehr entgegen, wie eine solche Auffassung derselben als nach kluger Berechnung gemachter Werke. Wenn daher ein Herzog von Bridgewater große Summen als Preise ausgesetzt hat, zum Zweck der Befestigung und Perpetuirung solcher Fundamentalirrthümer; so wollen wir, ohne einen andern Lohn, als den der Wahrheit, in Hume's und Kants Fußstapfen tretend, unerschrocken an ihrer Zerstörung arbeiten. Ehrwürdig ist die Wahrheit; nicht was ihr entgegensteht. Kant hat jedoch auch hier sich auf die Negative beschränkt: diese aber thut ihre volle Wirkung immer erst dann, wann sie durch eine richtige Positive ergänzt worden, als welche allein ganze Befriedigung gewährt und schon von selbst den Irrthum verdrängt, gemäß dem Ausspruch des Spinoza: *sicut lux se ipsam et tenebras manifestat, sic veritas norma sui et falsi est* [So wie das Licht sich selbst und die Finsternis offenbar macht, ist die Wahrheit der Maßstab ihrer selbst und auch des Falschen]. Zuvörderst also sagen wir: die Welt ist nicht mit Hülfe der Erkenntniß, folglich auch nicht von außen gemacht, sondern von innen; und dann sind wir bemüht, das *punctum saliens* [den springenden Punkt] des Welteies nachzuweisen. So leicht auch der physikotheologische Gedanke, daß ein Intellekt es seyn müsse, der die Natur geordnet und gemodelt hat, dem rohen Verstande zusagt, so grundverkehrt ist er dennoch. Denn der Intellekt ist uns allein aus der animalischen Natur bekannt, folglich als ein durchaus sekundäres und untergeordnetes Princip in der Welt, ein Produkt spätesten Ursprungs: er kann daher nimmermehr die Bedingung ihres Daseyns gewesen seyn, noch kann ein *mundus intellegibilis* [Verstandeswelt] dem *mundus sensibilis* [Sinneswelt] vorhergehn; da er von diesem allein seinen Stoff erhält. Nicht ein Intellekt hat die Natur hervorgebracht, sondern die Natur den Intellekt. Wohl aber tritt der Wille, als welcher Alles erfüllt und in Jeglichem sich unmittelbar kund giebt, es dadurch bezeichnend als seine Erscheinung, überall als das Ursprüngliche auf. Daher eben lassen alle teleologischen Thatsachen sich aus dem Willen des Wesens selbst, an dem sie befunden werden, erklären.

Uebrigens läßt der physikotheologische Beweis sich schon durch die empirische Bemerkung entkräften, daß die Werke der thierischen Kunsttriebe, das Netz der Spinne, der Zellenbau der Bienen, der Termitenbau, u. s. w. durchaus beschaffen sind, als wären sie in Folge eines Zweckbegriffs, weitreichender Vorsicht und vernünftiger Ueberlegung entstanden, während sie offenbar das Werk eines blinden Triebes, d. h. eines nicht von Erkenntniß geleiteten Willens sind: woraus folgt, daß der Schluß von solcher Beschaffenheit auf solche Entstehungsart, wie überall der Schluß von der Folge auf den Grund, nicht sicher ist. Eine ausführliche Betrachtung der Kunsttriebe liefert das 27. Kapitel des 2. Bandes meines Hauptwerks, welches, mit dem ihm vorhergehenden Kapitel über die Teleologie, als die Ergänzung der gesammten unter gegenwärtiger Rubrik uns beschäftigenden Betrachtung zu benutzen ist.

Gehn wir nun etwas näher ein auf die oben erwähnte Angemessenheit der Organisation jedes Thiers zu seiner Lebensweise und den Mitteln sich seine Existenz zu erhalten; so entsteht zunächst die Frage, ob die Lebensweise sich nach der Organisation gerichtet habe, oder diese nach jener. Auf den ersten Blick scheint das Erstere das Richtigere, da der Zeit nach die Organisation der Lebensweise vorhergeht, und man meint, das Thier habe die Lebensweise ergriffen, zu der sein Bau sich am besten eignete, und habe seine vorgefundenen Organe bestens benutzt, der Vogel fliege, weil er Flügel hat, der Stier stoße, weil er Hörner hat; nicht umgekehrt. Dieser Meinung ist auch Lukrez (welches allemal ein bedenkliches Zeichen für eine Meinung ist):

Nil ideo quoniam natum est in corpore, ut uti
Possemus; sed, quod natum est, id procreat usum.

[Weil doch nichts im Körper entsteht, damit wir es brauchen,
Sondern das, was entstanden, ist Ursache, daß wir es brauchen.]

welches er ausführt, IV, 825–843 [= 831 f.]. Allein unter dieser Annahme bleibt unerklärt, wie die ganz verschiedenen Theile des Organismus eines Thieres sämmtlich seiner Lebensweise genau entsprechen, kein Organ das andere stört, vielmehr jedes das andere unterstützt, auch keines unbenutzt bleibt und kein untergeordnetes Organ zu einer andern Lebensweise besser taugen würde, während allein die Hauptorgane diejenige bestimmt hätten, die das Thier wirklich führt; vielmehr jeder Theil des Thieres sowohl jedem andern, als seiner Lebensweise auf das genaueste entspricht, z. B. die Klauen jedesmal geschickt sind, den Raub zu ergreifen, den die Zähne zu zerfleischen und zu zerbrechen taugen und den der Darmkanal zu verdauen vermag, und die Bewegungsglieder geschickt sind, dahin zu tragen, wo jener Raub sich aufhält, und kein Organ je unbenutzt bleibt. So z. B. hat der Ameisenbär nicht nur an den Vorderfüßen lange Klauen, um den Termitenbau aufzureißen, sondern auch zum Eindringen in denselben eine lange cylinderförmige Schnauze, mit kleinem Maul, und eine lange, fadenförmige, mit klebrigem Schleim bedeckte Zunge, die er tief in die Termitennester hineinsteckt und sie darauf mit jenen Insekten beklebt zurückzieht; hingegen hat er keine Zähne, weil er keine braucht. Wer sieht nicht, daß die Gestalt des Ameisenbären sich zu den Termiten verhält, wie ein Willensakt zu seinem Motiv? Dabei ist zwischen den mächtigen Armen, nebst starken, langen krummen Klauen des Ameisenbären und dem gänzlichen Mangel an Gebiß ein so beispielloser Widerspruch, daß, wenn die Erde noch eine Umgestaltung erlebt, dem dann entstandenen Geschlecht vernünftiger Wesen der fossile Ameisenbär ein unauflösliches Räthsel seyn wird, wenn es keine Termiten kennt. – Der Hals der Vögel, wie der Quadrupeden [Vierbeiner], ist in der Regel so lang wie ihre Beine, damit sie ihr Futter von der Erde erreichen können; aber bei Schwimmvögeln oft viel länger, weil diese schwimmend ihre Nahrung unter der Wasserfläche hervorholen†. Sumpfvögel haben unmäßig hohe Beine, um waten zu können, ohne zu

† Ich habe (Zooplast. Kab. 1860) einen Kolibri gesehn, dessen Schnabel so lang war, wie der ganze Vogel, *inclusive* Kopf und Schwanz. Ganz zuverlässig hat dieser Kolibiri seine Nahrung aus irgend einer Tiefe, wäre es auch nur ein tiefer Blumen-

ertrinken oder naß zu werden, und demgemäß Hals und Schnabel sehr lang, letztern stark oder schwach, je nachdem er Reptilien, Fische oder Gewürme zu zermalmen hat, und dem entsprechen auch stets die Eingeweide: dagegen haben die Sumpfvögel weder Krallen, wie die Raubvögel, noch Schwimmhäute, wie die Enten: denn die *lex parsimoniae naturae* [das Gesetz der Sparsamkeit der Natur] gestattet kein überflüssiges Organ. Gerade dieses Gesetz, zusammengenommen damit, daß andererseits keinem Thiere je ein Organ abgeht, welches seine Lebensweise erfordert, sondern alle, auch die verschiedenartigsten, übereinstimmen und wie berechnet sind auf eine ganz speciell bestimmte Lebensweise, auf das Element, in welchem sein Raub sich aufhält, auf das Verfolgen, auf das Besiegen, auf das Zermalmen und Verdauen desselben, beweist, daß die Lebensweise, die das Thier, um seinen Unterhalt zu finden, führen wollte, es war, die seinen Bau bestimmte, – nicht aber umgekehrt; und daß die Sache gerade so ausgefallen ist, wie wenn eine Erkenntniß der Lebensweise und ihrer äußern Bedingungen dem Bau vorausgegangen wäre und jedes Thier demgemäß sich sein Rüstzeug ausgewählt hätte, ehe es sich verkörperte; nicht anders, als wie ein Jäger, ehe er ausgeht, sein gesammtes Rüstzeug, Flinte, Schrot, Pulver, Jagdtasche, Hirschfänger und Kleidung, gemäß dem Wilde wählt, welches er erlegen will: er schießt nicht auf die wilde Sau, weil er eine Büchse trägt; sondern er nahm die Büchse und nicht die Vogelflinte, weil er auf wilde Säue ausgieng: und der Stier stößt nicht, weil er eben Hörner hat; sondern weil er stoßen will, hat er Hörner. Nun kommt aber, den Beweis zu ergänzen, noch hinzu, daß bei vielen Thieren, während sie noch im Wachsthum begriffen sind, die Willensbestrebung, der ein Glied dienen soll, sich äußert, ehe noch das Glied selbst vorhanden ist, und also sein Gebrauch seinem Daseyn vorhergeht. So stoßen junge Böcke, Widder, Kälber mit dem bloßen Kopf, ehe sie noch Hörner haben: der junge Eber haut an den Seiten um sich, während die Hauer, welche der beabsichtigten Wirkung entsprächen, noch fehlen: hingegen [ge]braucht er nicht die kleineren Zähne, welche er schon im Maule hat und mit denen er

---

kelch, hervorzuholen *(Cuvier, anat. comp. Vol. IV[1], p. 374)*: denn ohne Noth hätte er nicht den Aufwand eines solchen Schnabels gemacht und die Beschwerde desselben übernommen.

wirklich beißen könnte. Also seine Vertheidigungsart richtet sich nicht nach der vorhandenen Waffe, sondern umgekehrt. Dies hat schon Galenus bemerkt *(De usu partium anim. I, 1)*, und vor ihm Lukretius *(V, 1032–39)*. Wir erhalten hiedurch die vollkommene Gewißheit, daß der Wille nicht als ein Hinzugekommenes, etwan aus der Erkenntniß Hervorgegangenes, die Werkzeuge benutzt, die er gerade vorfindet, die Theile gebraucht, weil eben sie und keine andere dasind; sondern daß das Erste und Ursprüngliche das Streben ist, auf diese Weise zu leben, auf solche Art zu kämpfen; welches Streben sich darstellt nicht nur im Gebrauch, sondern schon im Daseyn der Waffe, so sehr, daß jener oft diesem vorhergeht und dadurch anzeigt, daß weil das Streben daist, die Waffe sich einstellt; nicht umgekehrt: und so mit jedem Theil überhaupt. Schon Aristoteles hat Dies ausgesprochen, indem er von den mit einem Stachel bewaffneten Insekten sagt: δια το θυμον εχειν ὁπλον εχει *(quia iram habent, arma habent)* [weil sie Kampflust haben, haben sie die Waffe], *de part. animal. IV, 6* – und weiterhin (c. 12) im Allgemeinen: Τα δ' οργανα προς το εργον ἡ φυσις ποιει, αλλ' ου το εργον προς τα οργανα *(natura enim instrumenta ad officium, non officium ad instrumenta accommodat)* [Die Natur schafft die Organe um der Betätigung willen, aber nicht die Betätigung um der Organe willen]. Das Resultat ist: nach dem Willen jedes Thiers hat sich sein Bau gerichtet.

Diese Wahrheit dringt sich dem denkenden Zoologen und Zootomen mit solcher Evidenz auf, daß er, wenn nicht zugleich sein Geist durch eine tiefere Philosophie geläutert ist, dadurch zu seltsamen Irrthümern verleitet werden kann. Dies ist nun wirklich einem Zoologen ersten Ranges begegnet, dem unvergeßlichen de Lamarck, ihm, der durch die Auffindung der so tief gefaßten Eintheilung der Thiere in *Vertebrata* [Wirbeltiere] und *Nonvertebrata* [wirbellose Tiere] sich ein unsterbliches Verdienst erworben hat. Nämlich in seiner *Philosophie zoologique, Vol. 1, c. 7* und in seiner *Hist. nat. des animaux sans vertèbres, Vol. 1 introd.* S. 180–212, behauptet er im ganzen Ernst und bemüht sich ausführlich darzuthun, daß die Gestalt die eigenthümlichen Waffen und nach außen wirkenden Organe jeder Art, jeglicher Thierspecies keineswegs beim Ursprung dieser schon vorhanden gewesen, sondern erst in Folge der Willensbestrebungen des Thieres, welche die Beschaffenheit seiner Lage und Umgebung hervorrief, durch seine eigenen wiederholten Anstrengungen und daraus entsprungenen Gewohnheiten, allmälig im Laufe der Zeit und durch die fortgesetzte Generation [Zeugung] entstanden seien. So, sagt er, haben schwimmende Vögel und Säugethiere erst dadurch, daß sie beim Schwimmen die Zehen aus einander streckten, allmälig Schwimmhäute erhalten; Sumpfvögel bekamen in Folge ihres Watens lange Beine und lange Hälse; Hornvieh kriegte erst allmälig Hörner, weil es, ohne taugliches Gebiß, nur mit dem Kopfe kämpfte, und diese Kampflust erzeugte allmälig Hörner, oder Geweihe: die Schnecke war Anfangs, wie andere Mollusken, ohne Fühlhörner, aber aus dem Bedürfniß, die ihr vorliegenden Gegenstände zu betasten, entstanden solche allmälig: das ganze Katzengeschlecht erhielt erst mit der Zeit, aus dem Bedürfniß die Beute zu zerfleischen, Krallen, und aus dem Bedürfniß diese beim Gehn zu schonen und zugleich nicht dadurch gehindert zu werden, die Scheide der Krallen und deren Beweglichkeit: die Giraffe, im dürren graslosen Afrika, auf das Laub hoher Bäume angewiesen, streckte Vorderbeine und Hals so lange, bis sie ihre wunderliche Gestalt, von 20 Fuß Höhe vorn, erhielt. Und so geht er eine Menge Thierarten durch, sie nach dem selben Princip entstehn lassend; wobei er den augenfälligen Einwurf nicht beachtet, daß ja die Thierspecies, über solche Bemühungen, ehe sie allmälig, im Lauf unzähliger Generationen, die zu ihrer Erhaltung nothwendigen Organe hervorgebracht hätte, aus Mangel daran inzwischen umgekommen und ausgestorben seyn müßte. So blind macht eine aufgefaßte Hypothese. Diese hier ist jedoch durch eine sehr richtige und tiefe Auffassung der Natur entstanden, ist ein genialer Irrthum, der ihm, trotz aller darin liegenden Absurdität, noch Ehre macht. Das Wahre darin gehört ihm als Naturforscher an: er sah richtig, daß der Wille des Thiers das Ursprüngliche ist und dessen Organisation bestimmt hat. Das Falsche hingegen fällt dem zurückgebliebenen Zustand der Metaphysik in Frankreich zur Last, wo eigentlich noch immer Locke und sein schwacher Nachtreter Condillac herrschen, und deshalb die Körper Dinge an sich sind, die Zeit und der Raum Beschaffenheiten der Dinge an sich, und wohin die große, so überaus folgenreiche Lehre von der Idealität des Raumes und der Zeit, mithin auch alles in ihnen sich Darstellenden, noch nicht gedrungen ist. Daher konnte de

Lamarck seine Konstruktion der Wesen nicht anders denken, als in der Zeit, durch Succession. Aus Deutschland hat Kants tiefe Einwirkung Irrthümer dieser Art, eben so wie die krasse, absurde Atomistik der Franzosen und die erbaulichen physikotheologischen Betrachtungen der Engländer auf immer verbannt. So wohlthätig und nachhaltig ist die Wirkung eines großen Geistes, selbst auf eine Nation, die ihn verlassen konnte, um Windbeuteln und Scharlatanen nachzulaufen. De Lamarck aber konnte nimmer auf den Gedanken kommen, daß der Wille des Thiers, als Ding an sich, außer der Zeit liegen und in diesem Sinne ursprünglicher seyn könne, als das Thier selbst. Er setzt daher zuerst das Thier, ohne entschiedene Organe, aber auch ohne entschiedene Bestrebungen, bloß mit Wahrnehmung ausgerüstet: diese lehrt es die Umstände kennen, unter welchen es zu leben hat, und aus dieser Erkenntniß entstehn seine Bestrebungen, d. i. sein Wille, aus diesem endlich seine Organe, oder bestimmte Korporisation, und zwar mit Hülfe der Generation und daher in ungemessener Zeit. Hätte er den Muth gehabt, es durchzuführen; so hätte er ein Urthier annehmen müssen, welches konsequent ohne alle Gestalt und Organe hätte seyn müssen, und nun, nach klimatischen und lokalen Umständen und deren Erkenntniß, sich zu den Myriaden von Thiergestalten jeder Art, von der Mücke bis zum Elephanten, umgewandelt hätte. – In Wahrheit aber ist dieses Urthier der Wille zum Leben: jedoch ist er als solcher ein Metaphysisches, kein Physisches. Allerdings hat jede Thierspecies durch ihren eigenen Willen und nach Maaßgabe der Umstände, unter denen sie leben wollte, ihre Gestalt und Organisation bestimmt; jedoch nicht als ein Physisches in der Zeit, sondern als ein Metaphysisches außer der Zeit. Der Wille ist nicht aus der Erkenntniß hervorgegangen und diese, mit sammt dem Thiere, dagewesen, ehe der Wille sich einfand als ein bloßes Accidenz, ein Sekundäres, ja Tertiäres; sondern der Wille ist das Erste, das Wesen an sich: seine Erscheinung (bloße Vorstellung im erkennenden Intellekt und dessen Formen Raum und Zeit) ist das Thier, ausgerüstet mit allen Organen, die den Willen, unter diesen speciellen Umständen zu leben, darstellen. Zu diesen Organen gehört auch der Intellekt, die Erkenntniß selbst, und ist, wie das Uebrige, der Lebensweise jedes Thieres genau angemessen; während de Lamarck erst aus ihr den Willen entstehn läßt.

Man betrachte die zahllosen Gestalten der Thiere. Wie ist doch jedes durchweg nur das Abbild seines Wollens, der sichtbare Ausdruck der Willensbestrebungen, die seinen Charakter ausmachen. Von dieser Verschiedenheit der Charaktere ist die der Gestalten bloß das Bild. Die reißenden, auf Kampf und Raub gerichteten Thiere stehn mit furchtbarem Gebiß und Klauen und mit starken Muskeln da: ihr Gesicht dringt in die Ferne; zumal wenn sie, wie Adler und Kondor, aus schwindelnder Höhe ihre Beute zu erspähen haben. Die furchtsamen, welche ihr Heil nicht im Kampfe, sondern in der Flucht zu suchen, den Willen haben, sind, statt aller Waffen, mit leichten, schnellen Beinen und mit scharfem Gehör aufgetreten; welches beim furchtsamsten unter ihnen, dem Hasen, sogar die auffallende Verlängerung des äußern Ohres erfordert hat. Dem Aeußern entspricht das Innere: die Fleischfresser haben kurze Gedärme, die Grasfresser lange, zu einem längern Assimilationsproceß; großer Muskelkraft und Irritabilität sind starke Respiration und rascher Blutumlauf, durch angemessene Organe repräsentirt, als nothwendige Bedingungen beigesellt; und ein Widerspruch ist nirgends möglich. Jedes besondere Streben des Willens stellt sich in einer besondern Modifikation der Gestalt dar. Daher b e s t i m m t e d e r A u f e n t h a l t s o r t d e r B e u t e d i e G e s t a l t d e s V e r f o l g e r s ; hat nun jene sich in schwer zugängliche Elemente, in ferne Schlupfwinkel, in Nacht und Dunkel zurückgezogen; so nimmt der Verfolger die dazu passende Gestalt an, und da ist keine so grottesk, daß nicht der Wille zum Leben, um seinen Zweck zu erreichen, darin aufträte. Um den Saamen aus den Schuppen des Tannzapfens hervorzuziehn, kommt der Kreuzschnabel *(Loxia curvirostra)* mit dieser abnormen Gestalt seines Freßwerkzeugs. Die Reptilien in ihren Sümpfen aufzusuchen, kommen Sumpfvögel mit überlängen Beinen, überlangen Hälsen, überlangen Schnäbeln, die wunderlichsten Gestalten. Die Termiten auszugraben, kommt der vier Fuß lange Ameisenbär mit kurzen Beinen, starken Krallen und langer, schmaler, zahnloser, aber mit einer fadenförmigen, klebrigen Zunge versehenen Schnauze. Auf den Fischfang geht der Pelekan, mit monstrosem Beutel unter dem Schnabel, recht viele Fische darein zu packen. Die Schläfer der Nacht zu überfallen, fliegen Eulen aus, mit ungeheuer großen Pupillen, um im Dunkeln zu sehn, und mit ganz weichen Federn, damit ihr Flug geräuschlos sei und die Schläfer nicht wecke. *Silurus, Gymnotus* und *Torpedo* [Wels, Zitteraal und Zitterrochen] haben gar einen vollständigen elektrischen Apparat mitgebracht, die Beute zu betäuben, ehe sie solche erreichen können; wie auch zur Wehr gegen i h r e n Verfolger. Denn wo ein Lebendes athmet, ist gleich ein anderes gekommen, es zu verschlingen†, und ein Jedes ist durchweg auf die Vernichtung eines Andern wie abgesehn und berechnet, sogar bis auf das Speciellste herab. Z. B. die Ichneumonen [Schlupfwespen], unter den Insekten, legen, zum künftigen Futter ihrer Brut, ihre Eier in den Leib gewisser Raupen und ähnlicher Larven, welche sie hiezu mit einem Stachel anbohren. Nun haben die, welche auf frei herumkriechende Larven angewiesen sind, ganz kurze Stacheln, etwan von $^1/_8$ Zoll: hingegen *Pimpla manifestator*, welche auf *Chelostoma maxillosa* angewiesen ist, deren Larve tief im alten Holze verborgen liegt, in welches jene nicht gelangen kann, hat einen Stachel von 2 Zoll Länge; und fast eben so lang hat ihn *Ichneumon strobillae*, die ihre Eier in Larven legt, welche in Tannzapfen leben: damit dringen diese bis zur Larve, stechen sie und legen ein Ei in die Wunde, dessen Produkt nachher diese Larve verzehrt. *(Kirby and Spence introduction to Entomology, Vol. I, p. 355.)* Eben so deutlich zeigt sich bei den Verfolgten der Wille, ihrem Feinde zu entgehn, in der defensiven Armatur [Ausrüstung]. Igel und Stachelschweine strecken einen Wald von Speeren in die Höhe. Geharnischt vom Kopfe bis zum Fuß, dem Zahn, dem Schnabel und der Klaue unzugänglich, treten Armadille [Gürteltiere], Schuppenthiere, Schildkröten auf, und eben so im Kleinen die ganze Klasse der Krustaceen. Andere haben ihren Schutz nicht im physischen Widerstande, sondern in der Täuschung des Verfolgers gesucht: so hat die Sepia [Tintenfisch] sich mit dem Stoffe zu einer finstern Wolke versehn, die sie im Augenblick der Gefahr um sich verbreitet; das Faulthier gleicht täuschend dem bemoosten Ast, der Laubfrosch dem Blatt, und eben so unzählige

† Im Gefühl dieser Wahrheit machte R. Owen, als er die vielen und zum Theil sehr großen, dem Rhinoceros an Größe gleichen fossilen *marsupialia* [Beuteltiere] Australiens durchmustert hatte, schon 1842 den richtigen Schluß, es müsse auch ein gleichzeitiges großes Raubtier gegeben haben: dieses hat sich später bestätigt, indem er 1846 einen Theil des fossilen Schädels eines Raubthiers von der Größe des Löwen erhielt, welches er *Thylacoleo* genannt hat, d. i. bebeutelter Löwe, da es auch ein *marsupiale* ist. (S. *Owen's lecture at the Government school of mines* in dem Artikel *»Palaeontology«* in den Times 1860, Mai 19.)

Insekten ihrem Aufenthalt; die Laus der Neger ist schwarz*: unser Floh ist es zwar auch; aber der hat sich auf seine weiten, regellosen Sprünge verlassen, als er zu ihnen den Aufwand eines so beispiellos kräftigen Apparats machte. – Die Anticipation aber, welche bei allen diesen Anstalten statt findet, können wir uns faßlich machen an der, die sich bei den Kunsttrieben zeigt. Die junge Spinne und der Ameisenlöwe kennen noch nicht den Raub, dem sie zum ersten Mal eine Falle stellen. Und ebenso auf der Defensive: das Insekt *Bombyx* [Seidenspinner] tödtet, nach Latreille, mit seinem Stachel die *Panorpe* [Skorpionsfliege], obgleich es sie nicht frißt, noch von ihr angegriffen wird; sondern weil diese späterhin ihre Eier in sein Nest legen und dadurch die Entwickelung seiner Eier hemmen wird; was es doch nicht weiß. In solchen Anticipationen bewährt sich wiederum die Idealität der Zeit; welche überhaupt stets hervortritt, sobald der Wille als Ding an sich zur Sprache kommt. In der hier berührten, wie in manchen andern Rücksichten dienen die Kunsttriebe der Thiere und die physiologischen Funktionen sich gegenseitig zur Erläuterung: weil in Beiden der Wille ohne Erkenntniß thätig ist.

Wie mit jedem Organ und jeder Waffe, zur Offensive oder Defensive, hat sich auch, in jeder Thiergestalt, der Wille mit einem Intellekt ausgerüstet, als einem Mittel zur Erhaltung des Individuums und der Art: daher eben haben die Alten den Intellekt das ἡγεμονικον, d. h. den Wegweiser und Führer, genannt. Demzufolge ist der Intellekt allein zum Dienste des Willens bestimmt und diesem überall genau angemessen. Die Raubthiere brauchten und haben offenbar dessen viel mehr, als die Grasfresser. Der Elephant und gewissermaaßen auch das Pferd machen eine Ausnahme: aber der bewunderungswürdige Verstand des Elephanten war nöthig; weil, bei zweihundertjähriger Lebensdauer und sehr geringer Prolifikation [Fortpflanzung], er für längere und sichere Erhaltung des Individuums zu sorgen hatte, und zwar in Ländern, die von den gierigsten, stärksten und behändesten Raubthieren wimmeln. Auch das Pferd hat längere Lebensdauer und spärlichere Fortpflanzung als die Wiederkäuer: zudem ohne Hörner, Hauzähne, Rüssel, mit

* Blumenbach, *de hum. gen. variet. nat. p. 50.* – Sömmering, vom Neger, S. 8.

keiner Waffe, als allenfalls seinem Hufe, versehn, brauchte es mehr Intelligenz und größere Schnelligkeit, sich dem Verfolger zu entziehn. Der außerordentliche Verstand der Affen war nöthig; theils weil sie, bei einer Lebensdauer, die selbst bei denen mittlerer Größe sich auf funfzig Jahre erstreckt, eine geringe Prolifikation haben, nämlich nur Ein Junges zur Zeit gebären; zumal aber, weil sie H ä n d e haben, denen ein sie gehörig benutzender Verstand vorstehn mußte, und auf deren Gebrauch sie angewiesen sind, sowohl bei ihrer Vertheidigung, mittelst äußerer Waffen, wie Steine und Stöcke, als auch bei ihrer Ernährung, welche mancherlei künstliche Mittel verlangt und überhaupt ein geselliges und künstliches Raubsystem nöthig macht, mit Zureichen der gestohlenen Früchte, von Hand zu Hand, Ausstellen von Schildwachen u. dgl. m. Hiezu kommt noch, daß dieser Verstand hauptsächlich ihrem jugendlichen Alter eigen ist, als in welchem die Muskelkraft noch unentwickelt ist: z. B. der junge Pongo, oder Orang-Utan, hat in der Jugend ein relativ überwiegendes Gehirn und sehr viel größere Intelligenz, als im Alter der Reife, wo die Muskelkraft ihre große Entwickelung erreicht hat und den Intellekt ersetzt, der demgemäß stark gesunken ist. Das Selbe gilt von allen Affen: der Intellekt tritt also hier einstweilen vikarirend [stellvertretend] für die künftige Muskelkraft ein. Diesen Hergang findet man ausführlich erörtert im *Résumé des observations de Fr. Cuvier sur l'instinct et l'intelligence des animaux, p. Flourens, 1841,* woraus ich die ganze hieher gehörige Stelle bereits beigebracht habe, im 2. Bande meines Hauptwerks, am Schluß des 31. Kapitels; weshalb allein ich sie hier nicht wiederhole. – Im Allgemeinen erhebt, bei den Säugethieren, die Intelligenz sich stufenweise, von den Nagethieren zu den Wiederkäuern, dann zu den Pachydermen [Dickhäutern], darauf zu den Raubthieren, und endlich zu den Quadrumanen [Affenarten]: und diesem Ergebniß der äußern Beobachtung entsprechend weist die Anatomie die stufenweise Entwickelung des Gehirns in der selben Ordnung nach. (Nach Flourens und Fr. Cuvier.)† – Unter den Reptilien sind die Schlangen, als welche sich sogar abrichten lassen, die klüg-

† Uebrigens scheint die unterste Stelle den Nagethieren mehr aus Rücksichten *a priori*, als *a posteriori* gegeben zu seyn; weil sie nämlich keine, oder doch nur äußerst schwache Gehirnfalten haben: auf diese hätte man demnach zu viel Gewicht gelegt. Schaafe und Kälber haben sie zahlreich und tief; was aber ist ihr Verstand? Der

sten; weil sie Raubthiere sind und, zumal die giftigen, sich langsamer als die übrigen fortpflanzen. – Wie hinsichtlich der physischen Waffe, so finden wir auch hier überall den Willen als das *Prius* [Frühere], und sein Rüstzeug, den Intellekt, als das *Posterius* [Spätere]. Raubthiere gehn nicht auf die Jagd, noch Füchse auf den Diebstahl, weil sie mehr Verstand haben; sondern weil sie von Jagd und Diebstahl leben wollten, haben sie, wie stärkeres Gebiß und Klauen, auch mehr Verstand. Sogar hat der Fuchs was ihm an Muskelkraft und Stärke des Gebisses abgeht sogleich durch überwiegende Feinheit des Verstandes ersetzt. – Eine eigenthümliche Erläuterung unsers Satzes giebt der Fall des Vogels D u d u , auch Dronte, *Didus ineptus*, auf der Mauritius-Insel, dessen Geschlecht bekanntlich ausgestorben ist und der, wie schon sein lateinischer Specialname anzeigt, überaus dumm war; woraus eben sich Jenes erklärt; daher es scheint, daß die Natur in der Befolgung ihrer *lex parsimoniae* [ihres Sparsamkeitsgesetzes] hier ein Mal zu weit gegangen sei und dadurch gewissermaaßen, wie oft am Individuo, hier an der Species, eine Mißgeburt zu Tage gefördert habe, die dann, eben als solche, nicht hat bestehn können. – Wenn, bei diesem Anlaß, Jemand die Frage aufwürfe, ob nicht auch den Insekten die Natur wenigstens so viel Verstand hätte ertheilen sollen, wie nöthig ist, um sich nicht in die Lichtflamme zu stürzen; so ist die Antwort: freilich wohl; nur war ihr nicht bekannt, daß die Menschen Lichte gießen und anzünden würden: und *natura nihil agit frustra* [die Natur tut nichts vergebens: nach Aristoteles, *De incessu animalium*, cap. 2]. Also bloß zu einer unnatürlichen Umgebung reicht der Verstand der Insekten nicht aus†.

Allerdings hängt überall die Intelligenz zunächst vom Cerebralsystem ab, und dieses steht in nothwendigem Verhältniß

Biber hingegen unterstützt seinen Kunsttrieb gar sehr durch Intelligenz: selbst Kaninchen zeigen eine bedeutende Intelligenz; worüber das Nähere zu finden ist in dem schönen Buche von Leroy: *Lettres philos. sur l'intelligence des animaux, lettre 3, pag. 49*. Sogar aber geben die R a t t e n Beweise einer ganz außerordentlichen Intelligenz: merkwürdige Beispiele von dieser findet man zusammengestellt in der *Quarterly review, Nr. 201, Jan.–March 1857*, in einem eigenen Artikel, überschrieben *Rats*. – Auch unter den Vögeln sind die Raubthiere die klügsten; daher manche, namentlich die Falken, sich in hohem Grade abrichten lassen.

† Daß die Neger vorzugsweise und im Großen in Sklaverei gerathen sind, ist offenbar eine Folge davon, daß sie, gegen die andern Menschenrassen, an Intelligenz zurückstehn; – welches jedoch der Sache keine Berechtigung giebt.

zum übrigen Organismus, daher kaltblütige Thiere bei Weitem den warmblütigen und die wirbellosen den Wirbelthieren nachstehn. Aber eben der Organismus ist nur der sichtbar gewordene Wille, auf welchen, als das absolut Erste, stets Alles zurückweist: seine Bedürfnisse und Zwecke, in jeder Erscheinung, geben das Maaß für die Mittel, und diese müssen unter einander übereinstimmen. Die Pflanze hat keine Apperception, weil sie keine Lokomotivität [Ortsbeweglichkeit] hat: denn wozu hätte jene ihr genützt, wenn sie nicht in Folge derselben das Gedeihliche zu suchen, das Schädliche zu fliehen vermochte? und umgekehrt konnte ihr die Lokomotivität nicht nutzen, da sie keine Apperception hatte, solche zu lenken. Daher tritt in der Pflanze die unzertrennliche Dyas [Zweiheit] von Sensibilität und Irritabilität noch nicht auf; sondern sie schlummern in ihrer Grundlage, der Reproduktionskraft, in welcher allein sich hier der Wille objektivirt. Die Sonnenblume, und jede Pflanze, will das Licht: aber ihre Bewegung zu ihm ist noch nicht getrennt von ihrer Wahrnehmung desselben, und Beide fallen zusammen mit ihrem Wachsthum. – Im Menschen steht der den Uebrigen so sehr überlegene Verstand, unterstützt von der hinzugekommenen Vernunft (Fähigkeit der nichtanschaulichen Vorstellungen, d. i. Begriffe: Reflexion, Denkvermögen) doch eben nur im Verhältniß theils zu seinen Bedürfnissen, welche die der Thiere weit übersteigen und sich ins Unendliche vermehren, theils zu seinem gänzlichen Mangel an natürlichen Waffen und natürlicher Bedeckung, und seiner verhältnißmäßig schwächern Muskelkraft, als welche der der ihm an Größe gleichen Affen sehr weit nachsteht, imgleichen zu seiner Unfähigkeit zur Flucht, da er im Lauf von allen vierfüßigen Säugethieren übertroffen wird, endlich auch zu seiner langsamen Fortpflanzung, langen Kindheit und langen Lebensdauer, welche sichere Erhaltung des Individuums forderten. Alle diese großen Forderungen mußten durch intellektuelle Kräfte gedeckt werden: daher sind diese hier so überwiegend. Ueberall aber finden wir den Intellekt als das Sekundäre, Untergeordnete, bloß den Zwecken des Willens zu dienen Bestimmte. Dieser Bestimmung getreu, bleibt er, in der Regel, allezeit in der Dienstbarkeit des Willens. Wie er sich dennoch, in einzelnen Fällen, durch ein abnormes Uebergewicht des cerebralen Lebens, davon losmacht, wodurch das rein objektive Erkennen eintritt, welches sich bis zum Genie steigert, habe ich im 3. Buche, dem ästhetischen Theile meines Hauptwerkes, ausführlich gezeigt und später in den Parergis, Bd. 2, § 50–57, auch § 206, erläutert.

Wenn wir nun, nach allen diesen Betrachtungen über die genaue Uebereinstimmung zwischen dem Willen und der Organisation jedes Thieres, und von diesem Gesichtspunkt aus, ein wohlgeordnetes osteologisches [knochenkundliches] Kabinet durchmustern; so wird es uns wahrlich vorkommen, als sähen wir ein und das selbe Wesen (jenes Urthier de Lamarck's, richtiger den Willen zum Leben) nach Maaßgabe der Umstände seine Gestalt verändern und aus der selben Zahl und Ordnung seiner Knochen, durch Verlängerung und Verkürzung, Verstärkung und Verkümmerung derselben, diese Mannigfaltigkeit von Formen zu Stande bringen. Jene Zahl und Ordnung der Knochen, welche Geoffroy Saint-Hilaire *(principes de philosophie zoologique, 1830)* das anatomische Element genannt hat, bleibt, wie er gründlich nachweist, in der ganzen Reihe der Wirbelthiere, dem Wesentlichen nach, unverändert, ist eine konstante Größe, ein zum voraus schlechthin Gegebenes, durch eine unergründliche Nothwendigkeit unwiderruflich Festgesetztes, – dessen Unwandelbarkeit ich der Beharrlichkeit der Materie unter allen physischen und chemischen Veränderungen vergleichen möchte: ich werde sogleich darauf zurückkommen. Im Verein damit aber besteht die größte Wandelbarkeit, Bildsamkeit, Fügsamkeit dieser selben Knochen, in Hinsicht auf Größe, Gestalt und Zweck der Anwendung: und diese sehn wir mit ursprünglicher Kraft und Freiheit durch den Willen bestimmt werden, nach Maaßgabe der Zwecke, welche die äußern Umstände ihm vorschieben: er macht daraus, was sein jedesmaliges Bedürfniß heischt. Will er als Affe auf den Bäumen umherklettern; so greift er alsbald mit vier Händen nach den Zweigen und streckt dabei *Ulna* [Elle] nebst *Radius* [Speiche] unmäßig in die Länge: zugleich verlängert er das *os coccygis* [Steißbein] zu einem ellenlangen Wickelschwanze, um sich damit an die Zweige zu hängen und von einem Ast zum andern zu schwingen. Hingegen werden jene selben Arm-Knochen bis zur Unkenntlichkeit verkürzt, wenn er als Krokodil im Schlamme kriechen, oder als Seehund schwimmen, oder als Maulwurf graben will, in welchem letztern Fall er den *Metacarpus* [die Mittelhand] und die Phalangen [Fingerglieder] zu unverhältnißmäßig großen Schaufelpfoten, auf Kosten aller übrigen Knochen, vergrößert. Aber will er als Fledermaus die Luft durchkreuzen, da werden nicht nur *os humeri* [der Oberarmknochen], *radius* und *ulna* auf unerhörte Weise verlängert, sondern die sonst so kleinen und untergeordneten *Carpus, Metacarpus* und *Phalanges digitorum* [Handwurzel-, Mittelhandknochen und Fingerglieder] dehnen sich, wie in der Vision des heiligen Antonius, zu einer ungeheueren, den Leib des Thieres übersteigenden Länge aus, um die Flughäute dazwischen auszuspannen. Hat er, um die Kronen hoher Bäume Afrika's benagen zu können, sich als Giraffe auf beispiellos hohe Vorderbeine gestellt; so werden die selben, der Zahl nach stets unwandelbaren 7 Halswirbel, welche beim Maulwurf bis zur Unkenntlichkeit zusammengeschoben waren, jetzt dermaaßen verlängert, daß auch hier, wie überall, die Länge des Halses der der Vorderbeine gleichkommt, damit der Kopf auch zum Trinkwasser herabgelangen könne. Kann nun aber, wenn er als Elephant auftritt, ein langer Hals die Last des übergroßen, massiven und noch mit klafterlangen Zähnen beschwerten Kopfes unmöglich tragen; so bleibt solcher ausnahmsweise kurz, und als Nothhülfe wird ein Rüssel zur Erde gesenkt, der Futter und Wasser in die Höhe zieht und auch zu den Kronen der Bäume hinauflangt. Bei allen diesen Verwandlungen sehn wir, in Uebereinstimmung damit, zugleich den Schädel, das Behältniß der Intelligenz, sich ausdehnen, entwickeln, wölben, nach dem Maaße, als die mehr oder minder schwierige Art, den Lebensunterhalt herbeizuschaffen, mehr oder weniger Intelligenz erfordert; und die verschiedenen Grade des Verstandes leuchten dem geübten Auge aus den Schädelwölbungen deutlich entgegen.

Hiebei bleibt nun freilich jenes, oben als feststehend und unwandelbar erwähnte anatomische Element insofern ein Räthsel, als es nicht innerhalb der teleologischen Erklärung fällt, die erst nach dessen Voraussetzung anhebt; indem, in vielen Fällen, das beabsichtigte Organ auch bei einer andern Zahl und Ordnung der Knochen hätte eben so zweckmäßig zu Stande kommen können. Man versteht z. B. wohl, warum der Schädel des Menschen aus 8 Knochen zusammengefügt ist, damit nämlich diese, mittelst der Fontanellen [Knochenlücken], sich bei der Geburt zusammenschieben können: aber warum das Hühnchen, welches sein Ei durchbricht, die selbe Anzahl Schädelknochen haben müsse, sieht man nicht ein. Wir müssen daher annehmen, daß dies anatomische Element theils auf der Einheit und Identität des Willens zum Leben überhaupt beruhe, theils darauf, daß die Urformen der Thiere eine aus der andern hervorgegangen sind (Parerga, Bd. 2, § 91) und daher der Grundtypus des ganzen Stammes beibehalten wurde. Dies anatomische Element ist es, was Aristoteles unter seiner αναγκαια φυσις [notwendigen Naturbeschaffenheit] versteht, und die Wandelbarkeit der Gestalten desselben, je nach den Zwecken, nennt er την κατα λογον φυσιν [die zweckentsprechende Naturbeschaffenheit] (Siehe *Arist. de partibus animalium III, c. 2 sub finem:* πως δε της αναγκαιας φυσεως κ. τ. λ. [am Schluß: Über die notwendige Naturbeschaffenheit usw.]) und erklärt daraus, daß beim Hornvieh der Stoff zu den obern Schneidezähnen auf die Hörner verwendet ist: ganz richtig; da allein die ungehörnten Wiederkäuer, also Kameel und Moschusthier, die obern Schneidezähne haben, während sie allen gehörnten fehlen.

Sowohl die hier am Knochengerüste erläuterte genaue Angemessenheit des Baues zu den Zwecken und äußern Lebensverhältnissen des Thieres, als auch die so bewunderungswürdige Zweckmäßigkeit und Harmonie im Getriebe seines Innern, wird durch keine andere Erklärung, oder Annahme, auch nur entfernterweise so begreiflich, wie durch die schon anderweitig festgestellte Wahrheit, daß der Leib des Thieres eben nur s e i n W i l l e s e l b s t ist, angeschaut als Vorstellung, mithin unter den Formen des Raumes, der Zeit und der Kausalität, im Gehirne, – also die bloße Sichtbarkeit, Objektität des Willens. Denn unter dieser Voraussetzung muß Alles in und an ihm konspiriren [übereinstimmen] zum letzten Zweck, dem Leben dieses Thiers. Da kann nichts Unnützes, nichts Ueberflüssiges, nichts Fehlendes, nichts Zweckwidriges, nichts Dürftiges, oder in seiner Art Unvollkommenes, an ihm gefunden werden; sondern alles Nöthige muß daseyn, genau so weit es nöthig ist, aber nicht weiter. Denn hier ist der Meister, das Werk und der Stoff Eines und das Selbe. Daher ist jeder Organismus ein überschwänglich vollendetes Meisterstück. Hier hat nicht der Wille erst die Absicht gehegt, den Zweck erkannt, dann die Mittel ihm angepaßt und den Stoff besiegt; sondern sein Wollen ist unmittelbar auch der Zweck und unmittelbar das Erreichen: es bedurfte sonach keiner fremden, erst zu bezwingenden Mittel: hier war Wollen, Thun und Erreichen Eines und das Selbe. Daher steht der Organismus als ein Wunder da und ist keinem Menschenwerk, das beim Lampenschein der Erkenntniß erkünstelt wurde, zu vergleichen†.

Unsere Bewunderung der unendlichen Vollkommenheit und Zweckmäßigkeit in den Werken der Natur beruht im Grunde darauf, daß wir sie im Sinn unserer Werke betrachten. Bei diesen ist zuvörderst der Wille zum Werk und das Werk zweierlei: sodann liegen zwischen diesen Beiden selbst noch zwei Andere: erstlich das dem Willen, an sich selbst genommen, fremde Medium der Vorstellung, durch welches er, ehe er sich hier verwirklicht, hindurchzugehn hat; und zweitens der dem hier wirkenden Willen fremde Stoff, dem eine ihm fremde Form aufgezwungen werden soll, welcher er widerstrebt, weil er schon einem andern Willen, nämlich seiner Naturbeschaffenheit, seiner *forma substantialis* [wesentlichen Form], der in ihm sich ausdrückenden (Platonischen) Idee, angehört: er muß also erst überwältigt werden, und wird im Innern stets noch widerstreben, so tief auch die künstliche Form eingedrungen seyn mag. Ganz anders steht es mit den Werken der Natur, welche nicht, wie jene, eine mittelbare, sondern eine unmittelbare Manifestation des Willens sind. Hier wirkt der Wille in seiner Ursprünglichkeit, also erkenntnißlos: der Wille und das Werk sind durch keine sie vermittelnde Vorstellung geschieden: sie sind Eins. Und sogar der Stoff ist mit ihnen Eins: denn die Materie ist die bloße Sichtbarkeit des Willens. Deshalb finden wir hier die Materie von der Form völlig durchdrungen: vielmehr aber sind sie ganz

† Daher bietet der Anblick jeder Thiergestalt uns eine Ganzheit, Einheit, Vollkommenheit und streng durchgeführte Harmonie aller Theile dar, die so ganz auf Einem Grundgedanken beruht, daß beim Anblick, selbst der abenteuerlichsten Thiergestalt, es Dem, der sich darin vertieft, zuletzt vorkommt, als wäre sie die einzig richtige, ja mögliche, und könne es gar keine andere Form des Lebens, als eben diese, geben. Hierauf beruht im tiefsten Grunde der Ausdruck »natürlich«, wenn wir damit bezeichnen, daß etwas sich von selbst versteht und nicht anders seyn kann. Von dieser Einheit war auch Goethe ergriffen, als der Anblick der Seeschnecken und Taschenkrebse zu Venedig ihn veranlaßte auszurufen: »Was ist doch ein Lebendiges für ein köstliches, herrliches Ding! wie abgemessen zu seinem Zustande, wie wahr, wie seyend!« (Leben, Bd. 4, S. 223). Darum kann kein Künstler diese Gestalt richtig nachahmen, wenn er nicht viele Jahre hindurch sie zum Gegenstand seines Studiums gemacht hat und in den Sinn und Verstand derselben eingedrungen ist: außerdem sieht sein Werk aus, wie zusammengekleistert: es hat zwar alle Theile; aber ihm fehlt das sie verbindende und zusammenhaltende Band, der Geist der Sache, die Idee, welche die Objektität des ursprünglichen Willensakts ist, der als diese Species sich darstellt.

gleichen Ursprungs, wechselseitig nur für einander da und insofern Eins. Daß wir sie auch hier, wie beim Kunstwerk, sondern, ist eine bloße Abstraktion. Die reine, absolut form- und beschaffenheitslose Materie, welche wir als den Stoff des Naturprodukts denken, ist bloß ein *ens rationis* [Gedankending] und kann in keiner Erfahrung vorkommen. Der Stoff des Kunstwerks hingegen ist die empirische, mithin bereits geformte Materie. Identität der Form und Materie ist Charakter des Naturprodukts; Diversität Beider, des Kunstprodukts†. Weil beim Naturprodukt die Materie die bloße Sichtbarkeit der Form ist, sehn wir auch empirisch die Form als bloße Ausgeburt der Materie auftreten, aus dem Innern derselben hervorbrechend, in der Krystallisation, in vegetabilischer und animalischer *generatio aequivoca* [Urzeugung]; welche letztere, wenigstens bei den Epizoen [Schmarotzern], nicht zu bezweifeln ist††. – Aus diesem Grunde läßt sich auch annehmen, daß nirgends, auf keinem Planeten, oder Trabanten, die Materie in den Zustand endloser Ruhe gerathen werde; sondern die ihr inwohnenden Kräfte (d. h. der Wille, dessen bloße Sichtbarkeit sie ist) werden der eingetretenen Ruhe stets wieder ein Ende machen, stets wieder aus ihrem Schlaf erwachen, um als mechanische, physikalische, chemische, organische Kräfte ihr Spiel von Neuem zu beginnen, da sie allemal nur auf den Anlaß warten.

Wollen wir aber das Wirken der Natur verstehn; so müssen wir dies nicht durch Vergleichung mit unsern Werken versuchen. Das wahre Wesen jeder Thiergestalt ist ein außer der Vorstellung, mithin auch ihren Formen Raum und Zeit, gelegener Willensakt, der eben deshalb kein Nach- und Nebeneinander kennt, sondern die untheilbarste Einheit hat. Erfaßt nun aber unsere cerebrale Anschauung jene Gestalt und zerlegt gar das anatomische Messer ihr Inneres; so tritt an das Licht der Erkenntiß, was ursprünglich und an sich dieser und ihren Gesetzen fremd ist, in

---

† Es ist eine große Wahrheit, die Bruno ausspricht *(de Immenso et Innumerabili 8, 10): »Ars tractat materiam alienam; natura materiam propriam. Ars circa materiam est; natura interior materiae.«* [Die Kunst bearbeitet einen fremden Stoff; die Natur den eigenen. Die Kunst ist in der Nähe der Materie; die Natur ist in der Materie.] Noch viel ausführlicher behandelt er sie *della causa, Dial. 3, p. 252 seqq. – Pag. 255* erklärt er die *forma substantialis* [wesentliche Form] als die Form jedes Naturprodukts, welche das Selbe ist mit der Seele.

†† Also bewährt sich das *dictum* der Scholastik: *materia appetit formam.* [Die Materie strebt nach Form.] (Vergl. Welt als Wille und Vorstellung, 3. Aufl. Bd. II *p. 352.* [Bd. III uns. Ausg., S. 362.])

ihr aber nun auch ihren Formen und Gesetzen gemäß sich darstellen muß. Die ursprüngliche Einheit und Untheilbarkeit jenes Willensaktes, dieses wahrhaft metaphysischen Wesens, erscheint nun auseinandergezogen in ein Nebeneinander von Theilen und Nacheinander von Funktionen, die aber dennoch sich darstellen als genau verbunden, durch die engste Beziehung auf einander, zu wechselseitiger Hülfe und Unterstützung, als Mittel und Zweck gegenseitig. Der dies so apprehendirende Verstand geräth in Bewunderung über die tief durchdachte Anordnung der Theile und Kombination der Funktionen; weil er die Art, wie er die aus der Vielheit (welche seine Erkenntnißform erst herbeigeführt hat) sich wiederherstellende ursprüngliche Einheit gewahr wird, auch der Entstehung dieser Thierform unwillkürlich unterschiebt. Dies ist der Sinn der großen Lehre Kants, daß die Zweckmäßigkeit erst vom Verstande in die Natur gebracht wird, der demnach ein Wunder anstaunt, das er erst selbst geschaffen hat†. Es geht ihm (wenn ich eine so hohe Sache durch ein triviales Gleichniß erläutern darf) so, wie wenn er darüber erstaunt, daß alle Multiplikationsprodukte der 9 durch Addition ihrer einzelnen Ziffern wieder 9 geben, oder eine Zahl deren Ziffern addirt 9 betragen; obschon er selbst im Decimalsystem das Wunder sich vorbereitet hat. – Das physikotheologische Argument läßt das Daseyn der Welt in einem Verstande ihrem realen Daseyn vorhergehn und sagt: wenn die Welt zweckmäßig seyn soll, mußte sie als Vorstellung vorhanden seyn, ehe sie ward. Ich aber sage, im Sinne Kants: wenn die Welt Vorstellung seyn soll; so muß sie sich als ein Zweckmäßiges darstellen: und dieses tritt allererst in unserm Intellekt ein.

Aus meiner Lehre folgt allerdings, daß jedes Wesen sein eigenes Werk ist. Die Natur, die nimmer lügen kann und naiv ist wie das Genie, sagt geradezu das Selbe aus, indem jedes Wesen an einem andern, genau seines Gleichen, nur den Lebensfunken anzündet und dann vor unsern Augen sich selbst macht, den Stoff dazu von außen, Form und Bewegung aus sich selbst nehmend; welches man Wachsthum und Entwickelung nennt. So steht auch empirisch jedes Wesen als sein eigenes Werk vor uns. Aber man versteht die Sprache der Natur nicht, weil sie zu einfach ist.

---

† Vergl. Welt als Wille und Vorstellung, Bd. 2, *p. 330* [Bd. III uns. Ausg., S. 384].

Pflanzen-Physiologie.

Ueber die Erscheinung des Willens in Pflanzen rühren die Bestätigungen, welche ich anzuführen habe, hauptsächlich von Franzosen her; welche Nation eine entschieden empirische Richtung hat und nicht gern einen Schritt über das unmittelbar Gegebene hinausgeht. Zudem ist der Berichterstatter Cuvier, der, durch sein starres Beharren bei dem rein Empirischen, Anlaß gab zu dem berühmten Zwiespalt zwischen ihm und Geoffroy St. Hilaire. Es darf uns also nicht wundern, wenn wir hier nicht einer so entschiedenen Sprache begegnen, wie in den früher angeführten deutschen Zeugnissen, und jedes Zugeständniß mit behutsamer Zurückhaltung gemacht sehn.

Cuvier sagt in seiner *histoire des progrès des sciences naturelles depuis 1789 jusqu'à ce jour, Vol. 1. 1826.* S. 245: »Die Pflanzen haben gewisse anscheinend von selbst entstehende *(spontanés)* Bewegungen, die sie unter gewissen Umständen zeigen, und welche denen der Thiere bisweilen so ähnlich sind, daß man wohl ihretwegen den Pflanzen eine Art Empfindung und Willen beilegen möchte, welches vorzüglich Diejenigen thun würden, die etwas Aehnliches in den Bewegungen der innern Theile der Thiere sehn wollen. So streben die Wipfel der Bäume stets nach der senkrechten Richtung; es sei denn daß sie sich nach dem Lichte beugen. Ihre Wurzeln gehn dem guten Erdreich und der Feuchtigkeit nach und verlassen, um diese zu finden, den geraden Weg. Aus dem Einfluß äußerer Ursachen aber sind diese verschiedenen Richtungen nicht erklärlich, wenn man nicht auch eine innere Anlage annimmt, welche erregt zu werden fähig und von der bloßen Trägheitskraft in den unorganischen Körpern verschieden ist. – – – – – – Decandolle hat merkwürdige Versuche gemacht, die ihm in den Pflanzen eine Art Gewohnheit dargethan haben, welche durch künstliche

Beleuchtung erst nach einer gewissen Zeit überwunden wird. Pflanzen, in einem von Lampen fortwährend erleuchteten Keller eingeschlossen, hörten darum in den ersten Tagen nicht auf, sich beim Eintritt der Nacht zu schließen und am Morgen zu öffnen. Und so giebt es noch andere Gewohnheiten, welche die Pflanzen annehmen und ablegen können. Die Blumen, welche sich bei nassem Wetter schließen, bleiben, wenn es zu lange anhält, endlich offen. Als Herr Desfontaines eine Sensitive [Mimosenart] im Wagen mit sich führte, zog sie sich, auf das Rütteln, Anfangs zusammen: aber endlich dehnte sie sich wieder aus, wie bei voller Ruhe. Also wirken auch hier Licht, Nässe u. s. w. bloß Kraft einer innern Anlage, welche, durch die Ausübung solcher Thätigkeit selbst, aufgehoben oder verändert werden kann, und die Lebenskraft der Pflanzen ist, wie die der Thiere, der Ermüdung und Erschöpfung unterworfen. Das *Hedysarum gyrans* [der bengalische Schildklee] ist sonderbar ausgezeichnet durch die Bewegungen, die es bei Tag und Nacht mit seinen Blättern macht, ohne dazu irgend eines Anlasses zu bedürfen. Wenn im Pflanzenreich irgend eine Erscheinung täuschen und an die freiwilligen Bewegungen der Thiere erinnern kann, so ist es sicherlich diese. Broussonet, Silvestre, Cels und Halle haben sie ausführlich beschrieben und gezeigt, daß ihre Thätigkeit allein vom guten Zustande der Pflanze abhängt.«

Im 3. Bande des selben Werkes (1828) S. 166 sagt Cuvier: »Herr Dutrochet fügt physiologische Betrachtungen hinzu, in Folge von Versuchen, die er selbst angestellt hat und welche, seiner Meinung nach, beweisen, daß die Bewegungen der Pflanzen spontan sind, d. h. von einem innern Princip abhängen, welches den Einfluß äußerer Agentien [treibender Kräfte] unmittelbar empfängt. Weil er jedoch Anstand nimmt, den Pflanzen Sensibilität beizulegen; so setzt er an die Stelle dieses Worts Nervimotilität [Beweglichkeit der Saftgefäße].« – Ich muß hiebei bemerken, daß was wir durch den Begriff der Spontaneität [Selbsttätigkeit] denken, wenn näher untersucht, allemal hinausläuft auf Willensäußerung, von welcher jene demnach nur ein Synonym wäre. Der einzige Unterschied dabei ist, daß der Begriff der Spontaneität aus der äußern Anschauung, der der Willensäußerung aus unserm eigenen Bewußtseyn geschöpft ist. – Von der Gewalt des Dranges dieser Spontaneität, auch in Pflanzen, überliefert uns ein denkwürdiges Beispiel der *Cheltenham Examiner*, welches die *Times* vom 2. Juni 1841 wiederholen: »Am letzten Donnerstage haben, in einer unserer volkreichsten Gassen, drei oder vier große Pilze eine Heldenthat ganz neuer Art vollbracht, indem sie, in ihrem eifrigen Streben nach dem Durchbruch in die sichtbare Welt, einen großen Pflasterstein wirklich herausgehoben haben.«

In den *Mém. de l'acad. d. sciences de l'année 1821, Vol. 5, Par. 1826,* sagt Cuvier S. 171: »Seit Jahrhunderten forschen die Botaniker nach, warum ein keimendes Korn, in welche Lage auch immer man es gebracht habe, stets die Wurzel nach unten, den Stengel nach oben sende. Man hat es der Feuchtigkeit, der Luft, dem Licht zugeschrieben: aber keine dieser Ursachen erklärt es. Herr Dutrochet hat Saamenkörner in Löcher gebracht, welche in den Boden eines mit feuchter Erde gefüllten Gefäßes gebohrt waren, und dieses an den Balken eines Zimmers gehängt. Nun sollte man denken, daß der Stengel nach unten gewachsen wäre: aber keineswegs. Die Wurzeln senkten sich in die Luft herab und die Stengel verlängerten sich durch die feuchte Erde hindurch, bis sie deren obere Fläche durchdringen konnten. Nach Herrn Dutrochet nehmen die Pflanzen ihre Richtung vermöge eines innern Princips und keineswegs durch die Anziehung der Körper, zu welchen sie sich begeben. An der Spitze einer auf einem Zapfen vollkommen beweglichen Nadel hatte man ein Mistelkorn befestigt und zum Keimen gebracht, in deren Nähe aber ein Brettchen gestellt: das Korn richtete bald seine Wurzeln nach dem Brettchen hin und in fünf Tagen hatten sie es erreicht, ohne daß die Nadel die geringste Bewegung angenommen hätte. – Zwiebel- und Lauch-Stengel mit ihren Bulben [Zwiebeln], an finstern Orten niedergelegt, richten sich auf, wiewohl langsamer als im Hellen: sogar im Wasser niedergelegt richten sie sich auf: welches hinlänglich beweist, daß weder Luft noch Feuchtigkeit ihnen ihre Richtung ertheilen.« – C. H. Schultz, in seiner von der *acad. des sciences* 1839 gekrönten Preisschrift, *sur la circulation dans les plantes*, sagt jedoch, er habe Saamenkörner in einem finstern Kasten, mit Löchern unten, keimen lassen und, durch einen unter dem Kasten angebrachten, das Sonnenlicht reflektirenden Spiegel, bewirkt, daß die Pflanzen in umgekehrter Richtung, Krone unten, Wurzel oben, vegetirten.

Im *Dictionn. d. sciences naturelles*, Artikel *Animal*, heißt es:

»Wenn die Thiere im Aufsuchen ihrer Nahrung Begierde und in der Auswahl derselben Unterscheidungsvermögen an den Tag legen; so sieht man die Wurzeln der Pflanzen ihre Richtung nach der Seite nehmen, wo die Erde am saftreichsten ist, sogar in den Felsen die kleinsten Spalten, die etwas Nahrung enthalten können, aufsuchen: ihre Blätter und Zweige richten sich sorgfältig nach der Seite, wo sie am meisten Luft und Licht finden. Beugt man einen Zweig so, daß die obere Fläche seiner Blätter nach unten kommt; so verdrehn sogar die Blätter ihre Stengel, um in die Lage zurückzukommen, welche der Ausübung ihrer Funktionen am günstigsten ist (d. h. die glatte Seite oben). Weiß man gewiß, daß dies ohne Bewußtseyn vor sich geht?«

F. J. F. Meyen, der, im 3. Bande seines »Neuen Systems der Pflanzenphysiologie«, 1839, dem Gegenstande unserer gegenwärtigen Betrachtung ein sehr ausführliches Kapitel, betitelt »von den Bewegungen und der Empfindung der Pflanzen«, gewidmet hat, sagt daselbst, S. 585: »Man sieht nicht selten, daß Kartoffeln, in tiefen und dunkeln Kellern, gegen den Sommer zu, Stengel treiben, welche sich stets den Oeffnungen zuwenden, durch welche das Licht in den Keller fällt, und so lange fortwachsen, bis daß sie den Ort erreichen, der unmittelbar beleuchtet wird. Man hat dergleichen Stengel der Kartoffel von 20 Fuß Länge beobachtet, während diese Pflanze sonst, selbst unter den günstigsten Verhältnissen, kaum 3 bis 4 Fuß hohe Stengel treibt. Es ist interessant den Weg genauer zu betrachten, welchen der Stengel einer solchen im Dunkeln wachsenden Kartoffel nimmt, um endlich das Lichtloch zu erreichen. Der Stengel versucht, sich dem Lichte auf dem kürzesten Wege zu nähern: da er aber nicht fest genug ist, um ohne Unterstützung queer durch die Luft zu wachsen; so fällt er zu Boden und kriecht auf diese Weise bis zur nächsten Wand, an welcher er alsdann emporsteigt.« Auch dieser Botaniker wird, a. a. O. S. 576, durch seine Thatsachen zu dem Ausspruch veranlaßt: »Wenn wir die freien Bewegungen der Oscillatorien [Algen] und anderer niederer Pflanzen betrachten; so bleibt wohl nichts übrig, als diesen Geschöpfen eine Art von W i l l e n zuzuerkennen.«

Einen deutlichen Beleg der Willensäußerung in Pflanzen geben die Rankengewächse, welche, wenn keine Stütze zum Anklammern in der Nähe ist, eine solche suchend, ihr Wachsthum immer nach dem schattigsten Ort hin richten, sogar nach einem Stück dunkel gefärbten Papiers, wohin man es auch legen mag: hingegen fliehn sie Glas, weil es glänzt. Sehr artige Versuche hierüber, besonders mit *Ampelopsis quinquefolia* [der fünfblättrigen Zaunrebe] giebt *Ths. Andrew Knight* in den *philos. Transact. of 1812*, welche sich übersetzt finden in der *Bibliothèque Britannique, section sciences et arts, Vol. 52*, – wiewohl er seinerseits bestrebt ist, die Sache mechanisch zu erklären und nicht zugeben will, daß es eine Willensäußerung sei. Ich berufe mich auf seine Experimente, nicht auf sein Urtheil. Man sollte mehrere stützenlose Rankenpflanzen im Kreise um einen Stamm pflanzen und sehn, ob sie nicht alle centripetal dahin kröchen. – Ueber diesen Gegenstand hat Dutrochet, am 6. Novbr. 1843, in der *académie des sciences* einen Aufsatz vorgetragen, *sur les mouvements révolutifs spontanés chez les végétaux* [Über die spontanen sich rückwärts rollenden Bewegungen bei den Pflanzen], welcher, seiner großen Weitschweifigkeit ungeachtet, sehr lesenswerth und in dem *compte rendu des séances de l'acad. d. sc.* November-Heft 1843 abgedruckt ist. Das Resultat ist, daß bei *Pisum sativum* (grüne Erbsen), *Bryonia alba* [Zaunrübe] und *Cucumis sativus* (Gurke), die Blattstengel, welche den Cirrus *(la vrille* [Ranke]) tragen, eine sehr langsame Cirkelbewegung in der Luft beschreiben, welche, je nach der Temperatur, in 1 bis 3 Stunden eine Ellipse vollendet, und mittelst welcher sie, aufs Gerathewohl, die festen Körper suchen, um welche, wenn sie solche antreffen, der Cirrus sich wickelt und jetzt die Pflanze, als welche für sich allein nicht stehn kann, trägt. – Sie machen es also, nur viel langsamer, wie die augenlosen Raupen, die mit dem Oberleibe Kreise in der Luft beschreiben, ein Blatt suchend. – Auch über andere Pflanzenbewegungen bringt, in obigem Aufsatz, Dutrochet Manches bei, z. B. daß *Stylidium graminifolium* [die grashalmige Säulenblume], in Neuholland, in der Mitte der Korolle [Blütenkrone] eine Säule hat, welche die Antheren [Staubbeutel] und das Stigma [Fruchtknoten] trägt und sich abwechselnd einbiegt und wieder aufrichtet. Diesem verwandt ist was Treviranus, in seinem Buche »die Erscheinungen und Gesetze des organ. Lebens«, Bd. 1, S. 173, beibringt: »So neigen sich, bei *Parnassia palustris* [Studentenröschen] und *Ruta graveolens* [Weinraute], die Staubfäden einer nach dem andern, bei *Saxifraga tridactylites* [Fingersteinbrech] paarweise, zum Stigma, und richten sich in gleicher Ordnung wieder auf.« – Ueber den obigen Gegenstand aber heißt es eben daselbst, kurz vorher: »Die allgemeinsten der vegetabilischen Bewegungen, die freiwillig zu seyn scheinen, sind das Hinziehn der Zweige und der obern Seite der Blätter nach dem Lichte und nach feuchter Wärme, und das Winden der Schlingepflanzen um eine Stütze. Besonders in der letztern Erscheinung äußert sich etwas Aehnliches den Bewegungen der Thiere. Die Schlingepflanze beschreibt zwar, sich selbst überlassen, bei ihrem Wachsthum, mit den Spitzen der Zweige Kreise, und erreicht, vermöge dieser Art des Wachsthums, einen Gegenstand, der in ihrer Nähe ist. Allein es ist doch keine bloß mechanische Ursache, was sie veranlaßt, ihr Wachsthum der Gestalt des Gegenstandes, zu welchem sie gelangt, anzupassen. Die *Cuscuta* [Flachsseide] windet sich nicht um Stützen jeder Art, nicht um thierische Theile, todte vegetabilische Körper, Metalle und andere unorganische Materie, sondern nur um lebende Pflanzen, und auch nicht um Gewächse jeder Art, z. B. nicht um Moose, sondern nur um solche, woraus sie, durch ihre Papillen [Wärzchen], die ihr angemessene Nahrung ziehn kann, und von diesen wird sie schon in einiger Entfernung angezogen.«† – Besonders zur Sache aber ist folgende specielle Beobachtung, mitgetheilt im *Farmer's Magazine*, und unter dem Titel *vegetable instinct* [Pflanzen-Instinkt] wiederholt in den *Times* vom 13. Juli 1848: »Wenn an eine beliebige Seite des Stengels eines jungen Kürbisses, oder der großen Gartenerbsen, innerhalb 6 Zoll Entfernung, eine Schaale mit Wasser gestellt wird; so wird, im Verlaufe der Nacht, der Stengel sich dieser nähern und am Morgen mit einem seiner Blätter auf dem Wasser schwimmend gefunden werden. Diesen Versuch kann

† Brandis »über Leben und Polarität« 1836, S. 88, sagt: »Die Wurzeln der Felsenpflanzen suchen die nährende Dammerde in den feinsten Spalten der Felsen. Die Wurzeln der Pflanzen schlingen sich um einen nährenden Knochen in dichten Haufen. Ich sah eine Wurzel, deren weiteres Wachsthum in die Erde eine alte Schuhsohle hinderte: sie theilte sich in so zahlreiche Fasern, als die Schuhsohle Löcher hatte, womit sie früher genäht war: sobald diese Fasern aber das Hinderniß überwunden hatten und durch die Löcher gewachsen waren, vereinigten sie sich wieder in einen Wurzelstamm.« Seite 87 sagt er: »Wenn Sprengels Beobachtungen sich bestätigen, werden (von den Pflanzen) sogar Mittelrelationen percipirt [Zwischenetappen wahrgenommen], um diesen Zweck (Befruchtung) zu erreichen: nämlich die Antheren der Nigella [Schwarzkümmel] biegen sich herab, um ihren Pollen auf den Rücken der Biene zu bringen; und dann biegen die Pistille [Blütenstempel] sich auf die selbe Weise, um es von dem Rücken der Biene aufzunehmen.«

man allnächtlich fortsetzen, bis die Pflanze anfängt in die Frucht zu schießen. – Wird ein Stecken innerhalb 6 Zoll Entfernung von einem jungen *convolvulus* [Winde] aufgestellt; so wird dieser ihn finden, auch wenn man täglich die Stelle des Steckens wechselt. Hat er sich um den Stecken ein Stück weit hinaufgewunden, und man wickelt ihn ab und windet ihn in entgegengesetzter Richtung wieder um den Stecken; so wird er in seine ursprüngliche Stellung zurückkehren, oder im Streben danach sein Leben lassen. Dennoch aber, wenn zwei dieser Pflanzen, ohne einen Stecken, darum sie sich winden könnten, nahe an einander wachsen; so wird eine von ihnen die Richtung ihrer Spirale ändern und sie werden sich um einander wickeln. – Duhamel legte einige welsche Bohnen in einen mit feuchter Erde gefüllten Cylinder: nach kurzer Zeit fiengen sie an zu keimen und trieben natürlich die *plumula* [das Federchen = Blattanlage] aufwärts zum Lichte und die *radicula* [Keimwurzel] abwärts in den Boden. Nach wenigen Tagen wurde der Cylinder um ein Viertel seines Umfangs gedreht, und dies wieder und nochmals, bis der Cylinder ganz herumgekommen war. Nun wurden die Bohnen aus der Erde genommen; wo es sich fand, daß Beides, *plumula* und *radicula,* sich bei jeder Umwälzung gebogen hatten, um sich derselben anzupassen, die eine sich bemühend senkrecht aufzusteigen, die andere abwärts zu gehn, wodurch sie eine vollkommene Spirale gebildet hatten. Aber wiewohl das natürliche Streben der Wurzeln abwärts geht, so werden sie doch, wenn der Boden unten trocken ist und irgend eine feuchte Substanz höher liegt, aufwärts steigen, diese zu erreichen.«

In Frorieps Notizen, Jahrg. 1833, Nr. 832 steht ein kurzer Aufsatz über Lokomotivität der Pflanzen: im schlechten Erdreich, dem guten nahe stehend, senken manche Pflanzen einen Zweig in das gute: nachher verdorrt die ursprüngliche Pflanze: aber der Zweig gedeiht und wird jetzt selbst die Pflanze. Mittelst dieses Vorgangs ist eine Pflanze von einer Mauer herabgeklettert.

In der selben Zeitschrift, Jahrg. 1835, Nr. 981 findet man die Uebersetzung einer Mittheilung des Prof. Daubeny zu Oxford (aus dem *Edinb. new philos. Journ. Apr.–Jul. 1835*), der durch neue und sehr sorgfältige Versuche es gewiß macht, daß die Pflanzenwurzeln, wenigstens bis zu einem gewissen Grade, die

Fähigkeit haben, unter den ihrer Oberfläche dargebotenen erdigen Stoffen eine Wahl zu treffen†.

Endlich will ich nicht unbemerkt lassen, daß schon Plato den Pflanzen Begierden, επιϑυμιας, also Willen beilegt. *(Tim. p. 403. Bip.)* Ich habe jedoch die Lehren der Alten über diesen Gegenstand bereits erörtert in meinem Hauptwerk, Bd. 2, Kap. 23, welches Kapitel überhaupt als Ergänzung des gegenwärtigen zu benutzen ist.

Das Zögern und die Zurückhaltung, mit der wir die hier angeführten Schriftsteller daran gehn sehn, den sich nun doch

---

† Hieher gehört endlich auch eine ganz anderartige, von dem Französischen Akademiker Babinet, in einem Aufsatz über die Jahreszeiten auf den Planeten, gegebene Auseinandersetzung, welche man in der *Revue des deux Mondes* vom 15. Jan. 1856 findet und von der ich hier das Hauptsächlichste deutsch wiedergeben will. Die Absicht derselben ist eigentlich, die bekannte Thatsache, daß die Cerealien [Getreide] nur in den gemäßigten Klimaten gedeihen, auf ihre nächste Ursache zurückzuführen. »Wenn das Getraide nicht nothwendig im Winter absterben müßte, sondern eine perennirende [überwinternde] Pflanze wäre; so würde es nicht in die Aehre schießen, folglich keine Ernte geben. In den warmen Ländern Afrika's, Asiens und Amerika's, wo kein Winter die Cerealien tödtet, lebt ihre Pflanze so fort, wie bei uns das Gras: sie vermehrt sich durch Schößlinge, bleibt stets grün und bildet weder Aehren, noch Saamen. – In den kalten Klimaten hingegen scheint der Organismus der Pflanze, vermöge eines unbegreiflichen Wunders, die Nothwendigkeit, durch den Saamenzustand zu gehn, um nicht, in der kalten Jahreszeit, ganz auszusterben, vorherzufühlen. *(L'organisme de la plante, par un inconcevable miracle, semble présentir la nécessité de passer par l'état de graine, pour ne pas périr complètement pendant la saison rigoureuse.)* – Auf analoge Weise liefern in den tropischen Ländern, z. B. auf Jamaika, diejenigen Landstriche Getraide, welche eine »dürre Jahreszeit«, d. h. eine Zeit, wo alle Pflanzen verdorren, haben; weil hier die Pflanze, aus dem selben organischen Vorgefühl *(par le même présentiment organique)*, beim Herannahen der Jahreszeit, in der sie verdorren muß, sich beeilt, in den Saamen zu schießen, um sich fortzupflanzen.« In der von dem Verfasser als »unbegreifliches Wunder« dargelegten Thatsache erkennen wir eine Aeußerung des Willens der Pflanze in erhöhter Potenz, indem er hier als Wille der Gattung auftritt und auf analoge Weise, wie in den Instinkten mancher Thiere, Anstalten für die Zukunft trifft, ohne dabei von einer Erkenntniß derselben geleitet zu seyn. Wir sehn hier die Pflanze im warmen Klima einer weitläuftigen Veranstaltung sich überheben, zu welcher nur das kalte Klima sie genöthigt hatte. Ganz das Selbe thun, im analogen Fall, die Thiere, und zwar die Bienen, von denen Leroy, in seinem vortrefflichen Buche *Lettres philosophiques sur l'intelligence des animaux* (im 3. Briefe, S. 231) berichtet, daß sie, nach Südamerika gebracht, im ersten Jahre, wie in der Heimath, Honig eingesammelt und ihre Zellen gebaut hätten; als sie aber allmälig inne wurden, daß hier die Pflanzen das ganze Jahr hindurch blühen, haben sie ihre Arbeit eingestellt. – Eine, jener Veränderung der Fortpflanzungsweise des Getraides analoge Thatsache liefert die Thierwelt, in den, wegen ihrer anomalen Fortpflanzung längst berühmten Aphiden [Blattläusen]. Bekanntlich pflanzen diese, 10–12 Generationen hindurch, sich ohne Befruchtung fort, und zwar durch eine Abart des ovoviviparen [Lebendeier gebärenden] Hergangs. So geht es den ganzen Sommer hindurch: aber im Herbst erscheinen die Männchen, die Begattung geht vor sich, und Eier werden gelegt, als Winterquartier für die ganze Species, da ja diese nur in solcher Gestalt den Winter überstehn kann.

ein Mal empirisch kund gebenden Willen den Pflanzen zuzuerkennen, entspringt daraus, daß auch sie befangen sind in der alten Meinung, daß Bewußtseyn Erforderniß und Bedingung des Willens sei: jenes aber haben die Pflanzen offenbar nicht. Daß der Wille das Primäre und daher von der Erkenntniß, mit welcher, als dem Sekundären, erst das Bewußtseyn eintritt, unabhängig sei, ist ihnen nicht in den Sinn gekommen. Von der Erkenntniß, oder Vorstellung, haben die Pflanzen bloß ein Analogon, ein Surrogat; aber den Willen haben sie wirklich und ganz unmittelbar selbst: denn er, als das Ding an sich, ist das Substrat ihrer Erscheinung, wie jeder. Man kann, realistisch verfahrend und demnach vom Objektiven ausgehend, auch sagen: Das, was in der vegetabilischen Natur und dem thierischen Organismus lebt und treibt, wenn es sich, auf der Stufenleiter der Wesen, allmälig so weit gesteigert hat, daß das Licht der Erkenntniß unmittelbar darauf fällt, stellt sich, im nunmehr entstandenen Bewußtseyn, als Wille dar und wird hier unmittelbarer, folglich besser, als irgendwo sonst erkannt; welche Erkenntniß daher den Schlüssel zum Verständniß alles tiefer Stehenden abgeben muß. Denn in ihr ist das Ding an sich durch keine andere Form mehr verhüllt, als allein durch die der unmittelbarsten Wahrnehmung. Diese unmittelbare Wahrnehmung des eigenen Wollens ist es, was man den innern Sinn genannt hat. An sich ist der Wille wahrnehmungslos und bleibt es im unorganischen und im Pflanzen-Reiche. Wie die Welt trotz der Sonne finster bliebe, wenn keine Körper dawären, das Licht derselben zurückzuwerfen, oder wie die Vibration einer Saite der Luft und selbst irgend eines Resonanzbodens bedarf, um zum Klange zu werden; so wird der Wille erst durch den Zutritt der Erkenntniß sich seiner selbst bewußt: die Erkenntniß ist gleichsam der Resonanzboden des Willens und der dadurch entstehende Ton das Bewußtseyn. Dieses Sich-seiner-selbst-bewußtwerden des Willens hat man dem sogenannten innern Sinn zugeschrieben; weil es unser erstes und unmittelbares Erkennen ist. Das Objekt dieses innern Sinnes können bloß die verschiedenartigen Regungen des eigenen Willens seyn: denn das Vorstellen kann nicht selbst wieder wahrgenommen werden; sondern höchstens nur in der vernünftigen Reflexion, dieser zweiten Potenz der Vorstellung, also *in abstracto*, nochmals zum Bewußtseyn kommen. Daher denn auch das einfache Vorstellen (Anschauen) zum eigentlichen Denken, d. h. dem Erkennen in abstrakten Begriffen, sich verhält wie das Wollen an sich, zum Innewerden dieses Wollens, d. i. dem Bewußtseyn. Deshalb tritt ganz klares und deutliches Bewußtseyn des eigenen, wie des fremden Daseyns erst mit der Vernunft (dem Vermögen der Begriffe) ein, welche den Menschen über das Thier so hoch erhebt, wie das bloß anschauende Vorstellungsvermögen dieses über die Pflanze. Was nun, wie diese, keine Vorstellung hat, nennen wir bewußtlos und denken es als vom Nichtseienden wenig verschieden, indem es sein Daseyn eigentlich nur im fremden Bewußtseyn, als dessen Vorstellung, habe. Dennoch fehlt ihm nicht das Primäre des Daseyns, der Wille, sondern bloß das Sekundäre: aber uns scheint ohne dieses das Primäre, welches doch das Seyn des Dinges an sich ist, ins Nichts überzugehn. Ein bewußtloses Daseyn wissen wir unmittelbar nicht deutlich vom Nichtseyn zu unterscheiden; obwohl der tiefe Schlaf uns die eigene Erfahrung darüber giebt.

Erinnern wir uns aus dem vorhergehenden Abschnitte, daß bei den Thieren das Erkenntnißvermögen, wie jedes andere Organ, nur zum Behuf ihrer Erhaltung eingetreten ist und daher in genauem und unzählige Stufen zulassendem Verhältniß zu den Bedürfnissen jeder Thierart steht; dann werden wir begreifen, daß die Pflanze, da sie so sehr viel weniger Bedürfnisse hat, als das Thier, endlich gar keiner Erkenntniß mehr bedarf. Dieserhalb eben ist, wie ich oft gesagt habe, das Erkennen, wegen der dadurch bedingten Bewegung auf Motive, der wahre und die wesentliche Gränze bezeichnende Charakter der Thierheit. Wo diese aufhört, verschwindet die eigentliche Erkenntniß, deren Wesen uns aus eigener Erfahrung so wohl bekannt ist, und wir können uns, von diesem Punkt an, das den Einfluß der Außenwelt auf die Bewegungen der Wesen Vermittelnde nur noch durch Analogie faßlich machen. Hingegen bleibt der Wille, den wir als die Basis und den Kern jedes Wesens erkannt haben, stets und überall, einer und der selbe. Auf der niedrigeren Stufe der Pflanzenwelt, wie auch des vegetativen Lebens im thierischen Organismus, vertritt nun, als Bestimmungsmittel der einzelnen Aeußerungen dieses überall vorhandenen Willens und als das Vermittelnde zwischen der Außenwelt und den Veränderungen eines solchen Wesens, R e i z und zuletzt im Unorganischen physische Einwirkung überhaupt, die Stelle der Erkenntniß, und stellt sich, wenn die Betrachtung, wie hier, von oben herabschreitet, als ein Surrogat der Erkenntniß, mithin als ein ihr bloß Analoges dar. Wir können nicht sagen, daß die Pflanzen Licht und Sonne eigentlich wahrnehmen: allein wir sehn, daß sie die Gegenwart oder Abwesenheit derselben verschiedentlich spüren, daß sie sich nach ihnen neigen und wenden, und wenn freilich meistentheils diese Bewegung mit der ihres Wachsthums zusammenfällt, wie die Rotation des Mondes mit seinem Umlauf; so ist sie darum doch nicht weniger, als eben diese, vorhanden, und die Richtung jenes Wachsens wird durch das Licht eben so, wie eine Handlung durch ein Motiv, bestimmt und planmäßig modificirt, desgleichen bei den rankenden, sich anklammernden Pflanzen durch die vorgefundene Stütze, deren Ort und Gestalt. Weil also die Pflanze doch überhaupt Bedürfnisse hat, wenn gleich nicht solche, die den Aufwand eines Sensoriums und Intellekts erforderten; so muß etwas Analoges an die Stelle treten, um den Willen in den Stand zu setzen, wenigstens die sich ihm darbietende Befriedigung zu ergreifen, wenn auch nicht sie aufzusuchen. Dieses nun ist die Empfänglichkeit für Reiz, deren Unterschied von der Erkenntniß ich so aussprechen möchte, daß bei der Erkenntniß das als Vorstellung sich darstellende Motiv und der darauf erfolgende Willensakt deutlich von einander gesondert bleiben, und zwar um so deutlicher, je vollkommener der Intellekt ist; – bei der bloßen Empfänglichkeit für Reiz hingegen das Empfinden des Reizes von dem dadurch veranlaßten Wollen nicht mehr zu unterscheiden ist und beide in Eins verschmelzen. Endlich in der unorganischen Natur hört auch die Empfänglichkeit für Reiz auf, deren Analogie mit der Erkenntniß nicht zu verkennen ist: es bleibt jedoch verschiedenartige Reaktion jedes Körpers auf verschiedenartige Einwirkung: diese stellt sich nun, für den von oben herabschreitenden Gang unserer Betrachtung, auch hier noch als Surrogat der Erkenntniß dar. Reagirt der Körper verschieden; so muß auch die Einwirkung verschieden seyn und eine verschiedene Affektion in ihm hervorrufen, die, in aller ihrer Dumpfheit, doch noch entfernte Analogie mit der Erkenntniß hat. Wenn also z. B. eingeschlossenes Wasser endlich einen Durchbruch findet, den es begierig benutzt, tumultuarisch dahin sich drängend; so erkennt es ihn allerdings nicht, so wenig als die Säure das hinzugetretene Alkali, für welches sie das Metall fahren läßt, wahrnimmt, oder die Papierflocke den geriebenen

Bernstein, zu welchem sie springt: aber dennoch müssen wir eingestehn, daß Das, was in allen diesen Körpern so plötzliche Veränderungen veranlaßt, noch immer eine gewisse Aehnlichkeit haben muß mit Dem, was in uns vorgeht, wenn ein unerwartetes Motiv eintritt. Früher haben Betrachtungen dieser Art mir gedient, den Willen in allen Dingen nachzuweisen: jetzt aber stelle ich sie an, um zu zeigen, als zu welcher Sphäre gehörig die Erkenntniß sich darstellt, wenn man sie nicht, wie gewöhnlich, von innen aus, sondern realistisch, von einem außer ihr selbst gelegenen Standpunkt, als ein Fremdes betrachtet, also den objektiven Gesichtspunkt für sie gewinnt, der zur Ergänzung des subjektiven von höchster Wichtigkeit ist*. Wir sehn, daß sie alsdann sich darstellt als das Medium der Motive, d. i. der Kausalität auf erkennende Wesen, also als Das, was die Veränderung von außen empfängt, auf welche die von innen erfolgen muß, das Vermittelnde zwischen beiden. Auf dieser schmalen Linie nun schwebt die Welt als Vorstellung, d. h. diese ganze in Raum und Zeit ausgebreitete Körperwelt, die als solche nirgends als in Gehirnen vorhanden seyn kann; so wenig wie die Träume, als welche, für die Zeit ihrer Dauer, eben so dastehn. Was dem Thier und dem Menschen die Erkenntniß als Medium der Motive leistet, das Selbe leistet den Pflanzen die Empfänglichkeit für Reiz, den unorganischen Körpern die für Ursachen jeder Art, und genau genommen ist das Alles bloß dem Grade nach verschieden. Denn ganz allein in Folge davon, daß beim Thier, nach Maaßgabe seiner Bedürfnisse, die Empfänglichkeit für äußere Eindrücke sich gesteigert hat bis dahin, wo zu ihrem Behuf ein Nervensystem und Gehirn sich entwickeln muß, entsteht, als eine Funktion dieses Gehirns, das Bewußtseyn und in ihm die objektive Welt, deren Formen (Zeit, Raum, Kausalität) die Art sind, wie diese Funktion vollzogen wird. Wir finden also die Erkenntniß ursprünglich ganz auf das Subjektive berechnet, bloß zum Dienste des Willens bestimmt, folglich ganz sekundärer und untergeordneter Art, ja, gleichsam nur *per accidens* [zufällig] eintretend als Bedingung der auf der Stufe der Thierheit nothwendig gewordenen Einwirkung bloßer Motive, statt der Reize. Das bei dieser Gelegenheit eintretende Bild der Welt in Raum und Zeit ist bloß der

* Vergl. Welt als W. u. V. Bd. 2, Kap. 22: »Objektive Ansicht des Intellekts.«

Plan, auf welchem die Motive als Zwecke sich darstellen: es bedingt auch den räumlichen und kausalen Zusammenhang der angeschauten Objekte unter einander, ist aber dennoch bloß das Vermittelnde zwischen dem Motiv und dem Willensakt. Welch ein Sprung wäre es nun, dieses Bild der Welt, welches auf solche Art, *accidentell*, im Intellekt, d. i. der Gehirnfunktion thierischer Wesen, entsteht, indem die Mittel zu ihren Zwecken sich ihnen darstellen und so einer solchen Ephemere [Eintagsfliege] ihr Weg auf ihrem Planeten sich aufhellt, – dieses Bild, sage ich, dieses bloße Gehirnphänomen, für das wahre letzte Wesen der Dinge (Ding an sich) und die Verkettung seiner Theile für die absolute Weltordnung (Verhältnisse der Dinge an sich) zu halten, und anzunehmen, daß jenes Alles auch unabhängig vom Gehirn vorhanden wäre! Diese Annahme muß uns hier als im höchsten Grade übereilt und vermessen erscheinen: und doch ist sie der Grund und Boden, worauf alle Systeme des Vorkantischen Dogmatismus aufgebaut wurden: denn sie ist die stillschweigende Voraussetzung aller ihrer Ontologie, Kosmologie und Theologie, wie auch aller *aeternarum veritatum* [ewigen Wahrheiten], worauf sie sich dabei berufen. Jener Sprung nun aber wurde stets stillschweigend und unbewußt gemacht: ihn uns zum Bewußtseyn gebracht zu haben, ist eben Kants unsterbliche Leistung.

Durch unsere gegenwärtige realistische Betrachtungsweise gewinnen wir also hier unerwartet den objektiven Gesichtspunkt für Kants große Entdeckungen und kommen auf dem Wege empirisch-physiologischer Betrachtung dahin, von wo seine transscendental-kritische ausgeht. Diese nämlich nimmt zu ihrem Standpunkt das Subjektive und betrachtet das Bewußtseyn als ein Gegebenes: aber aus diesem selbst und seiner *a priori* gegebenen Gesetzlichkeit erlangt sie das Resultat, daß was darin vorkommt nichts weiter, als bloße Erscheinung, seyn kann. Wir hingegen sehn von unserm realistischen, äußern, das Objektive, die Naturwesen, als das schlechthin Gegebene nehmenden Standpunkt aus, was der Intellekt seinem Zweck und Ursprung nach ist und zu welcher Klasse von Phänomenen er gehört: daraus erkennen wir (insofern *a priori*), daß er auf bloße Erscheinungen beschränkt seyn muß, und daß was in ihm sich darstellt immer nur ein hauptsächlich subjektiv Bedingtes, also ein *mundus phaenomenon* [Welt als Erscheinung] seyn kann, nebst der ebenfalls subjektiv bedingten Ordnung des Nexus der Theile desselben, nie aber ein Erkennen der Dinge nach dem, was sie an sich seyn und wie sie an sich zusammenhängen mögen. Wir haben nämlich im Zusammenhange der Natur das Erkenntnißvermögen als ein Bedingtes gefunden, dessen Aussagen eben deshalb keine unbedingte Gültigkeit haben können. Nach dem Studium der Kritik der reinen Vernunft, welcher unser Standpunkt wesentlich fremd ist, muß es Dem, der sie verstanden hat, doch noch vorkommen, als habe die Natur den Intellekt absichtlich zu einem Vexierspiegel bestimmt und spiele Versteck mit uns. Wir aber sind jetzt auf unserm realistisch-objektiven Wege, d. h. ausgehend von der objektiven Welt als dem Gegebenen, zu dem selben Resultat gelangt, welches Kant auf dem idealistisch-subjektiven Wege, d. h. durch Betrachtung des Intellekts selbst, wie er das Bewußtseyn konstituirt, erhielt: und da hat sich uns ergeben, daß die Welt als Vorstellung auf der schmalen Linie schwebt zwischen der äußern Ursache (Motiv) und der hervorgerufenen Wirkung (Willensakt) bei erkennenden (thierischen) Wesen, als bei welchen das deutliche Auseinandertreten Beider erst anfängt. *Ita res accendent lumina rebus* [So bringt eine Sache Licht in die andere: Lucrez, I, 1109]. Erst durch dieses Erreichen auf zwei ganz entgegengesetzten Wegen erhält das große von Kant erlangte Resultat seine volle Deutlichkeit, und sein ganzer Sinn wird klar, indem es so von zwei Seiten beleuchtet erscheint. Unser objektiver Standpunkt ist ein realistischer und daher bedingter, sofern er, die Naturwesen als gegeben nehmend, davon absieht, daß ihre objektive Existenz einen Intellekt voraussetzt, in welchem zunächst sie als dessen Vorstellung sich finden: aber Kants subjektiver und idealistischer Standpunkt ist ebenfalls bedingt, sofern er von der Intelligenz ausgeht, welche doch selbst die Natur zur Voraussetzung hat, in Folge von deren Entwickelung bis zu thierischen Wesen sie allererst eintreten kann. – Diesen unsern realistisch-objektiven Standpunkt festhaltend kann man Kants Lehre auch so bezeichnen, daß nachdem Locke, um die Dinge an sich zu erkennen, von den Dingen, wie sie erscheinen, den Antheil der Sinnesfunktionen, unter dem Namen der sekundären Eigenschaften, abgezogen hatte, Kant, mit unendlich größerm Tiefsinn, den ungleich beträchtlichern Antheil der Gehirnfunktion abzog, welcher eben die primären Eigenschaften Locke's befaßt. Ich aber habe hier nur noch gezeigt, warum das Alles sich so verhalten muß, indem ich die Stelle nachwies, die der Intellekt im Zusammenhange der Natur einnimmt, wenn man, realistisch, vom Objektiven als dem Gegebenen ausgeht, dabei aber den allein ganz unmittelbar bewußten Willen, dieses wahre που στω [Standort] der Metaphysik, zum Stützpunkte nimmt als das ursprünglich Reale, von welchem alles Andere nur die Erscheinung ist. Dieses zu ergänzen dient noch Folgendes.

Oben erwähnte ich, daß, wo Erkenntniß Statt findet, das als Vorstellung auftretende Motiv und der darauf erfolgende Willensakt um so deutlicher von einander gesondert bleiben, je vollkommener der Intellekt ist, also je höher hinauf wir in der Reihe der Wesen gegangen sind. Dies bedarf einer nähern Erklärung. Wo noch bloßer Reiz die Willensthätigkeit erregt und es noch zu keiner Vorstellung kommt, also bei Pflanzen, ist das Empfangen des Eindrucks vom Bestimmtwerden durch denselben noch gar nicht getrennt. In den allerniedrigsten thierischen Intelligenzen, bei Radiarien, Akalephen, Acephalen [Strahlentieren, Quallen, Weichtieren] u. dgl., ist es nur wenig anders: ein Fühlen des Hungers, ein dadurch erregtes Aufpassen, ein Wahrnehmen der Beute und Schnappen danach macht hier noch den ganzen Inhalt des Bewußtseyns aus, ist aber dennoch die erste Dämmerung der Welt als Vorstellung, deren Hintergrund, d. h. Alles außer dem jedesmal wirkenden Motiv, hier noch völlig dunkel bleibt. Auch sind, dem entsprechend, die Sinnesorgane höchst unvollkommen und unvollständig, da sie einem embryonischen Verstande nur äußerst wenige Data zur Anschauung zu liefern haben. Ueberall jedoch wo Sensibilität ist, begleitet sie schon ein Verstand, d. h. das Vermögen, die empfundene Wirkung auf eine äußere Ursache zu beziehn: ohne dieses wäre die Sensibilität überflüssig und nur eine Quelle zweckloser Schmerzen. Höher hinauf in der Reihe der Thiere stellen sich immer mehr und vollkommenere Sinne ein, bis sie alle fünf dasind; welches bei wenigen wirbellosen Thieren, durchgängig aber erst bei den Vertebraten [Wirbeltieren] eintritt. Gleichmäßig entwickelt sich das Gehirn und seine Funktion, der Verstand: nun stellt das Objekt sich deutlicher und vollständiger dar, sogar schon als im Nexus mit andern Objekten stehend; weil zum Dienste des Willens auch schon

Beziehungen der Objekte aufzufassen sind: dadurch gewinnt die Welt der Vorstellung einigen Umfang und Hintergrund. Aber noch immer geht die Apprehension nur so weit, als der Dienst des Willens es erfordert: die Wahrnehmung und das Sollicitirtwerden [Angesprochenwerden] durch dieselbe sind nicht rein auseinandergehalten: das Objekt wird nur sofern es Motiv ist aufgefaßt. Sogar die klügern Thiere sehn an den Objekten nur was sie angeht, d. h. was auf ihr Wollen Bezug hat, oder allenfalls noch, was künftig solchen haben kann; wie denn in letzterer Hinsicht z. B. die Katzen bestrebt sind, sich eine genaue Kenntniß des Lokals zu erwerben, und der Fuchs, Verstecke für künftige Beute auszuspüren. Aber gegen alles Andere sind sie unempfänglich: vielleicht hat noch nie ein Thier den gestirnten Himmel ins Auge gefaßt: mein Hund sprang sehr erschrocken auf, als er zufällig zum ersten Mal die Sonne erblickt hatte. Bei den allerklügsten und noch durch Zähmung gebildeten Thieren stellt sich bisweilen die erste schwache Spur einer antheilslosen Auffassung der Umgebung ein: Hunde bringen es schon bis zum Gaffen: man sieht sie sich ans Fenster setzen und aufmerksam Alles was vorübergeht mit ihren Blicken begleiten: Affen schauen bisweilen umher, als ob sie über die Umgebung sich zu besinnen strebten. Erst im Menschen tritt Motiv und Handlung, Vorstellung und Wille, ganz deutlich aus einander. Dies hebt aber nicht sofort die Dienstbarkeit des Intellekts unter dem Willen auf. Der gewöhnliche Mensch faßt an den Dingen doch nur Das recht deutlich auf, was, direkt oder indirekt, irgend eine Beziehung auf ihn selbst (Interesse für ihn) hat: beim Uebrigen wird sein Intellekt unüberwindlich träge: es bleibt daher im Hintergrund, tritt nicht mit voller strahlender Deutlichkeit ins Bewußtseyn. Die philosophische Verwunderung und das künstlerische Ergriffenseyn von der Erscheinung bleiben ihm ewig fremd, was er auch thun mag: ihm scheint im Grunde sich Alles von selbst zu verstehn. Völlige Ablösung und Sonderung des Intellekts vom Willen und seinem Dienst ist der Vorzug des Genies, wie ich dies im ästhetischen Theile meines Werks ausführlich gezeigt habe. Genialität ist Objektivität. Die reine Objektivität und Deutlichkeit, mit welcher die Dinge sich in der Anschauung (diesem fundamentalen und gehaltreichsten Erkennen) darstellen, steht wirklich jeden Augenblick im umgekehrten Verhältniß des Antheils, den der Wille an den selben Dingen nimmt, und willenloses Erkennen ist die Bedingung, ja, das Wesen aller ästhetischen Auffassung. Warum stellt ein gewöhnlicher Maler, trotz aller Mühe, die Landschaft so schlecht dar? Weil er sie nicht schöner sieht. Und warum sieht er sie nicht schöner? Weil sein Intellekt nicht genugsam von seinem Willen gesondert ist. Der Grad dieser Sonderung setzt große intellektuelle Unterschiede zwischen Menschen: denn das Erkennen ist um so reiner und folglich um so objektiver und richtiger, je mehr es sich vom Willen losgemacht hat; wie die Frucht die beste ist, welche keinen Beigeschmack vom Boden hat, auf dem sie gewachsen.

Dies so wichtige, wie interessante Verhältniß verdient wohl, daß wir, durch einen Rückblick auf die ganze Skala der Wesen, es zu größerer Deutlichkeit erheben und uns den allmäligen Uebergang vom unbedingt Subjektiven zu den höchsten Graden der Objektivität des Intellekts daran vergegenwärtigen. Unbedingt subjektiv nämlich ist die unorganische Natur, als bei welcher noch durchaus keine Spur von Bewußtseyn der Außenwelt vorhanden ist. Steine, Blöcke, Eisschollen, auch wenn sie auf einander fallen, oder gegen einander stoßen und reiben, haben kein Bewußtseyn von einander und von einer Außenwelt. Jedoch erfahren auch sie schon eine Einwirkung von außen, welcher gemäß ihre Lage und Bewegung sich ändert, und die man demnach als den ersten Schritt zum Bewußtseyn betrachten kann. Obgleich nun auch die Pflanzen noch kein Bewußtseyn der Außenwelt haben, sondern das in ihnen vorhandene bloße Analogon eines Bewußtseyns als ein dumpfer Selbstgenuß zu denken ist; so sehn wir sie doch alle das Licht suchen, viele von ihnen Blume oder Blätter täglich der Sonne zuwenden, sodann Rankenpflanzen zu einer sie nicht berührenden Stütze hinkriechen, und endlich einzelne Species sogar eine Art Irritabilität äußern: unstreitig also ist schon eine Verbindung und Verhältniß zwischen ihrer, selbst nicht unmittelbar sie berührenden, Umgebung und ihren Bewegungen vorhanden, welches wir demnach als ein schwaches Analogon der Perception ansprechen müssen. Mit der Thierheit allererst tritt entschiedene Perception, d. i. Bewußtseyn von andern Dingen, als Gegensatz zum erst dadurch entstehenden deutlichen Selbstbewußtseyn, ein. Hierin eben besteht der Charakter der Thierheit, im Gegensatz der Pflanzen-Natur. In den untersten Thierklassen ist dies Bewußtseyn der Außenwelt sehr beschränkt und dumpf: es wird deutlicher und ausgedehnter mit den zunehmenden Graden der Intelligenz, welche selbst wieder sich nach den Graden des Bedürfnisses des Thieres richten; und so nun geht es, die ganze lange Skala der Thierreihe hinauf, bis zum Menschen, in welchem das Bewußtseyn der Außenwelt seinen Gipfel erreicht und demgemäß die Welt sich deutlicher und vollständiger, als irgendwo, darstellt. Aber selbst hier noch hat die Klarheit des Bewußtseyns unzählige Grade, nämlich vom stumpfsten Dummkopf bis zum Genie. Selbst in den Normalköpfen hat die objektive Perception der Außendinge noch immer einen beträchtlichen subjektiven Anstrich: das Erkennen trägt durchweg noch den Charakter, daß es bloß zum Behuf des Wollens dasei. Je eminenter der Kopf, desto mehr verliert sich Dieses, löst mehr und mehr das Objekt sich vom Subjekt ab, wodurch die Außenwelt sich desto reiner objektiv darstellt, bis sie zuletzt, im Genie, die vollkommene Objektivität erreicht, vermöge welcher aus den einzelnen Dingen die Platonischen Ideen derselben hervortreten, weil das sie Auffassende sich zum reinen Subjekt des Erkennens steigert. Da nun die Anschauung die Basis aller Erkenntniß ist; so wird von einem solchen Grundunterschiede in der Qualität derselben alles Denken und alle Einsicht den Einfluß spüren; woraus der durchgängige Unterschied in der ganzen Auffassungsweise des gemeinen und eminenten Kopfes entsteht, den man bei jeder Gelegenheit merkt, also auch der dumpfe, dem der Thierheit sich nähernde Ernst der bloß zum Behuf des Wollens erkennenden Alltagsköpfe, im Gegensatz des beständigen Spiels mit der überschüssigen Erkenntniß, welches das Bewußtseyn der Ueberlegenen erheitert. – Aus dem Hinblick auf die beiden Extreme der hier dargelegten, großen Skala scheint im Deutschen der hyperbolische [übertreibende] Ausdruck Klotz (auf Menschen angewandt), im Englischen *blockhead* [Dummkopf] hervorgegangen zu seyn.

Aber eine anderweitige Folge der erst im Menschen eintretenden deutlichen Sonderung des Intellekts vom Willen, und folglich des Motivs von der Handlung, ist der täuschende Schein einer Freiheit in den einzelnen Handlungen. Wo im Unorganischen Ursachen, im Vegetabilischen [Pflanzlichen] Reize die Wirkung hervorrufen, ist, wegen der Einfachheit der Kausalverbindung, nicht der mindeste Schein von Freiheit. Aber schon beim animalischen Leben, wo was bis dahin Ursache oder Reiz war als Motiv auftritt, folglich jetzt eine zweite Welt, die der Vorstellung, dasteht, und die Ursache im einen, die Wirkung im andern Gebiete liegt, ist der kausale Zusammenhang zwischen beiden, und mit ihm die Nothwendigkeit, nicht mehr so augenfällig, wie sie es dort waren. Indessen ist sie beim Thiere, dessen bloß anschauendes Vorstellen die Mitte hält zwischen den auf Reiz erfolgenden organischen Funktionen und dem überlegten Thun des Menschen, noch immer unverkennbar: das Thun des Thieres ist bei Gegenwart des anschaulichen Motivs unausbleiblich, wo nicht ein eben so anschauliches Gegenmotiv, oder Dressur entgegenwirkt; und doch ist seine Vorstellung schon gesondert vom Willensakt und kommt für sich allein ins Bewußtseyn. Aber beim Menschen, wo sich die Vorstellung sogar zum Begriffe gesteigert hat und nun eine ganze unsichtbare Gedankenwelt, die er im Kopf herumträgt, Motive und Gegenmotive für sein Thun liefert und ihn von der Gegenwart und anschaulichen Umgebung unabhängig macht, da ist jener Zusammenhang für die Beobachtung von außen gar nicht mehr, und selbst für die innere nur durch abstraktes und reifes Nachdenken erkennbar. Denn für die Beobachtung von außen drückt jene Motivation durch Begriffe allen seinen Bewegungen das Gepräge des Vorsätzlichen auf, wodurch sie einen Anschein von Unabhängigkeit gewinnen, welcher sie von denen des Thieres augenfällig unterscheidet, jedoch im Grunde nur davon Zeugniß ablegt, daß der Mensch durch eine Gattung von Vorstellungen aktuirt wird, deren das Thier nicht theilhaftig ist; und im Selbstbewußtseyn wiederum wird der Willensakt auf die unmittelbarste Weise, das Motiv aber meistens sehr mittelbar erkannt und sogar oft absichtlich, gegen die Selbsterkenntniß, schonend verschleiert. Dieser Hergang also, im Zusammentreffen mit dem Bewußtseyn jener ächten Freiheit, die dem Willen als Ding an sich und außer der Erscheinung zukommt, bringt den täuschenden Schein hervor, daß selbst der einzelne Willensakt von gar nichts abhienge und frei, d. h. grundlos wäre; während er doch in Wahrheit, bei gegebenem Charakter und erkanntem Motiv, mit eben so strenger Nothwendigkeit als die Veränderungen, deren Gesetze die Mechanik lehrt, erfolgt und sich, Kants Ausdruck zu gebrauchen, wenn Charakter und Motiv genau bekannt wären, so sicher wie eine Mondfinsterniß würde berechnen lassen, oder, um eine recht heterogene Autorität daneben zu stellen, wie es Dante giebt, der älter ist als Buridan:

Intra dua cibi distanti e moventi
D'un modo, prima si morrìa di fame,
*Che liber' uomo l'un recasse a' denti**.
[*Divina Commedia*] *Parad. IV, 1.*

* Zwischen zwei gleich entfernte und gleichmäßig bewegte Speisen gestellt, würde der Mensch eher Hungers sterben, als daß er, aus freiem Willen, eine derselben zum Munde führte.

Physische Astronomie.

Für keinen Theil meiner Lehre durfte ich eine Bestätigung von Seiten der empirischen Wissenschaften weniger hoffen, als für den, welcher die Grundwahrheit, daß Kants Ding an sich der Wille ist, auch auf die unorganische Natur anwendet, und Das, was in allen ihren Grundkräften wirksam ist, darstellt als schlechthin identisch mit Dem, was wir in uns als Willen kennen. – Um so erfreulicher ist es mir gewesen, zu sehn, daß ein ausgezeichneter Empiriker, von der Kraft der Wahrheit überwunden, dahin gekommen ist, im Kontexte seiner Wissenschaft, auch diesen paradoxen Satz auszusprechen. Dies ist Sir John Herschel, in seinem *Treatise on Astronomy,* welcher 1833 erschienen ist und 1849 eine zweite erweiterte Auflage, unter dem Titel *Outlines of Astronomy,* erhalten hat. Er also, der, als Astronom, die Schwere nicht bloß aus der einseitigen und wirklich plumpen Rolle kennt, die sie auf Erden spielt, – sondern aus der edleren, die ihr im Weltraume zufällt, als wo die Weltkörper mit einander spielen [nach Schiller, »Größe der Welt«], Zuneigung verrathen, gleichsam liebäugeln, aber es nicht bis zur plumpen Berührung treiben, sondern, die gehörige Distanz bewahrend, ihren Menuett mit Anstand forttanzen, zur Harmonie der Sphären, – Sir John Herschel also läßt sich im 7. Kapitel, wo er an die Aufstellung des Gravitationsgesetzes geht, § 371 der ersten Auflage, also vernehmen:

»Alle uns bekannten Körper kommen, wenn in die Luft gehoben und dann ruhig losgelassen, zur Erdoberfläche, in einer gegen diese senkrechten Linie herab. Sie werden folglich hiezu getrieben durch eine Kraft, oder Kraftanstrengung, die das unmittelbare oder mittelbare Ergebniß eines Bewußtseyns und eines Willens ist, der irgendwo existirt, wenn gleich wir nicht vermögen ihn auszuspüren: diese Kraft benennen wir Schwere.«

»All bodies with which we are acquainted, when raised into the air and quietly abandonned, descend to the earth's surface in lines perpendicular to it. They are therefore urged thereto by a force or effort, the direct or indirect result of a consciousness and a w i l l existing somewhere, though beyond our power to trace, which force we term g r a v i t y.«†

H e r s c h e l's Recensent in der *Edinburgh Review, Oct. 1833,* als Engländer vor Allem darauf bedacht, daß nur der Mosaische Bericht nicht gefährdet werde, als welcher ihm mehr am Herzen liegt, als alle Einsicht und Wahrheit auf der Welt, nimmt großen Anstoß an dieser Stelle, bemerkt mit Recht, daß hier offenbar nicht die Rede sei vom Willen des allmächtigen Gottes, welcher die Materie, nebst allen ihren Eigenschaften, ins Daseyn gerufen hat, will den Satz selbst durchaus nicht gelten lassen und leugnet dessen Konsequenz aus dem vorhergehenden §, durch welchen H e r s c h e l ihn hat begründen wollen. Ich bin der Meinung, daß er allerdings aus diesem folgen würde (weil der Ursprung eines Begriffs dessen Inhalt bestimmt), daß jedoch dieser Vordersatz selbst falsch ist. Es ist nämlich die Behauptung, daß der Ursprung des Begriffes der Kausalität die Erfahrung sei und zwar die, welche wir machen, indem wir durch eigene Kraftanstrengung auf die Körper der Außenwelt wirken. Nur wo, wie in England, der Tag der Kantischen Philosophie noch nicht angebrochen ist, kann man an einen Ursprung des Begriffs der Kausalität aus der Erfahrung denken (abgesehn

† Das Selbe hat sogar schon K o p e r n i k u s gesagt: *»Equidem existimo Gravitatem non aliud esse quam a p p e t e n t i a m q u a n d a m naturalem, partibus inditam a divina providentia opificis universorum, ut in unitatem integritatemque suam se conferant, in formam Globi coeuntes. Quam affectionem credibile est etiam Soli, Lunae caeterisque errantium fulgoribus, inesse, ut ejus efficacia, in ea qua se repraesentant rotundidate permaneant; quae nihilominus multis modis suos efficiunt circuitus.«* [Ich glaube, daß die Schwere nichts anderes ist, als ein natürliches V e r l a n g e n, welches allen Teilen eingeflößt ist von der göttlichen Vorsehung des Urhebers aller Dinge, so daß sie ihre Einheit und Vollkommenheit erstreben, dadurch daß sie in eine Kugelgestalt eingehen. Dieses Streben scheint auch der Sonne, dem Monde und den übrigen Planeten innezuwohnen, vermöge dessen sie in der Rundung beharren, in welcher sie sich darstellen; dessenungeachtet sie auf vielerlei Art ihre Umläufe ausführen.] *(Nicol. Copernici revol. Lib. I, Cap. IX.* – Vergl. *Exposition des Découvertes de M. le Chevalier Newton par M. Maclaurin, traduit de l'Anglois par M. Lavirotte,* Paris 1749, S. 45.)

H e r s c h e l hat offenbar eingesehn, daß, wenn wir nicht, wie C a r t e s i u s, die Schwere durch einen Stoß von außen erklären wollen, wir schlechterdings einen den Körpern einwohnenden Willen annehmen müssen. *Non datur tertium.* [Eine dritte Möglichkeit gibt es nicht.]

von den Philosophieprofessoren, welche Kants Lehren in den Wind schlagen und mich keiner Beachtung werth halten); am wenigsten aber kann man es, wenn man meinen, von dem Kantischen ganz verschiedenen Beweis der Apriorität jenes Begriffs kennt, der darauf beruht, daß die Erkenntniß der Kausalität nothwendig vorhergängige Bedingung der Anschauung der Außenwelt selbst ist, als welche nur zu Stande kommt durch den vom Verstande vollzogenen Uebergang von der Empfindung im Sinnesorgan zu deren Ursache, die sich nunmehr, im ebenfalls *a priori* angeschauten Raum, als Objekt darstellt. Da nun die Anschauung der Objekte unserm bewußten Wirken auf sie vorhergehn muß; so kann die Erfahrung von diesem nicht erst die Quelle des Kausalitätsbegriffs seyn: denn ehe ich auf die Dinge wirke, müssen sie auf mich gewirkt haben, als Motive. Ich habe Alles hieher Gehörige ausführlich erörtert im 2ten Bande meines Hauptwerks, Kap. 4, S. 38–42 [Bd. III uns. Ausg., S. 46–51], und in der 2. Aufl. der Abhandlung über den Satz vom Grunde, § 21, woselbst, S. 74, auch die von Herschel adoptirte Annahme ihre specielle Widerlegung findet, brauche also nicht hier von Neuem darauf einzugehn. Sogar aber empirisch ließe solche Annahme sich widerlegen, indem aus ihr folgen würde, daß ein ohne Arme und Beine geborener Mensch keine Kunde von der Kausalität, mithin auch keine Anschauung der Außenwelt erhalten könnte: Dies hat jedoch die Natur faktisch widerlegt, mittelst eines Unglücksfalles dieser Art, den ich aus der Quelle wiedergegeben habe, im soeben angeführten Kapitel meines Hauptwerks, S. 40 [Bd. III, S. 49]. – Bei unserm in Rede stehenden Ausspruch Herschels wäre also wieder ein Mal der Fall eingetreten, daß eine wahre Konklusion aus falschen Prämissen gefolgert wird: dies entsteht allemal dann, wann wir durch ein richtiges *Apperçu* eine Wahrheit unmittelbar einsehn, aber das Herausfinden und Deutlichmachen ihrer Erkenntnißgründe uns mißlingt, indem wir diese nicht zum deutlichen Bewußtseyn bringen können. Denn bei jeder ursprünglichen Einsicht ist die Ueberzeugung früher da, als der Beweis: dieser wird erst hinterher dazu ersonnen.

Die flüssige Materie macht, durch die vollkommene Verschiebbarkeit aller ihrer Theile, die unmittelbare Aeußerung der Schwere in jedem derselben augenfälliger, als die feste es kann. Daher, um jenes *Apperçu's*, welches die wahre Quelle des Herschel'schen Ausspruchs ist, theilhaft zu werden, betrachte man aufmerksam den gewaltsamen Fall eines Strohms über Felsenmassen, und frage sich, ob dieses so entschiedene Streben, dieses Toben, ohne eine Kraftanstrengung vor sich gehn kann, und ob eine Kraftanstrengung ohne Willen sich denken läßt. Und eben so überall, wo wir eines ursprünglich Bewegten, einer unvermittelten, ersten Kraft inne werden, sind wir genöthigt, ihr inneres Wesen als Willen zu denken. – So viel steht fest, daß hier Herschel, wie alle im Obigen von mir angeführten Empiriker so verschiedener Fächer, in seiner Untersuchung an die Gränze geführt war, wo das Physische nur noch das Metaphysische hinter sich hat, welches ihm Stillstand gebot, und daß eben auch er, wie sie alle, jenseit der Gränze nur noch Willen sehn konnte.

Uebrigens ist hier Herschel, wie die meisten jener Empiriker, noch in der Meinung befangen, daß Wille von Bewußtseyn unzertrennlich sei. Da ich über diesen Irrthum und seine Berichtigung durch meine Lehre mich im Obigen genugsam ausgelassen habe, ist es nicht nöthig, hier von Neuem darauf einzugehn.

Seit Anfang dieses Jahrhunderts hat man gar oft dem Unorganischen ein Leben beilegen wollen: sehr fälschlich. Lebendig und Organisch sind Wechselbegriffe: auch hört mit dem Tode das Organische auf, organisch zu seyn. In der ganzen Natur aber ist keine Gränze so scharf gezogen, wie die zwischen Organischem und Unorganischem, d. h. Dem, wo die Form das Wesentliche und Bleibende, die Materie das Accidentelle und Wechselnde ist, – und Dem, wo dies sich gerade umgekehrt verhält. Die Gränze schwankt hier nicht, wie vielleicht zwischen Thier und Pflanze, fest und flüssig, Gas und Dampf: also sie aufheben wollen, heißt absichtlich Verwirrung in unsere Begriffe bringen. Hingegen daß dem Leblosen, dem Unorganischen, ein Wille beizulegen sei, habe ich zuerst gesagt. Denn bei mir ist nicht, wie in der bisherigen Meinung, der Wille ein Accidenz des Erkennens und mithin des Lebens; sondern das Leben selbst ist Erscheinung des Willens. Die Erkenntniß hingegen ist wirklich ein Accidenz des Lebens und dieses der Materie. Aber die Materie selbst ist bloß die Wahrnehmbarkeit der Erscheinungen des Willens. Daher hat man in jedem Streben, welches aus der Natur eines materiellen Wesens hervorgeht und eigentlich diese

Natur ausmacht, oder durch diese Natur sich erscheinend manifestirt, ein Wollen zu erkennen, und es giebt demnach keine Materie ohne Willensäußerung. Die niedrigste und deshalb allgemeinste Willensäußerung ist die Schwere: daher hat man sie eine der Materie wesentliche Grundkraft genannt.

Die gewöhnliche Ansicht der Natur nimmt an, daß es zwei grundverschiedene Principien der Bewegung gebe, daß also die Bewegung eines Körpers zweierlei Ursprung haben könne, daß sie nämlich entweder von innen ausgehe, wo man sie dem Willen zuschreibt, oder von außen, wo sie durch Ursachen entsteht. Diese Grundansicht wird meistens als sich von selbst verstehend vorausgesetzt und nur gelegentlich ausdrücklich hervorgehoben: doch will ich, vollkommener Gewißheit halber, einige Stellen, wo Dies geschieht, aus den ältesten und den neuesten Zeiten nachweisen. Schon Plato im Phädrus *(p. 319, Bip.)* stellt den Gegensatz auf zwischen dem sich von innen Bewegenden (Seele) und Dem, was die Bewegung nur von außen empfängt (Körper), – το ὑφ' ἑαυτου κινουμενον· και το, ᾡ εξωθεν το κινεισθαι [das sich von innen Bewegende und das, was die Bewegung von außen empfängt]. Auch im 10. Buch *de legibus (p. 85)* finden wir die selbe Antithese wieder. Nach ihm hat Cicero sie wiederholt in den beiden letzten Kapiteln des *Somnium Scipionis.* – Eben so stellt Aristoteles, *Phys. VII, 2,* den Grundsatz auf: ἁπαν το φερομενον η ὑφ' ἑαυτου κινειται, η ὑπ' αλλου *(quidquid fertur a se movetur, aut ab alio)* [Alles, was seinen Ort verändert, wird entweder durch sich selbst oder von einem anderen bewegt]. Im folgenden Buche, *c. 4* und *5*, kommt er auf den selben Gegensatz zurück und knüpft weitläuftige Untersuchungen daran, bei denen er, eben in Folge der Falschheit des Gegensatzes, in große Verlegenheiten geräth. Auch Maclaurin in seinem *Account of Newtons discoveries, p. 102,* legt diese Grundansicht dar, als seinen Ausgangspunkt. – Und noch in neuester Zeit kommt J. J. Rousseau sehr naiv und unbefangen mit dem selben Gegensatz heran, in der berühmten *profession de foi du vicaire Savoyard (*also *Emile, IV, p. 27, Bip.): j'apperçois dans les corps deux sortes de mouvement, savoir: mouvement communiqué, et mouvement spontané ou volontaire: dans le premier la cause motrice est étrangère au corps mû; et dans le second elle est en lui-même.* [Ich bemerke in den Körpern zwei

Arten der Bewegung, nämlich übertragene Bewegung und spontane oder eigenwillige Bewegung: in der ersteren ist die bewegende Ursache dem bewegten Körper fremd; in der zweiten liegt sie in ihm selbst.] – Aber sogar noch in unsern Tagen, und im hochtrabenden, gedunsenen Stil derselben, läßt Burdach (Physiol. Bd. 4, S. 323) sich also vernehmen: »Der Bestimmungsgrund einer Bewegung liegt entweder innerhalb, oder außerhalb Dessen, was sich bewegt. Die Materie ist äußeres Daseyn, hat Bewegungskräfte, aber setzt dieselben erst bei gewissen räumlichen Verhältnissen und äußern Gegensätzen in Thätigkeit: nur die Seele ist ein immerfort thätiges Inneres, und nur der beseelte Körper findet in sich, unabhängig von äußern mechanischen Verhältnissen, Anlaß zu Bewegungen und bewegt sich eigenmächtig.«

Ich nun aber muß hier, wie einst Abälard, sagen: *si omnes patres sic, at ego non sic* [Wenn auch alle Kirchenväter so sagen, ich sage nicht so]: denn, im Gegensatz zu dieser Grundansicht, so alt und allgemein sie auch seyn mag, geht meine Lehre dahin, daß es nicht zwei grundverschiedene Ursprünge der Bewegung giebt, daß sie nicht entweder von innen ausgeht, wo man sie dem Willen zuschreibt, oder von außen, wo sie aus Ursachen entspringt; sondern daß Beides unzertrennlich ist und bei jeder Bewegung eines Körpers zugleich Statt findet. Denn die eingeständlich aus dem Willen entspringende Bewegung setzt immer auch eine Ursache voraus: diese ist bei erkennenden Wesen ein Motiv; ohne sie ist jedoch auch bei diesen die Bewegung unmöglich. Und andererseits, die eingeständlich durch eine äußere Ursache bewirkte Bewegung eines Körpers ist an sich doch Aeußerung seines Willens, welche durch die Ursache bloß hervorgerufen wird. Es giebt demnach nur ein einziges, einförmiges, durchgängiges und ausnahmsloses Princip aller Bewegung: ihre innere Bedingung ist Wille, ihr äußerer Anlaß Ursache, welche, nach Beschaffenheit des Bewegten, auch in Gestalt des Reizes, oder des Motivs auftreten kann.

Alles Dasjenige an den Dingen, was nur empirisch, nur *a posteriori* erkannt wird, ist an sich Wille: hingegen so weit die Dinge *a priori* bestimmbar sind, gehören sie allein der Vorstellung an, der bloßen Erscheinung. Daher nimmt die Verständlichkeit der Naturerscheinungen in dem Maaße ab, als in ihnen der Wille sich immer deutlicher manifestirt, d. h. als sie immer höher auf der Wesenleiter stehn: hingegen ist ihre Verständlichkeit um so größer, je geringer ihr empirischer Gehalt ist; weil sie um so mehr auf dem Gebiet der bloßen Vorstellung bleiben, deren uns *a priori* bewußte Formen das Princip der Verständlichkeit sind. Demgemäß hat man völlige, durchgängige Begreiflichkeit nur so lange, als man sich ganz auf diesem Gebiete hält, mithin bloße Vorstellung, ohne empirischen Gehalt, vor sich hat, bloße Form; also in den Wissenschaften *a priori,* in der Arithmetik, Geometrie, Phoronomie [Lehre von den Bewegungsgesetzen] und in der Logik: hier ist Alles im höchsten Grade faßlich, die Einsichten sind völlig klar und genügend, und lassen nichts zu wünschen übrig; indem es uns sogar zu denken unmöglich ist, daß irgend etwas sich anders verhalten könne: welches Alles daher kommt, daß wir es hier ganz allein mit den Formen unsers eigenen Intellekts zu thun haben. Also je mehr Verständlichkeit an einem Verhältnisse ist, desto mehr besteht es in der bloßen Erscheinung und betrifft nicht das Wesen an sich selbst. Die angewandte Mathematik, also Mechanik, Hydraulik u. s. w., betrachtet die niedrigsten Stufen der Objektivation des Willens, wo noch das Meiste auf dem Gebiete der bloßen Vorstellung liegt, hat aber doch schon ein empirisches Element, an welchem die gänzliche Faßlichkeit, Durchsichtigkeit, sich trübt und mit welchem das Unerklärliche eintritt. Nur einige Theile der Physik und Chemie vertragen, aus dem selben Grunde, noch eine mathematische Behandlung: höher hinauf in der Wesenleiter fällt sie ganz weg; gerade weil der Gehalt der Erscheinung die Form überwiegt. Dieser Gehalt ist Wille, das *Aposteriori* [aus Erfahrung Geschöpfte], das Ding an sich, das Freie, das Grundlose. Unter der Rubrik Pflanzenphysiologie habe ich gezeigt, wie bei lebenden und erkennenden Wesen das Motiv und der Willensakt, das Vorstellen und Wollen, immer deutlicher sich sondern und auseinandertreten, je höher man in der Wesenleiter steigt. Eben so nun sondert sich, nach dem selben Maaßstab, auch im unorganischen Naturreich die Ursache immer mehr von der Wirkung, und in dem selben Maaß tritt das rein Empirische, welches eben Erscheinung des Willens ist, immer deutlicher hervor; aber eben damit nimmt die Verständlichkeit ab. Dies verdient eine ausführlichere Erörterung, welcher ich meinen Leser seine ungetheilte Aufmerksamkeit zu schenken bitte; da solche ganz besonders geeignet ist, den Grundgedanken meiner Lehre, sowohl in Hinsicht auf Faßlichkeit als auf Evidenz, in das hellste Licht zu stellen. Hierin aber besteht Alles, was ich zu thun vermag: hingegen zu machen, daß meinen Zeitgenossen Gedanken willkommener seien als Wortkram, steht nicht in meiner Macht; sondern nur, mich zu trösten, daß ich nicht der Mann meiner Zeit bin.

Auf der niedrigsten Stufe der Natur sind Ursache und Wirkung ganz gleichartig und ganz gleichmäßig; weshalb wir hier die Kausalverknüpfung am vollkommensten verstehn: z. B. die Ursache der Bewegung einer gestoßenen Kugel ist die einer andern, welche eben so viel Bewegung verliert, als jene erhält. Hier haben wir die größtmögliche Faßlichkeit der Kausalität. Das dabei doch noch vorhandene Geheimnißvolle beschränkt sich auf die Möglichkeit des Uebergangs der Bewegung – eines Unkörperlichen – aus einem Körper in den andern. Die Empfänglichkeit der Körper in dieser Art ist so gering, daß die hervorzubringende Wirkung ganz und gar aus der Ursache herüberwandern muß. Das Selbe gilt von allen rein mechanischen Wirkungen, und wenn wir sie nicht alle eben so augenblicklich begreifen; so liegt dies bloß daran, daß Nebenumstände sie uns verdecken, oder die komplicirte Verbindung vieler Ursachen und Wirkungen uns verwirrt: an sich ist die mechanische Kausalität überall gleich faßlich, nämlich im höchsten Grad, weil hier Ursache und Wirkung nicht q u a l i t a t i v verschieden sind, und wo sie es q u a n t i t a t i v sind, wie beim Hebel, die Sache sich aus bloß räumlichen und zeitlichen Verhältnissen deutlich machen läßt. Sobald aber Gewichte mitwirken, tritt ein zweites Geheimnißvolles, die Schwerkraft, hinzu: wirken elastische Körper, auch die Federkraft. – Schon anders ist es, wenn wir auf der Stufenleiter der Erscheinungen uns irgend erheben. Erwärmung als Ursache, und Ausdehnung, Flüssigwerden, Verflüchtigung, oder Krystallisation, als Wirkung, sind nicht gleichartig: daher ist ihr kausaler Zusammenhang nicht verständlich. Die Faßlichkeit der Kausalität hat abgenommen: was durch eine mindere Wärme flüssig wurde, wird durch eine vermehrte verflüchtigt; was bei einer geringeren Wärme krystallisirt, wird bei einer größeren geschmolzen. Wärme macht Wachs weich, Thon hart; Licht macht Wachs weiß, Chlorsilber schwarz. Wenn nun gar zwei Salze einander zersetzen, zwei neue sich bilden; so ist uns die Wahlverwandtschaft ein tiefes Geheimniß, und die Eigenschaften der zwei neuen Körper sind nicht die Vereinigungen der Eigenschaften ihrer getrennten Bestandtheile. Jedoch können wir der Zusammensetzung noch folgen und nachweisen, woraus die neuen Körper entstanden, können auch das Verbundene wieder trennen, das selbe Quantum dabei herstellend. Also zwischen Ursache und Wirkung ist hier merkliche Heterogeneität und Incommensurabilität eingetreten: die Kausalität ist geheimnißvoller geworden. Beides ist noch mehr der Fall, wenn wir die Wirkungen der Elektricität, oder der Voltaischen Säule, vergleichen mit ihren Ursachen, mit Reibung des Glases, oder Aufschichtung und Oxydation der Platten. Hier verschwindet schon alle Aehnlichkeit zwischen Ursache und Wirkung: die Kausalität hüllt sich in dichten Schleier, welchen einigermaaßen zu lüften, Männer wie Davy, Ampère, Faraday, mit größter Anstrengung sich bemüht haben. Bloß die G e s e t z e der Wirkungsart lassen sich ihr noch abmerken und auf ein Schema wie + E und – E, Mittheilung, Vertheilung, Schlag, Entzündung, Zersetzung, Laden, Isolirung, Entladen, elektrische Ströhmung u. dgl. bringen, auf welches wir die Wirkung zurückführen, auch sie beliebig leiten können: aber der Vorgang selbst bleibt ein Unbekanntes, ein x. Hier also ist Ursache und Wirkung ganz heterogen, ihre Verbindung unverständlich, und die Körper zeigen große Empfänglichkeit für einen kausalen Einfluß, dessen Wesen uns ein Geheimniß bleibt. Auch scheint uns, in dem Maaße, als wir höher steigen, in der Wirkung mehr, und in der Ursache weniger zu liegen. Dieses Alles ist daher noch mehr der Fall, wenn wir uns bis zu den organischen Reichen erheben, wo das Phänomen des Lebens sich kund giebt. Wenn man, wie in China üblich, eine Grube mit faulendem Holze füllt, dieses mit Blättern des selben Baumes bedeckt und Salpeterauflösung wiederholt darauf gießt; so entsteht eine reichliche Vegetation eßbarer Pilze. Etwas Heu mit Wasser begossen liefert eine Welt raschbeweglicher Infusions[Aufguß]thierchen. Wie heterogen ist hier Wirkung und Ursache, und wie viel mehr scheint in jener, als in dieser zu liegen! Zwischen dem, bisweilen Jahrhunderte, ja Jahrtausende alten Saamenkorn und dem Baum, zwischen dem Erdreich und dem specifischen, so höchst verschiedenen Saft unzähliger Pflanzen, heilsamer, giftiger, nährender, die e i n Boden trägt, e i n Sonnenlicht bescheint, e i n Regenschauer tränkt, ist keine Aehnlichkeit mehr und deshalb keine Verständlichkeit für uns.

Denn die Kausalität tritt hier schon in höherer Potenz auf, nämlich als Reiz und Empfänglichkeit für solchen. Nur das Schema von Ursache und Wirkung ist uns geblieben: wir erkennen Dieses als Ursache, Jenes als Wirkung, aber gar nichts von der Art und Weise der Kausalität. Und nicht nur findet keine qualitative Aehnlichkeit zwischen der Ursache und der Wirkung Statt, sondern auch kein quantitatives Verhältniß: mehr und mehr erscheint die Wirkung beträchtlicher, als die Ursache; auch wächst die Wirkung des Reizes nicht nach Maaßgabe seiner Steigerung, sondern oft ist es umgekehrt. Treten wir nun aber gar in das Reich der erkennenden Wesen; so ist zwischen der Handlung und dem Gegenstand, der als Vorstellung solche hervorruft, weder irgend eine Aehnlichkeit, noch ein Verhältniß. Inzwischen ist bei dem auf anschauliche Vorstellungen beschränkten Thiere noch die Gegenwart des als Motiv wirkenden Objekts nöthig; welches sodann augenblicklich und unausbleiblich wirkt (Dressur, d. i. durch Furcht erzwungene Gewohnheit, bei Seite gesetzt): denn das Thier kann keinen Begriff mit sich herumtragen, der es vom Eindrucke der Gegenwart unabhängig machte, die Möglichkeit der Ueberlegung gäbe und es zum vorsätzlichen Handeln befähigte. Dies kann der Mensch. Vollends also bei vernünftigen Wesen ist das Motiv sogar nicht mehr ein Gegenwärtiges, ein Anschauliches, ein Vorhandenes, ein Reales, sondern ein bloßer Begriff, der sein gegenwärtiges Daseyn allein im Gehirne des Handelnden hat, aber abgezogen ist aus vielen verschiedenartigen Anschauungen, aus der Erfahrung vergangener Jahre, oder auch durch Worte überliefert. Die Sonderung zwischen Ursache und Wirkung ist so übergroß geworden, und die Wirkung ist im Verhältniß zur Ursache so stark angewachsen, daß es dem rohen Verstande nunmehr erscheint, als sei gar keine Ursache mehr vorhanden, der Willensakt hänge von gar nichts ab, sei grundlos, d. h. frei. Dieserhalb eben stellen sich die Bewegungen unsers Leibes, wenn wir sie von außen reflektirend anschauen, als ein ohne Ursache Geschehendes, d. h. eigentlich als ein Wunder dar. Nur Erfahrung und Nachsinnen belehren uns, daß diese Bewegungen, wie alle andern, allein möglich sind durch eine Ursache, die hier Motiv heißt, und daß, in jener Stufenfolge, die Ursache nur an materialer [stofflicher] Realität hinter der Wirkung zurückgeblieben ist, hingegen an dynamischer, an Energie, gleichen

Schritt mit ihr gehalten hat. – Also auf dieser Stufe, der höchsten in der Natur, hat uns mehr als irgendwo die Verständlichkeit der Kausalität verlassen. Nur das bloße Schema, ganz allgemein genommen, ist noch übrig geblieben, und es bedarf der reifen Reflexion, um auch hier noch dessen Anwendbarkeit und die Nothwendigkeit zu erkennen, die jenes Schema überall herbeiführt.

Nun aber, – so wie man, in die Grotte von Posilippo gehend, immer mehr ins Dunkle geräth, bis, nachdem man die Mitte überschritten hat, nunmehr das Tageslicht des andern Endes den Weg zu erleuchten anfängt; gerade so hier: – wo das nach außen gerichtete Licht des Verstandes, mit seiner Form der Kausalität, nachdem es immer mehr vom Dunkel überwältigt wurde, zuletzt nur noch einen schwachen und ungewissen Schimmer verbreitete; eben da kommt eine Aufklärung völlig anderer Art, von einer ganz andern Seite, aus unserm eigenen Innern ihm entgegen, durch den zufälligen Umstand, daß wir, die Urtheilenden, gerade hier die zu beurtheilenden Objekte selbst sind. Für die äußere Anschauung und den in ihr thätigen Verstand hatte sich die zunehmende Schwierigkeit des, Anfangs so klaren, Verständnisses der Kausalverbindung allmälig so gesteigert, daß diese bei den animalischen Aktionen zuletzt fast zweifelhaft wurde und solche sogar als eine Art Wunder erblicken ließ: gerade jetzt aber kommt, von einer ganz andern Seite, aus dem eigenen Selbst des Beobachters, die unmittelbare Belehrung, daß in jenen Aktionen der Wille das Agens ist, der Wille, der ihm bekannter und vertrauter ist, als Alles was die äußere Anschauung jemals liefern kann. Diese Erkenntniß ganz allein muß dem Philosophen der Schlüssel werden zur Einsicht in das Innere aller jener Vorgänge der erkenntnißlosen Natur, bei denen zwar die Kausalerklärung genügender war, als bei den zuletzt betrachteten, und um so klärer, je weiter sie von diesen weglagen, jedoch auch dort noch immer ein unbekanntes x zurückließ und nie das Innere des Vorgangs ganz aufhellen konnte, selbst nicht bei dem durch Stoß bewegten, oder durch Schwere herabgezogenen Körper. Dieses x hatte sich immer weiter ausgedehnt und zuletzt, auf den höchsten Stufen, die Kausalerklärung ganz zurückgedrängt, dann aber, als diese am wenigsten leisten konnte, sich als W i l l e entschleiert, – dem Mephistopheles zu vergleichen, wann er, in Folge gelehrter Angriffe, aus dem kolossal gewordenen Pudel, dessen Kern er war, hervortritt [vgl. *Faust* I, 136]. Die Identität dieses x auch auf den niedrigen Stufen, wo es nur schwach hervortrat, dann auf den höheren, wo es seine Dunkelheit mehr und mehr verbreitete, endlich auf den höchsten, wo es Alles beschattete, und zuletzt auf dem Punkt, wo es, in unserer eigenen Erscheinung, sich dem Selbstbewußtseyn als Wille kund giebt, anzuerkennen, ist in Folge der hier durchgeführten Betrachtung wohl unumgänglich. Die zwei urverschiedenen Quellen unserer Erkenntniß, die äußere und die innere, müssen an diesem Punkte durch Reflexion in Verbindung gesetzt werden. Ganz allein aus dieser Verbindung entspringt das Verständniß der Natur und des eigenen Selbst: dann aber ist das Innere der Natur unserm Intellekt, dem für sich allein stets nur das Aeußere zugänglich ist, erschlossen, und das Geheimniß, dem die Philosophie so lange nachforscht, liegt offen. Dann nämlich wird deutlich, was eigentlich das Reale und was das Ideale (das Ding an sich und die Erscheinung) sei; wodurch die Hauptfrage, um welche sich die Philosophie seit Cartesius dreht, erledigt wird, die Frage nach dem Verhältniß dieser Beiden, deren totale Diversität Kant auf das gründlichste, mit beispiellosem Tiefsinn, dargethan hatte, und deren absolute Identität gleich darauf Windbeutel, auf den Kredit intellektualer Anschauung, behaupteten. Wenn man hingegen sich jener Einsicht, welche wirklich die einzige und enge Pforte zur Wahrheit ist, entzieht; so wird man nie zum Verständniß des innern Wesens der Natur gelangen, als zu welchem es durchaus keinen andern Weg giebt; vielmehr fällt man einem fernerhin unauflöslichen Irrthum anheim. Nämlich man behält, wie oben gesagt, zwei grundverschiedene Urprincipien der Bewegung, zwischen denen eine feste Scheidewand steht: die Bewegung durch Ursachen und die durch Willen. Die erstere bleibt dann, ihrem Innern nach, ewig unverständlich, weil alle ihre Erklärungen jenes unauflösliche x zurücklassen, das um so viel mehr in sich faßt, je höher das Objekt der Betrachtung steht; – und die zweite, die Bewegung durch Willen, steht da als dem Princip der Kausalität gänzlich entzogen, als grundlos, als Freiheit der einzelnen Handlungen, also als völlig der Natur entgegengesetzt und absolut unerklärlich. Vollziehn wir hingegen die oben geforderte Vereinigung der äußern mit der innern Erkenntniß, da wo sie sich berühren; so erkennen wir, trotz aller accidentellen Verschiedenheiten, zwei Identitäten, nämlich die der Kausalität mit sich selbst auf allen Stufen, und die des zuerst unbekannten x (d. h. der Naturkräfte und Lebenserscheinungen) mit dem Willen in uns. Wir erkennen, sage ich, erstlich das identische Wesen der Kausalität in den verschiedenen Gestalten, die es auf verschiedenen Stufen annehmen muß, und nun sich zeigen mag als mechanische, chemische, physikalische Ursache, als Reiz, als anschauliches Motiv, als abstraktes, gedachtes Motiv: wir erkennen es als Eins und das Selbe, sowohl da, wo der stoßende Körper so viel Bewegung verliert als er mittheilt, als da, wo Gedanken mit Gedanken kämpfen und der siegende Gedanke, als stärkstes Motiv, den Menschen in Bewegung setzt, welche Bewegung nun mit nicht geringerer Nothwendigkeit erfolgt, als die der gestoßenen Kugel. Statt da, wo wir selbst das Bewegte sind und daher das Innere des Vorgangs uns intim und durchaus bekannt ist, von diesem innern Licht geblendet und verwirrt zu werden und dadurch uns dem sonstigen, in der ganzen Natur uns vorliegenden Kausalzusammenhange zu entfremden und die Einsicht in ihn uns auf immer zu verschließen; bringen wir die neue, von innen erhaltene Erkenntniß zur äußern hinzu, als ihren Schlüssel, und erkennen die zweite Identität, die Identität unsers Willens mit jenem uns bis dahin unbekannten x, das in aller Kausalerklärung übrig bleibt. Demzufolge sagen wir alsdann: auch dort, wo die palpabelste Ursache die Wirkung herbeiführt, ist jenes dabei noch vorhandene Geheimniß, jenes x, oder das eigentlich Innere des Vorgangs, das wahre Agens, das Ansich dieser Erscheinung, – welche uns am Ende doch nur als Vorstellung und nach den Formen und Gesetzen der Vorstellung gegeben ist, – wesentlich das Selbe mit Dem, was bei den Aktionen unsers, eben so als Anschauung und Vorstellung uns gegebenen Leibes, uns intim und unmittelbar bekannt ist als Wille. – Dies ist (gebärdet euch wie ihr wollt!) das Fundament der wahren Philosophie: und wenn es dieses Jahrhundert nicht einsieht; so werden es viele folgende. *Tempo è galant-uomo! (se nessun' altro)* – [Die Zeit ist ein Ehrenmann! (wenn auch sonst niemand)]. – Wie wir also einerseits das Wesen der Kausalität, welches seine größte Deutlichkeit nur auf den niedrigsten Stufen der Objektivation des Willens (d. i. der Natur) hat, wiedererkennen auf allen Stufen, auch den höchsten; so erkennen wir auch andererseits das Wesen des Willens auf allen Stufen wieder, auch den tiefsten, obgleich wir nur auf der allerhöchsten diese Erkenntniß unmittelbar erhalten. Der alte Irrthum sagt: wo Wille ist, ist keine Kausalität mehr, und wo Kausalität, kein Wille. Wir aber sagen: überall wo Kausalität ist, ist Wille; und kein Wille agirt ohne Kausalität. Das *punctum controversiae* [Der Streitpunkt] ist also, ob Wille und Kausalität, in einem und dem selben Vorgange, zugleich und zusammen bestehn können und müssen. Was die Erkenntniß, daß es allerdings so sei, erschwert, ist der Umstand, daß Kausalität und Wille auf zwei grundverschiedene Weisen erkannt werden: Kausalität ganz von außen, ganz mittelbar, ganz durch den Verstand; Wille ganz von innen, ganz unmittelbar; und daß daher, je klärer in jedem gegebenen Fall die Erkenntniß des Einen, desto dunkler die des Andern ist. Daher erkennen wir, wo die Kausalität am faßlichsten ist, am wenigsten das Wesen des Willens; und wo der Wille unleugbar sich kund giebt, wird die Kausalität so verdunkelt, daß der rohe Verstand es wagen konnte, sie wegzuleugnen. – Nun aber ist Kausalität, wie wir von Kant gelernt haben, nichts weiter, als die *a priori* erkennbare Form des Verstandes selbst, also das Wesen der Vorstellung als solcher, welche die eine Seite der Welt ist: die andere Seite ist Wille: er ist das Ding an sich. Jenes in umgekehrtem Verhältniß stehende Deutlichwerden der Kausalität und des Willens, jenes wechselweise Vor- und Zurück-treten Beider, liegt also daran, daß je mehr uns ein Ding bloß als Erscheinung, d. h. als Vorstellung, gegeben ist, desto deutlicher zeigt sich die apriorische Form der Vorstellung, d. i. die Kausalität; so bei der leblosen Natur: – umgekehrt aber, je unmittelbarer uns der Wille bewußt ist, desto mehr tritt die Form der Vorstellung, die Kausalität, zurück; so an uns selbst. Also, je näher eine Seite der Welt herantritt, desto mehr verlieren wir die andere aus dem Gesicht.

Linguistik.

Unter dieser Rubrik habe ich bloß eine von mir selbst in diesen letzten Jahren gemachte Bemerkung mitzutheilen, welche bisher der Aufmerksamkeit entgangen zu seyn scheint. Daß sie jedoch Berücksichtigung verdiene, bezeugt Seneka's Ausspruch: *Mira in quibusdam rebus verborum proprietas est, et consuetudo sermonis antiqui quaedam efficacissimis notis signat.* [Erstaunlich ist das Treffende des Ausdrucks für manche Dinge, und der Sprachgebrauch der Alten bezeichnet vieles in der wirksamsten Weise.] *Epist. 81.* Und Lichtenberg sagt: »Wenn man viel selbst denkt, so findet man viele Weisheit in die Sprache eingetragen. Es ist wohl nicht wahrscheinlich, daß man alles selbst hineinträgt; sondern es liegt wirklich viel Weisheit darin« [*Vermischte Schriften,* n. A., 1844, Bd. 1, S. 326].

In sehr vielen, vielleicht in allen Sprachen wird das Wirken auch der erkenntnißlosen, ja der leblosen Körper durch Wollen ausgedrückt, ihnen also ein Wille vorweg beigelegt; hingegen niemals ein Erkennen, Vorstellen, Wahrnehmen, Denken: kein Ausdruck, der dieses enthielte, ist mir bekannt.

So sagt Seneka *(quaest, nat. II, 24)* vom herabgeschleuderten Feuer des Blitzes: *In his, ignibus accidit, quod arboribus: quarum cacumina, si tenera sunt, ita deorsum trahi possunt, ut etiam terram attingant; sed quum permiseris, in locum suum exsilient. Itaque non est quod eum spectes cujusque rei habitum, qui illi non ex voluntate est. Si ignem permittis ire quo velit, coelum repetet.* [Hierbei geht es dem Feuer wie den Bäumen, deren biegsame Wipfel so nach unten gezogen werden können, daß sie sogar die Erde berühren; aber wenn du sie loslässest, werden sie an ihren Ort emporfahren. Es ist daher nicht angemessen, bei einem Ding diejenige Lage im Auge zu haben, die nicht nach seinem Willen ist. Wenn du dem Feuer erlaubst zu gehen, wohin es will, so wird es zum Himmel emporstreben.] In allgemeinerem Sinne sagt Plinius: *nec quaerenda in ulla parte naturae ratio, sed voluntas.* [Auch ist nicht Vernunft in irgendeinem Teile der Natur zu suchen, sondern Wille.] *Hist. nat. 37, 15.* Nicht minder liefert das Griechische uns Belege: Aristoteles, indem er die Schwere erläutert, sagt *(de coelo II, c. 13)* μικρον μεν μοριον της γης, εαν μετεωρισθεν αφεθη, φερεται, και μενειν ουκ εθελει *(parva quaedam terrae pars, si elevata dimittitur, fertur, neque vult manere)* [Wenn irgendein Teilchen der Erde hochgehoben und dann losgelassen wird, so stürzt es hinunter und will nicht bleiben]. Und im folgenden Kapitel: Δει δε ἑκαστον λεγειν τοιουτον ειναι, ὁ φυσει βουλεται ειναι, και ὁ ὑπαρχει, αλλα μη ὁ βιᾳ και παρα φυσιν *(unumquodque autem tale dicere oportet, quale naturâ suâ esse vult, et quod est; sed non id quod violentiâ et praeter naturam est)* [Man muß aber von jedem Ding sagen, daß es so ist, wie es seiner Natur nach sein will und ist, nicht aber, was es durch Gewalt und gegen seine Natur ist]. Sehr bedeutend und schon mehr, als bloß linguistisch, ist es, daß Aristoteles, in der *Ethica magna I, c. 14,* wo ausdrücklich sowohl von leblosen Wesen (dem Feuer, das nach oben, und der Erde, die nach unten strebt), als von Thieren die Rede ist, sagt, sie könnten gezwungen werden, etwas gegen ihre Natur, oder ihren Willen, zu thun: παρα φυσιν τι, η παρ' ἁ βουλονται ποιειν [etwas gegen ihre Natur oder gegen das, was sie wollen, zu tun], – also als Paraphrase des παρα φυσιν, sehr richtig παρ' ἁ βουλονται setzt. – Anakreon, in der 29sten Ode, εις Βαθυλλον, wo er das Bildniß seines Geliebten bestellt, sagt von den Haaren: Ἕλικας δ' ελευθέρους μοι πλοκάμων, ἄτακτα συνθεὶς, ἄφες, ὡς θέλωσι, κεῖσθαι *(capillorum cirros incomposite jungens, sine utut volunt jacere)* [Doch die Windungen der Locken / Lasse, wenn das Haar du ordnest, / Frei so, wie sie wollen, flattern]. Im Deutschen sagt Bürger: »Hinab will der Bach, nicht hinan« [»An die kalten Vernünftler«]. Auch im gemeinen Leben sagen wir täglich: »Das Wasser siedet, es will überlaufen«, – »Das Gefäß will bersten«, – »Die Leiter will nicht stehn.« – *Le feu ne veut pas brûler; – la corde, une fois tordue, veut toujours se retordre* [Das Feuer will nicht brennen; – der Strick, einmal gedreht, will sich immer wieder zurückwinden]. – Im Englischen ist das Verbum Wollen sogar das Auxiliar des Futurums aller übrigen Verben geworden, wodurch ausgedrückt wird, daß jedem Wirken ein Wollen zum Grunde liegt. Uebrigens aber wird das Streben erkenntnißloser und lebloser Dinge noch ausdrücklich mit *to want* bezeichnet, welches Wort der Ausdruck für jedes menschliche Begehren und Streben ist: *the water wants to get out; – the steam wants to make itself way through* ... [Das Wasser möchte ausfließen; – der Dampf möchte ausströmen ...] – Im Italiänischen gleichfalls: *vuol piovere; – quest' orologio non vuol andare* [Es will regnen; – diese Uhr will nicht gehen]. Außerdem noch ist in diese Sprache der Begriff des Wollens so tief eingedrungen, daß er zur Bezeichnung jedes Erfordernisses, jedes Nothwendigseyns angewandt wird: *vi vuol un contrapeso; – vi vuol pazienza* [man braucht ein Gegengewicht; – es braucht Geduld].

Sogar in der von allen Sprachen des Sanskrit-Stammes von Grund aus verschiedenen chinesischen finden wir ein sehr ausdrückliches, hieher gehöriges Beispiel: nämlich im Kommentar zum Y-king heißt es, nach der genauen Uebersetzung des Paters Regis: *Yang, seu materia coelestis, vult rursus ingredi, vel (ut verbis doctoris Tching-tse utar) vult rursus esse in superiore loco; scilicet illius naturae ratio ita fert, seu innata lex* [Das Yang, oder der himmlische Stoff, will wieder dorthin gelangen, oder (um die Worte des Dr. Tsching-tse zu gebrauchen) will wieder am höheren Orte sein; denn so bringt es das Prinzip seiner Natur bzw. das ihr innewohnende Gesetz mit sich] *(Y-king ed. J. Mohl, Vol. I, p. 341).*

Entschieden mehr, als linguistisch, nämlich Ausdruck des innig verstandenen und gefühlten Hergangs im chemischen Processe, ist es, wenn Liebig, in seiner »Chemie in ihrer Anwendung auf Agrikultur«, S. 394 sagt: »Es entsteht Aldehyd, welcher, mit der selben Begierde, wie schweflige Säure, sich direkt mit Sauerstoff zu Essigsäure verbindet.« – Und abermals in seiner »Chemie in Anwendung auf Physiologie«: »der Aldehyd, welcher mit großer Begierde Sauerstoff aus der Luft anzieht«. Da er, von der selben Erscheinung redend, sich zwei Mal dieses Ausdrucks bedient; so ist es nicht zufällig, sondern weil nur dieser Ausdruck der Sache entspricht†.

† Auch die Französischen Chemiker sagen z. B.: *»Il est évident que les métaux ne sont pas tous également avides d'oxygène« ...... »la difficulté de la réduction devait correspondre nécessairement à une avidité fort grande du métal pur pour l'oxygène«* [Es ist klar, daß die Metalle nicht alle gleichmäßig gierig nach Sauer-

Die Sprache also, dieser unmittelbarste Ausdruck unserer Gedanken, giebt Anzeige, daß wir genöthigt sind, jeden innern Trieb als ein Wollen zu denken; aber keineswegs legt sie den Dingen auch Erkenntniß bei. Die vielleicht ausnahmslose Uebereinstimmung der Sprachen in diesem Punkt bezeugt, daß es kein bloßer Tropus sei, sondern daß ein tiefwurzelndes Gefühl vom Wesen der Dinge hier den Ausdruck bestimmt.

---

stoff sind ... die Schwierigkeit der Entziehung von Sauerstoff mußte notwendigerweise einer großen B e g i e r d e des Metalls nach Sauerstoff entsprechen]. – (S. *Paul de Rémusat, La Chimie à L'Exposition. L'Aluminium.* In der *Revue des deux Mondes, 1855, pag. 649.)*

Schon *Vaninus (de admirandis naturae arcanis pag. 170)* sagt: *argentum vivum etiam in aqua conglobatur, quemadmodum et in plumbi scobe etiam: at a scobe non refugit* (dies gegen eine angeführte Meinung des Kardanus) *imo ex ea quantum potest colligit: quod nequit (scil. colligere), ut censeo i n v i t u m relinquit: n a t u r a e n i m e t s u a a p p e t i t , e t v o r a t.* [Das Quecksilber nimmt auch im Wasser Kugelgestalt an, sowie auch im abgefeilten Bleistaube, hält sich aber nicht von dem Feilstaube frei, sondern nimmt davon auf, so viel es kann; und was es nicht (aufzunehmen) vermag, das läßt es, wie ich meine, wider Willen zurück: d e n n d i e N a t u r b e g e h r t n a c h d e m , w a s i h r g e h ö r t , u n d v e r s c h l i n g t e s.] Dies ist offenbar mehr, als sprachlich: er legt ganz entschieden dem Quecksilber einen Willen bei. Und so wird man überall finden, daß, wenn in Physik und Chemie zurückgegangen wird auf die Grundkräfte und die ersten nicht weiter abzuleitenden Eigenschaften der Körper, diese alsdann durch Ausdrücke bezeichnet werden, welche dem Willen und seinen Aeußerungen angehören.

Animalischer Magnetismus und Magie.

Als im Jahre 1818 mein Hauptwerk erschien, hatte der animalische Magnetismus erst kürzlich seine Existenz erkämpft. Hinsichtlich der Erklärung desselben aber, war zwar auf den passiven Theil, also auf Das, was mit dem Patienten dabei vorgeht, einiges Licht geworfen, indem der von Reil hervorgehobene Gegensatz zwischen Cerebral- und Ganglien-System zum Princip der Erklärung gemacht worden war; hingegen der aktive Theil, das eigentliche Agens, vermöge dessen der Magnetiseur diese Phänomene hervorruft, lag noch ganz im Dunkeln. Man tappte noch unter allerhand materiellen Erklärungsprincipien, der Art wie Mesmers Alles durchdringender Weltäther, oder andererseits die von Stieglitz als Ursache angenommene Hautausdünstung des Magnetiseurs u. dgl. m. Allenfalls erhob man sich zu einem Nervengeist; der aber nur ein Wort für eine unbekannte Sache ist. Kaum mochte Einzelnen, durch Praxis tiefer Eingeweihten, die Wahrheit einzuleuchten angefangen haben. Ich aber war noch weit davon entfernt, vom Magnetismus eine direkte Bestätigung meiner Lehre zu hoffen.

Aber *dies diem docet* [ein Tag lehrt den anderen: sprichwörtlich nach Publilius Syrus, 123], und so hat seit jener Zeit die große Lehrmeisterin Erfahrung es zu Tage gefördert, daß jenes tief eingreifende Agens, – welches, vom Magnetiseur ausgehend, Wirkungen hervorruft, die dem gesetzmäßigen Naturlauf so ganz entgegen scheinen, daß der lange Zweifel an ihnen, die hartnäckige Ungläubigkeit, das Verurtheilen von einer Kommission, unter deren Mitgliedern Franklin und Lavoisier waren, kurz Alles, was in der ersten wie in der zweiten Periode sich dagegen gestellt hat (nur nicht das in England bis vor Kurzem herrschende rohe und stupide Verurtheilen ohne Untersuchung) völlig zu entschuldigen ist, – daß, sage ich, jenes Agens nichts anderes ist, als der Wille des Magnetisirenden. Ich glaube nicht, daß heut zu Tage, unter Denen, welche Praxis mit Einsicht verbinden, noch irgend ein Zweifel hierüber obwaltet, und halte es daher für überflüssig die zahlreichen, Dies bekräftigenden Aussprüche der Magnetiseurs anzuführen†. So ist denn die Losung Puységurs und der älteren französischen Magnetiseurs *veuillez et croyez!* d. h. »wolle mit Zuversicht!« nicht nur durch die Zeit bewährt worden, sondern hat sich zu einer richtigen Einsicht in den Vorgang selbst entwickelt††. Aus Kiesers »Tellurismus«, der wohl noch immer das gründlichste und ausführlichste Lehrbuch des animalischen Magnetismus ist, geht zur Genüge hervor, daß kein magnetischer Akt ohne den Willen wirksam ist, hingegen der bloße Wille, ohne äußern Akt, jede magnetische Wirkung hervorbringen kann. Die Manipulation scheint nur ein Mittel zu seyn, den Willensakt und seine Richtung zu fixiren und gleichsam zu verkörpern. In diesem Sinne sagt Kieser (Tellur. Bd. 1, S. 379): »Insofern die Hände des Menschen, als diejenigen Organe, welche die handelnde Thätigkeit des Menschen« (d. i. den Willen) »am sichtbarsten ausdrücken, die wirkenden Organe beim Magnetisiren sind, entsteht die magnetische Manipulation.« Noch genauer drückt sich hierüber de Lausanne, ein französischer Magnetiseur, aus, in den *Annales du magnétisme animal, 1814–1816,* Heft 4, indem er sagt: *l'action du magnétisme dépend de la seule volonté, il est vrai; mais l'homme ayant une forme extérieure et sensible, tout ce qui est à son usage, tout ce qui doit agir sur lui, doit nécessairement en avoir une, et pour que la volonté agisse, il faut qu'elle employe un mode d'action.* [Die Tätigkeit des Magnetiseurs hängt zwar allein vom Willen ab, aber da der Mensch eine äußere und sinnlich wahrnehmbare Gestalt besitzt, so muß alles,

† Nur eine Schrift aus ganz neuer Zeit will ich erwähnen, welche ausdrücklich die Absicht hat, darzuthun, daß der Wille des Magnetiseurs das eigentlich Wirkende ist: *Qu'est-ce que le Magnétisme? par E. Gromier. Lyon 1850.*

†† Aber schon Puységur selbst, im Jahre 1784, sagt: *»Lorsque vous avez magnétisé le malade, votre but était de l'endormir, et vous y avez réussi par le seul acte de votre volonté; c'est de même par un autre acte de volonté que vous le réveillez«.* [Wenn man den Kranken magnetisiert hat, so war der Zweck, ihn zum Schlafen zu bringen, und man erreicht ihn nur durch den eigenen Willensakt; ebenso weckt man den Kranken wieder durch einen erneuten Willensakt.] *(Puységur, Magnét. anim. 2. édit. 1820, Catéchisme magnétique p. 150–171.)*

was zu seinem Gebrauch dient, alles, was auf ihn einwirken soll, notwendigerweise auch eine solche Gestalt besitzen, und damit der Wille wirken kann, muß er eine Handlungsweise in Anwendung bringen.] Da, nach meiner Lehre, der Organismus die bloße Erscheinung, Sichtbarkeit, Objektität, des Willens, ja, eigentlich nur der im Gehirn als Vorstellung angeschaute Wille selbst ist; so fällt der äußere Akt der Manipulation auch mit dem innern Willensakt zusammen. Wo aber ohne jenen gewirkt wird, geschieht es gewissermaaßen künstlich, durch einen Umweg, indem die Phantasie den äußern Akt, bisweilen sogar die persönliche Gegenwart, ersetzt: daher es eben auch viel schwieriger ist und seltner gelingt. Demgemäß führt Kieser an, daß auf den Somnambulen das laute Wort »Schlaf!« oder »Du sollst!« stärker wirkt als das bloß innere Wollen des Magnetiseurs. – Hingegen ist die Manipulation und der äußere Akt überhaupt eigentlich ein unfehlbares Mittel zur Fixirung und Thätigkeit des Willens des Magnetiseurs, eben weil äußere Akte ohne allen Willen gar nicht möglich sind, indem ja der Leib und seine Organe nichts, als die Sichtbarkeit des Willens selbst sind. Hieraus erklärt es sich, daß Magnetiseurs bisweilen ohne bewußte Anstrengung ihres Willens und beinahe gedankenlos magnetisiren, aber doch wirken. Ueberhaupt ist es nicht das Bewußtseyn des Wollens, die Reflexion über dasselbe, sondern das reine, von aller Vorstellung möglichst gesonderte Wollen selbst, welches magnetisch wirkt. Daher finden wir in den Vorschriften für den Magnetiseur, welche Kieser (Tellur. Bd. 1, S. 400 ff.) giebt, alles Denken und Reflektiren des Arztes, wie des Patienten, auf ihr beiderseitiges Thun und Leiden, alle äußeren Eindrücke, welche Vorstellungen erregen, alles Gespräch zwischen Beiden, alle fremde Gegenwart, ja, das Tageslicht, u. s. w. ausdrücklich untersagt, und empfohlen, daß Alles soviel als möglich unbewußt vorgehe; wie dies auch von sympathetischen [ohne Einwirkung von Heilmitteln durchgeführten] Kuren gilt. Der wahre Grund von dem Allen ist, daß hier der Wille in seiner Ursprünglichkeit, als Ding an sich, wirksam ist; welches erfordert, daß die Vorstellung, als ein von ihm verschiedenes Gebiet, ein Sekundäres, möglichst ausgeschlossen werde. Faktische Belege der Wahrheit, daß das eigentlich Wirkende beim Magnetisiren der Wille ist und jeder äußere Akt nur sein Vehikel, findet man in allen neuern und bessern Schriften über den Magnetismus, und es wäre eine unnöthige Weitläuftigkeit sie hier zu wiederholen: jedoch will ich einen hersetzen, nicht weil er besonders auffallend ist, sondern weil er von einem außerordentlichen Manne herrührt und als dessen Zeugniß ein eigenthümliches Interesse hat: Jean Paul ist es, der in einem Briefe (abgedruckt in »Wahrheit aus Jean Pauls Leben« Bd. 8, S. 120) sagt: »Ich habe in einer großen Gesellschaft eine Frau von K. durch bloßes festwollendes Anblicken, wovon Niemand wußte, zwei Mal beinahe in Schlaf gebracht, und vorher zu Herzklopfen, Erbleichen, bis ihr S. helfen mußte.« Auch wird heut zu Tage der gewöhnlichen Manipulation oft ein bloßes Fassen und Halten der Hände des Patienten, unter festem Anblicken desselben, mit größtem Erfolge substituirt; eben weil auch dieser äußere Akt geeignet ist, den Willen in bestimmter Richtung zu fixiren. Diese unmittelbare Gewalt, welche der Wille auf Andere ausüben kann, legen aber mehr als Alles die wundervollen Versuche des Herrn Dupotet und seiner Schüler an den Tag, welche derselbe, in Paris, sogar öffentlich vornimmt und in denen er, durch seinen bloßen, mit wenigen Gebärden unterstützten Willen, die fremde Person nach Belieben lenkt und bestimmt, ja, sie zu den unerhörtesten Kontorsionen [Verrenkungen] zwingt. Einen kurzen Bericht darüber ertheilt ein anscheinend durchaus ehrlich abgefaßtes Schriftchen: »Erster Blick in die Wunderwelt des Magnetismus«, von Karl Scholl, 1853†.

† Im Jahre 1854 habe ich das Glück gehabt, die außerordentlichen Leistungen dieser Art des Herrn Regazzoni aus Bergamo hier zu sehn, in denen die unmittelbare, also magische Gewalt seines Willens über Andere unverkennbar und im höchsten Grade erstaunlich war, und deren Aechtheit Keinem zweifelhaft bleiben konnte, als etwan Dem, welchem die Natur alle Fähigkeit zur Auffassung pathologischer Zustände ganzlich versagt hätte: dergleichen Subjekte giebt es jedoch: man muß aus ihnen Juristen, Geistliche, Kaufleute oder Soldaten machen; nur um des Himmels willen keine Aerzte: denn der Erfolg würde mörderisch seyn, sintemal in der Medicin die Diagnose die Hauptsache ist. – Seine mit ihm in Rapport [Verbindung] stehende Somnambule konnte er beliebig in vollständige Katalepsie [Muskelstarre] versetzen, ja, er konnte durch seinen bloßen Willen, ohne Gestus, wenn sie gieng und er hinter ihr stand, sie rücklings niederwerfen. Er konnte sie lähmen, in Starrkrampf versetzen, mit erweiterten Pupillen, völliger Unempfindlichkeit, und den unverkennbarsten Zeichen eines völlig kataleptischen Zustandes. Eine Dame aus dem Publiko ließ er Klavier spielen, und dann, 15 Schritte hinter ihr stehend, lähmte er sie, durch Willen mit Gestus, so, daß sie nicht weiter spielen konnte. Dann stellte er sie gegen eine Säule und zauberte sie fest, daß sie nicht vom Fleck konnte, trotz der größten Anstrengung. – Nach meiner Beobachtung sind fast alle seine Stücke daraus zu erklären, daß er das Gehirn vom Rückenmark isolirt,

Einen Beleg anderer Art zu der in Rede stehenden Wahrheit giebt auch was in den »Mittheilungen über die Somnambule Auguste K. in Dresden«, 1843, diese selbst S. 53 aussagt: »Ich befand mich im Halbschlaf; mein Bruder wollte ein ihm bekanntes Stück spielen. Ich bat ihn, weil mir das Stück nicht gefalle, es nicht zu spielen. Er versuchte es dennoch, und so brachte ich es durch meinen entgegenstrebenden festen Willen so weit, daß er mit aller Anstrengung sich auf das Stück nicht mehr besinnen konnte.« – Den höchsten Klimax aber erreicht die Sache, wenn diese unmittelbare Gewalt des Willens sich sogar auf leblose Körper erstreckt. So unglaublich Dies scheint, so liegen dennoch zwei, von ganz verschiedenen Seiten kommende Berichte darüber vor. Nämlich in dem soeben genannten Buche wird, S. 115, 116 und 318, mit Anführung der Zeugen, erzählt, daß diese Somnambule die Nadel des Kompasses ein Mal um 7°, ein ander Mal um 4°, und zwar mit viermaliger Wiederholung des Experiments, ohne allen Gebrauch der Hände, durch ihren bloßen Willen, mittelst Fixirung des Blicks auf die Nadel, abgelenkt hat. – Sodann berichtet aus der Englischen Zeitschrift *Britannia, Galignani's Messenger* vom 23. Oktober 1851, daß die Somnambule Prudence Bernard aus Paris, in einer öffentlichen Sitzung in London, die Nadel eines Kompasses durch das bloße Hin- und Herdrehn ihres Kopfes genöthigt hat, dieser Bewegung zu folgen; wobei Herr Brewster, der Sohn des Physi-

---

entweder gänzlich, wodurch alle sensiblen und motorischen Nerven gelähmt werden und völlige Katalepsie entsteht; oder die Lähmung bloß die motorischen Nerven trifft, wo die Sensibilität bleibt, also der Kopf sein Bewußtseyn behält, auf einem ganz scheintodten Körper sitzend. Eben so wirkt die Strychnine: sie lähmt allein die motorischen Nerven, bis zum völligen Tetanus, der zum Erstickungstode führt; hingegen läßt sie die sensiblen Nerven, folglich auch das Bewußtseyn, unversehrt. Das Selbe leistet Regazzoni durch den magischen Einfluß seines Willens. Der Augenblick jener Isolation ist durch eine gewisse eigenthümliche Erschütterung des Patienten deutlich sichtbar. Ueber die Leistungen Regazzoni's und ihre für Jeden, dem nicht aller Sinn für die Auffassung der organischen Natur verschlossen ist, unverkennbare Aechtheit, empfehle ich eine kleine Französische Schrift von L. A. V. Dubourg: *»Antoine Regazzoni de Bergame à Francfort sur Mein.«* Frankfurt, November 1854, 31 Seiten, 8°.

Im *Journal du Magnétisme, ed. Dupotet,* vom 25. August 1856, in der Recension einer Schrift *de la Catalepsie, mémoire couronné, 1856, 4°,* sagt der Recensent Morin: *»La plupart des caractères, qui distinguent la catalepsie, peuvent être obtenus artificiellement et sans danger sur les sujets magnétiques, et c'est même là un des exercices les plus ordinaires des séances magnétiques«* [Die meisten Merkmale, die die Muskelstarre ausmachen, können künstlich und gefahrlos an magnetisierten Personen hervorgerufen werden, ja, dies ist sogar eine der gewöhnlichsten Übungen auf magnetischen Sitzungen].

kers, und zwei andere Herren aus dem Publiko die Stelle der Geschwornen vertraten *(acted as jurors).*

Sehn wir nun also den Willen, welchen ich als das Ding an sich, das allein Reale in allem Daseyn, den Kern der Natur, aufgestellt habe, vom menschlichen Individuo aus, im animalischen Magnetismus, und darüber hinaus, Dinge verrichten, welche nach der Kausalverbindung, d. h. dem Gesetz des Naturlaufs, nicht zu erklären sind, ja, dieses Gesetz gewissermaaßen aufheben und wirkliche *actio in distans* [Wirkung in die Ferne] ausüben, mithin eine übernatürliche, d. i. metaphysische Herrschaft über die Natur an den Tag legen; – so wüßte ich nicht, welche thatsächlichere Bestätigung meiner Lehre noch zu verlangen bliebe. Wird doch sogar, in Folge seiner Erfahrungen, ein mit meiner Philosophie ohne Zweifel unbekannter Magnetiseur, Graf Szapary, dahin gebracht, daß er dem Titel seines Buches, »ein Wort über animalischen Magnetismus, Seelenkörper und Lebensessenz«, 1840, als Erläuterung die denkwürdigen Worte hinzufügt: »oder physische Beweise, daß der animalisch-magnetische Strom das Element, und der Wille das Princip alles geistigen und körperlichen Lebens sei.« – Der animalische Magnetismus tritt demnach geradezu als die praktische Metaphysik auf, als welche schon Bako von Verulam [*De dign. et augm. scient.* 3,5], in seiner Klassifikation der Wissenschaften *(Instaur. magna L. III* [5.]) die Magie bezeichnete: er ist die empirische oder Experimental-Metaphysik. – Weil ferner im animalischen Magnetismus der Wille als Ding an sich hervortritt, sehn wir das der bloßen Erscheinung angehörige *principium individuationis* (Raum und Zeit) alsbald vereitelt: seine die Individuen sondernden Schranken werden durchbrochen: zwischen Magnetiseur und Somnambule sind Räume keine Trennung, Gemeinschaft der Gedanken und Willensbewegungen tritt ein: der Zustand des Hellsehns setzt über die der bloßen Erscheinung angehörenden, durch Raum und Zeit bedingten Verhältnisse, Nähe und Ferne, Gegenwart und Zukunft, hinaus.

In Folge eines solchen Thatbestandes hat allmälig, trotz so vielen entgegenstehenden Gründen und Vorurtheilen, die Meinung sich geltend gemacht, ja, fast zur Gewißheit erhoben, daß der animalische Magnetismus und seine Phänomene identisch sind mit einem Theil der ehemaligen Magie, jener berüchtigten geheimen Kunst, von deren Realität nicht etwan bloß die sie so hart verfolgenden Christlichen Jahrhunderte, sondern eben so sehr alle Völker der ganzen Erde, selbst die wilden nicht ausgeschlossen, alle Zeitalter hindurch überzeugt gewesen sind, und auf deren schädliche Anwendung schon die zwölf Tafeln der Römer†, die Bücher Mosis und selbst Plato's elftes Buch von den Gesetzen die Todesstrafe setzen. Wie ernstlich es damit, auch in der aufgeklärtesten Römerzeit, unter den Antoninen, genommen wurde, beweist die schöne gerichtliche Vertheidigungsrede des Apulejus wider die gegen ihn erhobene und sein Leben bedrohende *(oratio de magia, p. 104. Bip.)* Anklage der Zauberei, in welcher er allein bemüht ist, den Vorwurf von sich abzuwälzen, nicht aber die Möglichkeit der Magie irgend leugnet, vielmehr in eben solche läppische Details eingeht, wie in den Hexenprocessen des Mittelalters zu figuriren pflegen. Ganz allein das letztverflossene Jahrhundert in Europa macht, in Hinsicht auf jenen Glauben, eine Ausnahme, und zwar in Folge der von Baltazar Becker, Thomasius und einigen Andern, in der guten Absicht, den grausamen Hexenprocessen auf immer die Thüre zu schließen, behaupteten Unmöglichkeit aller Magie. Diese Meinung, von der Philosophie des selben Jahrhunderts begünstigt, gewann damals die Oberhand, jedoch nur unter den gelehrten und gebildeten Ständen. Das Volk hat nie aufgehört, an Magie zu glauben, sogar nicht in England, dessen gebildete Klassen hingegen mit einem sie erniedrigenden Köhlerglauben in Religionssachen einen unerschütterlichen Thomas- oder Thomasius-Unglauben an alle Thatsachen, welche über die Gesetze von Stoß und Gegenstoß, oder Säure und Alkali, hinausgehn, zu vereinigen verstehn und es sich nicht von ihrem großen Landsmann gesagt seyn lassen wollen, daß es mehr Dinge im Himmel und auf Erden giebt, als ihre Philosophie sich träumen läßt [Shakespeare, *Hamlet,* 1, 5]. – Ein Zweig der alten Magie hat sich unter dem Volke sogar offenkundig in täglicher Ausübung erhalten, welches er wegen seiner wohlthätigen Absicht durfte, nämlich die sympathetischen Kuren, an deren Realität wohl kaum zu zweifeln ist. Am alltäglichsten ist die sympathetische Kur der Warzen, deren Wirksamkeit bereits der behutsame und empirische Bako von Verulam aus eigener Erfahrung bestätigt *(silva silvarum § 997):*

† *Plin[ius,] hist. nat. L. 30, c. 3.*

sodann ist das Besprechen der Gesichtsrose, und zwar mit Erfolg, so häufig, daß es leicht ist, sich davon zu überzeugen: ebenfalls das Besprechen des Fiebers gelingt oft u. dgl. m.† – Daß hiebei das eigentliche Agens nicht die sinnlosen Worte und Ceremonien, sondern, wie beim Magnetisiren, der Wille des Heilenden ist, bedarf, nach dem oben über Magnetismus Gesagten, keiner Auseinandersetzung. Beispiele sympathetischer Kuren finden die mit denselben noch Unbekannten in Kiesers »Archiv für den thierischen Magnetismus«, Bd. 5, Heft 3, S. 106; Bd. 8, Heft 3, S. 145; Bd. 9, Heft 2, S. 172, und Bd. 9, Heft 1, S. 128. Auch das Buch des Dr. Most, »über sympathetische Mittel und Kuren«, 1842, ist zur vorläufigen Bekanntschaft mit der Sache brauchbar††. – Also diese zwei Thatsachen, animalischer Magnetismus und sympathetische Kuren, beglaubigen empirisch die Möglichkeit einer, der physischen entgegengesetzten, magischen Wirkung, welche das verflossene Jahrhundert so peremtorisch [endgültig] verworfen hatte, indem es durchaus keine andere als die physische, nach dem begreiflichen Kausalnexus herbeigeführte Wirkung als möglich gelten lassen wollte.

---

† In den *Times, 1855, June 12, pag. 10* wird erzählt:

A horse-charmer.

On the voyage to England the ship Simla experienced some heavy weather in the Bay of Biscay, in which the horses suffered severely, and some, including a charger of General Scarlett, became unmanageable. A valuable mare was so very bad, that a pistol was got ready to shoot her and to end her misery; when a Russian officer recommended a Cossak prisoner to be sent for, as he was a „juggler" and could, by charms, cure any malady in a horse. He was sent for, and immediately said he could cure it at once. He was closely watched, but the only thing they could observe him do was to take his sash off and tie a knot in it 3 several times. However the mare, in a few minutes, got on her feet and began to eat heartily, and rapidly recovered.

Ein Pferdebeschwörer.

Auf der Fahrt nach England wurde das Schiff Simla in der Bucht von Biskaya von heftigem Unwetter betroffen, bei welchem die Pferde schwer zu leiden hatten, und manche, unter ihnen ein Schlachtroß des Generals Scarlett, waren nicht mehr zu bändigen. Ein wertvolles Roß war so übel daran, daß man schon eine Pistole bereitmachte, um es zu erschießen und seinem Elend ein Ende zu machen; da empfahl ein russischer Offizier, einen gefangenen Kosaken herbeizuholen, da er ein Gaukler sei und durch Beschwörung jede Krankheit an einem Pferde kurieren könne. Er wurde geholt und erklärte ohne weiteres, das Pferd sofort heilen zu können. Man beobachtete ihn genau, aber das einzige was man dabei wahrnehmen konnte, war, daß er seinen Gürtel abnahm und dreimal einen Knoten in ihn machte. Und doch erhob sich das Roß in wenigen Minuten, begann mit Lust zu essen und war deshalb wieder gesund.

†† Schon Plinius giebt im 28. Buch, Kap. 6 bis 17 eine Menge sympatethischer Kuren an.

Ein glücklicher Umstand ist es, daß die in unsern Tagen eingetretene Berichtigung dieser Ansicht von der Arzneiwissenschaft ausgegangen ist; weil diese zugleich dafür bürgt, daß das Pendel der Meinung nicht wieder einen zu starken Impuls nach der entgegengesetzten Seite erhalten und wir in den Aberglauben roher Zeiten zurückgeworfen werden könnten. Auch ist es, wie gesagt, nur ein Theil der Magie, dessen Realität durch den animalischen Magnetismus und die sympathetischen Kuren gerettet wird: sie befaßte noch viel mehr, wovon ein großer Theil dem alten Verdammungsurtheil, bis auf Weiteres, unterworfen, oder dahin gestellt bleiben, ein anderer aber, durch seine Analogie mit dem animalischen Magnetismus, wenigstens als möglich gedacht werden muß. Nämlich der animalische Magnetismus und die sympathetischen Kuren liefern nur wohlthätige, Heilung bezweckende Einwirkungen, denen ähnlich, welche in der Geschichte der Magie als Werk der in Spanien sogenannten *Saludadores* [Gesundbeter] *(Delrio, disq. mag. L. III. P. 2. q. 4, s. 7.* – und *Bodinus, Mag. daemon: III, 2)* auftreten, die aber ebenfalls das Verdammungsurtheil der Kirche erfuhren; die Magie hingegen wurde viel öfter in verderblicher Absicht angewandt. Nach der Analogie ist es jedoch mehr als wahrscheinlich, daß die inwohnende Kraft, welche, auf das fremde Individuum unmittelbar wirkend, einen heilsamen Einfluß auszuüben vermag, wenigstens eben so mächtig seyn wird, nachtheilig und zerstörend auf ihn zu wirken. Wenn daher irgend ein Theil der alten Magie, außer dem, der sich auf animalischen Magnetismus und sympathetische Kuren zurückführen läßt, Realität hatte; so war es gewiß Dasjenige, was als *Maleficium* [Zauberei] und *Fascinatio* [Behexung] bezeichnet wird und gerade zu den meisten Hexenprocessen Anlaß gab. In dem oben angeführten Buche von Most findet man auch ein Paar Thatsachen, die entschieden dem *maleficio* beizuzählen sind (nämlich S. 40, 41, und Nr. 89, 91 und 97); auch in Kiesers Archiv, in der von Bd. 9 bis 12 durchgehenden Krankengeschichte von Bende Bendsen, kommen Fälle vor von übertragenen Krankheiten, besonders auf Hunde, die daran gestorben sind. Daß die *fascinatio* schon dem Demokritos bekannt war, der sie als Thatsache zu erklären versuchte, ersehn wir aus Plutarchs *symposiacae quaestiones, qu. V, 7, 6.* Nimmt man nun diese Erzählungen als wahr an; so hat man den Schlüssel zu dem Verbrechen der Hexerei, dessen eifrige Verfolgung danach doch nicht alles Grundes entbehrt hätte. Wenn sie gleich in den allermeisten Fällen auf Irrthum und Mißbrauch beruht hat; so dürfen wir doch nicht unsere Vorfahren für so ganz verblendet halten, daß sie, so viele Jahrhunderte hindurch, mit so grausamer Strenge, ein Verbrechen verfolgt hätten, welches ganz und gar nicht möglich gewesen wäre. Auch wird uns, von jenem Gesichtspunkt aus, begreiflich, warum, bis auf den heutigen Tag, in allen Ländern, das Volk gewisse Krankheitsfälle hartnäckig einem *maleficio* zuschreibt und nicht davon abzubringen ist. – Wenn wir nun also durch die Fortschritte der Zeit bewogen werden, einen Theil jener verrufenen Kunst als nicht so eitel anzusehn, wie das vergangene Jahrhundert annahm; so ist dennoch nirgends mehr als hier Behutsamkeit nöthig, um aus einem Wust von Lug, Trug und Unsinn, dergleichen wir in den Schriften des Agrippa v. Nettesheim, Wierus, Bodinus, Delrio, Bindsfeldt u. a. aufbewahrt finden, die vereinzelten Wahrheiten herauszufischen. Denn Lüge und Betrug, überall in der Welt häufig, haben nirgends einen so freien Spielraum, als da, wo die Gesetze der Natur eingeständlich verlassen, ja, für aufgehoben erklärt werden. Daher sehn wir, auf der schmalen Basis des Wenigen, was an der Magie Wahres gewesen seyn mag, ein himmelhohes Gebäude der abenteuerlichsten Mährchen, der wildesten Fratzen, aufgebaut, und in Folge derselben die blutigsten Grausamkeiten Jahrhunderte hindurch ausgeübt; bei welcher Betrachtung die psychologische Reflexion über die Empfänglichkeit des menschlichen Intellekts für den unglaublichsten, ja, gränzenlosen Unsinn, und die Bereitwilligkeit des menschlichen Herzens, ihn durch Grausamkeiten zu besiegeln, die Oberhand gewinnt.

Was heut zu Tage in Deutschland, bei den Gelehrten, das Urtheil über die Magie modificirt hat, ist jedoch nicht ganz allein der animalische Magnetismus; sondern jene Aenderung war im tiefern Grunde vorbereitet durch die von Kant hervorgebrachte Umwandlung der Philosophie, welche in diesem, wie in andern Stücken einen Fundamentalunterschied zwischen Deutscher und anderer Europäischer Bildung setzt. – Um über alle geheime Sympathie, oder gar magische Wirkung, vorweg zu lächeln, muß man die Welt gar sehr, ja, ganz und gar begreiflich finden. Das kann man aber nur, wenn man mit überaus flachem Blick in sie hineinschaut, der keine Ahndung davon zuläßt, daß wir in ein Meer von Räthseln und Unbegreiflichkeiten versenkt sind und unmittelbar weder die Dinge, noch uns selbst, von Grund aus kennen und verstehn. Die dieser Gesinnung entgegengesetzte ist es eben, welche macht, daß fast alle große Männer, unabhängig von Zeit und Nation, einen gewissen Anstrich von Aberglauben verrathen haben. Wenn unsere natürliche Erkenntnißweise eine solche wäre, welche uns die Dinge an sich, und folglich auch die absolut wahren Verhältnisse und Beziehungen der Dinge, unmittelbar überlieferte; dann wären wir allerdings berechtigt, alles Vorherwissen des Künftigen, alle Erscheinungen Abwesender, oder Sterbender, oder gar Gestorbener und alle magische Einwirkung *a priori* und folglich unbedingt zu verwerfen. Wenn aber, wie Kant lehrt, was wir erkennen bloße Erscheinungen sind, deren Formen und Gesetze sich nicht auf die Dinge an sich selbst erstrecken; so ist eine solche Verwerfung offenbar voreilig, da sie sich auf Gesetze stützt, deren Apriorität sie gerade auf Erscheinungen beschränkt, hingegen die Dinge an sich, zu denen auch unser eigenes inneres Selbst gehören muß, von ihnen unberührt läßt. Eben diese aber können Verhältnisse zu uns haben, aus denen die genannten Vorgänge entsprängen, über welche demnach die Entscheidung *a posteriori* abzuwarten, nicht ihr vorzugreifen ist. Daß Engländer und Franzosen bei der Verwerfung *a priori* solcher Vorgänge hartnäckig verharren, beruht im Grunde darauf, daß sie im Wesentlichen noch der Lockischen Philosophie unterthan sind, welcher zufolge wir, bloß nach Abzug der Sinnesempfindung, die Dinge an sich erkennen: demgemäß werden dann die Gesetze der materiellen Welt für unbedingte gehalten und kein anderer, als *influxus physicus* [physischer Einfluß] gelten gelassen. Sie glauben demnach zwar an eine Physik, aber an keine Metaphysik, und statuiren demgemäß keine andere, als die sogenannte »Natürliche Magie«, welcher Ausdruck die selbe *contradictio in adjecto* [Widersinnigkeit] enthält, wie »übernatürliche Physik«, jedoch unzählige Mal im Ernst gebraucht ist, letzterer hingegen nur e i n Mal, im Scherz, von Lichtenberg [*Vermischte Schriften,* n. A. 1844, Bd. III, S. 185]. Das Volk hingegen, mit seinem stets bereiten Glauben an übernatürliche Einflüsse überhaupt, spricht darin auf seine Weise die, wenn auch nur gefühlte, Ueberzeugung aus, daß was wir wahrnehmen und auffassen bloße Erscheinungen sind, keine Dinge an sich. Daß Dies nicht zu viel gesagt sei, mag hier eine Stelle aus Kants »Grundlegung zur Metaphysik der Sitten« belegen: »Es ist eine Bemerkung, welche anzustellen eben kein subtiles Nachdenken erfordern wird, sondern von der man annehmen kann, daß sie wohl der gemeinste Verstand, ob zwar, nach seiner Art, durch eine dunkle Unterscheidung der Urtheilskraft, die er Gefühl nennt, machen mag: daß alle Vorstellungen, die uns ohne unsere Willkür kommen (wie die der Sinne), uns die Gegenstände nicht anders zu erkennen geben, als sie uns afficiren, wobei was sie an sich seyn mögen uns unbekannt bleibt; mithin daß, was diese Art Vorstellungen betrifft, wir dadurch, auch bei der angestrengtesten Aufmerksamkeit und Deutlichkeit, die der Verstand nur immer hinzufügen mag, doch bloß zur Erkenntniß der Erscheinungen, niemals der Dinge an sich selbst gelangen können. Sobald dieser Unterschied ein Mal gemacht ist, so folgt von selbst, daß man hinter den Erscheinungen doch noch etwas Anderes, was nicht Erscheinung ist, nämlich die Dinge an sich, einräumen und annehmen müsse.« (3. Auflage, S. 105.)

Wenn man D. Tiedemanns Geschichte der Magie, unter dem Titel *disputatio de quaestione, quae fuerit artium magicarum origo, Marb. 1787,* eine von der Göttinger Societät gekrönte Preisschrift, liest; so erstaunt man über die Beharrlichkeit, mit welcher, so vielen Mißlingens ungeachtet, überall und jederzeit die Menschheit den Gedanken der Magie verfolgt hat, und wird daraus schließen, daß er einen tiefen Grund, wenigstens in der Natur des Menschen, wenn nicht der Dinge überhaupt, haben müsse, nicht aber eine willkürlich ersonnene Grille seyn könne. Obgleich die Definition der Magie bei den Schriftstellern darüber verschieden ausfällt; so ist doch der Grundgedanke dabei nirgends zu verkennen. Nämlich zu allen Zeiten und in allen Ländern hat man die Meinung gehegt, daß außer der regelrechten Art, Veränderungen in der Welt hervorzubringen, mittelst des Kausalnexus der Körper, es noch eine andere, von jener ganz verschiedene Art geben müsse, die gar nicht auf dem Kausalnexus beruhe; daher auch ihre Mittel offenbar absurd erschienen, wenn man sie im Sinn jener ersten Art auffaßte, indem die Unangemessenheit der angewandten Ursache zur beabsichtigten Wirkung in die Augen fiel und der Kausalnexus zwischen Beiden unmöglich war. Allein die dabei gemachte Voraussetzung war, daß es außer der äußern, den *nexum physicum* [physischen Zusammenhang] begründenden Verbindung zwischen den Erscheinungen dieser Welt, noch eine andere, durch das Wesen an sich aller Dinge gehende, geben müsse, gleichsam eine unterirdische Verbindung, vermöge welcher, von einem Punkt der Erscheinung aus, unmittelbar auf jeden andern gewirkt werden könne, durch einen *nexum metaphysicum;* daß demnach ein Wirken auf die Dinge von innen, statt des gewöhnlichen von außen, ein Wirken der Erscheinung auf die Erscheinung, vermöge des Wesens an sich, welches in allen Erscheinungen Eines und das selbe ist, möglich seyn müsse; daß, wie wir kausal als *natura naturata* [geschaffene Natur] wirken, wir auch wohl eines Wirkens als *natura naturans* [schaffende Natur] fähig seyn und für den Augenblick den Mikrokosmos als Makrokosmos geltend machend könnten; daß die Scheidewände der Individuation und Sonderung, so fest sie auch seien, doch gelegentlich eine Kommunikation, gleichsam hinter den Kulissen, oder wie ein heimliches Spielen unterm Tisch, zulassen könnten; und daß, wie es, im somnambulen Hellsehn, eine Aufhebung der individuellen Isolation der Erkenntniß giebt, es auch eine Aufhebung der individuellen Isolation des Willens geben könne. Ein solcher Gedanke kann nicht empirisch entstanden, noch kann die Bestätigung durch Erfahrung es seyn, die ihn, alle Zeiten hindurch, in allen Ländern erhalten hat: denn in den allermeisten Fällen mußte die Erfahrung ihm geradezu entgegen ausfallen. Ich bin daher der Meinung, daß der Ursprung dieses, in der ganzen Menschheit so allgemeinen, ja, so vieler entgegenstehender Erfahrung und dem gemeinen Menschenverstande zum Trotz, unvertilgbaren Gedankens sehr tief zu suchen ist, nämlich in dem innern Gefühl der Allmacht des Willens an sich, jenes Willens, welcher das innere Wesen des Menschen und zugleich der ganzen Natur ist, und in der sich daran knüpfenden Voraussetzung, daß jene Allmacht wohl ein Mal, auf irgend eine Weise, auch vom Individuo aus geltend gemacht werden könnte. Man war nicht fähig zu untersuchen und zu sondern, was jenem Willen als Ding an sich und was ihm in seiner einzelnen Erscheinung möglich seyn möchte; sondern nahm ohne weiteres an, er vermöge, unter gewissen Umständen, die Schranke der Individuation zu durchbrechen: denn jenes Gefühl widerstrebte beharrlich der von der Erfahrung aufgedrungenen Erkenntniß, daß

»Der Gott, der mir im Busen wohnt,
Kann tief mein Innerstes erregen,
Der über allen meinen Kräften thront,
Er kann nach außen nichts bewegen.«

[*Faust I*, 1566–69.]

Dem dargelegten Grundgedanken gemäß finden wir, daß bei allen Versuchen zur Magie das angewandte physische Mittel immer nur als Vehikel eines Metaphysischen genommen wurde; indem es sonst offenbar kein Verhältniß zur beabsichtigten Wirkung haben konnte: dergleichen waren fremde Worte, symbolische Handlungen, gezeichnete Figuren, Wachsbilder u. dgl. m. Und jenem ursprünglichen Gefühle gemäß sehn wir, daß das von solchem Vehikel Getragene zuletzt immer ein Akt des Willens war, den man daran knüpfte. Der sehr natürliche Anlaß hiezu war, daß man in den Bewegungen des eigenen Leibes jeden Augenblick einen völlig unerklärlichen, also offenbar metaphysischen Einfluß des Willens gewahr wurde: sollte dieser, dachte man, sich nicht auch auf andere Körper erstrecken können? Hiezu den Weg zu finden, die Isolation, in welcher der Wille sich in jedem Individuo befindet, aufzuheben, eine Vergrößerung der unmittelbaren Willenssphäre über den eigenen Leib des Wollenden hinaus zu gewinnen, – das war die Aufgabe der Magie.

Jedoch fehlte viel, daß dieser Grundgedanke, aus dem eigentlich die Magie entsprungen zu seyn scheint, sofort ins deutliche Bewußtseyn übergegangen und *in abstracto* erkannt worden wäre, und die Magie sogleich sich selbst verstanden hätte. Nur bei einigen denkenden und gelehrten Schriftstellern früherer Jahrhunderte finden wir, wie ich bald durch Anführungen belegen werde, den deutlichen Gedanken, daß im Willen selbst die magische Kraft liege und daß die abenteuerlichen Zeichen und Akte, nebst den sie begleitenden sinnlosen Worten, welche für Beschwörungs- und Binde-Mittel der Dämonen galten, bloße Vehikel und Fixirungsmittel des Willens seien, wodurch der Willensakt, der magisch wirken soll, aufhört ein bloßer Wunsch zu seyn und zur That wird, ein *Corpus* [Körper] erhält (wie Paracelsus sagt), auch gewissermaaßen die ausdrückliche Erklärung des individuellen Willens abgegeben wird, daß er jetzt sich als allgemeiner, als Wille an sich, geltend macht. Denn bei jedem magischen Akt, sympathetischer Kur, oder was es sei, ist die äußere Handlung (das Bindemittel) eben Das, was beim Magnetisiren das Streichen ist, also eigentlich nicht das Wesentliche, sondern das Vehikel, Das, wodurch der Wille, der allein das eigentliche Agens ist, seine Richtung und Fixation [Bestimmung] in der Körperwelt erhält und übertritt in die Realität: daher ist es, in der Regel, unerläßlich. – Bei den übrigen Schriftstellern jener Zeiten steht, jenem Grundgedanken der Magie entsprechend, bloß der Zweck fest, nach Willkür eine absolute Herrschaft über die Natur auszuüben. Aber zu dem Gedanken, daß solche eine unmittelbare seyn müsse, konnten sie sich nicht erheben, sondern dachten sie durchaus als eine m i t t e l b a r e. Denn überall hatten die Landesreligionen die Natur unter die Herrschaft von Göttern und Dämonen gestellt. Diese nun seinem Willen gemäß zu lenken, zu seinem Dienst zu bewegen, ja, zu zwingen, ward das Streben des Magikers, und ihnen schrieb er zu, was ihm etwan gelingen mochte; gerade so wie Mesmer Anfangs den Erfolg seines Magnetisirens den Magnetstäben zuschrieb, die er in den Händen hielt, statt seinem Willen, der das wahre Agens war. So wurde die Sache bei allen polytheistischen Völkern genommen und so verstehn auch Plotinos* und besonders Jamblichos die Magie, also als T h e u r g i e [Götterbeschwörung]; welchen Ausdruck zuerst Porphyrius gebraucht hat. Dieser Auslegung war der Polytheismus, diese göttliche Aristokratie, günstig, indem er die Herrschaft über die verschiedenen Kräfte der Natur an eben so viele Götter und Dämonen vertheilt hatte, welche, wenigstens größten Theils, nur personificirte Naturkräfte waren, und von welchen der Magiker bald diesen, bald jenen für sich gewann, oder sich dienstbar machte. Allein in der göttlichen Monarchie, wo die ganze Natur einem Einzigen gehorsamt, wäre es ein zu verwegener Gedanke gewesen, mit diesem ein Privatbündniß schließen, oder gar eine Herrschaft über ihn ausüben zu wollen. Daher stand, wo Judenthum, Christenthum, oder Islam herrschte, jener Auslegung die Allmacht des alleinigen Gottes im Wege, an welche der Magiker sich nicht wagen konnte. Da blieb ihm dann nichts übrig, als seine Zuflucht zum Teufel zu nehmen, mit welchem Rebellen, oder wohl gar unmittelbarem Descendenten [Nachkommen]

---

* Plotinos verräth hie und da eine richtigere Einsicht, z. B. *Enn. II. lib. III. c. 7. – Enn. IV. lib. III. c. 12. – et lib. IV. c. 40, 43. – et lib. IX. c. 3.*

Ahrimans, dem doch noch immer einige Macht über die Natur zustand, er nun ein Bündniß schloß, und dadurch sich seiner Hülfe versicherte: Dies war die »schwarze Magie«. Ihr Gegensatz, die weiße, war dies dadurch, daß der Zauberer sich nicht mit dem Teufel befreundete; sondern die Erlaubniß, oder gar Mitwirkung des alleinigen Gottes selbst, zur Erbittung der Engel, nachsuchte, öfter aber durch Nennung der selteneren, hebräischen Namen und Titel desselben, wie Adonai u. dgl. die Teufel heranrief und zum Gehorsam zwang, ohne seinerseits ihnen etwas zu versprechen: Höllenzwang*. – Alle diese bloßen Auslegungen und Einkleidungen der Sache wurden aber so ganz für das Wesen derselben und für objektive Vorgänge genommen, daß alle die Schriftsteller, welche die Magie nicht aus eigener Praxis, sondern nur aus zweiter Hand kennen, wie Bodinus, Delrio, Bindsfeldt u. s. w., das Wesen derselben dahin bestimmen, daß sie ein Wirken, nicht durch Naturkräfte, noch auf natürlichem Wege, sondern durch Hülfe des Teufels sei. Dies war und blieb auch überall die geltende allgemeine Meinung, örtlich nach den Landesreligionen modificirt: sie auch war die Grundlage der Gesetze gegen Zauberei und der Hexenprocesse: ebenfalls waren, in der Regel, gegen sie die Bestreitungen der Möglichkeit der Magie gerichtet. Eine solche objektive Auffassung und Auslegung der Sache mußte aber nothwendig eintreten, schon wegen des entschiedenen Realismus, welcher, wie im Alterthum, so auch im Mittelalter, in Europa durchaus herrschte und erst durch Cartesius erschüttert wurde. Bis dahin hatte der Mensch noch nicht gelernt, die Spekulation auf die geheimnißvollen Tiefen seines eigenen Innern zu richten; sondern er suchte Alles außer sich. Und gar den Willen, den er in sich selbst fand, zum Herrn der Natur zu machen, war ein so kühner Gedanke, daß man davor erschrocken wäre: also machte man ihn zum Herrn über die fingirten Wesen, denen der herrschende Aberglaube Macht über die Natur eingeräumt hatte, um ihn so, wenigstens mittelbar zum Herrn der Natur zu machen. Uebrigens sind Dämonen und Götter jeder Art doch immer Hypostasen, mittelst welcher die Gläubigen jeder Farbe und Sekte sich das Metaphysische, das hinter der Natur Liegende, ihr Daseyn und Bestand Ertheilende und daher sie

---

* *Delrio disq. mag. L. II, q. 2. – Agrippa a Nettesheym, de vanit. scient. c. 45.*

Beherrschende faßlich machen. Wenn also gesagt wird, die Magie wirke durch Hülfe der Dämonen; so ist der diesem Gedanken zum Grunde liegende Sinn doch noch immer, daß sie ein Wirken, nicht auf physischem, sondern auf metaphysischem Wege, nicht natürliches, sondern übernatürliches Wirken sei. Erkennen wir nun aber in dem wenigen Thatsächlichen, welches für die Realität der Magie spricht, nämlich animalischer Magnetismus und sympathetische Kuren, nichts Anderes, als ein unmittelbares Wirken des Willens, der hier außerhalb des wollenden Individuums, wie sonst nur innerhalb, seine unmittelbare Kraft äußert; und sehn wir, wie ich bald zeigen und durch entscheidende, unzweideutige Anführungen belegen werde, die in die alte Magie tiefer Eingeweihten alle Wirkungen derselben allein aus dem Willen des Zaubernden herleiten; – so ist dies allerdings ein starker empirischer Beleg meiner Lehre, daß das Metaphysische überhaupt, das allein noch außerhalb der Vorstellung Vorhandene, das Ding an sich der Welt, nichts Anderes ist, als Das, was wir in uns als Willen erkennen.

Wenn nun jene Magiker die unmittelbare Herrschaft, die der Wille bisweilen über die Natur ausüben mag, sich als eine bloß mittelbare, durch Hülfe der Dämonen, dachten; so konnte dies kein Hinderniß ihres Wirkens seyn, wenn und wo überhaupt ein solches Statt gefunden haben mag. Denn eben weil in Dingen dieser Art der Wille an sich, in seiner Ursprünglichkeit und daher gesondert von der Vorstellung thätig ist; so können falsche Begriffe des Intellekts sein Wirken nicht vereiteln, sondern Theorie und Praxis liegen hier gar weit aus einander: die Falschheit jener steht dieser nicht im Wege, und die richtige Theorie befähigt nicht zur Praxis. Mesmer schrieb Anfangs sein Wirken den Magnetstäben zu, die er in den Händen hielt, und erklärte nachher die Wunder des animalischen Magnetismus nach einer materialistischen Theorie, von einem feinen Alles durchdringenden Fluidum, wirkte aber nichtsdestoweniger mit erstaunlicher Macht. Ich habe einen Gutsbesitzer gekannt, dessen Bauern von Alters her gewohnt waren, daß ihre Fieberanfälle durch Besprechen des gnädigen Herrn vertrieben wurden: obgleich er nun von der Unmöglichkeit aller Dinge dieser Art sich völlig überzeugt hielt, that er, aus Gutmüthigkeit, nach herkömmlicher Weise, den Bauern ihren Willen, und oft mit günstigem Erfolg, den er dann dem festen Zutrauen der Bauern zuschrieb, ohne zu erwägen, daß ein solches auch die so oft ganz unnütze Arznei vieler vertrauensvollen Kranken erfolgreich machen müßte.

War nun beschriebenermaaßen die Theurgie und Dämonomagie [Zauberei mit Hilfe von Dämonen] bloße Auslegung und Einkleidung der Sache, bloße Schaale, bei der jedoch die Meisten stehn blieben; so hat es dennoch nicht an Leuten gefehlt, die, ins Innere blickend, sehr wohl erkannten, daß was bei etwanigen magischen Einflüssen wirkte, durchaus nichts Anderes war, als der W i l l e. Diese Tiefersehenden haben wir aber nicht zu suchen bei Denen, die zur Magie fremd, ja feindlich hinzutraten, und gerade von diesen sind die meisten Bücher über dieselbe: es sind Leute, welche die Magie bloß aus den Gerichtssälen und Zeugenverhören kennen, daher bloß die Außenseite derselben beschreiben, ja, die eigentlichen Proceduren dabei, wo solche ihnen etwan durch Geständnisse bekannt geworden, behutsam verschweigen, um das entsetzliche Laster der Zauberei nicht zu verbreiten: der Art sind Bodinus, Delrio, Bindsfeldt u. a. m. Hingegen sind es die Philosophen und Naturforscher jener Zeiten des herrschenden Aberglaubens, bei denen wir über das eigentliche Wesen der Sache Aufschlüsse zu suchen haben. Aus ihren Aussagen aber geht auf das deutlichste hervor, daß bei der Magie, ganz so wie beim animalischen Magnetismus, das eigentliche Agens nichts Anderes, als der W i l l e ist. Dies zu belegen, muß ich einige Citate beibringen. Schon R o g e r B a k o, im 13. Jahrhundert, sagt: *»Quod si ulterius aliqua anima maligna cogitat fortiter de infectione alterius, atque ardenter desideret et certitudinaliter intendat, atque vehementer consideret, se posse nocere, non est dubium, quin natura obediet cogitationibus animae.«* [Wenn ferner ein bösartiger Mensch mit aller Kraft daran denkt, einem anderen zu schaden, es heftig ersehnt und mit Bestimmtheit beabsichtigt, auch fest davon überzeugt ist, daß er schaden kann, dann besteht kein Zweifel, daß die Natur den Absichten seines Willens gehorchen wird.] *(Opus Majus, Londini 1733, pag. 252.)* Besonders aber ist es T h e o p h r a s t u s P a r a c e l s u s, welcher über das innere Wesen der Magie mehr Aufschlüsse giebt, als wohl irgend ein Anderer und sogar sich nicht scheut, die Proceduren dabei genau zu beschreiben, namentlich (nach der Straßburger Ausgabe seiner Schriften in zwei Foliobänden, 1603) Bd. 1, S. 91, 353 ff. und 789. – Bd. 2, S. 362, 496. – Er sagt Bd. 1, S. 19: »Merken von wächsernen Bildern ein solches: so ich in meinem Willen Feindschaft trage gegen einen Andern; so muß die Feindschaft vollbracht werden durch ein *medium* [Mittel] d. i. ein *corpus* [einen Körper]. Also ist es möglich, daß mein Geist, ohne meines Leibes Hülfe, durch mein Schwerdt einen Andern steche oder verwunde, durch mein inbrünstig Begehren. Also ist auch möglich, daß ich durch meinen Willen den Geist meines Widersachers bringe in das Bild und ihn dann krümme, lähme, nach meinem Gefallen. – Ihr sollt wissen, daß die Wirkung des Willens ein großer Punkt ist in der Arznei. Denn Einem, der ihm selbst nichts gutes gönnt und ihn selber haßt, ists möglich, daß Das, so er ihm selber flucht, ankommt. Denn Fluchen kommt aus Verhängung des Geistes. Ist also möglich, daß die Bilder verflucht werden in Krankheiten u. s. w. – – Eine solche Wirkung geschieht auch im Vieh, und darin viel leichter als im Menschen: denn des Menschen Geist wehrt sich mehr als der des Viehs.«

S. 375: »Daraus dann folgt, daß ein Bild dem Andern zaubert: nicht aus Kraft der Charaktere, oder dergleichen, durch Jungfrauenwachs [unverfälschtes weißes Bienenwachs]; sondern die Imagination überwindet seine eigene Konstellation, daß sie ein Mittel wird zu vollenden seines Himmels Willen, d. i. seines Menschen.«

S. 334: »Alles Imaginiren der Menschen kommt aus dem Herzen: das Herz ist die Sonne im Mikrokosmo. Und alles Imaginiren der Menschen aus der kleinen Sonne Mikrokosmi geht in die Sonne der großen Welt, in das Herz Makrokosmi. So ist die Imaginatio Mikrokosmi ein Saamen, welcher materialisch wird u. s. w.«

S. 364: »Euch ist genugsam wissend, was die strenge Imagination thut, welche ein Anfang ist aller magischen Werke.«

S. 789: »Also auch mein Gedanke ist Zusehn auf einen Zweck. Nun darf ich das Auge nicht dahin kehren mit meinen Händen; sondern meine Imagination kehret dasselbige wohin ich begehre. Also auch vom Gehn zu verstehn ist: ich begehre, setze mir vor, also bewegt sich mein Leib: und je fester mein Gedanke ist, je fester ist daß ich lauf. Also allein Imaginatio ist eine Bewegerin meines Laufens.«

S. 837: »Imaginatio, die wider mich gebraucht wird, mag also streng gebraucht werden, daß ich durch eines Andern Imaginatio mag getödtet werden.«

Bd. 2, S. 274: »Die Imagination ist aus der Lust und Begierde: die Lust giebt Neid, Haß: denn sie geschehn nicht, du habest denn Lust dazu. So du nun Lust hast, so folget auf das der Imagination Werk. Diese Lust muß seyn so schnell, begierig, behend, wie die einer Frau die schwanger ist u. s. w. – Ein gemeiner Fluch wird gemeiniglich wahr: warum? er gehet von Herzen: und in dem Von-Herzen-gehn liegt und gebiert sich der Saame. Also auch Vater- und Mutter-Flüche gehn also vom Herzen. Der armen Leute Fluch ist auch Imaginatio u. s. w. Der Gefangenen Fluch, auch nur Imaginatio, geht von Herzen. – – – Also auch, so Einer durch seine Imaginatio Einen erstechen will, erlähmen u. s. w., so muß er das Ding und Instrument erst in sich attrahiren [heranziehen], dann mag er's imprimiren [eindrücken]: denn was hineinkommt, mag auch wieder hinausgehn, durch die Gedanken, als ob es mit Händen geschähe. – – Die Frauen übertreffen in solchem Imaginiren die Männer: – – – denn sie sind hitziger in der Rache.«

S. 298: »Die Magika ist eine große verborgene Weisheit; so die Vernunft eine öffentliche große Thorheit ist. – – Gegen den Zauber schützt kein Harnisch: denn er verletzt den inwendigen Menschen, den Geist des Lebens. – – – Etliche Zauberer machen ein Bild in Gestalt eines Menschen, den sie meinen, und schlagen einen Nagel in dessen Fußsohle: der Mensch ist unsichtbar getroffen und lahm, bis der Nagel herausgezogen.«

S. 307: »Das sollen wir wissen, daß wir, allein durch den Glauben und unsere kräftige Imagination, eines jeglichen Menschen Geist in ein Bild mögen bringen. – – Man bedarf keiner Beschwörung, und die Ceremonien, Cirkelmachen, Rauchwerk, Sigilla [kleine Figuren] u. s. w. sind lauter Affenspiel und Verführung. – *Homunculi* [künstliche Menschlein] und Bilder werden gemacht u. s. w. – – – in denen werden vollbracht alle Operationen, Kräfte und Wille des Menschen. – – – – Es ist ein so großes Ding um des Menschen Gemüth, daß es Niemand möglich ist auszusprechen: wie Gott selbst ewig und unvergänglich ist, also auch das Gemüth des Menschen. Wenn wir Menschen unser Gemüth recht erkennten, so wäre uns nichts unmöglich auf Erden. – – – Die perfekte Imagination, die von den *astris* [Gestirnen] kommt, entspringt in dem Gemüth.«

S. 513: »Imaginatio wird konfirmirt [bekräftigt] und vollendet durch den Glauben, daß es wahrhaftig geschehe: denn jeder

Zweifel bricht das Werk. Glaube soll die Imagination bestätigen, denn Glaube beschleußt den Willen. ---- Daß aber der Mensch nicht allemal perfekt imaginirt, perfekt g l a u b t , das macht, daß die Künste ungewiß heißen müssen, so doch gewiß und ganz wohl seyn mögen.« – Zur Erläuterung dieses letzten Satzes kann eine Stelle des Campanella, im Buche *de sensu rerum et magia*, dienen: *Efficiunt alii ne homo possit futuere, si tantum credat: non enim potest facere quod non credit posse facere.* [Fremder Einfluß kann bewirken, daß ein Mann den Geschlechtsakt nicht vollbringen kann, wenn er nur an seine Unfähigkeit glaubt; denn er kann nicht tun, was er nicht tun zu können glaubt.] *(L. IV, c. 18.)*

Im selben Sinn spricht Agrippa v. Nettesheim, *de occulta philosophia Lib. I, c. 66: »Non minus subjicitur corpus alieno animo, quam alieno corpori«* [Der Körper ist dem Einfluß eines fremden Geistes nicht weniger unterworfen als dem eines fremden Körpers.]; und *c. 67: »Quidquid dictat animus fortissime odientis habet efficaciam nocendi et destruendi; similiter [et] in ceteris, quae affectat animus forti desiderio. Omnia enim quae tunc agit et dictat ex characteribus, figuris, verbis [,sermonibus], gestibus et ejusmodi, omnia sunt adjuvantia appetitum animae et acquirunt mirabiles quasdam virtutes, tum ab anima laborantis* [= *operantis*] *in illa hora, quando ipsam appetitus ejusmodi maxime invadit, tum ab [opportunitate et] influxu coelesti animum tunc taliter movente.«* [Alles was der Geist eines haßerfüllten Menschen diktiert, hat die Wirkung zu schaden und zu zerstören; und ähnlich steht es bei allem, was sonst der Geist mit sehr starkem Verlangen begehrt. Denn alles, was er dann tut und diktiert mittels Schriftzeichen, Figuren, Worten, Gebärden und derartigem, das alles unterstützt das Verlangen der Seele und gewinnt gewisse wunderbare Kräfte, sei es von seiten dessen, der in dieser Stunde sich abmüht, wenn ein derartiges Verlangen seine Seele besonders erfüllt, sei es von seiten eines himmlischen Einflusses, der den Geist alsdann in eine solche Erregung bringt.] – *c. 68: »Inest hominum animis virtus quaedam immutandi et ligandi res et homines ad id quod desiderat, et omnes res obediunt illi, quando fertur in magnum excessum alicujus passionis, vel virtutis, in tantum, ut superet eos, quos ligat. Radix ejusmodi ligationis ipsa est affectio animae vehemens et exterminata.«* [Dem Geiste des Menschen wohnt eine gewisse

Kraft inne, Dinge und Menschen zu bestimmen und zu binden zu dem, was er verlangt, und alle Dinge gehorchen ihm, wenn er in eine große Regung irgendeiner Leidenschaft oder Tatkraft gerät, in solchem Maße, daß er diejenigen überwindet, welche er bindet. Die Ursache einer derartigen Bindung ist die heftige und maßlose Aufregung der Seele selbst. (gekürzt)]

Desgleichen *Jul. Caes. Vanninus, de admir. naturae arcan. L. IV. dial. 5.* S. 434. *»Vehementem imaginationem, cui spiritus et sanguis obediunt, rem mente conceptam realiter efficere, non solum intra, sed et extra.«* [... daß eine heftige Einbildungskraft, der Geist und Blut gehorchen, eine in der Vorstellung empfundene Sache zu bewirken vermag, nicht nur im Innern, sondern auch außerhalb.]†

Eben so redet Joh. Bapt. van Helmont, der sehr bemüht ist, dem Einfluß des Teufels bei der Magie möglichst viel abzudingen, um es dem Willen beizulegen. Aus der

---

† *Ibid. pag. 440: addunt Avicennae dictum: »ad validam alicujus imaginationem cadit camelus.«* [Man führt den Ausspruch des Avicenna an: »durch starkes Daran-Denken kann man ein Kamel zu Fall bringen.] *Ibid., p. 478,* redet er vom Nestelflechten, *fascinatio ne quis cum muliere coeat* [einem Zauber, der den Mann unfähig zum Beischlaf macht], und sagt: *Equidem in Germania complures allocutus sum vulgari cognomento Necromantistas, qui ingenue confessi sunt, se firme satis credere, meras fabulas esse opiniones, quae de daemonibus vulgo circumferuntur, aliquid tamen ipsos operari, vel vi herbarum commovendo phantasiam, vel vi imaginationis et fidei vehementissimae, quam ipsorum nugacissimis confictis excantationibus adhibent ignarae mulieres, quibus persuadent, recitatis magna cum devotione aliquibus preculis, statim effici fascinum, quare credulae ex intimo cordis effundunt excantationes, atque ita, non vi verborum, neque caracterum, ut ipsae existimant, sed spiritibus (sc. vitalibus et animalibus A. S.), fascini inferendi percupidis exsufflatis proximos effascinant. Hinc fit, ut ipsi Necromantici, in causa propria, vel aliena, si soli sint operarii, nihil unquam mirabile praestiterint: carent enim fide, quae cuncta operatur.* [In Deutschland habe ich mit vielen sogenannten Totenbeschwörern gesprochen, welche offen bekannten, sie seien fest davon überzeugt, daß die Meinungen, welche beim Volke über Dämonen kolportiert werden, bloßes Geschwätz seien; daß sie selbst aber etwas ausrichten könnten, sei es, indem sie durch gewisse Kräuter die Phantasie erregen, sei es auch nur durch die Kraft der Einbildung und eines sehr starken Glaubens an die von ihnen ausgedachten höchst albernen Zauberformeln, wenn sie dieselben unwissenden Weibern beibringen, die sie glauben machen, daß beim Hersagen gewisser Gebetlein mit großer Andacht sogleich der Zauber wirken werde: wenn diese dann in ihrer Leichtgläubigkeit aus tiefstem Herzen die Beschwörungen aussprechen, so geschehe es, daß, nicht etwa durch die Kraft der Worte oder der Schriftzeichen, wie die Weiblein glauben, sondern durch die (vitalen und animalischen, A. S.) Hauche, welche sie mit dem heftigen Verlangen zu bezaubern ausatmen, diejenigen, welche in ihrer Nähe sich befinden, bezaubert werden. Daher kommt es, daß die Totenbeschwörer selbst, in eigener oder fremder Sache, wenn sie allein zu Werke gehen, niemals etwas Wunderbares hervorbringen, weil ihnen der Glaube fehlt, der alles auszurichten vermag.]

großen Sammlung seiner Werke, *Ortus medicinae*, bringe ich einige Stellen bei, unter Anführung der einzelnen Schriften:

Recepta injecta. § 12. Quum hostis naturae (diabolus) ipsam applicationem complere ex se nequeat, suscitat ideam fortis desiderii et odii in saga, ut, mutuatis istis mentalibus et liberis mediis, transferat suum velle per quod quodque afficere intendit†. Quorsum imprimis etiam execrationes, cum idea desiderii et terroris, odiosissimis suis scrofis praescribit. – § 13. Quippe desiderium istud, ut est passio imaginantis, ita quoque creat ideam, non quidem inanem, sed executivam atque incantamenti motivam. – § 19. prout jam demonstravi, quod vis incantamenti potissima pendeat ab idea naturali sagae. [Da der Feind der Natur (der Teufel) von sich aus die Anwendung selbst nicht auszuführen vermag, so erweckt er die Vorstellung eines heftigen Verlangens und Hassens in der Zauberin, um durch Erborgung jener geistigen und willkürlichen Medien seinen Willen zu übertragen, durch welchen er alles zu beeinflussen strebt†, zu welchem Zwecke er namentlich auch die Verwünschungen mit der Vorstellung des Verlangens und Schreckens diesen seinen höchst widerwärtigen Säuen vorschreibt. – Denn jenes Verlangen, wie es eine Leidenschaft in der Einbildungskraft ist, so erzeugt es auch eine Vorstellung, welche nicht etwa bloß leer ist, sondern wirkt und die Bezauberung veranlaßt. – Wie ich denn schon gezeigt habe, daß die hauptsächliche Kraft der Bezauberung von der natürlichen Vorstellung der Zauberin abhängt.]

De injectis materialibus. § 15. Saga, per ens naturale, imaginative format ideam liberam, naturalem et nocuam. – – – Sagae operantur virtute naturali. – – – Homo etiam dimittit medium aliud executivum, emanativum et mandativum ad incantandum hominem; quod medium est Idea fortis desiderii. Est nempe desiderio inseparabile ferri circa optata. [Die Zauberin formt vermöge ihres natürlichen Wesens in ihrer Einbildungskraft eine willkürliche, natürliche und schädigende Vorstellung. – – – Die Zauberinnen wirken durch ihre natürliche Kraft. – – – Der Mensch entläßt auch aus sich ein fremdes, ausströmendes und gebietendes Medium, welches die Wirkung hat, einen Men-

† »Der Teufel hat sie's zwar gelehrt;
Allein der Teufel kann's nicht machen.«
Faust S. 150 [= 1, 2376 f.].

schen zu bezaubern. Dieses Medium ist die Vorstellung eines heftigen Verlangens. Es ist nämlich dem Verlangen untrennbar, auf das Gewünschte hin sich zu bewegen.]

De sympatheticis mediis. § 2. Ideae scilicet desiderii, per modum influentiarum coelestium, jaciuntur in proprium objectum, utcunque localiter remotum. Diriguntur nempe a desiderio objectum sibi specificante. [Die Vorstellungen des Verlangens werden nämlich auf dem Wege himmlischer Einflüsse in ihren Gegenstand hineingeworfen, wie weit er auch örtlich entfernt sein mag. Denn sie werden von dem Verlangen, das sich ein spezielles Objekt setzt, gelenkt.]

De magnetica vulnerum curatione. § 76. Igitur in sanguine est quaedam potestas exstatica, quae, si quando ardenti desiderio excita[ta] fuerit, etiam ad absens aliquod objectum, exterioris hominis spiritu deducenda sit: ea autem potestas in exteriori homine latet, velut in potentia; nec ducitur ad actum, nisi excitetur, accensa imaginatione ferventi desiderio, vel arte aliqua pari. – § 98. Anima, prorsum spiritus, nequaquam posset spiritum vitalem (corporeum equidem), multo minus carnem et ossa movere aut concitare, nisi vis illi quaepiam naturalis, magica tamen et spiritualis, ex anima in spiritum et corpus descenderet. Cedo, quo pacto obediret spiritus corporeus jussui animae, nisi jussus spiritum, et deinceps corpus movendo foret? At extemplo contra hanc magicam motricem objicies, istam esse intra concretum sibi, suumque hospitium naturale, idcirco hanc etsi mag[ica]am vocitemus, tantum erit nominis detorsio et abusus, siquidem vera et superstitiosa magica non ex anima basin desumit; cum eadem haec nil quidquam valeat, extra corpus suum movere, alterare aut ciere. Respondeo, vim et magicam illam naturalem animae, quae extra se agat, virtute imaginis Dei, latere jam obscuram in homine, velut obdormire (post praevaricationem), excitationisque indigam: quae eadem, utut somnolenta, ac velut ebria, alioqui sit in nobis quotidie: sufficit tamen ad obeunda munia in corpore suo: dormit itaque scientia et potestas magica, et solo nutu actrix in homine. – § 102. Satan itaque vim magicam hanc excitat (secus dormientem et scientia exterioris hominis impeditam) in suis mancipiis, et inservit eadem illis, ensis vice in manu potentis, id est sagae. Nec aliud prorsus Satan ad homicidium affert, praeter excitationem dictae potestatis somnolentae. – § 106. Saga in sta-

bulo absente occidit equum: virtus quaedam naturalis a spiritu sagae, et non a Satana, derivatur, quae opprimat vel strangulet spiritum vitalem equi. – § 139. Spiritus voco magnetismi patronos, non qui ex coelo demittuntur, multoque minus de infernalibus sermo est; sed de iis, qui fiunt in ipso homine, sicut ex silice ignis: ex voluntate hominis nempe aliquantillum spiritus vitalis influentis desumitur, et id ipsum assumit idealem entitatem, tanquam formam ad complementum. Qua nacta perfectione, spiritus mediam sortem inter corpora et non corpora assumit. Mittitur autem eo, quo voluntas ipsum dirigit: idealis igitur entitas ---- nullis stringitur locorum, temporum aut dimensionum imperiis, ea nec daemon est, nec ejus ullus effectus; sed spiritualis quaedam est actio illius, nobis plane naturalis et vernacula. – § 168. Ingens mysterium propalare hactenus distuli, ostendere videlicet, ad manum in homine sitam esse energiam, qua, solo nutu et phantasia sua, queat agere extra se et imprimere virtutem aliquam, influentiam deinceps perseverantem, et agentem in objectum longissime absens. [Es liegt also in dem Blute eine gewisse ekstatische Macht, die, wenn sie einmal durch ein brennendes Verlangen erregt worden ist, durch den Geist des äußern Menschen auch auf irgendeinen abwesenden Gegenstand hinübergeleitet wird: diese Macht ist in dem äußern Menschen latent und gleichsam potentiell vorhanden; und wird nicht aktuell, wenn sie nicht durch Aufheizung der Einbildungskraft mittels eines brennenden Verlangens oder eines ähnlichen Kunstgriffs erregt wird. – Die Seele, welche ganz und gar Geist ist, würde durchaus nicht imstande sein, den Lebenshauch (welcher nämlich körperlich ist) und noch viel weniger das Fleisch und die Knochen zu bewegen oder zu erregen, wenn nicht eine gewisse, ihr von Natur innewohnende Kraft, welche jedoch magisch und geistig ist, aus der Seele in Geist und Körper herabstiege. Sage nur, auf welche Art könnte der körperliche Geist dem Befehl der Seele gehorchen, wenn nicht ein solcher Befehl vorhanden wäre, den Geist und ihm folgend den Körper zu bewegen? Aber du wirst sofort gegen diese magische Bewegungskraft einwenden, daß dieselbe innerhalb des ihr Eigenen, ihrer natürlichen Behausung bleiben müsse, und daß daher, wenn wir sie auch magisch nennen, dieses nur Verdrehung und Mißbrauch des Namens sei, indem die wahre und abergläubische Magie ihre Basis nicht aus der Seele entnehmen könne, da eben diese in keiner Weise imstande wäre außerhalb ihres Körpers etwas zu bewegen, zu verändern oder zu erregen. Darauf antworte ich, daß jene der Seele natürliche Kraft und Magie, welche nach außen hin wirkt, kraft des Ebenbildes Gottes schon dunkel im Menschen verborgen liegt und gleichsam schlummert (nach dem Sündenfalle) und der Erregung bedarf; daß aber dieselbe, wenn auch schläfrig und gleichsam trunken, immerhin stets in uns vorhanden ist, wobei sie immerhin hinreicht, die Verrichtungen in dem eigenen Körper zu vollbringen; es schläft mithin das magische Wissen und Können, und nur auf Anregung hin wird es im Menschen wirksam. – Der Satan also ist es, welcher diese magische Kraft (welche gewöhnlich schlummert und durch das Bewußtsein des äußern Menschen niedergehalten wird) in denen, die sich ihm verschrieben haben, erregt, und ihnen steht sie zu Gebote, ein Schwert in der Hand des Mächtigen, d. h. der Zauberin. Und wirklich trägt der Satan nichts weiter zum Menschenmorde bei, als daß er jene schlummernde Kraft erregt. – Die Zauberin kann in einem entfernten Stalle das Pferd töten: eine gewisse natürliche Wirkungskraft geht von dem Geiste der Zauberin und nicht vom Satan aus, welche imstande ist, den Lebenshauch des Pferdes zu unterdrücken und zu erwürgen. – Als Schutzgeister des Magnetismus bezeichne ich nicht die, welche vom Himmel herabkommen, und noch weniger ist hier von höllischen die Rede; sondern von jenen, die im Menschen selbst entstehen, wie das Feuer aus dem Kieselstein: aus dem Willen des Menschen wird nämlich ein klein wenig von dem einflußreichen Lebensgeiste entnommen, und eben dieses nimmt eine ideale Wesenheit an, gleichsam eine Form, um sich zu vervollständigen. Nachdem er diese Vervollständigung erlangt hat, nimmt der Geist eine Art mittlerer Beschaffenheit zwischen dem Körperlichen und Unkörperlichen an. Er läßt sich aber dahin schicken, wohin ihn der Wille lenkt; jene ideale Wesenheit also – – – – wird durch keine Schranken der Orte, Zeiten oder Abstände gehemmt; sie ist kein Dämon oder irgendeine Wirkung eines solchen, sondern sie ist eine geistige Wirkung des Betreffenden, welche uns ganz natürlich und vertraut ist. – Das ungeheure Geheimnis kundzumachen, habe ich bisher aufgeschoben, nämlich handgreiflich zu zeigen, daß im Menschen eine Energie liegt, vermöge deren er es vermag, durch den bloßen Willen und die Einbildungskraft außerhalb seiner zu wirken und eine Kraft zum Ausdrucke zu bringen, wie auch einen beharrenden Einfluß, der sich auf ein noch so weit entferntes Objekt erstrecken kann.]

Auch *P. Pomponatius (de incantationibus. Opera Basil. 1567. P. 44)* sagt: *Sic contingit, tales esse homines, qui habeant ejusmodi vires in potentia, et per vim imaginativam et desirativam cum actu operantur, talis virtus exit ad actum, et afficit sanguinem et spiritum, quae per evaporationem petunt ad extra et producunt tales effectus.* [So kommt es, daß es Menschen gibt, die derartige Kräfte in ihrer Gewalt haben; und wenn sie sich durch die Kraft ihrer Einbildung und ihres Begehrens wirklich betätigen, so beginnt diese Kraft wirksam zu werden und erregt das Blut und den Geist; durch Ausdünstung streben solche Kräfte nach außen und bringen derartige Wirkungen hervor.]

Sehr merkwürdige Aufschlüsse dieser Art hat Jane Leade gegeben, eine Schülerin des [John] Pordage, mystische Theosophin und Visionärin, zu Cromwells Zeit, in England. Sie gelangt zur Magie auf einem ganz eigenthümlichen Wege. Wie es nämlich der charakteristische Grundzug aller Mystiker ist, daß sie Unifikation [Vereinigung] ihres eigenen Selbst mit dem Gotte ihrer Religion lehren, so auch Jane Leade. Nun aber wird bei ihr, in Folge der Einswerdung des menschlichen Willens mit dem göttlichen, jener auch der Allmacht dieses theilhaft, erlangt mithin magische Gewalt. Was also andere Zauberer dem Bunde mit dem Teufel zu verdanken glauben, das schreibt sie ihrer Unifikation mit ihrem Gotte zu: ihre Magie ist demnach im eminenten Sinn eine weiße. Uebrigens macht Dies im Resultat und im Praktischen keinen Unterschied. Sie ist zurückhaltend und geheimnißvoll, wie Dies zu ihrer Zeit nothwendig war: man sieht aber doch, daß bei ihr die Sache nicht bloß ein theoretisches Korollarium, sondern aus anderweitigen Kenntnissen, oder Erfahrungen, entsprungen ist. Die Hauptstelle steht in ihrer »Offenbarung der Offenbarungen«, Deutsche Uebersetzung, Amsterdam 1695, von S. 126 bis 151, besonders auf den Seiten, welche überschrieben sind »des gelassenen Willens Macht«. Aus diesem Buche führt Horst, in seiner Zauberbibliothek Bd. 1, S. 325 folgende Stelle an, welche jedoch mehr ein *résumé*, als ein wörtliches Citat und vornehmlich aus S. 119, § 87 und 88 entnommen ist: »Die magische Kraft setzt Den, der sie besitzt, in den Stand, die Schöpfung, d. h. das Pflanzen-, Thier- und Mineral-Reich, zu beherrschen und zu erneuern; so daß, wenn Viele in Einer magischen Kraft zusammenwirkten, die Natur paradiesisch umgeschaffen werden könnte. --- Wie wir zu dieser magischen Kraft gelangen? In der neuen Geburt durch den Glauben, d. h. durch die Uebereinstimmung unsers Willens mit dem göttlichen Willen. Denn der Glaube unterwirft uns die Welt, insofern die Uebereinstimmung unsers Willens mit dem göttlichen zur Folge hat, daß Alles, wie Paulus sagt, unser ist und uns gehorchen muß.« So weit Horst. – S. 131 des gedachten Werkes der J. Leade setzt sie aus einander, daß Christus seine Wunder durch die Macht seines Willens verrichtet habe, als da er zum Aussätzigen sagte: »Ich will, sei gereinigt. Bisweilen aber ließ er es auf den Willen Derer ankommen, die er merkte, daß sie Glauben an ihn hatten, indem er zu ihnen sagte: was wollt ihr, daß ich euch thun solle? da ihnen zum Besten dann nicht weniger, als was sie vom Herrn für sich in ihren Willen gethan zu haben verlangten, ausgewirkt wurde. Diese Worte unsers Heilands verdienen von uns wohl beachtet zu werden; sintemal die höchste Magia im Willen liegt, dafern er mit dem Willen des Höchsten in Vereinigung stehet: wenn diese zwei Räder in einander gehn und gleichsam Eins werden, so sind sie« u. s. w. – S. 132 sagt sie: »Denn was sollte einem Willen zu widerstehn vermögen, der mit Gottes Willen vereinigt ist? Ein solcher Wille stehet in sothaniger [solcher] Macht, daß er allewegen sein Vorhaben ausführt. Es ist kein nackter Wille, der seines Kleides, der Kraft, ermangelt; sondern führt eine unüberwindliche Allmacht mit sich, wodurch er ausreuten [ausroden] und pflanzen, tödten und lebendig machen, binden und lösen, heilen und verderben kann, welche Macht allesammt in dem königlichen freigeborenen Willen koncentrirt und zusammengefaßt seyn wird, und die wir zu erkennen gelangen sollen, nachdem wir mit dem Heil. Geiste Eins gemacht, oder zu Einem Geiste und Wesen vereinigt seyn werden.« – S. 133 heißt es: »Wir müssen die vielen und mancherlei Willen, so aus der vermischten Essenz der Seelen erboren worden, allesammt ausdämpfen, oder ersäufen, und sie in der abgründlichen Tiefe verlieren, woraus alsdann der jungfräuliche Wille aufgehn und sich hervorthun wird, welcher niemals einiges Dinges Knecht gewesen, das dem ausgearteten Menschen angehört, sondern, ganz frei und rein, mit der allmächtigen Kraft in Vereinigung stehet, und unfehlbar deroselben gleich-ähnliche Früchte und Gefolgen hervorbringen wird, -- woraus das brennende Oel des Heil. Geistes, in der ihre Funken von sich aufwerfenden Magia aufflammt.«

Auch Jakob Böhme, in seiner »Erklärung von sechs Punkten« redet, unter Punkt V, von der Magie durchaus in dem hier dargelegten Sinn. Er sagt unter Anderm: »Magia ist die Mutter des Wesens aller Wesen: denn sie macht sich selber; und wird in der Begierde verstanden. – Die rechte Magia ist kein Wesen, sondern der begehrende Geist des Wesens. – In Summa: Magia ist das Thun im Willengeist.«

Als Bestätigung, oder jedenfalls als Erläuterung der dargelegten Ansicht von dem Willen als dem wahren Agens der Magie mag hier eine seltsame und artige Anekdote Platz finden, welche *Campanella, de sensu rerum et magia, L. IV. c. 18,* dem Avicenna nacherzählt: *Mulieres quaedam condixerunt, ut irent animi gratia in viridarium. Una earum non ivit. Ceterae colludentes arangium acceperunt et perforabant eum stilis acutis, dicentes: ita perforamus mulierem talem, quae nobiscum venire detrectavit, et, projecto arangio intra fontem, abierunt. Postmodum mulierem illam dolentem invenerunt, quod se transfigi quasi clavis acutis sentiret, ab ea hora, qua arangium ceterae perforarunt: et cruciata est valde donec arangii, clavos extraxerunt imprecantes bona et salutem.* [Einige Weiber hatten sich verabredet, zu ihrer Erholung in einen Lustgarten zu gehen. Eine von ihnen kam nicht. Die übrigen nahmen im Scherze eine Orange und durchstachen sie mit scharfen Nadeln, wobei sie sagten: »So durchstechen wir die Frau, welche sich geweigert hat, mit uns zu gehen«; darauf warfen sie die Orange in einen Brunnen und gingen davon. Sie fanden sodann jenes Weib in Schmerzen, wobei sie das Gefühl hatte, gleichsam von scharfen Nägeln durchbohrt zu werden, und zwar seit jener Stunde, in welcher die übrigen die Orange durchstochen hatten; und so wurde sie sehr gepeinigt, bis die andern die Nadeln aus der Orange herauszogen und sie ihr Wohlsein und alles Gute wünschten.]

Eine sehr merkwürdige, genaue Beschreibung tödtender Zauberei, welche die Priester der Wilden auf der Insel Nuckahiwa, angeblich mit Erfolg, ausüben, und deren Procedur unsern sympathetischen Kuren völlig analog ist, giebt Krusenstern in seiner Reise um die Welt, Ausgabe in 12°. 1812. Theil 1, S. 249ff.† – Sie ist besonders beachtenswerth, sofern hier die Sache, fern von aller Europäischen Tradition, doch als ganz die selbe auftritt. Namentlich vergleiche man damit was B e n d e B e n d s e n, in Kiesers Archiv für thierischen Magnetismus, Bd. 9, Stück 1, in der Anmerkung S. 128–132 von Kopfschmerzen erzählt, die er selbst einem Andern mittelst abgeschnittener Haare desselben angezaubert hat; welche Anmerkung er mit den Worten beschließt: »Die sogenannte Hexenkunst, so viel ich darüber habe erfahren können, besteht in nichts Anderm, als in der Bereitung und Anwendung schädlich wirkender, magnetischer Mittel, verbunden mit einer b ö s e n W i l l e n s e i n w i r k u n g : Dies ist der leidige Bund mit dem Satan.«

Die Uebereinstimmung aller dieser Schriftsteller, sowohl unter einander, als mit den Ueberzeugungen, zu welchen in neuerer Zeit der animalische Magnetismus geführt hat, endlich auch mit Dem, was in dieser Hinsicht aus meiner spekulativen Lehre gefolgert werden könnte, ist doch wahrlich ein sehr zu beachtendes Phänomen. So viel ist gewiß, daß allen je dagewesenen Versuchen zur Magie, sie mögen nun mit, oder ohne Erfolg gemacht seyn, eine Anticipation meiner Metaphysik zum Grunde liegt, indem sich in ihnen das Bewußtseyn aussprach, daß das Kausalitätsgesetz bloß das Band der Erscheinungen sei, das Wesen an sich der Dinge aber davon unabhängig bliebe, und daß, wenn von diesem aus, also von innen, ein u n m i t t e l b a r e s Wir-

---

† Krusenstern sagt nämlich: »Ein allgemeiner Glaube an Hexerei, welche von allen Insulanern als sehr wichtig angesehn wird, scheint mir einige Beziehung auf ihre Religion zu haben; denn es sind nur die Priester, die ihrer Aussage nach dieser Zauberkraft mächtig sind, obgleich auch einige aus dem Volke vorgeben sollen, das Geheimniß zu besitzen, wahrscheinlich um sich furchtbar machen und Geschenke erpressen zu können. Diese Zauberei, welche bei ihnen K a h a heißt, besteht darin, jemand, auf den sie einen Groll haben, auf eine langsame Art zu tödten; zwanzig Tage sind indeß der dazu bestimmte Termin. Man geht hiebei auf folgende Art zu Werke. Wer seine Rache durch Zauber ausüben will, sucht entweder den Speichel, den Urin, oder die Excremente seines Feindes auf irgend eine Art zu erlangen. Diese vermischt er mit einem Pulver, legt die gemischte Substanz in einen Beutel, der auf eine besondere Art geflochten ist, und vergräbt sie. Das wichtigste Geheimniß besteht in der Kunst, den Beutel richtig zu flechten, und in der Zubereitung des Pulvers. Sobald der Beutel vergraben ist, zeigen sich die Wirkungen bei dem, auf welchem der Zauber liegt. Er wird krank, von Tage zu Tage matter, verliert endlich ganz seine Kräfte, und nach 20 Tagen stirbt er gewiß. Sucht er hingegen die Rache seines Feindes abzuwenden, und erkauft sein Leben mit einem Schweine oder irgend einem andern wichtigen Geschenke, so kann er noch am neunzehnten Tage gerettet werden, und so wie der Beutel ausgegraben wird, hören auch sogleich die Zufälle der Krankheit auf. Er erholt sich nach und nach und wird nach einigen Tagen ganz wiederhergestellt.«

ken auf die Natur möglich sei, ein solches nur durch den Willen selbst vollzogen werden könne. Wollte man aber gar, nach Bako's Klassifikation, die Magie als die praktische Metaphysik aufstellen; so wäre gewiß, daß die zu dieser im richtigen Verhältniß stehende theoretische Metaphysik keine andere seyn könnte, als meine Auflösung der Welt in Wille und Vorstellung.

Der grausame Eifer, mit welchem, zu allen Zeiten, die Kirche die Magie verfolgt hat, und von welchem der päpstliche *Malleus maleficarum* [Hexenhammer] ein furchtbares Zeugniß ablegt, scheint nicht bloß auf den oft mit ihr verbundenen verbrecherischen Absichten, noch auf der vorausgesetzten Rolle des Teufels dabei, zu beruhen; sondern zum Theil hervorzugehn aus einer dunkeln Ahndung und Besorgniß, daß die Magie die Urkraft an ihre richtige Quelle zurück verlege; während die Kirche ihr eine Stelle außerhalb der Natur angewiesen hatte†. Diese Vermuthung findet eine Bestätigung an dem Haß des so vorsorglichen englischen Klerus gegen den animalischen Magnetismus*, wie auch an dessen lebhaftem Eifer gegen das, jedenfalls harmlose Tischrücken, gegen welches, aus dem selben Grunde, auch in Frankreich und sogar in Deutschland die Geistlichkeit ihr Anathema [ihren Bannfluch] zu schleudern nicht unterlassen hat††.

---

† Sie wittern so etwas von dem

Nos habit, non tartara sed nec sidera coeli:
Spiritus in nobis qui viget, illa facit.
Im Himmel wohnt er nicht, und auch nicht in der Höllen:
Er kehret bei uns selber ein.
Der Geist, der in uns lebt, verrichtet es allein.

(Vergleiche Johann Beaumont, Historisch-Physiologisch- und Theologischer Tractat von Geistern, Erscheinungen, Hexereyen, und andern Zauber-Händeln, Halle im Magdeburgischen 1721, S. 281.) [Vgl. Bd. I uns. Ausg., S. 135.]

* Vergleiche Parerga, Bd. I, S. 257 [Bd. VII, S. 293].

†† Am 4. August 1856 hat die Römische Inquisition an alle Bischöfe ein Cirkularschreiben erlassen, worin sie, im Namen der Kirche, sie auffordert, der Ausübung des animalischen Magnetismus nach Kräften entgegen zu arbeiten. Die Gründe dazu sind mit auffallender Unklarheit und Unbestimmtheit gegeben, eine Lüge läuft auch mit unter, und man merkt, daß das *Sanctum officium* mit dem eigentlichen Grunde nicht heraus will. (Das Rundschreiben ist im Decemb. 1856 in der Turiner Zeitung abgedruckt, dann französisch im *Univers* und von da im *Journal des Débats, Janvier 3. 1857.)*

Sinologie.

Für den hohen Stand der Civilisation China's spricht wohl nichts so unmittelbar, als die fast unglaubliche Stärke seiner Bevölkerung, welche, nach Gützlaff's Angabe, jetzt auf 367 Millionen Einwohner geschätzt wird†. Denn, wir mögen Zeiten oder Länder vergleichen, so sehn wir, im Ganzen, die Civilisation mit der Bevölkerung gleichen Schritt halten.

Die Jesuitischen Missionarien des 17. und 18. Jahrhunderts ließ der zudringliche Eifer, ihre eigenen, komparativ [verhältnismäßig] neuen Glaubenslehren jenem uralten Volke beizubringen, nebst dem eiteln Bestreben, nach frühern Spuren derselben bei ihm zu suchen, nicht dazu kommen, von den dort herrschenden sich gründlich zu unterrichten. Daher hat Europa erst in unsern Tagen vom Religionszustande China's einige Kenntniß erlangt. Wir wissen nämlich, daß es daselbst zuvörderst einen nationalen Naturkultus giebt, dem Alle huldigen, und der aus den urältesten Zeiten, angeblich sogar aus solchen stammt, in denen das Feuer noch nicht aufgefunden war, weshalb die Thieropfer roh dargebracht wurden. Diesem Kultus gehören die Opfer an, welche der Kaiser und die Großdignitarien [Großwürdenträger], zu gewissen Zeitpunkten, oder nach großen Begebenheiten, öffentlich darbringen. Sie sind vor Allem dem blauen Himmel und der Erde gewidmet, jenem im Winter-, die-

† Nach einem offiziellen Chinesischen, in Peking gedruckten Census-Bericht, welchen die im Jahre 1857 in Kanton und in den Palast des Chinesischen Gouverneurs eingedrungenen Engländer hier vorfanden, hatte China, im Jahre 1852, 396 Millionen Einwohner, und können jetzt, beim beständigen Zuwachs, 400 Millionen angenommen werden. – Dies berichtet der *Moniteur de la flotte*, Ende Mai 1857. –

Nach den Berichten der Russischen Mission zu Peking hat die offizielle Zählung von 1842 die Bevölkerung China's ergeben zu 414 687 000. (Laut *revue Germanique.)*

Nach den von der Russischen Gesandtschaft in Peking veröffentlichten amtlichen Tabellen betrug die Bevölkerung, im Jahre 1849, 415 Millionen. (Postzeitung 1858.)

ser im Sommersolstitio [-Sonnenwende], nächstdem allen möglichen Naturpotenzen, wie dem Meere, den Bergen, den Flüssen, den Winden, dem Donner, dem Regen, dem Feuer u. s. w., jedem von welchen ein Genius vorsteht, der zahlreiche Tempel hat: solche hat andererseits auch der jeder Provinz, Stadt, Dorf, Straße, selbst einem Familienbegräbniß, ja, bisweilen einem Kaufmannsgewölbe vorstehende Genius; welche letztern freilich nur Privatkultus empfangen. Der öffentliche aber wird außerdem dargebracht den großen, ehemaligen Kaisern, den Gründern der Dynastien, sodann den Heroen, d. h. allen Denen, welche, durch Lehre oder That, Wohlthäter der (chinesischen) Menschheit geworden sind. Auch sie haben Tempel: Konfuzius allein hat deren 1650. Daher also die vielen kleinen Tempel in ganz China. An diesen Kultus der Heroen knüpft sich der Privatkultus, den jede honette Familie ihren Vorfahren, auf deren Gräbern, darbringt. – Außer diesem allgemeinen Natur- und Heroenkultus nun, und mehr in dogmatischer Absicht, giebt es in China drei Glaubenslehren. Erstlich, die der Taossee, gegründet von Laotse, dem ältern Zeitgenossen des Konfuzius. Sie ist die Lehre von der Vernunft, als innerer Weltordnung, oder inwohnendem Princip aller Dinge, dem großen Eins, dem erhabenen Giebelbalken (Taiki), der alle Dachsparren trägt und doch über ihnen steht (eigentlich der Alles durchdringenden Weltseele), und dem Tao, d. i. dem Wege, nämlich zum Heile, d. i. zur Erlösung von der Welt und ihrem Jammer. Eine Darstellung dieser Lehre, aus ihrer Quelle, hat uns, im Jahr 1842, Stanislas Julien geliefert, in der Uebersetzung des Laotseu Taoteking: wir ersehn daraus, daß der Sinn und Geist der Tao-Lehre mit dem des Buddhaismus ganz übereinstimmt. Dennoch scheint jetzt die Sekte sehr in den Hintergrund getreten und ihre Lehrer, die Taossee, in Geringschätzung gerathen zu seyn. – Zweitens finden wir die Weisheit des Konfuzius, der besonders die Gelehrten und Staatsmänner zugethan sind: nach den Uebersetzungen zu urtheilen, eine breite, gemeinplätzige und überwiegend politische Moralphilosophie, ohne Metaphysik sie zu stützen, und die etwas ganz specifisch Fades und Langweiliges an sich hat. – Endlich ist, für die große Masse der Nation, die erhabene und liebevolle Lehre Buddha's da, welcher Name, oder vielmehr Titel, in China Fo, oder Fuh, ausgesprochen wird, während der

Siegreich-Vollendete in der Tartarei mehr, nach seinem Familien-Namen, Schakia-Muni genannt wird, aber auch Burkhan-Bakschi, bei den Birmanen und auf Ceylon meistens Gótama, auch Tatágata, ursprünglich aber Prinz Siddharta heißt*. Diese

* Zu Gunsten Derer, die sich eine nähere Kenntniß des Buddhaismus erwerben wollen, will ich hier, aus der Litteratur desselben in Europäischen Sprachen, die Schriften aufzählen, welche ich, da ich sie besitze und mit ihnen vertraut bin, wirklich empfehlen kann: ein Paar andere, z. B. von Hodgson und A. Rémusat, lasse ich mit Vorbedacht weg. 1) Dsanglun, oder der Weise und der Thor, tibetanisch und deutsch, von I. J. Schmidt, Petersb. 1843, 2 Bde., 4., enthält, in der dem ersten, d. i. dem tibetanischen Bande vorgesetzten Vorrede von S. XXXI bis XXXVIII, einen sehr kurzen, aber vortrefflichen Abriß der ganzen Lehre, sehr geeignet zur ersten Bekanntschaft mit ihr: auch ist das ganze Buch, als Theil des Kandschur (kanonische Bücher), empfehlenswerth. – 2) Von dem selben vortrefflichen Verfasser sind mehrere, in den Jahren 1829–1832 und noch später, in der Petersburger Akademie gehaltene deutsche Vorträge über den Buddhaismus in den betreffenden Bänden der Denkschriften der Akademie zu finden. Da sie für die Kenntniß dieser Religion überaus werthvoll sind, wäre es höchst wünschenswerth, daß sie zusammengedruckt in Deutschland herausgegeben würden. – 3) Von dem selben: Forschungen über die Tibeter und Mongolen, Petersb. 1824. – 4) Von dem selben: über die Verwandtschaft der gnostisch-theosophischen Lehren mit dem Buddhaismus. 1828. – 5) Von dem selben: Geschichte der Ost-Mongolen, Petersburg 1829. 4° (ist sehr belehrend, zumal in den Erläuterungen und dem Anhang, welche lange Auszüge aus Religionsschriften liefern, in denen viele Stellen den tiefen Sinn des Buddhaismus deutlich darlegen und den ächten Geist desselben athmen.) 6) Zwei Aufsätze von Schiefner, deutsch, in den *Mélanges Asiat. tirés du Bulletin historico-philol. de l'acad. de St. Pétersb. Tom. 1. 1851.* – 7) Samuel Turner's Reise an den Hof des Teshoo Lama, a. d. E., 1801. – 8) *Bochinger, la vie ascétique chez les Indous et les Bouddhistes, Strasb. 1831.* – 9) Im 7. Bande des *Journal Asiatique, 1825,* eine überaus schöne Biographie Buddha's von Deshauterayes. – 10) *Burnouf, Introd. à l'hist. du Buddhisme, Vol. 1, 4. 1844.* – 11) *Rgya Tsher Rolpa, trad. du Tibétain p. Foucaux. 1848, 4.* Dies ist die Lalitavistara, d. h. Buddha's Leben, das Evangelium der Buddhaisten. – 12) *Foe Koue Ki, relation des royaumes Bouddhiques, trad. du Chinois par Abel Rémusat. 1836. 4.* – 13) *Déscription du Tubet, trad. du Chinois en Russe p. Bitchourin, et du Russe en Français p. Klaproth. 1831.* – 14) *Klaproth, fragmens Bouddhiques,* aus dem *nouveau Journ. Asiat. Mars 1831* besonders abgedruckt. – 15) *Spiegel, de officiis sacerdotum Buddhicorum, Palice et latine. 1841.* – 16) Der selbe, *anecdota Palica, 1845.* – (17) *Dhammapadam, palice edidit et latine vertit Fausböll. Havniae 1855.*) – 18) *Asiatic researches, Vol. 6. Buchanan, on the religion of the Burmas,* und *Vol. 20, Calcutta 1839, part 2,* enthält drei sehr wichtige Aufsätze von Csoma Körösi, welche Analysen der Bücher des Kandschur enthalten. – 19) *Sangermano, the Burmese Empire, Rome, 1833.* 20) *Turnour, the Mahawanzo, Ceylon, 1836.* – 21) *Upham, the Mahavansi, Raja Ratnacari et Rajavali. 3 Vol. 1833.* – 22) *Ejusd. doctrine of Buddhism. 1829. fol.* – 23) *Spence Hardy, Eastern monachism, 1850.* – 24) *Ejusd. Manual of Buddhism, 1853.* – Diese zwei vortrefflichen, nach einem 20jährigen Aufenthalt in Ceylon und mündlicher Belehrung der Priester daselbst verfaßten Bücher haben mir in das Innerste des Buddhaistischen Dogma's mehr Einsicht gegeben, als irgend andere. Sie verdienen ins Deutsche übersetzt zu werden, aber unverkürzt, weil sonst leicht das Beste ausfallen könnte. – 25) Leben des Buddha, aus dem Chinesischen von Palladji, im Archiv für wissenschaftliche Kunde von Rußland, herausgegeben von Erman, Bd. 15, Heft 1, 1856. – 26) C. F. Köppen, Die Religion des Buddha, 1857, ein mit großer Belesenheit, ernstlichem Fleiß und auch mit Verstand und Einsicht aus allen hier genannten und manchen andern Schriften ausgezogenes vollständiges Kompendium des Buddhaismus, welches alles Wesentliche desselben enthält.

Religion, welche, sowohl wegen ihrer innern Vortrefflichkeit und Wahrheit, als wegen der überwiegenden Anzahl ihrer Bekenner, als die vornehmste auf Erden zu betrachten ist, herrscht im größten Theile Asiens und zählt, nach Spence Hardy, dem neuesten Forscher, 369 Millionen Gläubige, also bei Weitem mehr, als irgend eine andere. – Diese drei Religionen China's, von denen die verbreiteteste, der Buddhaismus, sich, was sehr zu seinem Vortheil spricht, ohne allen Schutz des Staates, bloß durch eigene Kraft erhält, sind weit davon entfernt, sich anzufeinden, sondern bestehn ruhig, neben einander; ja, haben, vielleicht durch wechselseitigen Einfluß, eine gewisse Uebereinstimmung mit einander; so daß es sogar eine sprüchwörtliche Redensart ist, daß »die drei Lehren nur Eine sind« [san kiao, i kia = drei Lehren, eine Familie]. Der Kaiser, als solcher, bekennt sich zu allen dreien: viele Kaiser jedoch, bis auf die neueste Zeit, sind dem Buddhaismus speciell zugethan gewesen; wovon auch ihre tiefe Ehrfurcht vor dem Dalai-Lama und sogar vor dem Teschu-Lama zeugt, welchem sie unweigerlich den Vorrang zugestehn. – Diese drei Religionen sind sämmtlich weder monotheistisch, noch polytheistisch und, wenigstens der Buddhaismus, auch nicht pantheistisch, da Buddha eine in Sünde und Leiden versunkene Welt, deren Wesen, sämmtlich dem Tode verfallen, eine kurze Weile dadurch bestehn, daß Eines das Andere verzehrt, nicht für eine Theophanie angesehn hat. Ueberhaupt enthält das Wort Pantheismus eigentlich einen Widerspruch, bezeichnet einen sich selbst aufhebenden Begriff, der daher von Denen, welche Ernst verstehn, nie anders genommen worden ist, denn als eine höfliche Wendung; weshalb es auch den geistreichen und scharfsinnigen Philosophen des vorigen Jahrhunderts nie eingefallen ist, den Spinoza, deswegen, weil er die Welt *Deus* [Gott] nennt, für keinen Atheisten zu halten: vielmehr war die Entdeckung, daß er dies nicht sei, den nichts als Worte kennenden Spaaßphilosophen unserer Zeit vorbehalten, die sich auch etwas darauf zu gute thun und demgemäß von Akosmismus [Weltlosigkeit] reden: die Schäker! Ich aber möchte unmaaßgeblich rathen, den Worten ihre Bedeutung zu lassen, und wo man etwas Anderes meint, auch ein anderes Wort zu gebrauchen, also die Welt Welt und die Götter Götter zu nennen.

Die Europäer, welche vom Religionszustande China's Kunde

zu gewinnen sich bemühten, giengen dabei, wie es gewöhnlich ist und früher auch Griechen und Römer, in analogen Verhältnissen, gethan haben, zuerst auf Berührungspunkte mit ihrem eigenen einheimischen Glauben aus. Da nun in ihrer Denkweise der Begriff der Religion mit dem des Theismus beinahe identificirt, wenigstens so eng verwachsen war, daß er sich nicht leicht davon trennen ließ; da überdieß in Europa, ehe man genauere Kenntniß Asiens hatte, zum Zwecke des Arguments *e consensu gentium* [von der Übereinstimmung der Völker], die sehr falsche Meinung verbreitet war, daß alle Völker der Erde einen alleinigen, wenigstens einen obersten Gott und Weltschöpfer verehrten, welches nicht anders ist, als wenn den Chinesen aufgebunden wird, alle Fürsten auf der Welt seien ihrem Kaiser tributär [steuerpflichtig], und da sie sich in einem Lande befanden, wo sie Tempel, Priester, Klöster in Menge und religiöse Gebräuche in häufiger Ausübung sahen, giengen sie von der festen Voraussetzung aus, auch hier Theismus, wenn gleich in sehr fremder Gestalt, finden zu müssen. Nachdem sie aber ihre Erwartung getäuscht sahen und fanden, daß man von dergleichen Dingen keinen Begriff, ja, um sie auszudrücken keine Worte hatte, war es, nach dem Geiste, in welchem sie ihre Untersuchungen betrieben, natürlich, daß ihre erste Kunde von jenen Religionen mehr in dem bestand, was solche n i c h t enthielten, als in ihrem positiven Inhalt, in welchem sich zurechtzufinden überdies Europäischen Köpfen, aus vielen Gründen, schwer fallen muß, z. B. schon weil sie im Optimismus erzogen sind, dort hingegen das Daseyn selbst als ein Uebel, und die Welt als ein Schauplatz des Jammers angesehn wird, auf welchem es besser wäre, sich nicht zu befinden; sodann, wegen des dem Buddhaismus, wie dem Hinduismus wesentlichen, entschiedenen Idealismus, einer Ansicht, die in Europa bloß als ein kaum ernstlich zu denkendes Paradoxon gewisser abnormer Philosophen gekannt, in Asien aber selbst dem Volksglauben einverleibt ist, da sie in Hindostan, als Lehre von der M a j a , allgemein gilt und in Tibet, dem Hauptsitze der Buddhaistischen Kirche, sogar äußerst populär vorgetragen wird, indem man, bei einer großen Feierlichkeit, auch eine religiöse Komödie aufführt, welche den Dalai-Lama in Kontrovers mit dem Ober-Teufel darstellt: jener verficht den Idealismus, dieser den Realismus, wobei er unter Anderm sagt: »Was durch die fünf Quellen aller Erkenntniß (die Sinne) wahrgenommen wird, ist keine Täuschung, und was ihr lehrt, ist nicht wahr.« Nach langer Disputation wird endlich die Sache durch Würfeln entschieden: der Realist, d. i. der Teufel, verliert und wird mit allgemeinem Hohn verjagt*. Wenn man diese Grundunterschiede der ganzen Denkungsart im Auge behält, wird man es verzeihlich, sogar natürlich finden, daß die Europäer, indem sie den Religionen Asiens nachforschten, zuvörderst bei dem negativen, der Sache eigentlich fremden Standpunkte stehn blieben, weshalb wir eine Menge sich darauf beziehender, die positive Kenntniß aber gar nicht fördernder Aeußerungen finden, welche alle darauf hinauslaufen, daß den Buddhaisten und den Chinesen überhaupt der Monotheismus, – freilich eine ausschließlich jüdische Lehre, – fremd ist. Z. B. in den *Lettres édifiantes (édit. de 1819, Vol. 8, p. 46)* heißt es: »Die Buddhaisten, deren Meinung von der Seelenwanderung allgemein angenommen worden, werden des Atheismus beschuldigt« und in den *Asiatic Researches Vol. 6, p. 255,* »Die Religion der Birmanen (d. i. Buddhaismus) zeigt sie uns als eine Nation, welche schon weit über die Rohheit des wilden Zustandes hinaus ist und in allen Handlungen des Lebens sehr unter dem Einfluß religiöser Meinungen steht, dennoch aber keine Kenntniß hat von einem höchsten Wesen, dem Schöpfer und Erhalter der Welt. Jedoch ist das Moralsystem, welches ihre Fabeln anempfehlen, vielleicht so gut, als irgend eines von denen, welche die unter dem Menschengeschlechte herrschenden Religionslehren predigen.« – Eben daselbst S. 258. »Gotama's (d. i. Buddha's) Anhänger sind, genau zu reden, Atheisten.« – Eben daselbst S. 180. »Gotama's Sekte hält den Glauben an ein göttliches Wesen, welches die Welt geschaffen, für höchst irreligiös *(impious)*«. – Eben daselbst S. 268 führt Buchanan an, daß der Zarado, oder Oberpriester der Buddhaisten in Ava, Atuli, in einem Aufsatz über seine Religion, den er einem katholischen Bischof übergab, unter die sechs verdammlichen Ketzereien auch die Lehre zählte, »daß ein Wesen dasei, welches die Welt und alle Dinge in der Welt geschaffen habe und das allein würdig sei, angebetet zu wer-

* *Déscription du Tubet, trad. du Chinois en Russe p. Bitchourin, et du Russe en Français p. Klaproth, Paris 1831, p. 65.* – Auch im *Asiatic Journal, new series, Vol. 1, p. 15.* – Köppen, die Lamaische Hierarchie, S. 315.

den.« Genau das Selbe berichtet S a n g e r m a n o, in seiner *description of the Burmese empire, Rome 1833, p. 81,* und er beschließt die Anführung der sechs schweren Ketzereien mit den Worten: »Der letzte dieser Betrüger lehrte, daß es ein höchstes Wesen gebe, den Schöpfer der Welt und aller Dinge darin, und daß dieser allein der Anbetung würdig sei« *(the last of these impostors taught that there exists a Supreme Being, the Creator of the world and all things in it, and that he alone is worthy of adoration).* Auch Colebrooke, in seinem, in den *Transactions of the R. Asiat. Society, Vol. 1,* befindlichen und auch in seinen *Miscellaneous essays* abgedruckten *Essay on the philosophy of the Hindus,* sagt S. 236: »Die Sekten der Jaina und Buddha sind wirklich atheistisch, indem sie keinen Schöpfer der Welt, oder höchste, regierende Vorsehung anerkennen.« – Imgleichen sagt I. J. Schmidt, in seinen »Forschungen über Mongolen und Tibeter« S. 180: »Das System des Buddhaismus kennt kein ewiges, unerschaffenes, einiges göttliches Wesen, das vor allen Zeiten war und alles Sichtbare und Unsichtbare erschaffen hat: diese Idee ist ihm ganz fremd, und man findet in den Buddhaistischen Büchern nicht die geringste Spur davon.« – Nicht minder sehn wir den gelehrten Sinologen M o r r i s o n, in seinem *Chinese Dictionary, Macao 1815* u. f. J., *Vol. 1, p. 217,* sich bemühen, in den Chinesischen Dogmen die Spuren eines Gottes aufzufinden und bereit, Alles, was dahin zu deuten scheint, möglichst günstig auszulegen, jedoch zuletzt eingestehn, daß dergleichen nicht deutlich darin zu finden ist. Eben daselbst S. 268 ff. bei Erklärung der Worte T h u n g und T s i n g, d. i. Ruhe und Bewegung, als auf welchen die chinesische Kosmogonie beruht, erneuert er diese Untersuchung und schließt mit den Worten: »Es ist vielleicht unmöglich, dieses System von der Beschuldigung des Atheismus frei zu sprechen.« – Auch noch neuerlich sagt U p h a m in seiner *History and Doctrine of Buddhism, Lond. 1829,* S. 102: »Der Buddhaismus legt uns eine Welt dar, ohne einen moralischen Regierer, Lenker, oder Schöpfer.« Auch der deutsche Sinologe N e u m a n n sagt in seiner, weiter unten näher bezeichneten Abhandlung, S. 10, 11: »In China, in dessen Sprache weder Mohammedaner, noch Christen ein Wort fanden, um den theologischen Begriff der Gottheit zu bezeichnen.« – – – »Die Wörter Gott, Seele, Geist, als etwas von der Materie Unabhängiges und sie willkürlich Beherrschendes, kennt die

Chinesische Sprache gar nicht.« –– »So innig ist dieser Ideengang mit der Sprache selbst verwachsen, daß es unmöglich ist, den ersten Vers des Genesis, ohne weitläuftige Umschreibung, ins Chinesische so zu übersetzen, daß es wirklich Chinesisch ist.« – Eben darum hat Sir George Staunton 1848 ein Buch herausgegeben, betitelt: »Untersuchung über die passende Art, beim Uebersetzen der heiligen Schrift ins Chinesische, das Wort Gott auszudrücken« *(an inquiry into the proper mode of rendering the word God in translating the Sacred Scriptures into the Chinese language)*†.

Durch diese Auseinandersetzung und Anführungen habe ich nur die höchst merkwürdige Stelle, welche mitzutheilen der Zweck gegenwärtiger Rubrik ist, einleiten und verständlicher machen wollen, indem ich dem Leser den Standpunkt, von welchem aus jene Nachforschungen geschahen, vergegenwärtigte und dadurch das Verhältniß derselben zu ihrem Gegenstand aufklärte. Als nämlich die Europäer in China auf dem oben bezeichneten Wege und in dem angegebenen Sinne forschten und ihre Fragen immer auf das oberste Princip aller Dinge, die weltregierende Macht u. s. f. gerichtet waren, hatte man sie öfter hingewiesen auf dasjenige, welches mit dem Wort Tien (Engl. *T'hëen*) bezeichnet wird. Dieses Wortes nächste Bedeutung ist nun »Himmel«, wie auch Morrison in seinem Diktionär angiebt. Allein es ist bekannt genug, daß es auch in tropischer

† Folgende Aeußerung eines Amerikanischen Schiffers, der nach Japan gekommen war, ist belustigend, durch die Naivetät, mit der er voraussetzt, daß die Menschheit aus lauter Juden bestehn müsse. In den Times vom 18. Oktober 1854 wird erzählt, daß ein Amerikanisches Schiff unter Capitain Burr nach Jeddo-Bay in Japan gekommen ist, und dessen Erzählung von seiner günstigen Aufnahme daselbst mitgetheilt. Am Schlusse heißt's:

He likewise asserts the Japanese to be a nation of Atheists, denying the existence of a God and selecting as an object of worship either the spiritual Emperor at Meaco, or any other Japanese. He was told by the interpreters that formerly their religion was similar to that of China, but that the belief in a supreme Being has latterly been entirely discarded (dabei ist ein Irrthum) *and they professed to be much shocked at Deejunokee* (ein etwas Amerikanisirter Japaner) *declaring his belief in the Deity etc.* [Ebenso behauptet er, die Japaner seien ein Volk von Atheisten, da sie das Dasein Gottes leugneten und als Gegenstand ihrer Verehrung entweder den geistlichen Kaiser von Meako oder irgend einen anderen Japaner erwählten. Die Dolmetscher erklärten ihm, daß ihre Religion ehemals der chinesischen ähnlich gewesen sei, aber daß man neuerdings den Glauben an ein höchstes Wesen ganz abgeschafft habe, und versicherten, großen Anstoß an Deejunokee (einem etwas amerikanisierten Japaner) zu nehmen, der sich zum Glauben an die Gottheit bekenne.]

Bedeutung gebraucht wird und dann einen metaphysischen Sinn erhält. Schon in den *Lettres édifiantes (édit. de 1819, Vol. 11, p. 461)* finden wir hierüber die Erklärung: »Hing – tien ist der materielle und sichtbare Himmel; Chin – tien der geistige und unsichtbare.« Auch Sonnerat in seiner Reise nach Ostindien und China, Buch 4, Kap. 1, sagt: »Als sich die Jesuiten mit den übrigen Missionarien stritten, ob das Wort Tien Himmel oder Gott bedeute, sahen die Chinesen diese Fremden als ein unruhiges Volk an und jagten sie nach Makao.« Jedenfalls konnten Europäer zuerst bei diesem Worte hoffen, auf der Spur der so beharrlich gesuchten Analogie Chinesischer Metaphysik mit ihrem eigenen Glauben zu seyn, und Nachforschungen dieser Art sind es ohne Zweifel, die zu dem Resultat geführt haben, welches wir mitgetheilt finden in einem Aufsatz, überschrieben »Chinesische Schöpfungstheorie« und befindlich im *Asiatic Journal, Vol. 22. Anno 1826.* Ueber den darin erwähnten Tschu-fu-tze, auch Tschu-hi genannt, bemerke ich, daß er im 12. Jahrhundert unserer Zeitrechnung gelebt hat und der berühmteste aller Chinesischen Gelehrten ist; weil er die gesammte Weisheit der Früheren zusammengebracht und systematisirt hat. Sein Werk ist die Grundlage des jetzigen Chinesischen Unterrichts und seine Auktorität vom größten Gewicht. Am angeführten Orte also heißt es, S. 41 u. 42: »Es möchte scheinen, daß das Wort Tien ›das Höchste unter den Großen‹ oder ›über Alles was Groß auf Erden ist‹ bezeichnet: jedoch ist im Sprachgebrauch die Unbestimmtheit seiner Bedeutung ohne allen Vergleich größer, als die des Ausdrucks Himmel in den Europäischen Sprachen.« – – –

»Tschu-fu-tze sagt: ›daß der Himmel einen Menschen, (d.i. ein weises Wesen) habe, welcher daselbst über Verbrechen richte und entscheide, ist etwas, das schlechterdings nicht gesagt werden sollte; aber auch andererseits darf nicht behauptet werden, daß es gar nichts gebe, eine höchste Kontrole über diese Dinge auszuüben.‹

»Der selbe Schriftsteller wurde befragt über das Herz des Himmels, ob es erkennend sei, oder nicht, und gab zur Antwort: ›Man darf nicht sagen, daß der Geist der Natur unintelligent wäre; aber er hat keine Aehnlichkeit mit dem Denken des Menschen.‹ – – – –

Nach einer ihrer Auktoritäten wird Tien Regierer oder

Herrscher (Tschu) genannt, wegen des Begriffes der höchsten Macht, und eine andere drückt sich so darüber aus: ›Wenn der Himmel (Tien) keinen absichtsvollen Geist hätte; so würde es sich zutragen, daß von der Kuh ein Pferd geboren würde und der Pfirsichbaum eine Birnblüthe trüge.‹ – Andererseits wird gesagt, daß der Geist des Himmels abzuleiten sei aus dem, was der Wille des Menschengeschlechts ist!« (Durch das Ausrufungszeichen hat der Englische Uebersetzer seine Verwunderung ausdrücken wollen.) Ich gebe den Text:

The word Teen would seem to denote „the highest of the great" or „above all what is great on earth": but in practise its vagueness of signification is beyond all comparison greater, than that of the term Heaven in European languages. – – – Choo-foo-tze tells us that „to affirm, that heaven has a man (i. e. a sapient being) there to judge and determine crimes, should not by any means be said; nor, on the other hand, must it be affirmed, that there is nothing at all to exercise a supreme control over these things."

The same author being ask'd about the heart of heaven, whether it was intelligent or not, answer'd: it must not be said that the mind of nature is unintelligent, but it does not resemble the cogitations of man. – – – – –

According to one of their authorities, Teen is call'd ruler or sovereign (choo), from the idea of the supreme control, and another expresses himself thus: „had heaven (Teen) no designing mind, then it must happen, that the cow might bring forth a horse, and on the peach-tree be produced the blossom of the pear". On the other hand it is said, that the mind of Heaven is deducible from what is the Will of mankind!

Die Uebereinstimmung dieses letzten Aufschlusses mit meiner Lehre ist so auffallend und überraschend, daß, wäre die Stelle nicht volle acht Jahr nach Erscheinung meines Werks gedruckt worden, man wohl nicht verfehlen würde zu behaupten, ich hätte meinen Grundgedanken daher genommen. Denn bekanntlich sind gegen neue Gedanken der Hauptschutzwehren drei: Nicht-Notiznehmen, Nicht-gelten-lassen, und zuletzt Behaupten, es sei schon längst dagewesen. Allein die Unabhängigkeit meines Grundgedankens von dieser Chinesischen Auktorität steht, aus den angegebenen Gründen, fest: denn daß ich der Chinesischen Sprache nicht kundig, folglich nicht im Stande bin, aus Chinesischen, Andern unbekannten Originalwerken Gedanken zu eigenem Gebrauch zu schöpfen, wird man mir hoffentlich glauben. Bei weiterer Nachforschung habe ich herausgebracht, daß die angeführte Stelle, sehr wahrscheinlich und fast gewiß, aus Morrison's Chinesischem Wörterbuch entnommen ist, woselbst sie unter dem Zeichen Thien zu finden seyn wird: mir fehlt nur die Gelegenheit es zu verificiren [beurkunden]†. – Illgen's Zeitschrift für historische Theologie, Bd. 7, 1837, enthält einen Aufsatz von Neumann: »Die Natur- und Religions-Philosophie der Chinesen, nach dem Werke des Tschu-hi«, in welchem, von S. 60 bis 63, Stellen vorkommen, die mit denen aus dem *Asiatic Journal* hier angeführten offenbar eine gemeinschaftliche Quelle haben. Allein sie sind mit der in Deutschland so häufigen Unentschiedenheit des Ausdrucks abgefaßt, welche das deutliche Verständniß ausschließt. Zudem merkt man, daß dieser Uebersetzer des Tschuhi seinen Text nicht vollkommen verstanden hat; woraus ihm jedoch kein Vorwurf erwächst, in Betracht der sehr großen Schwierigkeit dieser Sprache für Europäer und der Unzulänglichkeit der Hülfsmittel. Inzwischen erhalten wir daraus nicht die gewünschte Aufklärung. Wir müssen daher uns mit der Hoffnung trösten, daß, bei dem freier gewordenen Verkehr mit China, irgend ein Engländer uns ein Mal über das obige, in so beklagenswerther Kürze mitgetheilte Dogma näheren und gründlichen Aufschluß ertheilen wird.

† Laut Briefen v. Doß vom 26. Februar und 8. Juni 1857 stehn in Morrison's *Chinese Dictionary, Macao 1815, Vol. 1, pag. 576, unter* 天 *Tëen,* die hier angeführten Stellen, in etwas anderer Ordnung, aber ziemlich den selben Worten. Bloß die wichtige Stelle am Schluß weicht ab und lautet: *Heaven makes the mind of mankind its mind: in most ancient discussions respecting Heaven, its mind, or will, was divined* (so steht's und nicht *derived) from what was the will of mankind.* [Der Himmel macht den Geist der Menschheit zu seinem Geist: in sehr alten Erörterungen über den Himmel wurde sein Geist, oder Wille, aus dem Willen der Menschheit erahnt (nicht abgeleitet).] – Neumann hat dem Doß die Stelle, unabhängig von Morrison, übersetzt, und dies Ende lautet: »Durch das Herz des Volkes wird der Himmel gewöhnlich offenbart.«

Hinweisung auf die Ethik.

Die Bestätigungen der übrigen Theile meiner Lehre bleiben, aus im Eingang angeführten Gründen, von meiner heutigen Aufgabe ausgeschlossen. Jedoch sei mir am Schluß eine ganz allgemeine Hinweisung auf die Ethik vergönnt.

Von jeher haben alle Völker erkannt, daß die Welt, außer ihrer physischen Bedeutung, auch noch eine moralische hat. Doch ist es überall nur zu einem undeutlichen Bewußtseyn der Sache gekommen, welches, seinen Ausdruck suchend, sich in mancherlei Bilder und Mythen kleidete. Dies sind die Religionen. Die Philosophen ihrerseits sind allezeit bemüht gewesen, ein klares Verständniß der Sache zu erlangen, und ihre sämmtlichen Systeme, mit Ausnahme der streng materialistischen, stimmen, bei aller ihrer sonstigen Verschiedenheit, darin überein, daß das Wichtigste, ja allein Wesentliche des ganzen Daseyns, Das, worauf Alles ankommt, die eigentliche Bedeutung, der Wendepunkt, die Pointe (*sit venia verbo* [mit Verlaub zu sagen]) desselben, in der Moralität des menschlichen Handelns liege. Aber über den Sinn hievon, über die Art und Weise, über die Möglichkeit der Sache, sind sie sämmtlich wieder höchst uneinig und haben einen Abgrund von Dunkelheit vor sich. Da ergiebt sich, daß Moral-Predigen leicht, Moral-Begründen schwer ist. Eben weil jener Punkt durch das Gewissen festgestellt ist, wird er zum Probierstein der Systeme; indem von der Metaphysik mit Recht verlangt wird, daß sie die Stütze der Ethik sei: und nun entsteht das schwere Problem, aller Erfahrung zuwider, die physische Ordnung der Dinge als von einer moralischen abhängig nachzuweisen, einen Zusammenhang aufzufinden zwischen der Kraft, die, nach ewigen Naturgesetzen wirksam, der Welt Bestand ertheilt, und der Moralität in der menschlichen Brust. Hier sind daher auch die Besten gescheitert: Spinoza klebt bisweilen vermittelst Sophismen eine Tugendlehre an seinen fatalistischen

Pantheismus, noch öfter aber läßt er die Moral gar arg im Stich. Kant läßt, nachdem die theoretische Vernunft am Ende ist, seinen, aus bloßen Begriffen herausgeklaubten* kategorischen Imperativ als *Deus ex machina* [göttlichen Eingriff] auftreten mit einem absoluten Soll, dessen Fehler recht deutlich wurde, als Fichte, der immer Ueberbieten für Uebertreffen hielt, dasselbe, mit Christian-Wolfischer Breite und Langweiligkeit, zu einem kompleten System des moralischen Fatalismus ausspann, in seinem »System der Sittenlehre«, und dann es kürzer darlegte in seinem letzten Pamphlet »die Wissenschaftslehre im allgemeinen Umrisse.« 1810.

Von diesem Gesichtspunkt aus hat nun doch wohl unleugbar ein System, welches die Realität alles Daseyns und die Wurzel der gesammten Natur in den Willen legt und in diesem das Herz der Welt nachweist, wenigstens ein starkes Präjudiz [Vorentscheidung] für sich. Denn es erreicht auf geradem und einfachem Wege, ja, hält schon, ehe es an die Ethik geht, Dasjenige in der Hand, was die andern erst auf weitaussehenden und stets mißlichen Umwegen zu erreichen suchen. Auch ist es wahrlich nimmermehr zu erreichen, als mittelst der Einsicht, daß die in der Natur treibende und wirkende Kraft, welche unserm Intellekt diese anschauliche Welt darstellt, identisch ist mit dem Willen in uns. Nur die Metaphysik ist wirklich und unmittelbar die Stütze der Ethik, welche schon selbst ursprünglich ethisch ist, aus dem Stoffe der Ethik, dem Willen, konstruirt ist; weshalb ich, mit viel besserem Recht, meine Metaphysik hätte »Ethik« betiteln können, als Spinoza, bei dem dies fast wie Ironie aussieht und sich behaupten ließe, daß sie den Namen wie *lucus a non lucendo* [der Wald, der so heißt, weil es darin nicht hell ist (lucet)] führt, da er nur durch Sophismen die Moral einem System anheften konnte, aus welchem sie konsequent nimmermehr hervorgehn würde: auch verleugnet er sie meistens geradezu, mit empörender Dreistigkeit (z.B. *Eth. IV, prop. 37, Schol. 2*). – Ueberhaupt darf ich kühn behaupten, daß nie ein philosophisches System so ganz aus Einem Stück geschnitten war, wie meines, ohne Fugen und Flickwerk. Es ist, wie ich in der Vorrede zu demselben gesagt habe, die Entfaltung eines einzigen Gedankens; wodurch das alte ἁπλους ὁ μυθος της αληθειας

* Siehe meine Preisschrift »über die Grundlage der Moral« § 6.

εφυ [Wer Wahres hat zu sagen, drückt sich einfach aus: Euripides, *Phoenissae*, v. 469] sich abermals bestätigt. – Sodann ist hier noch in Erwägung zu ziehn, daß Freiheit und Verantwortlichkeit, diese Grundpfeiler aller Ethik, ohne die Voraussetzung der Aseität [des Durchsichselbstseins] des Willens sich wohl mit Worten behaupten, aber schlechterdings nicht denken lassen. Wer dieses bestreiten will, hat zuvor das Axiom, welches schon die Scholastiker aufstellten, *operari sequitur esse* [Was man tut, folgt aus dem, was man ist] (d. h. aus der Beschaffenheit jedes Wesens folgt sein Wirken), umzustoßen, oder die Folgerung aus demselben, *unde esse inde operari* [Wie das Wesen, so das Wirken], als falsch nachzuweisen. Verantwortlichkeit hat Freiheit, diese aber Ursprünglichkeit zur Bedingung. Denn ich w i l l je nachdem ich b i n: daher muß ich s e y n je nachdem ich w i l l. Also ist Aseität des Willens die erste Bedingung einer ernstlich gedachten Ethik, und mit Recht sagt Spinoza: *ea res libera dicetur, quae ex sola suae naturae necessitate* e x i s t i t, *et a se sola ad agendum determinatur* [Dasjenige wird frei zu nennen sein, das aus der bloßen Notwendigkeit seiner Natur e x i s t i e r t und nur durch sich selbst zum Handeln bestimmt wird] *(Eth. I, def. 7)*. Abhängigkeit dem Seyn und Wesen nach, verbunden mit Freiheit dem Thun nach, ist ein Widerspruch. Wenn Prometheus seine Machwerke wegen ihres Thuns zur Rede stellen wollte; so würden diese mit vollem Rechte antworten: »Wir konnten nur handeln, je nachdem wir waren: denn aus der Beschaffenheit fließt das Wirken. War unser Handeln schlecht, so lag das an unserer Beschaffenheit: sie ist Dein Werk: strafe Dich selbst«*. Nicht anders steht es mit der Unzerstörbarkeit unsers wahren Wesens durch den Tod; welche ohne Aseität desselben nicht ernstlich gedacht werden kann, wie auch schwerlich ohne fundamentale Sonderung des Willens vom Intellekt. Der letztere Punkt gehört meiner Philosophie an; den ersteren aber hat schon Aristoteles *(de coelo I, 12)* gründlich dargethan, indem er ausführlich zeigt, daß nur das Unentstandene unvergänglich seyn kann, und daß beide Begriffe einander bedingen: ταυτα αλληλοις ακολουθει, και το τε αγενητον αφθαρτον, και το αφθαρτον αγενητον. – – – το γαρ γενητον και το φθαρτον ακολουθουσιν αλληλοις. – – ει γενητον τι, φθαρτον αναγκη

* Vergl. Parerga I, S. 115 ff. [Bd. VII uns. Ausg., S. 139 f.].

(haec mutuo se sequuntur, atque ingenerabile est incorruptibile, et incorruptibile ingenerabile. – – generabile enim et corruptibile mutuo se sequuntur. – si generabile est, et corruptibile esse necesse est [dies folgt auseinander: das Unentstandene ist unvergänglich, und das Unvergängliche unentstanden. – – – Denn Entstandensein und Vergänglichsein folgt auseinander. – – Ist etwas entstanden, so muß es auch vergänglich sein]). So haben es auch, unter den alten Philosophen, alle die, welche eine Unsterblichkeit der Seele lehrten, verstanden, und keinem ist es in den Sinn gekommen, einem irgendwie entstandenen Wesen endlose Dauer beilegen zu wollen. Von der Verlegenheit, zu der die entgegengesetzte Annahme führt, zeugt in der Kirche die Kontroverse der Präexistentianer, Kreatianer und Traducianer.

Ferner ist ein der Ethik verwandter Punkt der Optimismus aller philosophischen Systeme, der, als obligat, in keinem fehlen darf: denn die Welt will hören, daß sie löblich und vortrefflich sei, und die Philosophen wollen der Welt gefallen. Mit mir steht es anders: ich habe gesehn was der Welt gefällt und werde daher, ihr zu gefallen, keinen Schritt vom Pfade der Wahrheit abgehn. Also weicht auch in diesem Punkt mein System von den übrigen ab und steht allein. Aber nachdem jene sämmtlich ihre Demonstrationen vollendet und dazu ihr Lied von der besten Welt gesungen haben; da kommt zuletzt, hinten im System, als ein später Rächer des Unbilds, wie ein Geist aus den Gräbern, wie der steinerne Gast zum Don Juan, die Frage nach dem Ursprung des Uebels, des ungeheueren, namenlosen Uebels, des entsetzlichen, herzzerreißenden Jammers in der Welt: – und sie verstummen, oder haben nichts als Worte, leere, tönende Worte, um eine so schwere Rechnung abzuzahlen. Hingegen wenn schon in der Grundanlage eines Systems das Daseyn des Uebels mit dem der Welt verwebt ist, da hat es jenes Gespenst nicht zu fürchten; wie ein inokulirtes [geimpftes] Kind nicht die Pocken. Dies aber ist der Fall, wenn die Freiheit, statt in das *operari* [Handeln], in das *esse* [Sein] gelegt wird und nun aus ihr das Böse, das Uebel und die Welt hervorgeht. – Uebrigens aber ist es billig, mir, als einem Mann des Ernstes, zu gestatten, daß ich nur von Dingen rede, die ich wirklich kenne, und nur Worte gebrauche, mit denen ich einen ganz bestimmten Sinn verknüpfe; da nur ein solcher sich Andern mit Sicherheit mittheilen läßt, und Vauvenargues ganz Recht hat, zu sagen *la* *clarté est la bonne foi des philosophes* [Die Klarheit ist der Kreditbrief der Philosophen]. Wenn ich also sage »Wille, Wille zum Leben«; so ist das kein *ens rationis* [Gedankending], keine von mir selbst gemachte Hypostase, auch kein Wort von ungewisser, schwankender Bedeutung: sondern wer mich frägt, was es sei, den weise ich an sein eigenes Inneres, wo er es vollständig, ja, in kolossaler Größe vorfindet, als ein wahres *ens realissimum* [allerrealstes Wesen]. Ich habe demnach nicht die Welt aus dem Unbekannten erklärt; vielmehr aus dem Bekanntesten, das es giebt, und welches uns auf eine ganz andere Art bekannt ist, als alles Uebrige. – Was endlich das Paradoxe betrifft, welches den asketischen Resultaten meiner Ethik vorgeworfen worden ist, an denen sogar der mich sonst so günstig beurtheilende Jean Paul Anstoß nahm, durch welche auch Herr Rätze (der nicht wußte, daß gegen mich nur die Sekretirungsmethode die anwendbare sei), veranlaßt wurde, im Jahr 1820 ein wohlgemeintes Buch gegen mich zu schreiben, und die seitdem das stehende Thema des Tadels meiner Philosophie geworden sind; so bitte ich zu erwägen, daß Dergleichen nur in diesem nordwestlichen Winkel des alten Kontinents, ja, selbst hier nur in protestantischen Landen paradox heißen kann; hingegen im ganzen weiten Asien, überall wo noch nicht der abscheuliche Islam mit Feuer und Schwerdt die alten tiefsinnigen Religionen der Menschheit verdrängt hat, eher den Vorwurf der Trivialität zu fürchten haben würde*. Ich getröste mich demnach, daß meine Ethik, in Beziehung auf den Upanischad der heiligen Veden, wie auch auf die Weltreligion Buddha's, völlig orthodox ist, ja, selbst mit dem alten, ächten Christenthum nicht im Widerspruch steht. Gegen alle sonstigen Verketzerungen aber bin ich gepanzert und habe dreifaches Erz um die Brust.

* Wer hierüber in der Kürze und doch vollständig belehrt seyn will, lese die vortreffliche Schrift des verstorbenen Pfarrers Bochinger: *la vie contemplative, ascétique et monastique chez les Indous et chez les peuples Bouddhistes. Strasb. 1831.*

Schluß.

Den in dieser Abhandlung aufgezählten, gewiß auffallenden Bestätigungen, welche die empirischen Wissenschaften meiner Lehre, seit ihrem Auftreten, aber unabhängig von ihr, geliefert haben, reihen sich ohne Zweifel noch viele an, die nicht zu meiner Kunde gekommen sind: denn wie gering ist der Theil der in allen Sprachen so thätig betriebenen naturwissenschaftlichen Litteratur, welchen kennen zu lernen Zeit, Gelegenheit und Geduld des Einzelnen hinreicht. Aber auch schon das hier Mitgetheilte giebt mir die Zuversicht, daß die Zeit meiner Philosophie entgegenreift, und mit herzstärkender Freude sehe ich, wie im Laufe der Jahre allmälig die empirischen Wissenschaften auftreten als unverdächtige Zeugen für eine Lehre, über welche die »Philosophen von Profession« (diese charakteristische Benennung, sogar auch die des »philosophischen Gewerbes«, geben einige naiv sich selbst) siebenzehn Jahre hindurch ein staatskluges, unverbrüchliches Schweigen beobachtet und von ihr zu reden dem in ihre Politik uneingeweihten Jean Paul* überlassen haben. Denn sie zu loben mag ihnen verfänglich, sie aber zu tadeln, bei genauer Erwägung, nicht so recht sicher geschienen haben, und das Publikum, welches nicht »von der Profession und dem Gewerbe« ist, damit bekannt zu machen, daß man sehr ernstlich philosophiren könne, ohne weder unverständlich, noch langweilig zu seyn, mochte auch eben nicht von Nöthen scheinen: wozu also hätten sie sich mit ihr kompromittiren sollen, da ja durch Schweigen sich Niemand verräth, die beliebte Sekretirungsmethode, als bewährtes Mittel gegen Verdienste, zur Hand und so viel bald ausgemacht war, daß, bei dermaligen Zeitumständen, jene Philosophie sich nicht wohl qualificire vom Kathe-

* Nachschule zur ästhetischen Vorschule. – Das Vorhergehende bezieht sich auf 1835, die Zeit der ersten Auflage dieser Abhandlung.

der docirt zu werden, welches denn doch, nach ihrer Herzensmeinung, der wahre und letzte Zweck aller Philosophie ist, – so sehr und so gewiß, daß wenn vom hohen Olymp herab die splitternackte Wahrheit käme, jedoch was sie brächte den durch dermalige Zeitumstände hervorgerufenen Anforderungen und den Zwecken hoher Vorgesetzter nicht entsprechend befunden würde, die Herren »von der Profession und dem Gewerbe« mit dieser indecenten Nymphe wahrlich auch keine Zeit verlieren, sondern sie eiligst nach ihrem Olymp zurückkomplimentiren, dann drei Finger auf den Mund legen und ungestört bei ihren Kompendien bleiben würden. Denn freilich, wer mit dieser nackten Schönheit, dieser lockenden Sirene, dieser Braut ohne Aussteuer buhlt, der muß dem Glück entsagen, ein Staats- und Katheder-Philosoph zu seyn. Er wird, wenn er es hoch bringt, ein Dachkammerphilosoph. Allein dagegen wird er, statt eines Publikums von erwerblustigen Brodstudenten, eines haben, das aus den seltenen, auserlesenen, denkenden Wesen besteht, die spärlich ausgestreut unter der zahllosen Menge, einzeln im Laufe der Zeit, fast wie ein Naturspiel erscheinen. Und aus der Ferne winkt eine dankbare Nachwelt. Aber Die müssen gar keine Ahndung davon haben, wie schön, wie liebenswerth die Wahrheit sei, welche Freude im Verfolgen ihrer Spur, welche Wonne in ihrem Genusse liege, die sich einbilden können, daß wer ihr Antlitz geschaut hat, sie verlassen, sie verleugnen, sie verunstalten könnte, um jener ihren prostituirten Beifall, oder ihre Aemter, oder ihr Geld, oder gar ihre Hofrathstitel. Eher würde man Brillen schleifen, wie Spinoza, oder Wasser schöpfen, wie Kleanthes. Sie mögen daher auch ferner es halten wie sie wollen: die Wahrheit wird dem »Gewerbe« zu gefallen keine andere werden. Wirklich ist die ernstlich gemeinte Philosophie den Universitäten, als wo die Wissenschaften unter Vormundschaft des Staates stehn, entwachsen. Vielleicht aber kann es mit ihr dahin kommen, daß sie den geheimen Wissenschaften beigezählt wird; während ihre Afterart, jene *ancilla theologiae* der Universitäten, jene schlechte Doublette der Scholastik, deren oberstes Kriterium philosophischer Wahrheit der Landeskatechismus ist, desto lauter die Hörsäle wiederhallen läßt. – *You, that way; we, this way**. – *Shakesp. L[ove's] L[abour] L[ost], V, 2 the end.*

* Ihr dahin; wir dorthin.

Zu diesen Werken

Schopenhauers Erstlingsschrift *Über die vierfache Wurzel des Satzes vom zureichenden Grunde* hat im Oktober 1813 der Philosophischen Fakultät der Universität Jena als Dissertation vorgelegen. Er hat mit ihr nach Aussage des Doktordiploms, das heute im Schopenhauer-Archiv in Frankfurt am Main hängt, *magna cum laude* promoviert. Sie hat sich eine eng umgrenzte Aufgabe gestellt: sie führt die Auseinandersetzung mit Kant, die den jungen Philosophen in seinem letzten Berliner Studienjahr 1812/13 beschäftigt hat, für ein Teilgebiet der Logik durch. Schopenhauer tut, was Kant seiner Ansicht nach zu Unrecht nicht getan hat: er gibt dem Satz vom Grunde einen weiteren Geltungsbereich, eine vierfache Wurzel, wie er mit einem treffenden Gleichnis sagt. Er fügt den beiden Anwendungen des Satzes, die man früher unterschieden hat, dem Satz vom Erkenntnisgrund, der sich auf die Wahrheit von Urteilen bezieht, und dem Satz vom Grunde des Werdens, dem Kausalitätsgesetz, zwei weitere Anwendungen hinzu: den Seinsgrund, der die Verhältnisse in Raum und Zeit bestimmt, und den Handlungsgrund, das Gesetz der Motivation.

Schopenhauer hat seine Dissertation später als Vorarbeit für sein Hauptwerk angesehen, als einleitende Abhandlung, die der Unterbau seines ganzen Systems geworden sei. In der zweiten Auflage von 1847 hat er diesen Anspruch aufs entschiedenste verfochten: er habe das Buch zu einer »kompendiosen Theorie des gesamten Erkenntnißvermögens« umgestaltet, die ihre Ergänzung im ersten Buch seiner *Welt als Wille und Vorstellung* finde. Dabei kam es nicht nur zu einer stärkeren Ausschaltung von Kantischen Begriffen »als da sind Kategorien, äußerer und innerer Sinn und dgl.« – es kam zu einer durchgreifenden Verschiebung der Schwerpunkte: der Satz vom Grunde des Werdens wurde als Kausalität zum Grundprinzip alles Seins erhoben, auch die Motivation, die vierte von Schopenhauer neu eingeführte Wurzel des Satzes, wurde nun der strengen Kausalität unterworfen, und die ursprünglichen vier Arten treten, der Antithese des Hauptwerks gemäß, hinter das neue zentrale Begriffspaar Wille und Erkenntnis zurück.

Die späteren Zusätze und Änderungen, die Schopenhauer in seinem Handexemplar der 2. Auflage vermerkt hat, sind, nach der kritischen Gesamtausgabe, in unserem Text berücksichtigt.

Die Abhandlung *Über den Willen in der Natur* wäre wohl gar nicht veröffentlicht worden, wenn *Die Welt als Wille und Vorstellung* nicht viele Jahre lang unbeachtet geblieben wäre. Schopenhauer hatte von Jahr zu Jahr gehofft, daß eine neue Auflage nötig werden und ihm

Gelegenheit geben werde, vieles einzuarbeiten, was die mächtig aufstrebenden Naturwissenschaften zur Bestätigung und Erläuterung seiner Lehre immerfort beitrugen. Die Aufschreibungen in seinen Manuskriptbüchern mehrten sich fort und fort, er dachte schon an einen eigenen Ergänzungsband des Hauptwerkes. Als schließlich mehr als 1½ Jahrzehnte vergangen waren, entschloß er sich, wenigstens einen Teil der »Ergänzenden Betrachtungen«, nämlich die Ergänzungen zum zweiten Buch des Hauptwerks, in einer selbständigen Schrift zusammenzufassen. Sie erschien 1836 bei dem Frankfurter Verleger Siegmund Schmerber. Sie hätte aufhorchen lassen können: sie verkündete zum erstenmal, in eine Folge selbständiger Abschnitte gegliedert, die Versöhnung der Naturwissenschaften mit der Metaphysik und ihre wechselseitige Ergänzung. Schopenhauer selbst hat ihr zeitlebens einen besonderen Wert beigemessen, weil sie den »Kern seiner Metaphysik, den eigentlichen *nervus probandi* (Kernpunkt des zu Beweisenden) der Sache, gründlicher darlegt als irgendeine andere«. Aber sie teilte zunächst das Schicksal des Hauptwerks. Erst 1854, als Schopenhauer berühmt geworden war, konnte eine »zweite, verbesserte und vermehrte Auflage« erscheinen. Für eine dritte Auflage hat Schopenhauer noch eine Reihe von Zusätzen und Änderungen angegeben, die von den posthumen Herausgebern berücksichtigt wurden und hier nach der historisch-kritischen Ausgabe wiedergegeben werden.

Angelika Hübscher

Arthur Schopenhauer im Diogenes Verlag

Der komplette Schopenhauer: Jeder Band bringt den integralen Text in der originalen Orthographie und Interpunktion Schopenhauers; Übersetzungen und seltene Fremdwörter sind in eckigen Klammern eingearbeitet; ein Glossar wissenschaftlicher Fachausdrücke ist als Anhang jeweils dem letzten Band der *Welt als Wille und Vorstellung*, der *Kleineren Schriften* und der *Parerga und Paralipomena* beigegeben. Die Textfassung geht auf die historisch-kritische Gesamtausgabe von Arthur Hübscher zurück; das editorische Material besorgte Angelika Hübscher.

Gesammelte Werke
10 Bände in Kassette
Alle Bände auch als Einzelausgaben erhältlich

Die Welt als Wille und Vorstellung I
in zwei Teilbänden

Die Welt als Wille und Vorstellung II
in zwei Teilbänden

Über die vierfache Wurzel des Satzes vom zureichenden Grunde / Über den Willen in der Natur
Kleinere Schriften I

Die beiden Grundprobleme der Ethik: Über die Freiheit des menschlichen Willens / Über die Grundlage der Moral
Kleinere Schriften II

Parerga und Paralipomena I
in zwei Teilbänden, wobei der zweite Teilband die ›Aphorismen zur Lebensweisheit‹ enthält

Parerga und Paralipomena II
in zwei Teilbänden

Außerdem erschienen:

Denken mit Arthur Schopenhauer
Vom Lauf der Zeit, dem wahren Wesen der Dinge, dem Pessimismus, dem Tod und der Lebenskunst
Herausgegeben und mit einem Nachwort von Otto A. Böhmer

Aphorismen zur Lebensweisheit
Mit einem Nachwort von Egon Friedell

Michel de Montaigne im Diogenes Verlag

Essais

[Versuche]

nebst des Verfassers Leben, nach der Ausgabe von Pierre Coste ins Deutsche übersetzt von Johann Daniel Tietz

3 Bände im Schuber oder in Kassette. Diese Ausgabe bringt alle Essais, eine Biographie Montaignes, Briefe Montaignes, Etienne de la Boéties »Von der freiwilligen Dienstbarkeit«, Kritiken zu den Essais sowie ein ausführliches Personen- und Stichwortregister. Neuausgabe der 1753/54 erschienenen deutschen Erstausgabe

»Ein publizistisches Glanzstück: In einer prachtvoll ausgestatteten, typographisch vorzüglichen dreibändigen Edition legt der Diogenes Verlag Tietz' Übersetzung auf, die selbst Fachleuten kaum gegenwärtig war.«
Rainer Moritz / Rheinischer Merkur, Bonn

»Ein bezauberndes Buch sind die *Essais* dieses Republikaners mit monarchistischen Neigungen, dieses Christen mit heidnischer Gesinnung, dieses Renaissance-Menschen und Humanisten mit dem mittelalterlichen Gottvertrauen, der schon die Aufklärung ankündigt. Ein großes Lese- und Lehrbuch vom richtigen Leben.«
Rolf Michaelis / Die Zeit, Hamburg

»Diese genialen ›Versuche‹ sind frisch wie am ersten Tag.« *Gert Ueding / Die Welt, Berlin*

Tagebuch einer Reise nach Italien

über die Schweiz und Deutschland

Aus dem Französischen von Ulrich Bossier
Mit einem Vorwort von Wilhelm Weigand

In seinem erst 1770 in einer verstaubten Truhe wiederentdeckten Tagebuch hält Michel de Montaigne unvoreingenommen die zahlreichen Begegnungen, fremden Landschaften und ungewohnten Sitten fest, denen

er 1580–81 auf seiner Bade- und Kulturreise mit neugierigem Blick begegnete: So lobt er das deutsche Essen, wohnt einer Teufelsaustreibung und einer öffentlichen Hinrichtung bei, erhält in Rom eine päpstliche Audienz und besucht Kurtisanen, allerdings – so versichert er uns – nur, um mehr über deren erotische Künste zu erfahren, nicht aber um diese selbst zu genießen.
Die vortreffliche Neuübersetzung von Ulrich Bossier erschien erstmals 2005.

»Um sich frei zu machen, reist Montaigne. Er reist, wenn man so sagen darf, der Nase nach. Er vermeidet auf der Reise alles, was an eine Verpflichtung erinnert. Die Straße soll ihn führen, wohin sie ihn führt, die Stimmung treiben, wohin sie ihn treibt.«
Stefan Zweig

Denken mit Michel de Montaigne

Eine Auswahl aus den Essais, vorgestellt von André Gide. Aus dem Französischen und mit einem Nachwort von Hanno Helbling

Montaignes Gedanken über Schönheit und Falschheit, die Unbeständigkeit des Menschen und den Haß auf die finstere Tugend, über Erziehung und Ehe, die Furcht vor dem Tod und den Wert des Lebens.

»Ich weiß wohl, daß die Freiheit meiner Schriften einigen wenigen Leuten mißfallen wird, denen die Freiheit ihrer eigenen Gedanken noch mehr mißfallen müßte.« *Michel de Montaigne*

»Nur zwölf Generationen trennen uns von diesem gesunden Einzelexemplar zwischen den Zeiten. Nur? Wenn es um Liebe und Eifersucht, um Schmerzen und Angst, um Selbsterkenntnis und selbst gelegte Fallen im Alltag geht, ist Michel de Montaigne ein Zeitgenosse.« *Mathias Greffrath*

»Montaigne ist eine genußvolle Lektüre für Minuten und – Medizin fürs ganze Leben.«
Regina Schmeißer / Stuttgarter Nachrichten

Über Montaigne

Aufsätze und Zeugnisse von Blaise Pascal, Johann Wolfgang Goethe, Ralph Waldo Emerson, Charles Augustin Sainte-Beuve, Friedrich Nietzsche, André Gide, Heinrich Mann, Hermann Hesse, Egon Friedell, Stefan Zweig, Richard Friedenthal, Elias Canetti, Herbert Lüthy, Mathias Greffrath u. a. Mit Zeittafel und Bibliographie. Herausgegeben von Daniel Keel

»Wer sich über Montaigne orientieren will, kann dies in einem Band mit dem Titel *Über Montaigne* tun, den Daniel Keel herausgegeben hat und der parallel zur Edition der *Essais* erschienen ist. Hier findet der Leser eine Reihe von wichtigen Aufsätzen, die einen guten Zugang zu dem französischen Denker ermöglichen. Einige interessante Texte sind nachgedruckt, wie zum Beispiel der von Max Horkheimer über ›Montaigne und die Funktion der Skepsis‹ von 1938, der die sozialen und historischen Hintergründe skizziert, aus denen der Skeptizismus hervorgeht. Die Zeit der großen äußeren Unsicherheit ist die Zeit, in der eine Lebenskunst erforderlich ist. Stefan Zweig ist auf diesen Aspekt besonders aufmerksam, und der Anlaß ist für ihn derselbe wie für Horkheimer: Mitten im Zweiten Weltkrieg schreibt er seinen Aufsatz über Montaigne – auch er ist hier nachgedruckt – und bekennt, daß er ihm jetzt am ›hilfreichsten‹ scheine, wo die Welt im Aufruhr ist. Eine bessere und liebevollere Einführung kann man nicht finden. Sie stellt den Denker dar, der sich zu seinem Beruf die Kunst des Lebens gewählt hat.«
Wilhelm Schmid / Norddeutscher Rundfunk, Hannover

»Man kann aus dem langen Verzeichnis der Urteile und Kritiken über des Montaigne Versuche sehen, daß sehr berühmte Leute dem Montaigne Beifall gegeben, und ihn getadelt haben; daß einige öfters dasjenige an ihm gelobt, was andere scharf mißbilligt haben; daß

er, wenn man alles zusammennimmt, in Frankreich jederzeit sehr hoch gehalten worden; und daß seine strengsten Tadler gleichsam gezwungen gewesen sind, die unnachahmlichen Schönheiten seiner Schreibart, seinen durchdringenden Verstand, seinen feinen Geschmack, und sein munteres Wesen zu bewundern.«
Pierre Coste, Herausgeber der französischen Ausgabe der ›Essais‹ von 1738

Wilhelm Weigand

Michel de Montaigne

Eine Biographie

»An deutschsprachiger Literatur zu Michel de Montaigne sei verwiesen auf den *Montaigne* von Wilhelm Weigand, der vor allem als Biographie wertvoll ist.«
Herbert Lüthy

»Es gibt auf der ganzen Welt kaum ein zweites Buch, das so sehr zum Abenteuer der Selbsterkenntnis ermuntert und das Denken über Zeit und Ewigkeit so sehr anregt wie die *Essais* des Michel de Montaigne. Es ist uns hier ein geistiges und moralisches Tonikum ohnegleichen geschenkt worden. Der amerikanische Philosoph Ralph Waldo Emerson nannte diesen großen Sucher und Denker den freimütigsten und ehrlichsten Schriftsteller der Welt. Dieses Urteil aus dem 19. Jahrhundert über einen Mann im Übergang vom 16. zum 17. Jahrhundert hat noch heute ungebrochene Gültigkeit. Dabei hat Montaigne mehr für sich als für andere geschrieben, aber was ihm guttat, tut es uns erst recht. Die Existenz Michel de Montaignes zu durchleuchten ist von vielen versucht worden. In deutscher Sprache kommt kein anderer Versuch der Biographie von Wilhelm Weigand gleich.«
Oberösterreichische Zeitung, Linz

Ludwig Marcuse im Diogenes Verlag

»Ludwig Marcuse: ein milder Professor für deutsche Literatur, ein Querkopf, beredt, witzig und human, ein polemischer Pazifist, ein aufsässiges Original – ein blitzgescheiter Autor.« *Hermann Kesten*

»Ludwig Marcuse ist nach Schopenhauer und Nietzsche der beste Schreiber unter den deutschen Philosophen.« *Rudolf Walter Leonhardt*

Philosophie des Glücks
Von Hiob bis Freud. Vom Autor revidierter und erweiterter Text nach der Erstausgabe von 1948. Mit Register

Sigmund Freud
Sein Bild vom Menschen. Mit Register und Literaturverzeichnis

Ignatius von Loyola
Ein Soldat der Kirche. Mit Zeittafel

Mein zwanzigstes Jahrhundert
Auf dem Weg zu einer Autobiographie. Mit Personenregister

Nachruf auf Ludwig Marcuse
Autobiographie II

Ein Panorama europäischen Geistes
Texte aus drei Jahrtausenden. Ausgewählt und vorgestellt von Ludwig Marcuse. Mit einem Vorwort von Gerhard Szczesny. Drei Bände im Schuber

Heinrich Heine
Melancholiker, Streiter in Marx, Epikureer

Ludwig Börne
Aus der Frühzeit der deutschen Demokratie

Meine Geschichte der Philosophie
Aus den Papieren eines bejahrten Philosophiestudenten

Richard Wagner
Ein denkwürdiges Leben

Obszön
Geschichte einer Entrüstung

Wie alt kann Aktuelles sein?
Literarische Porträts und Kritiken. Herausgegeben, mit einem Nachwort und einer Auswahlbibliographie von Dieter Lamping

Denken mit Ludwig Marcuse
Über Aufklärung und Abstumpfung, Einsamkeit und Engagement, Macht und Massenkultur, Vergänglichkeit und Vernunft

Friedrich Nietzsche im Diogenes Verlag

»Der Geist braucht von Zeit zu Zeit einen dämonischen Menschen, dessen Übergewalt sich auflehnt gegen die Gemeinschaft des Denkens und die Monotonie der Moral... Tritt man in Nietzsches Bücher, so fühlt man elementarische, von aller Dumpfheit, Vernebelung und Schwüle entschwängerte Luft: man sieht frei in dieser heroischen Landschaft bis in alle Himmel hinauf und atmet eine einzig durchsichtige messerscharfe Luft, eine Luft für starke Herzen und freie Geister.«
Stefan Zweig

»Nietzsche ist, was sich immer deutlicher zeigt, der weitreichende Gigant der nachgoetheschen Epoche und seit Luther das größte deutsche Sprachgenie.«
Gottfried Benn

Denken mit Friedrich Nietzsche
Ausgewählt, herausgegeben
und mit einem Vorwort
von Wolfgang Kraus (vormals: *Brevier*)

Außerdem erschienen:

Walter Nigg
Friedrich Nietzsche
Mit einem Nachwort von Max Schoch

Friedrich Nietzsche
Sein Leben erzählt von Otto A. Böhmer

Denken mit... im Diogenes Verlag

»Alles Gescheite ist schon gedacht worden, man muß nur versuchen, es noch einmal zu denken.«
Johann Wolfgang Goethe

Denken mit Friedrich Dürrenmatt
Ausgewählt und zusammengestellt von Daniel Keel und Anna von Planta

Denken mit Federico Fellini
Aus Gesprächen Federico Fellinis mit Journalisten, ausgewählt von Daniel Keel. Mit Zeichnungen von Federico Fellini

Denken mit Mahatma Gandhi
Auswahl aus den Schriften. Ausgewählt und mit einem Vorwort von Gertrude und Thomas Sartory. Aus dem Englischen von Fritz Kraus und Emil Roniger

Denken mit Immanuel Kant
Eine Einführung in die Gedankenwelt des Vaters der modernen Philosophie von Wolfgang Kraus. Mit einem Essay von Otto A. Böhmer

Denken mit Ludwig Marcuse
Über Aufklärung und Abstumpfung, Einsamkeit und Engagement, Macht und Massenkultur, Vergänglichkeit und Vernunft

Denken mit W. Somerset Maugham
Herausgegeben von Thomas und Simone Stölzel. Mit einem Vorwort von Thomas Stölzel und einem Nachwort von Simone Stölzel

Denken mit George Orwell
Ein Wegweiser in die Zukunft. Ausgewählt von Fritz Senn und Christian Strich. Aus dem Englischen von Felix Gasbarra und Tina Richter

Denken mit Arthur Schopenhauer
Vom Lauf der Zeit, dem wahren Wesen der Dinge, dem Pessismismus, dem Tod und der Lebenskunst. Herausgegeben und mit einem Nachwort von Otto A. Böhmer

Denken mit Henry David Thoreau
Von Natur und Zivilisation, Einsamkeit und Freundschaft, Wissenschaft und Politik. Ausgewählt, aus dem Amerikanischen übersetzt und mit einem Vorwort von Philipp Wolff-Windegg

Denken mit Voltaire
Eine Auswahl aus dem Gesamtwerk. Herausgegeben von Wolfgang Kraus

Denken mit Oscar Wilde
Extravagante Gedanken über die Magie der Schönheit und die allmächtige Kunst, Kritik als Schöpfung, das dekorative Geschlecht und die menschliche Tragikomödie. Herausgegeben und mit einem Vorwort von Wolfgang Kraus